Linda Scotson wurde 1945 geboren. Schon als Kind beschäftigte sie sich mit Malen und Schreiben. Sie studierte Malerei an der Central School of Art und lehrte am Croydon Art College. Heute lebt Linda Scotson in der englischen Grafschaft Sussex. »Doran – Ein Kind lernt leben« ist ihr erstes Buch.

Weitere biographische Berichte über die erfolgreiche Behandlung eines seelisch gestörten Kindes, die als Knaur-Taschenbücher erschienen sind:

Doris Lund: *»Eric – Der wunderbare Funke Leben«* (Band 531)

Mary MacCracken: *»Lovey«* (Band 779)

Richard D'Ambrosio: *»Der stumme Mund«* (Band 794)

Virginia M. Axline: *»Dibs«* (Band 813)

Marie Killilea: *»Karen«* (Band 2302)

Clara C. Park: *»Eine Seele lernt leben«* (Band 2308)

Torey L. Hayden: *»Bo und die anderen«* (Band 2329)

Hartmut Gagelmann: *»Kai lacht wieder«* (Band 2338)

Rachel Pinney: *»Bobby«* (Band 2342)

Deutsche Erstausgabe 1987

Titel der Originalausgabe »Doran – Child of Courage«

Umschlaggestaltung Adolf Bachmann
Umschlagfoto Harald Theißen/Bavaria
Satz Compusatz, München
Druck und Bindung Ebner Ulm
Printed in Germany 5 4
ISBN 3-426-02350-4

Linda Scotson:
Doran – Ein Kind lernt leben

Aus dem Englischen von Ricarda Strobel

Knaur®

Für Lili, in Liebe

VORWORT

Von Jonathan Miller

Wer niemals einen schweren Schicksalsschlag erlitten hat, kann sich kaum vorstellen, daß Menschen aus einer Katastrophe sogar gereift und gestärkt hervorgehen können. Linda Scotson beschreibt, wie die Erfahrung persönlichen Unglücks ihr Leben auf geheimnisvolle Weise bereichert und verändert hat.

Die Autorin weigerte sich, die pessimistische Diagnose der Kinderärzte über die Entwicklungschancen ihres schwer hirngeschädigten Kindes zu akzeptieren. Bei dem Versuch, ihrem Kind zu helfen, entdeckte sie in ihrer Persönlichkeit ein Potential von Energie und Entschlossenheit, das sie als Mutter eines gesunden Kindes vielleicht nie bemerkt und ausgeschöpft hätte. Durch ihren entschlossenen Einsatz konnte sie die Zukunftsaussichten ihres Sohnes entscheidend verbessern. Doch sie bereicherte nicht nur ihr eigenes Leben, sondern auch das Leben vieler Menschen, denen sie in den vergangenen fünf Jahren begegnete.

Dorans Ärzte standen der Energie und Tatkraft seiner Mutter skeptisch oder gar ablehnend gegenüber. Linda Scotson vertrat die Ansicht, wenn mit herkömmlichen Methoden ihrem Kind nicht geholfen werden könne, müsse man therapeutische Methoden anwenden, die in der Schulmedizin als unwissenschaftlich gelten. Viele Ärzte warfen ihr deshalb vor, daß sie sich hartnäckig weigere, den Tatsachen ins Auge zu sehen.

Aber Linda Scotson fand Ärzte, die ihrem Sohn halfen. Entscheidend für ihren Erfolg war nicht zuletzt die Unterstützung der »*Institutes for the Achievement of Human Potential*« in Philadelphia. Die Forscher dieser Institute gehen davon aus, daß ein schwer geschädigtes Nervensystem neu programmiert werden kann. Dazu mußte eine Therapie mit stimulierenden und fördernden Impulsen entwickelt und konsequent angewandt werden. Mutter und Sohn hatten das Glück, an dem mutigen und umstrittenen Programm teilnehmen zu dürfen. In Philadelphia begegnete Linda Scotson Wissenschaftlern, die von der Idee begeistert waren, daß Dorans kognitive und motorische Fähigkeiten erfolgreich verbessert werden könnten, obwohl sein Gehirn bei der Geburt schwere biochemische Schäden davongetragen hatte.

Unter Anleitung von Glenn Doman, einem der Mitbegründer des Instituts, begann Linda Scotson, mit ihrem Sohn Bewegungsmuster einzuüben. Ziel der Therapie war, zwischen sensorischer Reizaufnahme und motorischer Reaktion wieder eine Beziehung herzustellen. Doran lernte, die verkümmerten Impulse seines ansonsten intakten Willens tatsächlich umzusetzen. Neurologen haben ernste Zweifel an den wissenschaftlichen Grundlagen dieses Programms geäußert, und die Richtigkeit des theoretischen Ansatzes läßt sich allein mit den positiven Ergebnissen der Behandlungsmethode empirisch nicht beweisen.

Trotzdem sind die Ergebnisse – wie häufig bei unorthodoxen Verfahren – beeindruckend. Man sollte sie auf keinen Fall ignorieren, nur weil die theoretischen Grundlagen wissenschaftlich umstritten sind.

Bei Doran haben sich alle Mühen und Anstrengungen gelohnt. Es scheint, als wäre dem Jungen das Leben buchstäblich noch einmal geschenkt worden, gleichgültig, welche wissenschaftliche Meinung man vertritt oder wie man die Qualen beurteilt, die er und seine gesunde Schwester während der Therapie ertragen mußten. Nur ein gefühlloser Mensch könnte angesichts des Fortschritts, den das Kind zweifellos gemacht hat, unberührt bleiben.

Mit einem gesunden Baby hätte Linda Scotson mehr Zeit

ihrer Laufbahn als Malerin widmen können. Möglicherweise hätte sie in der Rolle der Mutter und der Künstlerin Erfüllung gefunden, doch sie war gezwungen, beide Rollen zu einer einzigen zu verschmelzen. Vielleicht kommt einmal die Zeit, da Linda Scotson wie Ben Jonson ihren Sohn ihr »schönstes Kunstwerk« nennen kann.

1

Jedes Kind hat seinen Alptraum. Als ich acht Jahre alt war, erlebte ich meinen Alptraum ausgerechnet dort, wo ich immer am glücklichsten war: im städtischen Schwimmbad. Ich kam als eine der letzten aus dem Wasser, und die Umkleidekabinen waren von einer Schulklasse belegt, allerdings nicht von gewöhnlichen Kindern. Sie erschienen mir gleichzeitig menschlich und nichtmenschlich, wie sie zum Beckenrand krochen, sich wanden und tastend umherirrten. Ich hatte solche menschliche Wesen noch nie gesehen und lief voller Angst vor ihnen davon, ohne mich auch nur umzuschauen. Doch irgendwie war ich zutiefst beschämt. Ich habe niemandem von der Furcht und der Scham erzählt, die ich damals empfunden habe, obwohl mich diese Gefühle meine ganze Kindheit verfolgten.
Fünfundzwanzig Jahre später lag ich im Schlafzimmer eines kleinen Bungalows am Rande eines Waldgebietes. Die Wehen hatten eingesetzt, und ich liebte immer noch einen Mann, der schon tot war – den Vater meiner knapp zweijährigen Tochter und dieses Kindes, das ich gerade gebar. Ich umklammerte meine Knie und atmete rhythmisch, während meine alte Freundin Judy mich von hinten stützte. Sie ließ mich an ihren Fingern saugen, weil mein Mund trocken war. Am Fußende des Bettes stand die Hebamme. Neben dem Toilettentisch kauerten zwei kleine Mädchen, Judys Töchter. An den Wänden und an der Decke hingen Bilder, die ich gemalt hatte. Im unteren Stockwerk war meine Tochter Lili mit einer Weintraube in der Hand eingeschlafen. Über ihren Schlaf wachten Judys Freund und sein Schäferhundwelpe Mercle. Judys Freund heißt Peter, wie Lilis toter Vater. Beethovens Tripelkonzert drang leise zu mir herauf.

Seit meiner Kindheit hatte ich darum gekämpft, als eine Malerin anerkannt zu werden, die Schönheit und Schmerz der Welt darstellen konnte. Ich wollte in Grenzbereiche der Sinne vorstoßen. Auch hier befand ich mich in einem Grenzbereich. Was geschah, war wirklich, war unerbittliche Realität.

Die geheimnisvolle Kraft, die ich aus der Liebe zum Vater des Kindes geschöpft hatte, half mir, Doran in die Welt zu stoßen. Im Augenblick des Triumphs beschlich mich ein merkwürdiges Gefühl, und wider alle Vernunft hörte ich mich die Worte keuchen: »Geht es ihm gut?« Ich hatte mich aufgesetzt und konnte zusehen, wie die Nabelschnur durchtrennt wurde. Ich wünschte, alles würde langsamer gehen und Doran würde friedlich auf meinem Bauch liegen. Doran – ich wußte bereits seinen Namen. Ich glaube, ich habe ihn schon immer gewußt. Während ich die Hebamme bei der Arbeit beobachtete, dachte ich, daß ich es auch geschafft hätte, wenn keiner dagewesen wäre, um mir zu helfen. Es ist möglich. Der Arzt sagte: »Er ist sehr kräftig, Linda. Er kann seinen Kopf schon gut halten.«

Doran wog 3700 Gramm. Er sah gesund aus, sein Gesicht war voll und hübsch, aber ich machte mir dennoch Sorgen. Doran wirkte nicht wie ein neugeborenes Kind. Ich hatte den Eindruck, als ob ihn irgend etwas beunruhigen würde. Er war ungewöhnlich wach, und seine Augen jagten ruhelos hin und her.

Alle wollten ihn auf den Arm nehmen und anschauen. Die Hebamme badete ihn. Ich war von lieben Menschen umgeben, die Dorans Geburt feiern wollten und mir immer wieder versicherten, daß alles in Ordnung sei.

Meine Tochter Lili wurde zu Bett gebracht. Der Arzt und die Hebamme verließen das Haus. Judy blieb über Nacht. Doran lag bei mir im Bett, und für eine Weile kam tiefer Friede über mich. Ich war vollkommen entspannt. Jetzt war ich wieder mit einem Element verbunden, das ich gefunden, dann verloren und nun wiedergefunden hatte. Es war mir wichtig, daß dieses Kind nicht litt. Sein Vater hatte es mit den Leiden der Welt aufgenommen und war gestorben. Das, dachte ich, war genug des Leidens. Doran sollte fröhlich sein und ein schönes Leben haben.

In jener ersten Nacht schrie Doran nicht, aber er schlief auch nicht. Als der Morgen kam, stürmte Lili herein und krabbelte glücklich neben ihren Bruder ins Bett. Am Nachmittag kam meine Freundin Catherine aus Liverpool. Wir kannten uns damals schon sechzehn Jahre. Sie wollte die Woche über bleiben. Nachdem sie uns alle umarmt hatte, packte sie Spielsachen, Babywäsche und Champagner aus. Durch die gelben Vorhänge meines Schlafzimmers schien hell die Sonne ins Zimmer. Lili schüttelte ihre blonden Locken und biß in einen Maiskolben. Die tiefstehende Herbstsonne tauchte das Innere des Hauses in ein goldenes Licht.

Auch Doran war gelb, so gelb, daß unsere Hebamme ihn, als sie am Vormittag wieder vorbeikam, lachend einen kleinen Chinesen nannte. Sein Urin hinterließ gelbe Flekken auf den Windeln. Die Hebamme schien darüber ein wenig verwundert, hielt es jedoch nicht für einen Anlaß zur Besorgnis. »Eine leichte Gelbsucht«, sagte sie. »Das kommt häufiger vor, weil sich die Leber des Kindes umstellen muß.«

»Nach einer leichten Gelbsucht sieht das aber nicht aus«, sagte ich. Die Hebamme seufzte. Sie wollte unsere Blutgruppen und den Rhesusfaktor noch einmal auf Verträglichkeit überprüfen. Ich konnte mich nicht erinnern, daß Peters Blut je untersucht worden wäre. Meine Blutgruppe stand auf dem Mutterpaß, den die Hebamme vor sich hatte: A, Rh positiv, also völlig unproblematisch. »Könnte es nicht doch Probleme mit dem Rhesusfaktor geben?« fragte ich. Ich wollte unbedingt eine Möglichkeit finden, etwas zu tun.

»Nun, wir könnten einen Bilirubintest machen. Dazu muß man ihm eine Blutprobe aus der Ferse entnehmen. Aber«, fügte sie rasch hinzu, »die Babys schreien, weil das weh tut. Die meisten Mütter mögen deshalb diesen Test nicht.«
Ich hatte das Gefühl, daß uns eine wichtige Information fehlte, und plötzlich fiel mir ein, daß Peter Blutspender gewesen war. Sein Ausweis lag mit seinem Paß und anderen persönlichen Gegenständen in einer Schublade des Nachtkästchens neben dem Bett. Ein Glück, daß der Ausweis hier ist, dachte ich. Ich kramte in der Schublade, fand ihn sofort und hielt ihn der Hebamme hin. Sie nahm ihn und schlug ihn auf. »Null, Rh positiv«, lächelte sie. »Das verträgt sich sehr gut mit Ihrer Blutgruppe und Ihrem Rhesusfaktor. Sie brauchen sich wirklich keine Sorgen machen.«
»Ich mache mir aber Sorgen.«
Sie lächelte wieder. Sie wollte mich offensichtlich beruhigen, aber ich hatte das Gefühl, daß sie mich nicht ernst nahm, und diese nutzlosen Gespräche kosteten Zeit. Ich hatte keine Ahnung, was eine Unverträglichkeit zwischen den Rhesusfaktoren für Auswirkungen auf das Kind haben konnte, aber allem Anschein nach waren die Rhesusfaktoren ja verträglich. Ich hatte das Gefühl, daß ich einfach nicht die richtigen Fragen stellen konnte. Als die Hebamme gehen wollte, versuchte ich noch einmal, meine Befürchtungen auszudrücken.
»Könnten Sie mir vielleicht ein bißchen mehr über dieses Bilirubin sagen? Ich wäre ruhiger, wenn ich wüßte …«
»Das ist der medizinische Ausdruck für den gelben Gallenfarbstoff, der die Gelbsucht verursacht«, unterbrach sie mich.
»Und wie äußert sich Gelbsucht?«
»Oh, meistens hat das Baby nur ein paar Tage lang eine hübsch gebräunte Haut, außer …« Sie stockte, und ich hatte den Eindruck, daß sie nicht weiterreden wollte.
»Außer?« beharrte ich.

»Nun, außer es handelt sich um eine Blutgruppen-Unverträglichkeit. Wenn das der Fall wäre, müßte ich Ihnen den jungen Mann für eine Weile ins Krankenhaus entführen.«
»Und was könnte schlimmstenfalls passieren?« fragte ich gefaßt.
Sie antwortete schnell und leichthin, als ob sie von ihren Worten abrücken wollte: »Eventuell ein Hirnschaden. Aber«, fügte sie hinzu, während sie ihre Sachen nahm und zur Tür ging, »zum Glück haben wir diese Möglichkeit bereits ausgeschlossen.«
Niemand in meiner Umgebung schien sonderlich beunruhigt. Doch mir schmeckte weder Essen noch Trinken, was vielleicht auf die Hormonumstellung nach der Geburt zurückzuführen war. Der Arzt und die Hebamme rieten mir, Doran viel zu trinken zu geben und mir keine Sorgen zu machen, solange er nicht schläfrig wurde. Doran wurde nicht schläfrig. Er lag wach in meinem oder Catherines Arm. Er schien nicht besonders durstig zu sein. Deshalb versuchten wir mehrmals, ihm ein wenig Wasser einzuflößen.
Am dritten Tag nach Dorans Geburt war es immer noch sehr warm. Wir beschlossen, uns draußen vor das Haus zu setzten und dort zu essen. Die Hebamme kam und war entsetzt, daß sie uns im September mit einem Neugeborenen im Freien sitzen sah. Auch gut in Decken eingewickelt, könne das Kind sich erkälten, sagte sie. Gehorsam trug ich Doran hinein. Als ich aus dem hellen Sonnenlicht in das Zimmer trat, mußte ich blinzeln. Einem plötzlichem Impuls folgend und weil ich es einfach nicht mehr aushielt, bat ich die Hebamme, Dorans Blut einem Bilirubintest zu unterziehen. Sie nahm ihm Blut ab. Doran weinte nur kurz.
»Fühlen Sie sich jetzt besser?« fragte die Hebamme lächelnd, als es vorbei war.
Das Ergebnis des Tests sollte ich am folgenden Tag bekommen. Am nächsten Morgen wurde Doran schläfrig und war

nicht mehr an Nahrung interessiert. Ich konnte ihn kaum aus seinem Dämmerzustand wecken. Ich rief meinen Arzt an, aber der Befund war noch nicht da: Ich mußte warten. Am liebsten wäre ich auf der Stelle ins Krankenhaus gefahren. Aber Neugeborene schlafen eben viel; normalerweise ist das kein Anlaß zur Besorgnis.

Zwei Stunden später klingelte das Telefon. Die Konzentration von Bilirubin in Dorans Blut war gefährlich hoch. Im Krankenhaus war man auf einen Blutaustausch vorbereitet. Die Schwester fragte mich, ob sie einen Krankenwagen schicken sollten oder ob ich lieber selbst fahren wollte? Jede Minute war kostbar, und deshalb beschloß ich, selbst zu fahren. Ich nahm Doran und befahl Catherine und Lili, ins Auto zu steigen. Catherine meinte, es sei gefährlich, wenn ich in meinem Zustand fahre und setzte sich ans Steuer. Qualvoll langsam steuerte sie das Auto die Straße entlang. Ich hielt es nicht mehr aus und befahl ihr, zu halten. Ich setzte mich ans Steuer, und sie nahm Doran auf den Schoß. Sein Körper wurde bereits immer steifer.

Ich fuhr die zwanzig Kilometer zum Krankenhaus, so schnell ich konnte. Haarnadel-Kurven, Steigungen, Gefällestrecken und unübersichtliche Stellen wechseln sich ab, aber ich kannte die Strecke sehr gut.

Gott sei Dank fanden wir gleich den richtigen Eingang. Ein Engel muß uns begleitet und den Tod von uns ferngehalten haben. An der Tür wartete schon eine Schwester. Doran bekam den ersten Krampf glücklicherweise erst, als wir schon auf der Säuglings-Intensivstation waren. Er wurde zunächst nur beobachtet; mehr konnte man nicht für ihn tun, solange mein Blut gründlich untersucht wurde. Das Ergebnis war wieder A, Rh positiv, also völlig unproblematisch. Lili, Catherine und ich saßen mit zwei jungen Ärzten in einem kleinen Sprechzimmer. In der Ecke stand eine mechanische Milchpumpe namens Daisy.

Die Ärzte gebrauchten in ihrer Unterhaltung immer häufiger das Wort Kernikterus. Es hörte sich sehr wissenschaftlich an. Sie waren sich darüber einig, daß Kernikterus heutzutage selten ist, so selten, daß Dorans Krankheit auf sie fast wie ein Stück Vergangenheit wirkte. Überdies wurde der Fall immer spannender, weil es keinen Hinweis darauf gab, warum gerade Doran an Kernikterus litt. Der Kontrast zwischen dem bedenklichen Zustand, in dem Doran sich befand, und der Faszination, die er als medizinisches Problem ausübte, war beinahe grotesk. Ich mahnte die Ärzte zur Eile.

Dorans Chancen hingen offenbar davon ab, wie lange der Bilirubinspiegel seines Blutes zu hoch gewesen war. Wenn er nur kurze Zeit höher als normal gewesen war, bestand die Möglichkeit, daß sich das Gehirn erholen würde. Doran würde das Krankenhaus gesund und munter verlassen und sich endlich darüber freuen können, daß er geboren worden war. Wir würden ein großes, fröhliches Fest für ihn veranstalten. Doch ich wußte, daß ich mir nicht ohne Grund die ganze Zeit Sorgen gemacht hatte.

Wenn der Blutaustausch erfolgreich sein würde und das Gift aus Dorans Körper entfernt werden könnte, bevor das Gehirn irreversible Schäden davontrug, wäre Doran dem Kernikterus entgangen. Aber wenn nicht? »Wenn die Diagnose Kernikterus richtig ist«, sagte der Arzt, »können wir ihn nicht heilen, verstehen Sie.«

»Und was«, fragte ich, »hat Kernikterus für Folgen?«

»Schädigung des Hirns«, antwortete er.

In meinem Kopf jagten sich die Fragen. Ich suchte immer noch nach einem Ausweg, den die Ärzte übersehen hatten. »Wie können Sie das feststellen?« fragte ich. »Wann können Sie das feststellen? Können Sie das jetzt schon mit Bestimmtheit sagen?«

Aber mir blieb nichts anderes übrig, als zu warten. Warten, bis die Bluttransfusionen gemacht waren. Warten, bis Dorans Zustand sich stabilisiert hatte. Warten, bis der dienst-

habende Kinderarzt Visite machte. Der anwesende Arzt sagte mir, daß die auffälligsten Anzeichen für Kernikterus eine gewisse Starre des Körpers und Zuckungen der Muskeln seien, Krämpfe, unkoordinierte Bewegungen der Arme, schwerer, röchelnder Atem, schrille Schreie und Taubheit. Bei Doran waren einige dieser Symptome aufgetreten, aber ich hoffte nun, daß sie nur Warnzeichen waren. Die beiden jungen Ärzte gaben ihm eine Chance von eins zu eins. Ich merkte, daß sie sich bemühten, mich zu trösten. Aber für sie war der Unterschied zwischen einem toten und einem schwer hirngeschädigten Kind nur eine Angelegenheit der Statistik, die zu ihrem beruflichen Alltag gehörte. Oberflächlich betrachtet, fand das Gespräch in einer positiven, ja geradezu heiteren Atmosphäre statt.
Endlich kam der diensthabende Kinderarzt mit den Ergebnissen. Mein angeblich unproblematisches Blut enthielt einen seltenen negativen Antikörper in einer ungewöhnlich hohen Menge. Der Wert war der höchste bisher gemessene. Der Arzt war hin und her gerissen zwischen spontaner Begeisterung über diese Entdeckung und Mitgefühl für unser Unglück. Mein Mann war gerade gestorben. Wir waren ohne finanzielle Absicherung und wohnten in einem abgelegenen Haus. Wir waren ohnehin vollkommen aufeinander angewiesen. Aber jetzt gab es noch einen zusätzlichen Faktor in unserem Leben, der uns auf Gedeih und Verderb aneinanderkettete: das Blut. Biologisch waren Doran, Lili und ich gleichermaßen verantwortlich.
Ich gab mein Einverständnis, daß Doran so viele Austausch-Transfusionen bekommen konnte, wie nötig waren, um sein Leben zu retten. Eine Schwester fragte mich nach Dorans Religionszugehörigkeit. Ich sagte: »Alle Religionen.«
»Oh«, antwortete die Schwester, »dann schreibe ich hin: unabhängig.«
»Unabhängig«, wiederholte ich. »Das ist gut.«
Catherine brachte Lili zu einer jungen Familie, mit der wir

befreundet waren. Inzwischen war ich soweit, daß ich an Engel glaubte, und ich brauchte sie auch. Der Arzt klärte mich über die Gefahren der Austausch-Transfusionen auf und bot mir ein Zimmer auf der Wöchnerinnenstation an. Es lag direkt über der Intensivstation. Man versprach mir, mich zu rufen, falls es irgendwelche Schwierigkeiten geben sollte. Ansonsten wollte man mir erst Bescheid geben, wenn die Transfusion erfolgreich durchgeführt war. An Schlaf war nicht zu denken. Ich legte mich aufs Bett und wartete. Ich wollte unbedingt etwas tun, aber ich war zum Nichtstun verdammt. Jetzt hatte ich Zeit, mir alles ins Gedächtnis zu rufen, was ich über Schädigungen des Gehirns wußte. Ich wußte, daß ich damit rechnen mußte, daß Doran einen Hirnschaden davontrug, wenn nicht eine höhere Macht eingriff und alles, was bereits geschehen war, rückgängig machte. Aber ich wagte nicht darauf zu hoffen. Ich hatte nur sehr vage Vorstellungen von den Folgen einer solchen Schädigung. Ich hatte sabbernde Kinder in Rollstühlen gesehen, die unkoordiniert mit ihren Gliedmaßen schlegelten und die Augen verdrehten. Wie damals in meiner Kindheit erfüllten mich Furcht und Scham. Ich erinnerte mich und begriff jetzt, was das für Kinder im Schwimmbad gewesen waren. Jetzt begriff ich auch meine Scham. Ich hatte Menschen zu lange nach Äußerlichkeiten beurteilt. Einen Sohn zu haben, dessen inneres Licht unter einer mißgebildeten und abstoßenden Gestalt verborgen war, würde eine Lektion in Menschenliebe für mich sein. Und Doran? Für Doran konnte ich ein solches Schicksal nicht akzeptieren.

Damals war Doran noch schön. Seine Gliedmaßen waren wohlgeformt, seine Brust war gewölbt, seine Stirn hoch, und sein Gesicht hatte einen intelligenten Ausdruck. Seine äußere Erscheinung stand im Widerspruch zur Schädigung seines Gehirns. In meiner Torheit fragte ich mich sogar, wie lange es wohl dauern würde, bis sich ein hirngeschädigtes Kind äußerlich veränderte.

Um Mitternacht erschienen zwei Ärzte und berichteten, Doran habe die Transfusionen erstaunlich gut überstanden. Sie hätten erwartet, daß er fünf Transfusionen brauche, aber wie es aussehe, sei sein Blut bereits durch zwei fast völlig entgiftet. Jetzt werde der Reinigungsprozeß mit einer Fototherapie, einem weit weniger gefährlichen Verfahren, fortgesetzt.

Ich stand noch an der Tür zu meinem Zimmer, als sich die Ärzte zum Gehen wandten. Bestürzt stellte ich fest, daß sie erwarteten, ich würde ihre Erleichterung teilen und die Gelegenheit zu ein paar Stunden Schlaf nutzen. Aber ich hatte einen Entschluß gefaßt.

»Könnte ich ihn jetzt bitte sehen?«

Aber die Ärzte waren mit ihren Gedanken bereits in einer anderen Welt. Sie nahmen mich schon gar nicht mehr richtig wahr, und der Fall Doran war für den heutigen Abend abgeschlossen. Nur widerstrebend wandten sie sich mir noch einmal zu. »Schlafen Sie«, sagten sie. »Sie können jetzt nichts für Doran tun.«

»Ich kann nicht schlafen. Ich kann nicht schlafen, bevor ich ihn gesehen habe. Wirklich nicht.« Ich bemerkte zu meinem Schrecken, daß ich drauf und dran war, mich mit den Menschen zu streiten, die gerade meinem Sohn das Leben gerettet hatten. Die Ärzte sahen mich unnachgiebig an. Aber dann hatte ich den rettenden Einfall: »Hören Sie, ich stille Doran«, sagte ich. «Die Milch staut sich in meinen Brüsten, weil er sie nicht trinken kann. Es schmerzt stark. Könnte ich ein wenig Milch für Ihre Frühgeburten spenden und rasch einen Blick auf Doran werfen, bevor ich gehe? Dann könnte ich bestimmt viel besser schlafen.« Ich war jetzt froh, daß ich die Milchpumpe Daisy im Sprechzimmer bemerkt hatte. Die Ärzte baten mich, ihnen zu folgen.

Auf der Intensivstation wurde ich beinahe wie eine Heldin empfangen, denn Muttermilch war sehr knapp. Ich saß in dem Sprechzimmer neben dem Raum, in dem die Kinderbettchen und Brutkästen standen. Die Schwestern nahmen mich rasch in ihren Kreis auf. Zuerst fragten einige zwar: »Was macht die denn hier?« Aber sobald ihnen der Grund meines Besuches gesagt wurde, riefen sie mir zu: »Gott segne Sie.«

In dem Sprechzimmer bestaunte ich fasziniert die merkwürdigen pneumatischen Eigenschaften der Pumpe. Ich leistete einen Beitrag zur Ernährung der Frühgeburten, und das gab mir das Gefühl, dazuzugehören. Auf diese Weise war ich eine aktive Mitarbeiterin des Krankenhauses, und das wirkte sehr beruhigend auf mich. Schließlich lieferte ich zwei randvolle Flaschen mit Milch beim Kühlschrank ab. Sie wurden sorgfältig datiert und beschriftet. Ich war jetzt viel ruhiger und bat darum, wie vereinbart Doran sehen zu dürfen. Eine der Schwestern half mir, einen weißen Kittel anzuziehen, der hinten geschlossen wurde. Dann führte sie mich in den kleinen Nebenraum, der für die Fototherapie benutzt wurde. Fototherapie hat genau den entgegengesetzten Effekt einer Höhensonne: die Haut wird gebleicht.

»Ich möchte Sie darauf vorbereiten, wie er aussieht«, sagte die Schwester. »Er sieht anders aus, als Sie erwarten.«

»Aber das ist doch unwichtig!«

Der kleine Raum war dunkel. In einer Ecke stand ein hell erleuchteter, rechteckiger Glaskasten, und in dem Kasten lag Doran. Er war bis auf die weiße Windel nackt. Seine Augen waren mit zwei weißen Gazestücken abgedeckt, wahrscheinlich, um sie vor dem Licht zu schützen. Sein Kopf war an einer Stelle rasiert. Dort führte ein dünner Schlauch unter die Haut. Sein Körper war gut proportioniert. Er sah wirklich absolut vollkommen aus. Für einen Augenblick stand die Zeit still. Ich achtete kaum auf die Worte der Schwester, bis sie mich schließlich am Ärmel zupfte.

»Wir haben ihn an den Tropf gehängt«, sagte sie, »damit er nicht noch mehr austrocknet. Die Haare wachsen schnell wieder nach, keine Sorge.«

»Ich bin jenseits aller Sorgen«, sagte ich fast im Scherz. »Aber ich möchte etwas tun. Darf ich ihn stillen?«
Sie sah mich erstaunt an.
»Noch nicht«, sagte sie. »Die Transfusionen haben ihn geschwächt.«
»Darf ich es morgen versuchen?«
Sie war immer noch sichtlich verwirrt von meinem Wunsch.
»Im allgemeinen saugen sie nicht gut«, sagte sie vorsichtig, »aber Sie können es ja mal versuchen.«
Ich spürte, daß sie Doran bereits aufgegeben hatte.
»Ich glaube, Doran wird sich wieder erholen«, sagte ich.
Sie sah mich mit einer Mischung aus Mitleid und Bewunderung an.
»Wann soll ich kommen?« fragte ich.
»Kommen Sie morgen um sechs Uhr. Da werden die Babys gefüttert.«
»Werden Sie dann noch hier sein?«
»Ja, ich gehe nach der ersten Fütterung. Wir sehen uns also noch. Gute Nacht.«
»Gute Nacht.«
Dorans Bild stand mir plastisch vor Augen. Ich war immer noch hellwach und aufgedreht; schließlich waren seit der Geburt erst vier Tage vergangen. Die Geburt selbst erschien mir weit weg. Ich fühlte mich Ereignissen näher, die noch viel weiter in der Vergangenheit lagen, und meine Gedanken schweiften von Doran zu seinem Vater.
Eine Schwester gab mir Nachtwäsche und eine Schlaftablette. Bald lag ich im Bett und wartete darauf, daß der Morgen kam.
Ich ließ die Ereignisse meines Lebens an mir vorüberziehen. Ich wußte, daß ich alles hatte, was ich brauchte, um meinen Weg zu finden. Ich mußte mein Wissen nur richtig einsetzen. Plötzlich war es leicht, wieder mit Peter zu reden. Ich erinnerte mich, wie stark wir uns zueinander hingezogen

fühlten, wie der Tod ihn verfolgte und die Mächte der Finsternis ihn verhöhnten, bis er schließlich, bevor er seine Liebe zerstören konnte, sich selbst zerstörte. Und ich erinnerte mich, wie er mit diesen Kräften in unserem Haus eine Atmosphäre von Frieden und Liebe schuf, so daß ich schließlich verstand und voller Freude seinen Geist spürte. Daß sein Körper fehlte, war beinahe unwichtig. Mit den Toten zu reden wurde so einfach und natürlich, wie an Blumen zu riechen. Oft lachten wir uns nur liebevoll an. Dann wußte ich: Er hatte dafür gesorgt, daß ich im Einklang mit der Welt lebte, und nun mußte er weiterziehen.
Als ich so still in meinem Bett lag, spürte ich eine Wärme in meinen Armen, und von weit her durch die große Stille hindurch kam mir die Erkenntnis, daß Doran jetzt mein Führer war. Ich ging jetzt seinen Weg. Ich würde mich ihm anvertrauen.

2

Ich erwachte, und sofort traten die Ereignisse der vergangenen vierundzwanzig Stunden in mein Bewußtsein. Es war Viertel vor sechs. Um sechs Uhr zog ich den weißen Kittel an. Er war mein Passierschein in die Intensivstation. Zuversichtlich knotete ich die Bänder auf der Vorderseite zusammen und ging rasch zwischen den Kinderbettchen hindurch zu dem abgedunkelten Raum mit dem erleuchteten Kasten. Ich fand Doran, wie ich ihn in der Nacht verlassen hatte: er schlief nicht, aber er war auch nicht ganz wach. Die Schwester, die sich gerade über ihn beugte, sah zu mir auf und sagte: »Ich fürchte, er ist zu schläfrig, um zu saugen.«
»Warum?«
»Er hat ein Beruhigungsmittel bekommen. Phenyläthylbarbitursäure.«

»Und aus welchem Grund?«
»Das ist hier so üblich«, sagte sie. »Dann sind sie nicht mehr so unruhig.«
»Aber es wäre doch gut, wenn er ein bißchen lebhafter wäre«, sagte ich, »wenn er ein bißchen stimuliert würde?«
Die Schwester entgegnete, ihrer Meinung nach seien zwei Austausch-Transfusionen Stimulierung genug. Durch die geöffnete Tür sah ich, daß draußen vor Dorans Zimmer einige Babys bereits im Arm ihrer Schwester lagen und an der Milchflasche nuckelten.
»Ich bin überzeugt, daß ich Doran zum Saugen bringen kann«, sagte ich dickköpfig. »Lassen Sie es mich versuchen?«
Als Antwort hob sie Doran aus dem Kasten und entfernte die Gazestückchen von seinen Augen. Seine Augen standen offen, aber sie blickten ins Leere. Sein Körper wirkte steif, und die Hände hatte er zu Fäusten geballt. Er reagierte nicht. Ich wollte ihn mit meinem Willen dazu zwingen, nicht zu sterben. Seine Ohren waren fein geformt und spitz. Sie sahen aus, als wären sie dazu bestimmt, das leiseste Geräusch wahrzunehmen. Ich setzte mich auf einen Stuhl neben den Kasten, und die Schwester streckte mir Doran, mitsamt den Schläuchen an seinem Kopf, vorsichtig entgegen, so vorsichtig, als wolle sie seinen Schlaf nicht stören. Ich knöpfte die Bluse auf und ließ ihn den vertrauten Geruch meiner Haut einatmen. Dann schüttelte ich ihn ein wenig, aber er reagierte nicht. Die Infusionskanüle an seinem Kopf saß anscheinend ziemlich fest. Doran konnte nicht trinken, solange er schlief, und deshalb schüttelte ich ihn ein bißchen stärker. Ich tätschelte behutsam seine Wangen und rief immer wieder seinen Namen. Es war mir gleichgültig, daß er taub war. Ich wollte nur, daß er trank. Ich verlangte es von ihm. Die Schwestern draußen vor der Tür wurden neugierig, und nach einer Weile beobachteten uns einige durchs Fenster. Plötzlich fand Dorans Mund die richtige

Stelle und im Halbschlaf begann er, mit den Lippen eine leichte Saugbewegung zu machen. Von diesem Augenblick an stand die Krankenschwester fest auf meiner Seite.
»Sollen wir es zuerst mit einer Flasche versuchen?« schlug sie vor. »Das wäre vielleicht einfacher für ihn.«
Doran saugte immer kräftiger. Jemand sagte: »Seht euch diesen Jungen an. Er trinkt besser als manches normale Baby vom ersten Stock.«
Daß Doran an der Brust trank, war seine einzige normale Verhaltensweise, und er behielt sie bei.
Der Tropf wurde abgehängt. Ich hatte viel Milch und teilte sie täglich zwischen Doran und Daisy auf. Bald gehörte ich zum Inventar der Station. Ich konnte mich völlig frei bewegen und dadurch täglich in Dorans Nähe sein.
Catherine und Judy brachten mir Lebensmittel, Kleidung und meine Malutensilien, und obwohl Dorans Zustand sehr kritisch war, feierten wir ein seltsames Fest der Liebe. Wenn ich Doran nicht stillte, zeichnete ich ihn. Was ich mit den Händen nicht berühren konnte, erreichte ich mit den Augen. Die Angst vor der Zukunft war vorübergehend aufgeschoben.
So verging eine Woche. Dann mußten die Ärzte zu einer endgültigen Diagnose gelangen. Nachdem ich Doran gestillt hatte, schickte man mich auf mein Zimmer, wo ich warten sollte. Die Ruhepause war vorbei; jetzt mußte ich den Tatsachen ins Auge blicken. Ich sah, wie sehr sich Doran von einem normalen Baby unterschied, aber ich liebte ihn so, daß ich einfach darüber hinwegsehen konnte. Meine Freunde taten immer noch so, als hätte Doran eine ganz gewöhnliche Krankheit, von der er mit der richtigen medizinischen Behandlung im Laufe der Zeit geheilt werden würde.
Als ich schließlich aufgefordert wurde, ins Sprechzimmer zu den Ärzten zu kommen, hatte ich das Gefühl, in eine andere Welt zu treten. Ich erinnere mich noch heute an den

Korridor und den Aufzug. Wie bei der Geburt gab es kein Zurück. Ich mußte immer weitergehen. Im Aufzug flehte ich meine Engel an; dann faßte ich mich und ging seltsam entspannt durch die Tür des vertrauten Zimmers, in dem auch Daisy stand. Einige Menschen in weißen Kitteln standen vor dem Schreibtisch. Als ich mich auf sie zu bewegte, schienen sie zur Seite zu schweben, und ich stand plötzlich vor einem kleinen Mann, dem seine Pflicht offenbar große seelische Qualen bereitete.

»Mrs. Scotson?« fragte er mit sanfter Stimme.

»Ja«, sagte ich. »Guten Tag.«

Ich streckte ihm die Hand hin, aber er übersah sie.

»Ich habe keine guten Nachrichten für Sie.«

Er wollte mir ersparen, daß ich mir falsche Hoffnungen machte, und kam sofort zur Sache: Alle Gliedmaßen Dorans waren steif und verkrampft. Seine Sehkraft, seine Sprech- und Hörfähigkeit waren aller Wahrscheinlichkeit nach stark in Mitleidenschaft gezogen worden.

Er machte einen verzweifelten Versuch, das Urteil zu mildern. »Allerdings hat seine Intelligenz vermutlich keinen Schaden gelitten.« Er stockte. »Doch das ist vielleicht die größte Tragödie, denn« – er sprach leise weiter – »er wird nie in der Lage sein, sie zu gebrauchen.«

Mein erster Impuls war, Doran zu nehmen und wegzulaufen. Die ganze Situation erschien mir seltsam unwirklich. Inzwischen waren auch die anderen Ärzte und Schwestern wieder in das Zimmer zurückgekehrt und gaben mir gute Ratschläge, als ob Doran nicht mehr mein Kind wäre, sondern ein Wesen, mit dem ich noch keine Erfahrung hatte. Immer und immer wieder hörte ich das Wort »Fall« anstelle seines Namens. Doran gehörte jetzt gewissermaßen zu einer Unterart der Gattung »Fälle«. Seine Identität als Mensch hatte er verloren. Ich sah hinüber zu dem Raum, in dem er lag. Der Kinderarzt legte mir die Hand auf die Schulter. Er spürte, daß ich seinen Worten keinen Glauben

schenken wollte, und und sagte: »Suchen Sie nicht nach einem Heilmittel. Es gibt keines. Versprechen Sie mir, Ihre Zeit nicht damit zu vergeuden.«
Ich konnte mir vorstellen, was sie von mir dachten. Ich war arm, seit kurzem verwitwet und mit meinem alten indischen Wickelrock und einer verwaschenen Bluse für ihre Verhältnisse ein wenig merkwürdig gekleidet. Aber die Liebe in mir war stark, und ich würde meine Zeit nicht vergeuden. Ich würde das Unmögliche tun.
Die Angst fremder Menschen drohte mich zu ersticken. Es war wie nach Peters Tod. Damals hatte ich darum gekämpft, bei seinem toten Körper stehen zu dürfen, und jetzt kämpfte ich darum, Dorans kranken, aber noch lebenden Körper zu bekommen.
»Ich würde jetzt gern zu ihm gehen«, sagte ich. Die Ärzte und Schwestern machten mir Platz. Ich weiß nicht mehr, ob sie mir einen weißen Kittel überzogen. Ich weiß nur noch, daß ich Doran in einem gewöhnlichen Bettchen liegend fand. Erstaunlich, was für eine Erleichterung es war, ihn im Arm zu halten. Ich wollte ihm ein wenig Würde geben, eine Intimsphäre.
Eine fremde Stimme, die aus dem Nichts zu kommen schien, unterbrach unsere stumme Zwiesprache: »Wir werden für Sie tun, was wir können. Ich bin die Sozialarbeiterin dieser Klinik. Sind Sie sicher, daß Sie ihn behalten wollen?«
Ich spürte, wie sie sich über mich neigte, als sie die Frage wiederholte, und mir kamen die Tränen. Ein paar fielen auf Doran. Meine Tränen spülten die Worte der Frau und ihre Bedeutung fort.
Ich stammelte ein paar unzusammenhängende Sätze. Ich fühlte innerlich nur Ärger, Schmerz und Liebe. Nach einiger Zeit sah ich endlich wieder klar genug, um die Leute erkennen zu können, die einen Kreis um uns gebildet hatten.
»Haben Sie im Ernst erwartet, daß ich ihn nicht haben will«,

sagte ich. Ich hielt Doran so fest, als ob ich ihn nie wieder hinlegen wollte.

»Manche Mütter werden nicht damit fertig«, sagte die Sozialarbeiterin. »Das ist verständlich.«

»Mrs. Scotson«, sagte der Kinderarzt, »Sie müssen davon ausgehen, daß Doran niemals in der Lage sein wird, seine Möglichkeiten ganz auszuschöpfen.«

»Komme, was wolle«, sagte ich halb zu mir und halb zu Gott, der schließlich alles hört. »Doran wird lernen, gerade, aufrecht und frei zu gehen. Das schwöre ich. Ich schwöre es.«

Man erlaubte mir, Doran mit in mein Zimmer zu nehmen. Ein Kinderbettchen wurde hereingeschoben, aber ich behielt ihn bei mir im Bett. Irgend jemand mußte bemerkt haben, daß ich seit Dorans Geburt nicht mehr richtig geschlafen hatte. Die Oberschwester verordnete uns beiden vier Tage strenge Bettruhe. Ich wußte, daß man mir Zeit geben wollte, mich an Dorans Zustand zu gewöhnen. Sein Körper war steif, und seine Hände waren zu Fäusten geballt. Er reagierte weder auf Licht noch auf Geräusche, aber er konnte meine Arme und den gleichmäßigen Schlag meines Herzens spüren. Immer wieder bog ich seine Finger auseinander, und immer wieder krümmten sie sich trotzig zusammen.

Alle vier Stunden bekam Doran drei Spritzen. Sein Geschrei ließ keinen Zweifel darüber aufkommen, daß er die Injektionen spürte. Ich bemerkte, daß er nach der zweiten Spritze immer am lautesten protestierte, als ob er die dritte bereits ahnte und vermeiden wollte. Mir kam es vor, als könne er zählen. Ich dachte daran, daß seine Hebamme vor einigen Tagen – oder vor tausend Jahren? – ihm einen Stich in die Ferse ersparen wollte. Man sagte mir, Doran bekomme mit den ersten beiden Spritzen Antibiotika und mit der dritten ein Beruhigungsmittel. Die Antibiotika erschienen mir notwendig, aber ich wehrte mich dagegen, daß er ständig mit

Beruhigungsmitteln vollgepumpt wurde. Doran hatte ohnehin schon eine zu geringe sinnliche Wahrnehmungsfähigkeit. Es war nicht einzusehen, warum diese auch noch künstlich gedämpft werden sollte. Die Oberschwester war Irin und sehr mitfühlend. Sie kündigte an, daß sie mit den Ärzten reden werde.

»Seit er bei Ihnen liegt, ist er viel ruhiger«, sagte sie. »Meinen Sie, daß er hören kann?«

Ich schüttelte den Kopf. Es fiel mir schwer, das zuzugeben, aber Doran zeigte keine Reaktion auf die zahllosen kleinen Geräusche, die normale Babys so erregen, daß sie die Arme in die Höhe werfen. Man konnte ihn geräuschvoll direkt aufs Ohr küssen, aber er blieb davon unberührt wie eine Porzellanpuppe.

»Noch nicht«, sagte ich.

»Nun, dann müssen wir uns eben ein bißchen anstrengen«, sagte die Schwester.

Sie holte eine große Messingglocke und schüttelte sie kräftig direkt über Dorans Kopf. Sie hätte das Experiment gerne fortgesetzt, aber sämtliche Babys auf der Station wachten auf und schrien, während Doran unbeteiligt in die Luft starrte. Der Unterschied zwischen ihm und den anderen Babys war offensichtlich. Ich konnte zusehen, wie die anderen Babys pausenlos zwischen dem Kinderzimmer und der Wöchnerinnenstation hin- und hergekarrt wurden. Diesen Kindern gehörte die sinnliche Welt. Sie bewegten sich lebhaft, ihre Reaktionen waren ausdrucksvoll, und wenn sie schliefen, lagen sie entspannt und friedlich in ihren Bettchen. Doran hatte nichts mit ihnen gemein. Sein Körper war von der Welt völlig abgeschottet.

Ich muß daran denken, wieviel Freude mir Musik machte und die langgezogenen Geräusche des Windes und der Gesang der Vögel auf der Dachrinne unseres Hauses. Es war Herbst, und man glaubte zu hören, wie Blätter an den Bäumen miteinander sprachen und Kinder in Äpfel bissen.

Ich erinnerte mich, wie mich als Kind die kleinen vertrauten Geräusche im Haus getröstet hatten, wie sie mir das Gefühl der Einsamkeit nahmen und mich in den Schlaf wiegten. Wenn Doran taub war, dann war das nur eine von vielen Behinderungen. Es war unwahrscheinlich, daß seine anderen Sinne sich zum Ausgleich schärfen würden. Deshalb mußte ich daran glauben, daß Doran nicht unheilbar taub war. Das war in Anbetracht meiner Beobachtungen eine sehr irrationale Haltung, aber ich wollte nicht rational sein. Auch die irische Schwester verhielt sich irrational. Sie versuchte immer wieder, ein Geräusch zu finden, auf das Doran reagierte, während ich mir vorstellte, selbst in einer Welt ohne Töne zu leben. Geräusche wurden für mich zur Qual, weil ich wußte, daß Doran sie nicht hören konnte.

Schließlich hieß es, daß wir am Vormittag entlassen würden. Doran wurde angezogen, und eine Schwester packte unsere Sachen. Catherine hatte vor drei Tagen wieder angefangen zu arbeiten, und weil ich niemanden kannte, der um diese Tageszeit frei hatte, nahm ich das Angebot an, in einem Wagen des Krankenhauses nach Hause gebracht zu werden. Ohne Beruhigungsmittel krähte Doran lautstark. Wir beide würden mindestens eine Nacht daheim brauchen, um unsere Beziehung zu klären. Erst dann konnte Lili zu uns kommen. Doran hatte offensichtlich große Angst und war sehr, sehr aufgeregt. Auf dem ganzen Weg kämpfte er mit seiner Furcht. Er war immer noch sehr kräftig und konnte seinen Kopf heftig nach hinten werfen, das Kreuz durchdrücken und brüllen. Ich konnte ihn ein wenig beruhigen, indem ich ihn auf meinen Oberschenkel oder über die Schulter legte und ihm kräftig den Rücken klopfte. Wenn das auch nichts half, mußte ich noch mit ihm im Kreis herumtanzen. Doch als ich ihn spielerisch in die Luft warf, begann er wieder laut zu brüllen.

Catherine und Judy hatten das Haus hübsch dekoriert hinterlassen; sogar das Kinderbettchen in dem freien Zimmer

hatten sie geschmückt. Damit wollten sie wohl andeuten, daß Doran dort schlafen sollte. Doran teilte mir jedoch unmißverständlich mit, daß er nicht schlafen würde, gleichgültig wann und wo ich ihn hinlegte. Kurz gesagt, es war nicht ratsam, ihn überhaupt hinzulegen. Ich war zu Hause und doch nicht zu Hause. Wir konnten nicht miteinander teilen, was wir sahen oder hörten, weil Doran weder sehen noch hören konnte. Wir konnten die Ruhe nicht miteinander genießen, weil Doran nicht müde wurde. Doch ich mußte eine Tagesordnung finden. Aber wie? Ich ging zwischen Küche und Wohnzimmer auf und ab. Dann lief ich die Treppe hinauf und wieder hinunter, und die ganze Zeit klopfte ich Doran den Rücken und versuchte, mir eine mögliche Form des Zusammenlebens vorzustellen. Auch mein Mittagessen nahm ich im Gehen ein. Zwischendurch stillte ich Doran. Seine Art zu trinken wirkte irgendwie verzweifelt. Er saugte zu schnell, verschluckte sich furchtbar und versuchte dann noch mehr Milch zu trinken. Ich setzte ihn probeweise in ein Tragetuch. Aber schon als ich ihn hineinsetzen wollte, begann er wieder zu schreien. Offensichtlich behagte ihm das Tragetuch nicht.
Später an diesem Nachmittag kam unsere Hebamme. In gewissem Sinne war sie die erste von zahlreichen Menschen, die wußten, was sie nach der Geburt eines hirngeschädigten Kindes in der betroffenen Familie tun mußte: die Eltern in einem Schwebezustand zwischen Verzweiflung und Hoffnung zu halten. Auch sie war der Ansicht, daß Doran taub war. Ich beruhigte den kleinen Patienten, indem ich ihm fest den Rücken klopfte, und überlegte dabei, ob ich sie wohl auch zu einer optimistischeren Diagnose bewegen könnte, die ich mir selbst ausgedacht hatte.
»Er schreit so laut. Ich kann mir nicht vorstellen, daß er nicht weiß, daß ich ihn höre«, sagte ich. »Meinen Sie, es wäre möglich, daß er nur ein Hörtrauma erlitten hat und bloß noch seine eigenen Schreie hören kann?«

Sie hätte offensichtlich gerne ja gesagt, aber ihre Ausbildung verbot es ihr. Freundlich und mit vielen Wiederholungen, damit ich sie auch wirklich richtig verstand, erklärte sie mir, daß nichts mehr zu retten sei, wenn der Hörnerv erst einmal zerstört ist. Das Hörvermögen könne nicht wiederkehren. Dann schlug sie mir vor, einen Taubstummenlehrer zu engagieren, der mich einmal in der Woche besuchen und mir helfen würde, mich auf das Leben mit einem tauben Kind vorzubereiten. Was blieb mir übrig, als ihren Vorschlag anzunehmen. Als sie gegangen war, rief mein Arzt an. Ich versuchte es noch einmal.

»Selbstverständlich konnten sie im Krankenhaus keine definitiven Aussagen machen«, sagte ich. »Aber sie sagten mir, daß er wahrscheinlich einen schweren Hirnschaden habe. Und ich glaube, sie haben recht – Doran sieht tatsächlich aus wie ein schwer hirngeschädigtes Kind. Meinen Sie nicht?«

Ich konnte seine Erleichterung regelrecht spüren. Er stimmte mir zu und war froh, daß ich es so gut aufnahm.

»Nehmen Sie jeden Tag, wie er kommt«, sagte er. »Er ist ja erst ein Baby.«

»Wird er nicht eines Tages heranwachsen?« fragte ich.

»Sie dürfen sich keine Sorgen um die Zukunft machen«, antwortete er. »Denken Sie daran: Aus großer Sorge kann großes Glück erwachsen.«

Er tat mir aufrichtig leid. Was sollte er denn sagen? Meine Situation war absurd.

In der Nacht schlief ich wenig. Ich mußte Doran den Rücken klopfen und nach seiner Choreographie im Haus herumtanzen. Am nächsten Morgen sah ich ein neues Gesicht in meinem Haus: eine Frau vom Gesundheitsamt. Ihr folgte in kurzem Abstand die Sozialarbeiterin. Beide konnten nur das bisher Gesagte noch einmal bestätigen. Ich hatte den Eindruck, daß sie immer noch meinten, Doran sei in einem Heim besser aufgehoben. Ich wollte nichts

Negatives mehr über Doran hören. Ich sehnte mich nach positiven Ratschlägen, die mir helfen würden, ihn zu heilen.

Um die Mittagszeit kam Bert und fuhr mit uns zu Lili, um sie abzuholen. Meine Freundin Bert besaß genau die Mischung von Mitgefühl und Sinn für das Praktische, die ich brauchte. Sie hielt Doran und klopfte ihm genau so den Rücken, wie er es mochte, während ich wartete, bis Lili mit dem Mittagessen fertig war.

»Mami«, sagte sie, als sie endlich die Augen auf mich richtete. »Das ist Lucy.« Sie streichelte den Arm ihrer Freundin. Zu diesem Zeitpunkt sah sie noch gesund und zuversichtlich aus, obwohl mich ihre Gastgeberin darauf hinwies, daß alle Kinder leicht erkältet seien.

So kam Lili nach Hause. Wir waren wieder zusammen und feierten. Bert blieb und klopfte Doran weiter den Rücken, während ich Lili eine Geschichte vorlas und sie dann wieder in ihr eigenes Bett steckte.

Ich hatte eine weitere aufreibende Nacht mit Doran vor mir. Langsam wurde mir bewußt, daß es für uns keinen Unterschied zwischen Tag und Nacht geben würde. Während der nächsten paar Tage war das Wetter schön, und Lili, die noch keine Erfahrungen mit einem anderen Bruder gemacht hatte, ließ sich von Dorans Verhalten nicht beirren. Wir besuchten Freunde, die einen Garten hatten und Scharen von Kindern einladen konnten. So hatte Lili Gesellschaft, und Dorans Gebrüll wurde von dem Geschrei der Kinder übertönt. Es war ein wunderschöner Altweibersommer, aber die Sonne erschien mir unwirklich, und Lilis Erkältung wurde immer schlimmer.

Ich ging mit Lili zum Arzt. Auch er war der Meinung, daß sie erkältet sei. Aber eine Erkältung sei nichts Ungewöhnliches, sagte er. Lili sei bestimmt bald wieder gesund. Doch Lili wurde diese Erkältung einfach nicht los. Sie konnte nicht schlafen. Sie hörte, daß ich mit Doran auf war, und

kurz darauf war auch sie wach. Jetzt tanzte ich mit zwei Kindern auf dem Arm.
Der Altweibersommer neigte sich dem Ende zu, und seine zauberhaften Farben verblaßten. Zurück blieb wehmütig kühle Luft. Lilis Erkältung dauerte an, und Doran verlangte immer heftiger nach einem Kontakt zur Welt. Ich hatte gelernt, alle möglichen häuslichen Pflichten zu erfüllen, ohne ihn hinlegen zu müssen. Dazu gehörte auch, Lili in den Spülstein zu setzen und wieder herauszuheben. Der Spülstein war ihr Lieblingsplatz, und sie konnte eine Ewigkeit warm, glücklich und zufrieden dort sitzen. Es war schwierig, ein Feuer anzuzünden, während ich ein Kind auf dem Arm hatte und dem anderen eine Geschichte vorlas.
Früher einmal hatte ich für uns drei eine glänzende und elegante Karriere auf dem Gebiet der Kunst geplant. Aber da Gott sich nun schon einige Mühe gemacht hatte, unseren Plan zu ändern, nahm ich an, daß er auch vorhatte, uns am Leben zu halten. Das war ein tröstlicher Gedanke, denn Lili erstickte inzwischen beinahe an ihrem Katarrh. Sie hatte zu husten begonnen. Es war ein grauenvolles Würgen, das sich anhörte, als müsse sie gegen ein wildes Tier ankämpfen. Außerdem wurde Doran noch einmal im Krankenhaus untersucht. Das Ergebnis war lediglich eine weitere Aufzählung seiner verschiedenen Behinderungen. Damals haßte er es, wenn ihm seine Sachen ausgezogen wurden, vor allem die Windel. Trotzdem wurde er in aller Form entkleidet. Als sich der Arzt über ihn beugte, pinkelte ihm Doran direkt ins Auge – das war zweifellos eine Reflexreaktion, aber dennoch sehr keck. Der Arzt wischte sich ärgerlich das Gesicht ab und lauschte dann auf Lilis Husten.
»Dieses Kind hat Keuchhusten«, sagte er. »Ihnen steht eine schwere Zeit bevor.«
Jetzt hatte ich zwei kranke Kinder. Schreiend und hustend saßen sie im Auto, während ich darüber nachdachte, daß ich kein Geld mehr hatte.

Die beste Lösung, die mir einfiel, war zugleich die einzige. Als wir zu Hause angekommen waren, rief ich meine Eltern an. Sie wohnten weit weg und waren weder jung noch rüstig. Aber beide besaßen für Notfälle einen Vorrat an Jugendlichkeit, und hier lag nun tatsächlich ein Notfall vor. Meine Mutter kam mit dem Zug, und ich holte sie am Bahnhof ab. Meine zweijährige Tochter sah aus wie eine alte Frau. Sie ging gebückt, weil sie auf einen neuen Hustenanfall vorbereitet sein wollte. Ihr Gesicht war grau und eingefallen. Beim Abschied vergoß sie keine Tränen. Sie war so krank, daß sie uns nur noch vertrauen konnte.

Eine Woche verging, dann noch eine. Wir lernten die Taubstummenlehrerin kennen, und sie erzählte uns von Gymnasien und Berufen für Taube, wie zum Beispiel Lastwagenfahrer. Ihr war das Ausmaß von Dorans Hirnschaden nicht klar, und ich brachte es nicht über mich, ihr davon zu erzählen, weil mir ihre lebensbejahende Art gefiel.

Eines Abends, als sie gerade das Haus verlassen hatte, stellte ich fest, daß Doran in meinen Armen eingeschlafen war. Ich trug ihn nach oben und legte ihn in mein Bett – er schlief weiter. Ich war ganz beglückt von der Freiheit, eine unendliche Zahl häuslicher Pflichten mit zwei Händen erledigen zu können. Eine Stunde verging. Es war richtig spannend, denn ich erwartete, jeden Augenblick wieder vom Spülstein weggerufen zu werden. Ich wrang die Wäsche aus, die ich gewaschen hatte, und beschloß, endlich auch einmal zu schlafen.

Doran regte sich nicht, aber irgend etwas an ihm war verändert. Ich hatte viel Zeit, ihn eingehend zu betrachten. Die Veränderungen in seiner Entwicklung waren winzig, wenn es sie überhaupt gab. Man brauchte den Blick einer liebenden Frau, um sie wahrnehmen zu können. In diesem Augenblick war ich mir sicher, daß er entspannter aussah; als sei etwas von der Harmonie seiner Umgebung auf ihn übergegangen. Ich ging zur Tür und schloß sie von innen:

Doran hörte kurz auf zu atmen. Die Unterbrechung war kaum wahrnehmbar, aber für mich so bedeutsam, daß es mir fast den Atem verschlug. Er konnte hören.
Ich stieg ins Bett und umschloß ihn mit beiden Armen. Seine Wange lag weich an meiner, und ich begann, zart seine Stirn zu streicheln. Da sah ich plötzlich, daß eine farblose Flüssigkeit aus seinem linken Ohr rann. Und während ich noch überlegte, wie ich mit dieser neuen Komplikation fertigwerden sollte, merkte ich, daß auch meine Wangen feucht waren. Sein ganzes Gesicht war naß von meinen Tränen.

3

Gegen Morgen gab Doran das lebendigste Geräusch von sich, das ich bisher von ihm gehört hatte: er nieste. Das Niesen entwickelte sich zu einer ausgewachsenen Erkältung. Weil sich Lilis Erkältung als Keuchhusten entpuppt hatte, hielt ich es für ratsam, sofort zum Arzt zu gehen. Doch der Arzt war überzeugt, daß Babys, die gestillt werden, sich nicht mit Keuchhusten anstecken können, auch wenn sie hirngeschädigt sind.
Am nächsten Tag war ich zu einem Bittgottesdienst eingeladen. Ich redete mir ein, daß Doran niemanden in der Gemeinde anstecken könne, wenn ich genug Papiertaschentücher mitnehmen und ihn gut in meinen Mantel einwikkeln würde. Soweit ich mich erinnern konnte, hatte ich mich in einer Kirche noch nie besonders wohl gefühlt. Trotzdem erschien es mir außerordentlich wichtig, daß Doran und ich hingingen.
Wir kamen gerade noch rechtzeitig. Neben mir stand eine Frau mit einem kleinen Mädchen auf dem Arm. Es hatte helle Augen, blonde Haare und einen winzigen Körper.

Jemand hatte mir ein Blatt mit Gebetstexten gereicht, und als ich aufschaute, begann die Gemeinde zu singen. Liebe durchflutete mich, und mir traten Tränen in die Augen. Ich mußte mich in die Faust beißen, damit ich den Gesang nicht durch mein Geheul übertönte. Doran war vollauf damit beschäftigt, zu trinken, und nieste kein einziges Mal. Das war gut, denn ich brauchte all seine Taschentücher. Irgend jemand geleitete mich zur Handauflegung zum Altar. Mir war schwindelig, und ich weinte noch, als die Gemeinde die Kirche verließ.

Wir blieben noch fünf oder sechs Minuten. Ich fühlte mich ungewöhnlich ruhig und gelassen, bis ich plötzlich husten mußte. Jemand holte mir ein Glas Wasser. Ich konnte mich nur durch ein Lächeln und durch Gesten verständigen. Dann suchte ich Zuflucht in meinem Auto. Doran lag den ganzen Heimweg still in seiner Tragetasche.

Ich hatte die Gartentür noch nicht geöffnet, da hörte ich schon das Telefon klingeln. Als ich im Haus den Hörer abnahm, dröhnte nur mein Husten in die Sprechmuschel. Judy war am Apparat.

»Wie geht es Doran?«

»Besser«, stieß ich mühsam hervor.

»Dafür hörst *du* dich schlimm an.«

Dagegen konnte ich nichts sagen.

»Linda, du solltest Doran hinlegen. Alle Babys schreien, das ist ein Reflex.«

»Danke für den Rat.«

»Ich weiß, daß du ihn nicht befolgen wirst«, sagte sie.

Mein Husten entwickelte sich sehr viel ärger als Dorans Erkältung. Hustenanfälle schüttelten mich so, daß ich danach völlig erschöpft war. Ich versuchte, meiner Krankheit dadurch etwas Gutes abzugewinnen, daß ich mir einredete, Doran könne seine Mutter jetzt wenigstens nicht mehr verwechseln, denn er konnte ja inzwischen hören. Ich ließ mir bei meinem Arzt zum nächstmöglichen Zeitpunkt einen

Termin geben, aber er hatte erst fünf Tage später Zeit für mich.
Im Liegen konnte ich keine Ruhe finden, und wenn es mir mit viel Glück gelang war, aufrecht sitzend einzuschlafen, kippte ich zur Seite und wachte wieder auf. Doran wollte mehrmals in der Nacht trinken. Zusammen mit den immer noch regelmäßigen Tanzeinlagen beschäftigte uns das bis zum Morgen.
Als dann endlich der Tag kam, an dem ich zum Arzt bestellt war, konnte ich nicht aufstehen. Jede Veränderung meiner Lage löste einen wütenden Sturm in meinen Lungen aus. Ich rief den Arzt an. Er wies mich darauf hin, daß er sehr beschäftigt sei und erst bei seinen abendlichen Hausbesuchen vorbeikommen könne. Dann wählte ich die Nummer der Frau vom Gesundheitsamt: sie zeigte zwar viel Mitgefühl, hatte aber zu tun. Schließlich rief ich Judy im Büro an.
»Langsam verliere ich meinen Sinn für Humor«, sagte ich.
Judy sagte als pragmatische Amerikanerin nur: »Du gehst sofort ins Krankenhaus.«
»Wie?«
Sie legte auf.
Kurz nach ein Uhr ging die Haustür, und jemand betrat das Haus. Wenn der Einbrecher eine Windel wechseln und mir vielleicht eine Tasse Tee bringen konnte, sollte er mir willkommen sein.
Leichte Schritte kamen die Treppe herauf.
Ein paar Augenblicke später benützte der Eindringling mein Telefon. »Königin-Viktoria-Krankenhaus? Ja, ich bin Arzt. Können Sie eine Mutter mit ihrem Baby aufnehmen? Bei der Mutter besteht Verdacht auf Lungenentzündung.«
Wenig später lag ich in einem weiß gestrichenen Raum. Meine Arme und Beine wurden gewaschen, und ich sah zu, wie Doran sich in den Arm einer ihn anhimmelnden Schwester kuschelte. Auf der Station liebte man Babys, und sogar ein ziemlich angeschlagenes Baby wie Doran wurde offen-

bar als Glück und Segen betrachtet. Obwohl er den Kopf nicht halten konnte und seine Augen immer wie Halbmonde über dem Nasenrücken standen, machte Doran eine gute Figur. Er wußte, daß man ihn mochte, denn statt zu schreien, schnurrte er behaglich.

Es gab eine Reihe von Schwestern, die ihn gerne wickelten und herzten oder sich auf andere Weise mit ihm beschäftigten. Nie zuvor hatte ich ihn so glücklich gesehen und nie zuvor war ich in der Lage gewesen, die Sorge um ihn zu vergessen und zu schlafen. Aber jetzt schlief ich tagelang. Freunde besuchten mich. Ich bat sie um ein Exemplar des *Tibetanischen Totenbuchs* und meine Malutensilien. Ich zeichnete Doran und träumte von tibetanischen Lamas. Dieser angenehme Zustand dauerte an, bis Doran von neuem die Aufmerksamkeit der ganzen Station auf sich zog. Es war nicht mehr zu leugnen, daß er hustete.

Nach einigem Hin und Her wurde beschlossen, uns beide als Patienten auf die Kinderstation eines anderen Krankenhauses zu überweisen, das mit Sauerstoffmasken ausgerüstet war. Gleich nach dem Mittagessen sollten wir dorthin gebracht werden. Durch die Fenster des Krankenwagens wirkte die vertraute Landschaft fremd und fern wie eine unnahbare Spiegelwelt.

Wir hielten vor einem niedrigen, bunkerartigen Gebäude auf dem Krankenhausgelände. Eine Schwester nahm Doran und trug ihn in einen von mehreren großen Räumen. Zwei Drittel der Wände bestanden aus Glas, der Rest war grün gestrichen. Der Fußboden schimmerte bläulich. Die Leuchtstoffröhre an der Decke summte, als sie eingeschaltet wurde. Ihr Licht hätte auch den rosigsten Teint entsprechend krank erscheinen lassen. (Später entdeckte ich, daß das Licht zwar gedämpft, aber nicht ganz ausgeschaltet werden konnte.) In dem Raum standen zwei eiserne Kinderbettchen und ein normalgroßes, allerdings sehr hohes Eisenbett. Von den Bettgestellen blätterte die Farbe ab. Ent-

weder war sie schon sehr alt oder jemand hatte vor langer Zeit in einem verzweifelten Kampf beharrlich mit den Füßen dagegen getreten. Doran wurde zu dem kleineren Kinderbettchen gebracht, das einem Käfig sehr ähnlich sah. Er begann wieder zu schreien. Als die Kinderschwester eine Seite des Käfigs öffnete und ihn hineinlegte, wurde sein Protest lauter und eindringlicher. In dem Raum war es verhältnismäßig kalt. Wortlos begann die Schwester, ihm seinen hübschen roten Strampelanzug auszuziehen. Dann verließ sie uns mit der Bemerkung, er brauche Krankenhauswäsche. Ich wickelte Doran in meinen Mantel und wartete. Sie kehrte zurück und brachte ein Kleidungsstück, das einem Strampelanzug entfernt ähnelte. Es war dünn und zerrissen, und die Druckknöpfe waren kaputt. Abgesehen davon paßte es nicht. Dankbar nahm ich Dorans eigene Sachen, und bevor die Schwester das Bettchen zumachen konnte, hob ich ihn heraus.
»Dort wird es ihm nicht gefallen«, sagte ich bestimmt.
»Aber Sie können ihn unmöglich die ganze Zeit auf dem Arm haben.«
»Ich kann«, sagte ich. »Doran muß getragen werden, und wenn es nötig ist, werde ich ihn die ganze Zeit tragen.«
»Wie Sie wollen«, sagte sie und ging.
Wenn ich nicht stehen wollte, konnte ich mich wahlweise auf einen Stuhl mit einer geraden Lehne oder auf das sehr hohe Bett setzen. Ich probierte das Bett aus und entdeckte, daß es mit einem Plastiklaken bezogen war und Kissenbezüge aus Papier die sehr rutschigen, plastikbezogenen Kissen bedeckten. Als ich eine Weile mißmutig im Zimmer umhergegangen war, bemerkte ich plötzlich, daß auf dem Stuhl bei der Tür das Mittagessen stand: ein Pappteller mit ziemlich wässrigem Bohnengemüse. Es war schwierig, den Teller zu halten, ohne daß er sich verbog. Tee gab es in einem Zimmer am Ende des Korridors. Ich beschloß, meine Hoffnung auf Tee zu setzen, und mit Doran einen kleinen Ausflug zu

machen. Doch sofort waren wir von drei Schwestern umringt, die uns zurückdrängten und dabei im Chor riefen: »Das Baby ist in Quarantäne! Sie dürfen das Zimmer nicht verlassen! Legen Sie es wieder in sein Bettchen!« Meine Aufmerksamkeit wurde auf ein Schild an unserer Glastür mit der Aufschrift ISOLIERSTATION gelenkt. Langsam dämmerte mir, was das bedeutete.

Ich fand heraus, daß es zwei Toiletten gab. Beide lagen weit weg am Ende eines langen Korridors auf der gegenüberliegenden Seite des Gebäudes. Kontakt mit dem Personal hatte ich nur, wenn mir die Antibiotika in winzigen Milchgläschen gebracht wurden. Die Schwestern trugen Mickymaus-Schürzen über ihrer Tracht.

Sie eilten so rasch vorbei, daß sich mir nur die Mickymaus, nicht aber ein bestimmtes Gesicht einprägte. Meine einzige Chance, auf die Toilette zu kommen, bestand darin, Doran der Schwester in den Arm zu drücken, die uns die Antibiotika brachte. Aber die Milchgläschen wurden so flink hingestellt, daß die Schwester oft schon wieder verschwunden war, bevor ich eine Bitte vorbringen konnte.

Doran verabscheute seine Medizin. Wenn ich ihn dazu bewegen wollte, sie zu schlucken, hatte ich es mit dem einzigen Teil seines Körpers zu tun, den er unter Kontrolle hatte. Er konnte sich wunderbar erbrechen. Wenn ich glaubte, er hätte die klebrige Flüssigkeit geschluckt, floß sie auch schon wieder auf den Fußboden. Die Antibiotika wurden offensichtlich routinemäßig verordnet. Insgeheim glaubte ich, er wisse, daß man ihm zu viel davon gab.

Trotz seiner Winzigkeit und seines Zustands gab Doran mir immer das Gefühl, mit einem sehr starken Menschen zusammen zu sein. Niemand konnte sagen, ich sei allein mit einem Baby, denn ich befand mich in der Gesellschaft eines energischen und faszinierenden Freundes.

Wir verbrachten so wenig Zeit wie möglich auf dem hohen, rutschigen Bett. Im ganzen Raum war das der gefährlichste

Platz zum Schlafen. Niemand kam, um das Zimmer zu putzen. Also putzte ich selbst, so gut es ging. Die Schwestern hielten uns für ein wenig verrückt, weil ich jedes Lied, das mir einfiel, sang und dazu tanzte. Eines Abends fühlte ich mich so verschwitzt und schmutzig, daß ich ein Bad oder eine Dusche brauchte. Als Doran eines seiner unregelmäßigen Nickerchen einlegte, beschloß ich, mein Glück am Waschbecken zu versuchen. Das saubere, heiße Wasser fühlte sich herrlich an. Ich hatte vor, einen Teil meines Körpers nach dem anderen zu waschen und abzutrocknen. Aber ich war noch nicht sehr weit gekommen, da stürzte eine Gruppe von Schwestern herein. Sie schoben einen Wandschirm vor sich her und protestierten laut. »Haben Sie die Glasfenster in den Wänden des Zimmers vergessen?« Das hatte ich leider. Nachdem ich tagelang vergeblich versucht hatte, die Aufmerksamkeit eines Menschen zu erregen und um Hilfe zu bitten, hatte ich angenommen, das Glas sei nicht besonders durchsichtig.

Jetzt bekam ich Schwierigkeiten. Doran war aufgewacht und keuchte, und meine Waschung war zu Ende. Ich zog mich schnell an und stand mit Doran auf dem Arm da, als die Kinderschwester kam.

»Mrs. Scotson, wir versuchen, dieses Kind gegen Keuchhusten zu behandeln, aber Sie machen uns das sehr schwer.«

»Tut mir leid«, sagte ich, »ich behandele ihn gegen einen Hirnschaden, und *Sie* machen es mir sehr schwer.«

Dann rauschte ich, ohne genau zu wissen, was ich tun wollte, an ihr vorbei und trug Doran den ganzen Korridor entlang bis zum Arztzimmer. Dort saßen drei Männer um einen länglichen Tisch und tranken Tee.

»Ich werde dieses Krankenhaus verlassen«, sagte ich. »Ich erkläre Ihnen gleich, warum. Außerdem möchte ich so schnell wie möglich ein Taxi.«

Erstaunt hoben sich drei Paar Augenbrauen. Ich war plötz-

lich sehr wütend und sehr direkt, und die drei Männer bekamen auf der Stelle eine Erklärung für meinen Protest. Die Folgen waren bemerkenswert. Mit fast unterwürfiger Höflichkeit bot man uns einen Krankenwagen an, der uns direkt ins Königin-Viktoria-Krankenhaus zurückbrachte. Weitere Fragen wurden nicht gestellt.
Am Eingang des alten Krankenhauses erwartete uns eine Empfangsgesellschaft. Die liebenden Hände, die wir zuvor verlassen hatten, nahmen uns wieder auf. Und wir wurden wieder von allen ständig verwöhnt.
Die Nacht vor unserer Entlassung verlief sehr ruhig. Doran weckte mich von Zeit zu Zeit, weil er im Schlaf an meiner Brust saugte. Meine Wange hatte ich an das Kissen geschmiegt, und mein Körper lag ausgestreckt und entspannt unter der Decke. Da wurde mir bewußt, wie froh ich um diesen Augenblick der Sicherheit war. Meine Gedanken wurden unterbrochen, weil sich jemand angestrengt räusperte. Das Räuspern dauerte noch an, als ich schließlich einschlief. Als ich früh am nächsten Morgen auf Zehenspitzen von der Toilette kam, glitt ein langer Metallkasten an mir vorbei. Zunächst dachte ich an das Mittagessen. Es wurde gewöhnlich in Wannen gebracht, die in ähnlichen großen Stahlbehältern standen, damit sie warm blieben. Dann bemerkte ich, daß der Deckel ganz glatt war und daß der Kasten von einem leeren Bett fortgerollt wurde. Die Wandschirme waren beiseite geschoben, und die Apparate, die zuvor dahinter verborgen gewesen waren, folgten jetzt einer nach dem anderen dem Kasten. Kein Wort fiel. Um zwölf Uhr waren zwei Betten frei. Doran und ich hatten die Mäntel an und standen bereit zur Heimfahrt.
Wir waren drei Wochen weggewesen. In zwei Wochen würde Lili wieder zu uns zurückkommen. Das Haus war in einem ähnlich chaotischen Zustand wie bei unserem Aufbruch, nur daß jetzt in der Küche auch noch ein Topf mit verschimmelter Suppe und verfaultem Gemüse stand. Do-

ran war zufrieden, wenn ich ihn von einer Schulter auf die andere legte, während ich arbeitete. Er erwartete, ebenso respektvoll behandelt zu werden wie jeder andere Teil meines Körpers.
Es war fünf Uhr und fast dunkel, als das Taxi vorfuhr. Meine Mutter betrat mit einem riesigen Bündel Decken im Arm das Haus. Als das Bündel sicher neben mir auf dem Sofa lag, entdeckte ich ein Auge. Das Auge sah mich an und schloß sich wieder. Dann verschoben sich die Decken ein wenig, und ich sah zwei geöffnete Augen.
»Ich bin's«, sagte ich.
»Ich weiß, Mami«, lächelte Lili, gähnte und schlief weiter.
Irgendwie schafften wir es – meine Mutter, Lili, Doran und ich – alle in einem Bett zu schlafen. Am anderen Morgen bat Lili, zusammen mit Doran baden zu dürfen. Meinen Sohn so zu halten, daß sein Kopf nicht unter Wasser kam, ohne selbst in die Badewanne steigen zu müssen, war eine beachtliche sportliche Leistung. In dem Dampf in der Badewanne sah ich gerade genug von Dorans Gesicht, um erkennen zu können, daß er lächelte.
Am Nachmittag brachten wir meine Mutter zum Bahnhof. Als wir zurück nach Hause fuhren, schien die Dezembersonne und Lili spielte so ausgelassen mit Doran in seiner Tragetasche, daß er sich sicher wohl fühlte. Vor dem Laden am Marktplatz hielt ich an, und als ich lächelnd mit den Kindern herauskam, traf ich eine alte Bekannte.
»Ihr seid alle daheim«, rief sie. »Wie schön! Ich bin in Eile, aber«, fügte sie hinzu, während sie sich umdrehte und die Autotür zuschlug, »jetzt kann euch nichts mehr passieren!«
»Das heißt, das Schicksal herausfordern«, sagte ich und lachte.
Doran war hirngeschädigt, aber ich war immer noch entschlossen, für ihn einen Ausweg zu finden. Wir fuhren zu einer Kinderparty. Dort zeigte sich, wie sehr Doran an

Selbstvertrauen gewonnen hatte. Er ließ sich über den Fußboden zerren und von Lilis Freundinnen weiterreichen wie eine Lieblingspuppe. Lili hatte ihren Appetit sichtlich wiedergewonnen, während Doran kein Interesse an Nahrung zeigte. Ich bewunderte seine neue Unabhängigkeit, und es tat mir leid, daß ich mich einmischen mußte, um ein paar sehr schmutzige Windeln zu wechseln. Ich dachte, ich hätte irgend etwas gegessen, das meine Milch veränderte und ihm Verdauungsstörungen verursachte. Als wir die Party verließen, schien es schon nicht mehr so schlimm zu sein und ich kam mir dumm vor, weil ich mir Sorgen gemacht hatte.

In jener Nacht mußte ich, während Lili schlief, Doran dreimal wickeln. Beim vierten Mal hatte ich Grund zu der Annahme, daß uns *noch* etwas zugestoßen war. Die Windeln waren mittlerweile voll von einer trockenen, krümeligen Masse, die von den Bauchkrämpfen mit beunruhigender Gewalt aus seinem Körper hinausgepreßt wurde. Ich führte die Konsistenz seiner Exkremente darauf zurück, daß er nicht getrunken hatte. Und daß er nicht trinken wollte, kannte ich aus seinen ersten Lebenstagen. Fünfzehn Minuten vor Mitternacht rief ich den Arzt an. Er war nicht sehr glücklich darüber, daß er aufstehen mußte. Ich machte ihm anscheinend ständig Ärger.

Um halb eins untersuchte er Doran in der Küche. Fast alle Babykleider lagen im Spülstein zum Einweichen. Doran selbst hatte eine kränklich grüne Farbe angenommen. Er weinte nicht. Er war völlig erschöpft von den unkontrollierbaren Muskelkrämpfen. Der Arzt legte ihm die Hand auf die Stirn.

»Gut, er ist nicht dehydriert.«

»Aber was ist los mit ihm?«

»Ich glaube, er hat ein bißchen Katarrh.«

»Sie meinen Magen-Darm-Katarrh?«

Ich wußte, daß Magen-Darm-Katarrh eine für Wellensitti-

che tödliche und für Kleinkinder immerhin sehr ernste Krankheit ist.
»Bedeutet das wieder Krankenhaus?« fragte ich. Ich sehnte mich beinahe nach der Sicherheit des alten Königin-Viktoria-Krankenhauses.
»Immer langsam«, sagte er, »wenn der kleine Mann in der Nacht ein bißchen Milch trinkt, ist er sicher bald wieder in Ordnung, Linda.«
»Meinen Sie wirklich?«
»Rufen Sie mich morgen früh an, wenn es Probleme gibt«, sagte er und machte sich auf den Rückweg, zurück in die Sicherheit seines Bettes.
Doran trank in der Nacht, allerdings nur wenig. Der krümelige Durchfall hielt an, aber die Windeln waren immer trocken. Und Doran konnte nicht mehr pinkeln.
Am nächsten Tag war Samstag, und Judy und Bert kamen zu Besuch. Sie machten es sich gemütlich und lasen Lili Geschichten vor, während ich mich mühte, meinen Sohn zum Trinken zu bewegen. Ich sah wieder die Angst auf seinem Gesicht, die ich von früher kannte. Diesmal war es entscheidend, daß ich rechtzeitig handelte.
Ich versuchte, die Nummer der Praxis zu wählen. Immer wieder kam: »Kein Anschluß unter dieser Nummer.« Auf der Wählscheibe meines altmodischen Telefons standen neben den Zahlen noch die Buchstaben des Alphabets, und ich bemerkte, daß ich den Namen des Arztes wählte. Als ich mich so weit unter Kontrolle hatte, daß ich durchkam, sagte die Sprechstundenhilfe: »Es tut mir leid, er ist nicht in der Praxis.« Sie machte eine Pause und fuhr dann fort: »Möchten Sie seinen Kollegen sprechen?«
»Ja, ja, bitte. Es ist dringend. Geben Sie mir irgend jemand.«
Die Sprechstundenhilfe verband micht weiter. Ich wollte den ganzen Fall schildern, damit Doran ins Krankenhaus eingewiesen wurde, aber ich hatte kaum die ersten Worte

gestottert, da sagte die Stimme schon entschieden: »Ja, ich meine, Sie sollten sofort in ein Krankenhaus. In etwa einer halben Stunde wird ein Krankenwagen unterwegs sein.«
»Welches Krankenhaus?«
»Brighton. Dort gibt es eine Nierenabteilung«, sagte er. »Viel Glück.«
Ich legte den Hörer ganz aufgeregt vor Erleichterung auf die Gabel.
»Wie lange?« fragte Bert.
»Eine halbe Stunde«, sagte ich. »Ich glaube, das wird er überleben.«
»Da hast du immerhin eine halbe Stunde Zeit zum Packen«, meinte Judy.
Mein erster Gedanke war, daß ich Lebensmittel mitnehmen mußte. An Kleidung dachte ich zuerst gar nicht. Ich stopfte den Inhalt des Kühlschranks in Plastiktüten. In der Zwischenzeit hatten Judy und Bert einen Koffer gefunden und ungefähr geschätzt, wie lange wir drei wohl weg sein würden und was wir für diese Zeit brauchten.
Das Geräusch eines schweren Fahrzeugs, das sich dem Haus näherte, beendete unsere Aktivitäten. Judy schlug den Kofferdeckel zu. »Das wär's«, sagte sie. Bert öffnete die Tür, und zwei Sanitäter kamen mit einer Trage herein.
»Die werden Sie für Doran kaum brauchen«, sagte sie. Die Sanitäter sahen ein wenig enttäuscht aus, und deshalb legten wir Lili auf die Trage. Das Gepäck wurde verstaut, und bevor meine Freundinnen mit ihren liebevollen Ermahnungen fertig waren, wurde die Tür des Krankenwagens geschlossen, und wir fuhren los.
Dorans trockene Lippen nuckelten immer noch sacht an meinen Brustwarzen, aber die Anstrengung des Schluckens war zu groß für ihn.
Lili saß auf der Trage. »Mami, bin ich krank?« fragte sie.
»Diesmal spielst du nur krank, Liebling.«
»Dann ist Doran wieder krank?«

»Ja, Doran ist wieder krank, Lili.«
Das Personal des Krankenhauses war flink und sehr freundlich. Dorans Kopf wurde rasiert, und man legte wieder eine Kanüle und gab ihm aus einem Tropf eine salzhaltige Infusion. Er war wach, aber teilnahmslos.
»Er ist ein braves Baby«, sagte die Schwester, als sie den Schlauch an seinem Kopf mit Pflaster festklebte. »Hat er irgend etwas mit den Augen?«
Offenbar hatten sie hier noch keine Unterlagen über seine Krankengeschichte.
»Er hat schon viel durchgemacht«, sagte ich. »Aber er hat überlebt.«
Der Raum war weiß gestrichen. An den Wänden hingen Bilder, und auf Regalen lag Spielzeug. Direkt vor dem Fenster stand ein niedriges, frischbezogenes Bett. Dort richtete sich Lili ein, während sich um Doran eine Mauer aus weißbekittelten Menschen bildete. Ich stand da und hörte schweigend zu. Einer der Ärzte wandte sich an mich:
»Das ist ein ungewöhnlicher Fall. Ich glaube nicht, daß wir ihn hier behandeln können. Wir können nur versuchen, Ihnen einen Platz in der Guy-Klinik zu besorgen.«
»Bitte erklären Sie mir das etwas genauer.«
»Gern.«
Der Mann hatte einen leichten Lancaster-Akzent. Er sprach so bedächtig, daß man das Gefühl hatte, er glaube, deshalb höre man ihm besonders aufmerksam zu. Doran hatte einen Nierenvirus, gegen den die meisten Kinder immun sind. Die Krankheit war als »hämolytisch-urämisches Syndrom« bekannt. Das bedeutete, daß ihm entweder durch Austrocknung oder durch Anämie der Tod drohte. Er brauchte eine Bluttransfusion, aber an die war erst zu denken, wenn er wieder hydriert war. Die Rehydration war eine heikle Angelegenheit, weil das Risiko einer Überhydration bestand, was gefährlich ist. Außerdem stellte sich die Frage, ob man seine Nieren entlasten konnte, bis sie sich erholt hätten. Er

mußte so schnell wie möglich an eine künstliche Niere angeschlossen werden mußte.
Ich wußte, daß künstliche Nieren sehr teuer sind. Ich mußte daran denken, daß viele Menschen bestimmt der Ansicht waren, dieser Virus sei eine günstige Gelegenheit, Doran ein Leben in Abhängigkeit und Behinderung zu ersparen.
»Ich habe ein Gespräch mit der Guy-Klinik angemeldet«, sagte der Arzt. »Können Sie mir in der Zwischenzeit mehr über ihn erzählen?« Er wies mit einer Kopfbewegung auf die Gruppe von Schwestern und Ärzten, die um Doran herumstanden.
»Er ist sehr stark«, sagte ich, »und er will leben, und er ist tapfer und ...« Ich spürte nur ein wachsendes Entsetzen, daß Peters Sohn mir irgendwie aus den Fingern zu gleiten drohte. Ich erzählte seine Vorgeschichte langsam und voller Verzweiflung. Dabei betonte ich Dorans Intelligenz und versuchte, das Wort »Traumatisierung« zu verwenden, das nicht so endgültig klang wie »Hirnschaden«.
Das Telefon klingelte, und der Arzt entschuldigte sich. Als er zurückkam, meinte er: »Also, wir werden ihn noch einmal traumatisieren. Die Kollegen meinen, er könnte die Nacht überstehen. Morgen früh wird in der Guy-Klinik eine künstliche Niere für ihn bereitstehen. Sie haben Glück.«
Den Rest des Tages beugte sich ständig jemand über Doran. Lili wollte in dem Bett mit den Spielsachen schlafen. Sie sagte, sie werde auf Doran aufpassen. Mir gab man ein kleines Zimmer nebenan und belehrte mich darüber, wie wertvoll der Schlaf sei. Trotzdem war Schlaf für mich ein unnatürlicher Zeitvertreib. Als eine meines Erachtens angemessene Zeit verstrichen war, stand ich auf und ging wieder in Dorans Zimmer. Die Atmosphäre war gespannt. Ich wußte nicht, warum. Die Schwestern waren selbst zu besorgt, als daß sie sich daran erinnert hätten, daß ich eigentlich schlafen sollte. Immer wieder zuckten Dorans Augenli-

der, und ein Zittern durchlief seinen Körper. Ich beobachtete, daß eine der Schwestern maß, wie lange ein solcher Krampf dauerte. Schließlich fragte ich: »Was ist mit ihm?«
»Er hatte eine Kolik«, sagte sie. Dann sah sie ihre Kollegin an: »Ich meine, wir sollten den Arzt rufen.« Die Kollegin ging, während sich die andere Schwester wieder über Doran beugte. Er war ein Baby mit Geschichte – zwei kahle Stellen am Kopf, Infusionen, Medikamente, Keuchhusten und Nierenversagen. Doran bekam eine neue Kolik.
»Können Sie nichts dagegen tun?« fragte ich.
»Es gibt Antikonvulsiva«, erwiderte sie. »Warten wir ab, was die Ärzte sagen.«
»Haben diese Anfälle irgendwelche Auswirkungen – ich meine, auf lange Sicht?«
»Er ist sehr krank gewesen, nicht wahr?«
»Ja, aber diese Anfälle, könnten *diese* Anfälle irgendeinen bleibenden Schaden verursachen?«
»Das wäre möglich.« Sie zögerte. »Aber wissen Sie, solche Kinder sind oft sehr glücklich. Und er hat Glück, daß er eine so liebevolle Mutter hat. Intelligenz ist nicht alles.«
Sie regulierte die Infusion. Ich sah zum Fenster hinüber und stellte mir vor, der Himmel wäre blau.

4

Die Schwester schwieg. Sie beobachtete einen neuen Nierenanfall. Ein paar Sekunden lang bewegten sich Dorans Augen rasch unter den Lidern. Sie schrieb die Uhrzeit und die Dauer des Anfalls auf.
Ich fragte: »War das wieder eine Kolik?«
Sie nickte.
»Kann ihm das wirklich viel schaden?«

»Ja«, sagte sie, »das ist möglich.«
»Das glaube ich nicht.«
Der Raum schien kleiner zu werden. Ich krallte die Zehen in den Schuhen zusammen und streckte sie wieder. Zwei von Dorans Ärzten betraten, gefolgt von der Krankenschwester, das Zimmer. Sie untersuchten ihren kleinen Patienten und blätterten die Aufzeichnungen durch. Der zweite Arzt, ein Australier, bemerkte: »Wie ich sehe, hatte er noch ein paar Koliken. Aber das war zu erwarten.«
Sein Begleiter sah meinen Blick. »In der Guy-Klinik wird es ihm besser gehen. Dort haben sie alle technischen Einrichtungen.«
»Und die Krämpfe, die er jetzt hat? Ich dachte immer, Krämpfe führen zu einer Hirnschädigung.«
Der Australier schüttelte den Kopf. »In seinem Fall bedeuten sie nur, daß die Nieren den Dienst versagen. Machen Sie sich keine Sorgen, Sie sind rechtzeitig gekommen. Und er ist ein zäher Bursche.«
Ich war plötzlich wunderbar müde und ertappte mich dabei, daß ich gähnte. »Sind Sie wirklich sicher?« fragte ich.
»Ich bin mir zu mehr als achtundneunzig Prozent sicher.«
»Doran ist mein Sohn«, erklärte ich, »aber er ist noch mehr. Er ist ein alter Freund. Er bringt mir ständig neue Dinge bei, und ich lerne dauernd dazu.«
Er legte mir eine Hand auf die Schulter. »Als seiner Freundin rate ich Ihnen, noch ein wenig zu schlafen. Morgen ist ein großer Tag. Er wird Sie brauchen.«
»Weil Sie ein Mann sind, der sich zu mehr als achtundneunzig Prozent sicher ist«, sagte ich, »werde ich Ihren Rat befolgen.«
In dieser Nacht war mein Kopfkissen weich. Obwohl der Krankenhausalltag begann, lange bevor die Sonne aufging, spürte ich in mir etwas von der erfrischenden Erregung, die ein Sonnenaufgang mit sich bringt. Ich hatte gut geschlafen. Doran hatte den zweiten Teil der Nacht gut überstan-

den und sollte in Kürze mit einem Arzt und einer Schwester sowie einem Begleitfahrzeug der Polizei das Krankenhaus verlassen. Es war offensichtlich ein großes Ereignis, wenn ein Patient in die Guy-Klinik geschickt wurde.

Lili wurde zum Frühstück in die Schwesternküche eingeladen. Sie wählte Vollkornbrot mit Erdnußbutter und eine Banane. Das gemeinsame Mahl verlieh dem Ereignis fast einen festlichen Charakter. Schließlich verließen wir die Station und gingen zu dem Krankenwagen. Der Arzt trug Doran, und die Schwester hielt die Glasflasche mit seiner Infusion. Lili hatte einen großen Teddybären im Arm, den sie sich für die Reise geliehen hatte. Ich nahm unseren Koffer und die Plastiktüte mit dem Rest unserer Vorräte.

Das Begleitfahrzeug der Polizei traf ein, und wir machten es uns auf den ziemlich hohen, glatten Sitzen des Krankenwagens bequem. Den größten Teil der Fahrt über übten wir uns darin, die Infusion in der richtigen Position zu halten und lebhaft darüber zu spekulieren, was als nächstes passieren würde. Irgendwo im Hinterkopf war mir bewußt, daß Doran, medizinisch gesehen, zwischen Leben und Tod schwebte. Es war ungewöhnlich, daß er überhaupt nicht geschwächt wirkte.

Die Guy-Klinik war ein riesiges Hochhaus, hell und beeindruckend. Sie hatte ihren eigenen Zauber. Von medizinischen Apparaten umgeben, wurden wir auf glänzenden Fußböden entlang geführt, verschwanden in einem Aufzug und hasteten durch einen Korridor zur Urologie. Die neuen, weißen Wände glitten an uns vorbei, als wir in den Hauptkorridor einbogen. Sie waren mit riesigen Bögen weißen Papiers beklebt, und eine Gruppe kleiner Kinder war eifrig dabei, ein zusammenhängendes, dramatisches Gemälde zu schaffen. Wir bahnten uns den Weg durch Haufen von Gold- und Silberlametta und Berge von farbigem Papier.

»Geht es hier immer so zu?« fragte ich.

»Es ist Weihnachten«, antwortete jemand nachsichtig.

Wir kamen zu einem kleinen Raum, der voller glänzender, eindrucksvoller Apparate stand. Doran wurde ausgezogen und in einen offenen Brutkasten gelegt. Lili und mich beachtete niemand, und deshalb setzten wir uns still auf einen Stuhl neben dem Fenster und sahen zu, wie der winzige Körper an ein riesiges Netzwerk von lebenserhaltenden Systemen angeschlossen wurde.

Die Ärzte unterhielten sich sehr offen, und ich konnte deutlich hören, wie kritisch die nächsten Wochen sein würden. Die unmittelbar anstehenden Probleme waren die Rehydration und die Bluttransfusion. Ebenfalls lebenswichtig war es, das Gleichgewicht von Natrium und Kalium in Dorans Blut zu stabilisieren. Natrium und Kalium sind Elektrolyte, und in Fällen wie Dorans verursachen sie oft Komplikationen. Deshalb mußten regelmäßig die Elektrolyte reguliert werden. Die Ärzte trafen mehrere Entscheidungen, mit denen sie Dorans Leben riskieren mußten.

Der Chefarzt wertete in aller Ruhe die Meinungen seiner Kollegen aus. Sie sprachen offen und ehrlich über die Risiken und die Möglichkeiten menschlichen Versagens bei ihrer Arbeit. Ich merkte, daß sie gewöhnt waren, zu kämpfen. Doran gehörte bereits zu ihnen.

Endlich schienen sie, wenigstens vorübergehend, mit Dorans Zustand zufrieden zu sein. Alle lächelten erleichtert, daß bis jetzt alles gutgegangen war. Doran konnte seine Bluttransfusion bekommen. Obwohl sie beteuerten, ich könne bei ihm bleiben, so lange ich wolle, hatte ich den Eindruck, daß es ihnen lieber wäre, ich ginge eine Tasse Tee trinken. Ich sah ein, daß es ein Gebot der Höflichkeit war, ihnen mein Vertrauen zu beweisen. Ohne Zweifel konnten sie Doran auch zehn Minuten lang ohne mich am Leben halten. Der Raum war voll von Menschen, aber als ich aufstand, zupfte Lili mich am Ärmel. »Wir können doch Doran nicht allein lassen.«

»Doran findet überall neue Freunde.«

»Ich hole ihm eine Puppe«, sagte sie. Dann klopfte sie gegen seinen Brutkasten. »Tschüß, Doran, wir sind bald wieder da.«
Lili hatte einen sechsten Sinn, wo Puppen waren. Sie wußte, daß es in dem Spielzimmer Puppen gab, in dem auch der Teeautomat stand und in dem Kinder, die schon aufstehen durften, ihre Mahlzeiten einnahmen. Während die Schwester mir noch freundlich den Weg erklärte, lief Lili schon den Korridor hinunter. Die Kinder, denen ich begegnete, wußten anscheinend, wohin ich wollte, und zeigten mir freundlich von sich aus den Weg.
Lili meinte, die Puppen im Spielzimmer würden eine Party feiern. Im Nu war sie von einer Gruppe kleiner Patienten umringt. Die Kinder der Nierenstation hatten sie bereits als Teil ihrer Welt akzeptiert. Ich saß inmitten von Kindern auf einem kleinen Stuhl, als die Kindergärtnerin hereinkam. »Nehmen Sie Ihren Tee mit«, sagte sie. »Sie werden im Sprechzimmer des Arztes verlangt. Ich kümmere mich um Lili.«
Zuversichtlich ging ich den Gang hinunter. Die Tür des Sprechzimmers war mit Bildern zur Geschichte von Aschenputtel eingerahmt und mit Lametta behängt. Im Zimmer hingen beruhigende Winterszenen von Pieter Bruegel. Dorans Arzt und ein Verwaltungsangestellter saßen vor mir an einem Schreibtisch.
Mit knappen Worten umrissen sie die Lage: Es werde lange dauern, bis Doran wiederhergestellt sei – mindestens einen Monat, vielleicht sogar drei. Die Behandlung sei schwierig. Sein Zustand könne sich jederzeit aus einer Vielzahl von Gründen verschlechtern. Das Personal stehe in ständiger Bereitschaft. Doran werde Tag und Nacht von einer Schwester überwacht. Sein Puls, der Herzschlag, die Temperatur, das Gewicht, der Flüssigkeitsspiegel und der Blutdruck müßten jede halbe Stunde gemessen und notiert werden. Ich könne die ganze Zeit bei ihm sein. Am Ende des

Korridors stehe mir ein Raum zur Verfügung. »Und Lili?« fragte ich. »Sie wird natürlich bei mir bleiben.«
Die Männer machten verlegene Gesichter. Ich merkte, daß ich einfach davon ausgegangen war, daß Lili bleiben konnte. Sie erklärten mir, es sei in der Guy-Klinik nicht üblich, auch noch die anderen Kinder der Familie aufzunehmen. Außerdem habe Lili eine böse Infektion. Es bestehe die Gefahr, daß andere Patienten sich ansteckten. Sie waren sehr freundlich, aber sie blieben fest: Lili müsse die Klinik so bald wie möglich verlassen. Sie würden mein Zögern ja verstehen, aber ich hätte doch gewiß Freunde in London? Ich hatte gar nicht mehr daran gedacht, daß außerhalb der Guy-Klinik eine Stadt namens London lag.
In London hatte ich meine Studentenzeit verbracht. Hier war ich erwachsen geworden. Diese Stadt hatte mich in Versuchung geführt und vom Bösen erlöst. Vor allem aber hatte sie mir Freunde geschenkt. Ich hatte mehr Freunde in London als irgendwo sonst auf der Welt. Ich überlegte, wo in der Nähe der Klinik ein Tisch stand, auf dem ich in meiner Jugend getanzt hatte. Er stand bei Peter und Theresa Marinker und ihren Kindern Eicher und Daniel. Daniel war genau ein Jahr vor Doran geboren.
Instinktiv wußte ich, daß jemand kommen würde, wenn die Familie zu Hause war. Ich holte mein Portemonnaie aus Dorans Zimmer und ging zu der Telefonzelle bei der Rezeption. Mit wenigen Worten war ausgemacht, daß Theresa Lili abholen würde. Als nächstes mußte ich es Lili beibringen. Sie war immer noch mit ihrer Teegesellschaft beschäftigt und saß von glücklichen Puppen umgeben im Spielzimmer. Sie drückte mir eine Tasse Tee und einen imaginären Keks in die Hand. Vielleicht wäre es besser, ihr gar nichts zu sagen? Dann fiel mir auf, daß ich mein Portemonnaie vergessen haben mußte, wenn ich in der einen Hand eine Tasse Tee und in der anderen einen imaginären Keks halten konnte. Ich entschuldigte mich und lief

zurück zum Telefon. Die Geldbörse lag noch da – aber sie war leer. Ich fand es damals irgendwie nicht sehr schlimm, Geld zu verlieren, und hoffte nur, daß derjenige, der es genommen hatte, es auch wirklich brauchte.
Lili kam den Gang entlang, um mich zu suchen. »Komm, wir gehen zu Doran«, sagte ich. Gemeinsam schlichen wir in sein Zimmer und setzten uns auf den Fußboden. Die Blutübertragung ging sehr langsam vor sich. Ständig waren ein Arzt und eine Schwester da, manchmal zwei Ärzte und manchmal ein ganzes Team. Wir sahen zu, wie Doran hinter diesen Gestalten auftauchte und wieder verschwand. Lili wurde hungrig. Ich packte ein paar Kekse, Käse und ein Messer aus und begann, mit ihr zusammen zu essen. »Wird Doran an Weihnachten auch hier sein?« fragte sie.
»Ja, wahrscheinlich. Willst du an Weihnachten hier sein?«
»Ich will bei Doran sein.«
Es klopfte. Eine Schwester streckte den Kopf herein. »Sie haben Besuch«, sagte sie. Wir standen auf. Vor der Tür wartete Theresa. Sie umarmte Lili. »Lili, Liebling, kommst du mit mir nach Hause und besuchst Daniel?«
Lili lächelte. »Kommt Mami auch mit?«
»Lili«, sagte ich, »wir müssen jetzt beide sehr tapfer sein. Ich muß hier bei Doran bleiben. Verstehst du?«
Theresa nahm Lili auf den Arm und drückte sie an sich. Wir gingen zusammen hinunter zum Parkplatz: »Tapfer zu sein ist ein Abenteuer, Lili«, sagte ich, »aber es ist auch harte Arbeit.«
»Arbeitet Doran hart, Mami?«
»Sehr hart, Lili, damit er gesund wird und bald wieder bei dir sein kann.«
Theresa drängte wegen des Verkehrs zum Aufbruch. Ich gab Lili einen Kuß, und dann fuhren sie los.
Ich blieb noch eine Weile stehen. Dann spürte ich plötzlich die Kälte und lief in das Gebäude zurück. In meinen Brüsten machte sich ein deutlich unangenehmes Gefühl bemerkbar.

Die Milch staute sich. Ich war froh, wieder in seinem Zimmer zu sein. Ich saß ganz still und versuchte nur, mit seinem Leben in Verbindung zu bleiben. Ärzte und Schwestern kamen und gingen, aber nach einer Weile blieben nur noch ein Arzt aus Yorkshire und eine Krankenschwester aus Kanada.
»Wir haben keine Probleme mit ihm«, meinte die Schwester. »Das ist ungewöhnlich.«
Der Arzt drehte sich zu mir um und sagte, als würde er ein eben unterbrochenes Gespräch wieder aufnehmen: »Er macht prima mit, Ihr Junge.«
»Das ist das mindeste, was er tun kann, wo Sie sich solche Mühe geben«, sagte ich.
»Mühe«, wiederholte er. »Es war mühsam, aber ich glaube, wir haben jetzt eine gute Ausgangssituation.«
»Ist sie so gut, daß ich ihn bald wieder stillen darf? Ich habe unbegrenzte Vorräte an Milch.«
»Wie die Dinge im Augenblick liegen«, sagte er, »würde ich mit dem Stillen noch eine Weile warten.«
Die Tür ging auf, und der Verwaltungsangestellte trat mit einer Tasse in der Hand ein.
»Suchen Sie Milch für Ihren Tee?« fragte sein Kollege. »Sie hat welche.«
»Milch?« meinte der Verwalter. »Wenn *sie* die Milch gefunden hat, dann kennt sie sich hier besser aus als ich.«
»Ich brauche sie gar nicht zu suchen«, sagte ich, »ich fließe davon über.«
»Sie meint Muttermilch«, erklärte der Arzt aus Yorkshire.
»Eigentlich ist es Dorans Milch«, ergänzte ich, »und ich möchte sie Ihrem wunderbaren Krankenhaus spenden, bis ich ihn wieder stillen darf.«
»Danke«, sagte der Mann aus der Verwaltung, »aber ich schicke Sie lieber auf die Intensivstation für Neugeborene. Dort wird man Sie mit offenen Armen empfangen.«
»Dann gehe ich jetzt«, beschloß ich. »Bleiben Sie bei ihm.«

»Wir werden nicht von seiner Seite weichen«, versicherten sie mir.
Ich rannte zum Aufzug. Im Krankenhaus war es üblich, überallhin zu rennen, und ich wollte die Milch so rasch wie möglich abgeben.
Auf der Säuglings-Intensivstation gab man mir eine Flasche und eine zischende Maschine, die mir fast 200 ml Milch abpumpte. Trotz der Anspannung, unter der ich stand, produzierte mein Körper beträchtliche Mengen Milch. Die Spende wurde mit großer Freude entgegengenommen, und ich versprach, dreimal täglich wiederzukommen.
Ich verbrachte, wie das medizinische Team, den größten Teil der Nacht bei Doran. Als ich mich hinlegte, schenkte mir eine plötzliche, bleierne Müdigkeit zwei Stunden Schlaf. Danach fühlte ich mich frischer. Gegen Morgen war Dorans Transfusion abgeschlossen. Daß er die Nacht überlebt hatte, war ein Sieg, und alle wirkten sehr optimistisch. In Dorans Situation war jeder Tag, den er überlebte, ein Grund zum Feiern. Die Parole des Teams lautete: durchhalten. Das gesamte Team war ständig in Bereitschaft. Meine nächste Pflicht war, zur Intensivstation hinunterzugehen und Milch zu spenden.
Als ich durch den Korridor eilte, traf ich den Verwaltungsangestellten, der offenbar gerade zu mir wollte und über irgend etwas sehr erfreut war.
»Glückwunsch!« rief er. »Ihre Tochter ist eben eingeliefert worden. Das ist ein großes Privileg. Sie liegt auf der Station gleich nebenan. Jetzt können sie immer zwischen den beiden hin und her schwirren.«
Ich fragte mich, ob schon vor mir einem Menschen dazu gratuliert worden war, daß sein Kind ins Krankenhaus eingeliefert worden war. Ich starrte ihn an.
»Wir haben sie mit Verdacht auf Lungenentzündung aufgenommen«, strahlte er. »Jetzt haben Sie an Weihnachten die ganze Familie bei sich.«

Er nahm meinen Arm und schob mich durch ein paar Glastüren hindurch in eine andere Station. Lili saß hustend, spuckend und mit laufender Nase auf einem Bett. Peter und Theresa waren bei ihr.
»Es ist wunderbar«, sagte ich zu allen gleichzeitig. »Sie darf bleiben!«
Peter drückte mir unvermittelt Geld in die Hand. »Du wirst es brauchen«, sagte er. »Wir werden dich eine Weile nicht besuchen können, denn wir fahren über Weihnachten nach Cambridge.«
Lili hatte ein schönes, helles Zimmer, in dem sich immer mehr kuschelige Puppen ansammelten. Ich sorgte dafür, daß ich bei ihr sein konnte, wenn sie einschlief und bevor sie aufwachte. Den Rest des Tages befolgte ich den Rat des Verwaltungsangestellten und schwirrte einfach zwischen den beiden hin und her. Doran hatte wenig Interesse an Besuchern, Lili dagegen umso mehr. Ich rief alle Leute an, die mir einfielen, und erzählte ihnen, wir seien unter Dorans Führung in die Stadt zurückgekehrt.
Als die ersten schlimmen Krisen überstanden waren, begann ich, positive Nachrichten über Dorans Zustand für selbstverständlich zu halten.
An unserem dritten Abend in der Guy-Klinik ging ich um Mitternacht zu Bett. Ich wollte unbedingt bei Lili sein, wenn am Morgen der Krankenhauslärm einsetzte. Um Viertel nach sechs ging ich für einen Augenblick zu Doran hinein, um ihm guten Morgen zu sagen. Seine Augen standen offen.
»Wie geht es ihm?« fragte ich munter. Die Schwester sah müde aus. »Es hat Probleme gegeben.«
»Probleme?«
»Er hatte ein paar leichte Krämpfe«, sagte sie, »Außerdem machen mir seine Augen Sorgen.«
»Seine Augen?«
»Er kann sie offenbar nicht zumachen. Ich werde sie mit

Tupfern abdecken. Es muß sehr unangenehm für ihn sein, weil das Licht so hell ist.«
Daraus ging hervor, daß sie der Ansicht war, Doran könne Licht sehen. Das war sehr ermutigend. Aber die Funktion seiner Nieren wurde immer noch nicht zufriedenstellend von der Maschine ersetzt. Doran war in Lebensgefahr. Der Uhrzeiger bewegte sich auf halb sieben zu.
»Geht es ihm im Augenblick gut?« fragte ich.
»Es sieht so aus. Der Arzt wird gleich hier sein.«
Ich traf eine Entscheidung. »Ich gehe zu meiner Tochter hinüber. Ich bleibe eine halbe Stunde. Bitte rufen Sie mich, wenn es Probleme gibt.«
Lili erwachte in meinen Armen. »Wie geht es Doran?« fragte sie.
»Er wird überleben, Lili«, sagte ich, »aber jetzt muß ich gehen und ihm von uns beiden einen kleinen Schubs geben.«
Als ich zurückkam, war Dorans Zimmer voller Menschen. Ich drückte mich an den Ärzten und Krankenschwestern vorbei und setzte mich unauffällig in eine Ecke. Sie probierten verschiedene Möglichkeiten aus, um herauszufinden, warum Doran auf die Therapie nicht schnell genug ansprach. Der Arzt wandte sich an mich. Ich hatte mich inzwischen daran gewöhnt, unvermittelt in das Gespräch einbezogen zu werden. »Wir müssen eine Lumbalpunktion machen«, sagte er. »Eine reine Vorsichtsmaßnahme. Wir wollen eine Meningitis ausschließen.« Durch eine Hirnhautentzündung konnte Doran eine zusätzliche Schädigung des Gehirns davontragen.
»Wir können ihm keine Narkose geben, und das könnte ziemlich schlimm für Sie werden. Vielleicht gehen Sie lieber eine Tasse Tee trinken«, fuhr er fort.
»Nein, bitte«, antwortete ich. »Was Doran geschieht, geschieht auch mir.«
»Nun, wenn Sie bleiben, wird es schlimm für mich, aber es

muß sein«, sagte der Arzt aus Yorkshire und beugte sich mit hochgekrempelten Ärmeln über Doran. Ich verstand ihn. Es war tapferer, zu gehen als zu bleiben.
»Ihnen zuliebe werde ich gehen«, sagte ich. Ich ging hinaus, aber ich war nur dazu fähig, auf dem Gang herumzustehen und zu warten. Alle meine Sinne waren direkt auf den Raum ausgerichtet, in dem Doran lag. Eine Krankenschwester versuchte, mich mit sanften Worten zum Gehen zu überreden, aber als sie sah, daß das nichts nützte, wandte sie eine andere Taktik an.
»Sie sind Malerin, nicht wahr? Wir brauchen eine Künstlerin, die uns Aschenputtels Kutsche malt«, sagte sie und zeigte auf ein paar große Bögen weißes Papier, nur wenige Schritte von der Tür entfernt, hinter der die Rückenmarkspunktion vorgenommen wurde.
Die Kindergärtnerin kam mit Farbtöpfen und Pinseln und vielen Erklärungen. Sie betonte, wie schwierig es gewesen sei, jemanden zu finden, der die Kutsche malte. Sie war so freundlich und liebenswürdig, daß ich nicht nein sagen konnte. Ich nahm die Pinsel. Die Farben übten ihren eigenen Reiz auf mich aus. Es war sehr lange her, daß ich mit Farbe gemalt hatte. Es machte mir Spaß, das Gemälde zu erkunden, und langsam wurde ich immer tiefer in die gemalte Geschichte hineingezogen. Und während Doran ums Überleben kämpfte, vergaß ich ihn. Ein plötzlicher Schrei riß mich aus meinen Träumen. So schrie nur jemand, der sehr verletzt und sehr zornig war, und nach der Lautstärke zu urteilen konnte es nur Doran sein. Entsetzt ließ ich den Pinsel fallen. Aber in diesem Augenblick öffnete sich die Tür des Raumes, und eine Schwester kam heraus.
»Oh«, rief sie, »ich wollte Sie gerade suchen. Ist das nicht wunderbar? Er ist normal!«
»Normal?« Das schien mir verrückt.
»Ja, endlich zeigt er eine normale Reaktion.«
»War Doran vorher nicht normal?« fragte ich.

»Er reagierte nicht auf Schmerz«, antwortete sie. »Der Arzt hat sich große Sorgen um ihn gemacht.«
»Darf ich hineingehen?«
»Noch nicht, aber ich hatte das Gefühl, ich müßte es Ihnen erzählen.«
»Danke«, sagte ich. »Vielen Dank.«
Sie verschwand. Ich beschloß, zu Lili zurückzugehen und ihr beim Mittagessen Gesellschaft zu leisten. Lili ging es schon viel besser. Sie unterhielt sich gerade mit einer Schwester. Als sie mich sah, fragte sie: »Ißt Doran zu Mittag?«
»Er kann nicht essen«, sagte ich. »Er wird die ganze Zeit durch einen Schlauch in seinem Kopf gefüttert.«
»Warum nicht durch den Mund?«
»Weil er nicht saugen kann.«
»Was ißt du zu Mittag?«
Draußen wurden schon die Wagen mit dem Essen vorbeigeschoben. Die Schwester sagte: »Es gibt Makkaroni, aber wir wissen nicht, ob als Nachtisch oder als Hauptgang.«
Der Geruch war eigenartig. »Das ist das beste Krankenhaus der Welt«, sagte sie überzeugt, »aber ich glaube, im *Michelin*-Restaurantführer taucht es nicht auf.«
»Meinen Sie?«
»Jede Wette«, sagte sie.
Ich schlug Lili vor, sich an die grünen Bohnen zu halten. Wir zählten sie gerade, als wir Besuch bekamen. Es war Moe, ein großer, dunkler und gutaussehender ausgebürgerter Amerikaner, der während meiner ersten Monate in London wie ein Bruder zu mir gewesen war. Ich hatte ihn seit über zwei Jahren nicht mehr gesehen, aber Neuigkeiten sprechen sich schnell herum. Moe wußte, was ich gern aß, und obwohl er Lili nicht kannte, hatte er erraten, was ihr schmecken würde. Er öffnete eine große braune Papiertüte und packte Bananen, Trauben, Knäckebrot und französischen Käse aus.

Lili riß ihre blauen Augen auf, und Moe war entzückt von ihr. Die Sympathie schien auf Gegenseitigkeit zu beruhen, und ich konnte die beiden allein lassen. Moe versprach, regelmäßig zu kommen und für uns einzukaufen. Auf diese Weise war wieder ein großes Problem gelöst.
Dorans Zustand stabilisierte sich im Laufe des Tages. Er sparte sich die entscheidenden Krisen für die Nächte auf. Das war sehr fair gegenüber Lili. Im Krankenhaus machte sich die Nacht nicht durch Dunkelheit bemerkbar, sondern nur durch eine Veränderung der Geräusche. Die Kinderstimmen waren verstummt, und jedes Geräusch hatte erstaunlich klare geometrische Formen und Klänge.
Ich lernte, der Nachtschwester bei ihrer Arbeit zu helfen. Ich hielt Dorans Arm, wenn sie ihm den Blutdruck maß. Ich drehte ihn um und wechselte das weiche Baumwollpolster aus, auf dem er lag. Windeln brauchte er nicht, denn ihm war ein Katheter eingesetzt worden. Die zugeführte und abgehende Flüssigkeitsmenge mußte sorgfältig gemessen werden. Der Brutkasten war gleichzeitig eine Waage, so daß die geringste Gewichtsveränderung festgestellt werden konnte. Das Elektrolyten-Gleichgewicht wurde durch feine Schläuche stabilisiert, die durch den Nabel eingeführt waren. Seine Körpertemperatur wurde mit Hilfe von Drähten registriert, die in den Anus führten und außen an der Haut befestigt waren. Vier Elektroden auf seiner Brust überwachten den Herzschlag. Am Kopf war ihm eine intravenöse Infusion angelegt worden. Sogar sein großer Zeh war nützlich: an ihm wurde Dorans Puls gemessen. Alle zwanzig Minuten mußten die Informationen überprüft werden. Doran wurde auch umgedreht, getröstet und gewaschen. Die Schwester arbeitete in einer Zehn-Stunden-Schicht. Sie durfte Doran nicht allein lassen. Sie stand die ganze Zeit oder ging auf und ab. Als ich ihr einen Stuhl anbot, lachte sie: »Wenn ich mich hinsetze, schlafe ich ein.«
Es machte mir Spaß, die nötigen Handgriffe zu lernen.

Zuerst ließen wir die Tupfer auf Dorans Augen liegen, weil er immer noch ständig die Augen offenhielt. Eines Tages nahm die Schwester die Tupfer weg, und seine Augen waren geschlossen.
»Heute«, sagte die Schwester, »ist ein aufregender Tag. Er muß zum Röntgen.«
Naiv nahm ich an, die Röntgenabteilung befinde sich im gleichen Stockwerk wie die Urologie oder wenigstens im selben Gebäude. Doch als wir an die Reihe kamen, wurde Doran von dem System abgekoppelt, das ihn am Leben gehalten hatte. Nur der Brutkasten, der jetzt auf Rädern stand, und die Salzinfusion wurden mitgenommen. Eine Schwester sollte diese gefährliche Reise ganz allein und ohne Hilfe wagen. Weil ich sie begleitete, ihr die Türen öffnete und sie um die Ecken lotste, verfing sich der Infusionsschlauch nicht und riß nicht ab. Theoretisch schwebte Doran immer noch in großer Gefahr. Jeder Augenblick, den er nicht an der künstlichen Niere angeschlossen war, bedeutete ein Risiko. Im Untergeschoß wandten wir uns nach rechts und gingen ins nächste Gebäude. An der drolligen Art, wie die Schwester beim Sprechen die Zähne aufeinanderbiß, merkte ich, daß sie aufgeregt war. Obwohl er durchgeschüttelt, gerüttelt und hin und her geworfen wurde, blieb Doran die ganze Zeit über heiter und gelassen.
»Er ist großartig«, sagte die Schwester. »Sehen Sie nur, wie er die Nerven behält.«
Siegreich und unversehrt erreichten wir die Röntgenabteilung. Dort wurde uns mitgeteilt, daß wir eine Stunde zu früh da waren. Es gab einige Aufregung. Die Schwester war nicht gewillt zu warten. Sie telefonierte mit dem Mann von der Verwaltung. Er kam kurz danach vorbei und verschwand rasch wieder. Das Ergebnis war, daß man uns bedeutete, wir könnten Doran auf den Röntgentisch legen. Dazu mußte er von dem Tropf abgehängt und aus dem Brutkasten geholt werden. In dem Kellerraum war es merk-

lich kühler als oben auf der Station. Die Krankenschwester bestand darauf, bis zum letzten Moment zu warten, bevor sie die Infusion abhängte. Sie lehnte sich auf dem Röntgentisch über Doran, um ihn mit ihrem Körper zu wärmen. Als die Aufnahme gemacht war, packte sie ihn wieder in den Brutkasten. Wir machten uns wieder auf den Weg zur Nierenstation.

»Sie machen sich hier so viel Mühe mit Ihren Patienten. Wie kommt es, daß Sie ihr Leben durch solche Expeditionen aufs Spiel setzen?« fragte ich, als die hundertste Schwingtür hinter uns zufiel.

»Es ist ein Irrsinn«, sagte sie, »aber es fehlt an Geld, und wir haben nicht genug Personal.«

Schließlich waren wir wohlbehalten auf der Urologie angelangt, und ein kleines Team schloß Doran wieder an sein Überlebenssystem an.

Die Guy-Klinik wurde für mich zum Symbol einer Lebensform. Alle auf der Station waren sehr mutig, ohne sich dessen im geringsten bewußt zu sein. Nur meine Hände litten unter dem Aufenthalt in der Klinik. Bevor ich Doran anfassen durfte, mußte ich mir die Hände mit einem unglaublich starken Desinfektionsmittel waschen. Da allein schon Dorans Blutdruck alle zwanzig Minuten gemessen werden mußte, wusch ich mir die Hände sehr oft, und langsam begann sich die Haut abzulösen.

Die Weihnachtsstimmung drang bis in Dorans Zimmer. Eines Nachmittags sah ich, wie eine Schwester über Dorans Brutkasten Papiergirlanden befestigte. Der Arzt aus Yorkshire und der Verwaltungsangestellte kamen strahlend herein.

»Wir kommen wegen der Milch. Er darf sie jetzt trinken.«

»Was für Milch?« fragte die Schwester.

»Muttermilch«, sagte der Arzt.

»Wann?« fragte ich.

»Morgen, wenn Sie eine kleine Flasche vollbekommen.

Ach, und heben Sie meinem Kollegen ein wenig für den Tee auf.«

In den folgenden Tagen änderten sie ihre Meinung mehrmals. Ich gab ständig kleine Flaschen ab, die verschwanden, ohne Doran je zu erreichen. Inzwischen kamen jeden Tag neue Weihnachtskarten und Briefe an. In einem Kuvert fand ich zwei winzige braune Federn, die so an einem Zweig befestigt waren, daß das Ganze aussah wie ein Vogel. Wir hängten den Vogel über Dorans Kopf auf, und er drehte sich und schaukelte leicht in der warmen Luft.

Die Anzahl der Krisen bei Tag und in der Nacht hatte sich verringert. Das Problem war jetzt weniger das unmittelbare Überleben als vielmehr die Lebensqualität. Würden sich seine Nieren vollständig erholen? Hatte sein Hirn noch weitere Schäden davongetragen? Ich merkte auch, daß man mich sanft drängte, für Lili und mich eine andere Unterkunft zu suchen. Man erklärte mir, Doran sei zwar nicht mehr unmittelbar in Gefahr, aber seine Widerstandskräfte seien noch sehr geschwächt. Wenn ich Freunde hätte, sollte ich jemanden suchen, der bereit wäre, mich wenigstens nachts aufzunehmen. Ich fand, daß Gott sehr gut für mich sorgte, und zwar genau dort, wo ich war. Eine Woche vor Weihnachten standen plötzlich Bernard und Erica Kops auf dem Korridor. Sie hatten eine Flasche *Veuve du Vernay* und eine Tüte mit frischen Datteln in der Hand.

»Wir wollten dir nur sagen, daß du Weihnachten bei uns verbringst. Wir haben den Weihnachtsbaum mit Davidssternen behängt.«

»Schickt euch der Himmel?« fragte ich.

»Das hier muß die Hölle sein«, sagte Bernard.

»Nein, Bernard«, meinte Erica, »eher das Fegefeuer.«

Bernard und seine Familie waren immer dann da, wenn ich sie am nötigsten brauchte.

»Auf jeden Fall«, sagte ich, »kommt ihr in göttlichem Auftrag.«

Sie drückten mir die Flasche und die Datteln in die Hand. »Direkt aus dem Paradies«, sagte Bernard. »Komm an Weihnachten ins Paradies.« Wir verabredeten uns für Heiligabend.

Der Zustand von Dorans Nieren besserte sich erfreulich. Doran konnte zwar nicht zwinkern, aber seine Augen öffneten und schlossen sich, und er machte Saugbewegungen. Die Schwester versuchte es zunächst mit einem Schnuller. Er nuckelte gierig an ihm, als wäre sein Mund ein Körperteil, das lange vernachlässigt worden war. Nach dem Schnuller bekam er ein bißchen von meiner Milch aus der Flasche. Während er sich langsam erholte, beobachtete ich ihn und erwartete fast, daß die Symptome seines Hirnschadens verschwinden würden. Das war naiv, und ich bemerkte, daß sich die Ärzte Sorgen machten.

»Finden Sie, daß er sich irgendwie verändert hat?« fragten sie mich. »Ist er dasselbe Baby, das Sie vorher gekannt haben?«

Es wäre mir schwergefallen, die Beziehung zu beschreiben, die ich während der letzten Monate zu Doran gehabt hatte, weil sie von so vielen unsichtbaren, seelischen Übereinstimmungen abhing. Ich erinnerte mich, daß es etwas gab, was er nicht mochte, aber aus Respekt vor der anerkannten Intimität zwischen Mutter und Kind tolerierte: Ich zupfte an seiner Nase. Doran zuckte. Wenn er beweglicher gewesen wäre, hätte er meine Hand sicherlich weggestoßen. Das Zucken war mir vertraut, und der liebenswerte Ausdruck von Resignation auf seinem Gesicht zeigte mir deutlich, daß er mich erkannt hatte.

»Doran ist immer noch der alte«, sagte ich. Die Ärzte sahen mich ein wenig erstaunt, aber erleichtert an.

Heiligabend kam, und ich packte meine und Lilis Sachen. Lili hielt einen großen Strumpf für die Geschenke bereit.

Als ich nach Doran sah, hatte sich sein Zimmer auf geheimnisvolle Weise verändert. Er lag in einem kleinen Bett und

trug einen neuen blauen Strampelanzug mit Punkten. Kein Tropf und kein Schrittmacher waren zu sehen. Nur der kleine Vogel drehte sich langsam, zuerst rechts und dann links herum, über Dorans Kopf. Am Fußende des Bettes hing ein Strumpf, und auf dem Tisch stapelten sich mehrere kleine, bunte Päckchen.
»Sie können ihm heute die Flasche geben, und wenn er gut trinkt, dürfen Sie ihn morgen stillen«, sagte die Schwester.
»Das ist mein Weihnachtsgeschenk«, antwortete ich.
Ich beugte mich über Doran, um ihn hochzunehmen. Als ich seinen Kopf zu mir drehte, sah ich, daß er nicht mehr seine gewöhnliche Form hatte. Er erschien mir riesig und unsymmetrisch. Ich wußte nicht, was ich davon halten sollte. Ich drückte Doran an mich, während ich versuchte, mit dieser neuen Mißbildung zurecht zu kommen.
Die Schwester reichte mir eine Flasche. In Anbetracht der Tatsache, daß mein Sohn offenbar einen Wasserkopf hatte, wirkte sie sehr fröhlich. Aber schließlich gehörte es hier zu den Spielregeln, ungeachtet allen Unglücks fröhlich zu sein. Ich wartete auf eine Erklärung, aber vergebens.
Doran schaffte es irgendwie, den Sauger in den Mund zu bekommen, und begann zu trinken.
»Sehen Sie«, sagte die Schwester, »er saugt gut. Man hört es.«
Doran schmatzte laut.
»Ja«, antwortete ich, »aber was ist mit seinem Kopf?«
»Seinem Kopf?« fragte sie.
»Ja, mit seinem Kopf«, beharrte ich. »Er ist doch größer geworden.«
Die Schwester sah mich ungläubig an. Dann sagte sie: »Ach, Sie meinen die Stelle, an der die Infusionskanüle lag? Das ist nur eine leichte Schwellung.«
Ich war sehr erleichtert.
»Ich finde sie aber ziemlich groß.«
»Ja«, sagte sie beschwichtigend, »sie ist vielleicht ein biß-

chen größer als man erwarten sollte, aber sie wird bald abklingen.«

Ich wußte nicht, daß Flüssigkeit unter der Haut so hart sein konnte. Doran trank gierig die ganze Flasche leer – und dann noch eine zweite. Am Ende des Tages stand er in dem Ruf, einen gewaltigen Appetit zu haben.

Weihnachten im Krankenhaus war ein erstaunliches Ereignis. Jeder Patient, der halbwegs gehen konnte, schien über Weihnachten das Krankenhaus verlassen zu haben. Gleichzeitig schickte jede Wohltätigkeitsorganisation, die es finanziell irgendwie verkraftete, Säcke voller Spielzeug und als Weihnachtsmann verkleidete Männer in die Klinik. Lili erlebte ihr drittes Weihnachten und wurde vom Augenblick des Erwachens an mit Geschenken überhäuft. Hinter jeder Ecke lauerte ein Weihnachtsmann. Lili trug einen ganzen Berg weicher Stofftiere und anderer Spielsachen zusammen. Doran durfte mit uns im Krankenhaus überall hin. Die Krankenschwester hatte ihm einen Frotteeanzug mit einer roten Weste und rot-gelb geblümten Ärmeln angezogen. Er sah sehr festlich aus und ließ sich gern herumtragen. Ich trank die Flasche *Veuve du Vernay*, zusammen mit dem Arzt aus Yorkshire und hoffte, Doran würde den Alkohol in seiner Weihnachtsmilch verkraften. Was immer Doran jetzt auch noch bevorstehen mochte, mit dem Zustand seiner Nieren war man auf der Station allgemein hoch zufrieden. Niemand hatte erwartet, daß er sich so schnell erholen würde, und alle beteuerten mir das unablässig. Die Euphorie dauerte bis zum Nachmittagstee. Ich hatte einen Kuchen besorgt. Einer der Ärzte war im Urlaub und wurde von einer Ärztin vertreten, die ich noch nicht kennengelernt hatte. Ich bot ihr ein Stück Kuchen an, ohne Doran abzulegen oder ihn beim Trinken zu stören.

»Warum stillen Sie ihn dauernd?« fragte sie.

»Das ist mein Weihnachtsgeschenk«, antwortete ich gutgelaunt.

Sie musterte mich neugierig. Ich merkte, daß sie etwas sagen wollte und nach einer Möglichkeit suchte, es auszudrücken. Ich wollte nicht, daß sie sich überhaupt äußerte, aber sie war entschlossen, zu sagen, was sie dachte.
»Sie wissen ja, daß er wahrscheinlich nicht normal ist«, sagte sie. »Er hat drei schwere Erkrankungen hinter sich, von denen ihn jede allein schon schwer geschädigt haben könnte.«
»Drei?«
»Kernikterus, Keuchhusten und Nierenversagen«, meinte sie ruhig.
»Oh«, sagte ich, »ja, sicher.«
»Ich finde, Sie sollten darüber nachdenken«, riet sie.
»Es ist Weihnachten«, erwiderte ich. »Bitte, ich will nur Positives über Doran hören. Er lebt, und ich liebe ihn.«
»Das könnte nicht genug sein«, sagte sie.
Ich ging weiter und verteilte meinen Kuchen. Erfreulicherweise durften alle Patienten Kuchen essen. Lili erschien mit einem Puppenwagen. Hinter ihr hörte ich den Gesang eines Weihnachtschors, und kurz darauf standen wir mitten unter den Sängern. Jemand gab mir ein Textblatt, und wir wurden zur nächsten Station weiter geschoben.
»Schön, daß ein Baby dabei ist«, meinte ein Sänger.
Ein anderer sagte: »Draußen schneit es.«
Lili wurde müde und konnte nicht mehr gehen. Sie stieg in ihren Puppenwagen und drückte die Puppe an sich. Der Dirigent des Chors erklärte sich bereit, sie zu schieben. So zogen wir, angeführt von Lili, die vor Weihnachtsfreude strahlte, mit Doran durch die Klinik.
Ich überlegte gerade, wo wir waren, als ich plötzlich die Aschenputtel-Bilder an den Wänden sah. Wir folgten dem Märchen von seinem Ende bis zum Anfang bei Dorans Zimmer. Doran war müde. Es war eine fast normale Müdigkeit. Er hatte einen ganzen Tag damit verbracht, nur für sich zu leben. Sein Magen war angenehm voll, und er akzeptier-

te widerspruchslos sein Bett und sein Kissen. Es war eine merkwürdige Erfahrung, Doran allein zu lassen.
Ich bestellte ein Taxi, das uns zur Wohnung der Familie Kops bringen sollte. Bernard und die Kinder schippten vor dem Haus Schnee und bewarfen sich mit Schneebällen. Bernard trug Lili auf den Schultern hinein.
»Lili, Milli, Willi, wir mögen unsre Lili«, sang er.
»Magst du Doran auch?« fragte Lili.
»Heute abend mag ich alle Menschen«, antwortete er.
Am Morgen türmte sich der Schnee vor den Fenstern, und die Gehwege war vereist. Der Weg zurück in die Guy-Klinik wurde zu einer langen und schwierigen Expedition. Ich durfte mir auf keinen Fall etwas brechen, aber Lili und ich rutschen alle paar Schritte aus und fielen hin. Es schneite den ganzen Nachmittag. Im Nachhinein erschien mir der Heimweg wie eine Expedition in der Arktis. Lili und ich saßen vor einem Berg von Spielzeug, das ein paar letzte, verzweifelte Weihnachtsmänner einfach auf dem Korridor abgelegt hatten. Doran saugte kräftig, und als Moe kam, befand er sich in einer generösen Stimmung gegenüber der chaotischen Welt, in der er lebte.
Moe verstand sich gut mit Doran. Er behandelte ihn liebevoll, aber bestimmt. Das gefiel Doran. Es war eine angenehme Alternative zum Trinken. Als ich ihn auf Moes Arm beobachtete, lernte ich etwas mehr darüber, wie seine Sinne funktionierten. Seine Augen bewegten sich scheinbar unkontrolliert hin und her, aber wenn er zu den glänzenden Kugeln hochgehoben wurde, mit denen die Mistelzweige geschmückt waren, die in regelmäßigen Abständen von der Decke hingen, lächelte er. Ließ man ihn wieder herab, machte er ein trauriges Gesicht.
Ich war jetzt sicher, daß Doran sehen konnte. Es war mir egal, was er sah oder wieviel. Mich kümmerte nur, daß die visuellen Nervenbahnen existierten! Sie waren da, und ich war überzeugt, daß sie sich stimulieren ließen.

»Sieh nur, Moe, er kann sehen! Ist es nicht wunderbar, daß er sehen kann?«
»Natürlich kann er sehen, Linda«, antwortete Moe.
Ich nahm Lili bei der Hand und tanzte in wilder Begeisterung um Moe herum.
»Das ist mein schönstes Weihnachten«, rief ich.
»Das glaube ich dir, Linda«, meinte Moe, »das glaube ich dir.«
An diesem Tag gefiel es Doran sehr gut bei all den freundlichen Menschen, und er war nicht sehr begeistert, als er wieder ins Bett mußte. Er hatte Geschmack am Leben und am Abenteuer gefunden, was immer er sonst noch für Probleme haben mochte. Er wußte, wo das helle Licht war und das Leben. Um halb sieben mußten wir zur Wohnung der Kops aufbrechen, wenn wir einigermaßen pünktlich ankommen wollten. Moe begleitete uns und nahm Lili auf den Arm. London versank in einer Eiszeit. Der warme Schutz der Klinik verschwand hinter einem heulenden weißen Sturm.
Lili und ich gingen jeden Morgen in die Guy-Klinik, und jeden Morgen wartete Moe – schneebedeckt, den Schal über Nase und Ohren gezogen – vor Bernards Haustür auf uns. Ohne je den Humor zu verlieren, begleitete er uns hinauf zur Nierenstation und war jeden Abend wieder zur Stelle, um uns heimzubringen.
Bernard stellte eine riesige Kiste mit Satsumas in den Flur und befahl uns, so viele Mandarinen wie möglich zu essen. Das hebe die Laune, und außerdem enthielten sie viel Vitamin C. Wir fütterten uns in der U-Bahn mit Mandarinen und kamen mit klebrigen Fingern und Manteltaschen voller Schalen in der Klinik an.
Doran war in einen anderen Raum verlegt worden. Ich erkannte das Zimmer wieder, das man mir ganz am Anfang gegeben hatte. Doran war für viele Patienten zum Helden geworden. Er war von den Pforten des Todes zurückgekehrt,

und das machte ihn interessant. Kinder fragten nach ihm und kamen herein, um ihm die Hand zu geben. Die Schwestern versuchten, ihn auf einen Plastikstuhl mit Lehne zu setzen, aber das war unmöglich. Doran machte ein Hohlkreuz, rutschte auf die Seite und schrie. Von dem Augenblick an, da ich das Zimmer betrat, bis zu dem Moment, da ich es abends wieder verließ, war Doran auf meinem Arm. Am besten gefiel es ihm, wenn er zu dem Weihnachtsschmuck emporgehoben oder von der Aushilfsschwester sanft geboxt wurde. Weil sie seine Hände nicht öffnen konnte, nannte sie ihn den kleinen Boxer und kämpfte mit ihm, wenn sie ihn besuchte. Wenn wir abends gingen, stimmte er jedesmal ein furchtbares Geschrei an, aber es klang eher zornig als ängstlich, und ich war sicher, daß er darauf vertraute, daß wir wiederkämen. Die Schwestern sagten, sie hätten noch nie ein Baby gesehen, das so viel und so geräuschvoll trank. Manche behaupteten, man könne ihn noch zwei Stationen weiter trinken hören. Es ging ihm jetzt immerhin so gut, daß er nach Hause entlassen werden konnte.
Ich dachte mit gemischten Gefühlen an daheim; vor allem, wenn ich die Kälte, den Geldmangel und die Trennung von meinen Freunden in meine Überlegungen einbezog. Aber dann erinnerte ich mich an den Geruch des Landes und daran, wie schön die schneebedeckten Felder aussehen mußten. Ich dachte an den Wald und stellte ihn mir als einen Beschützer für uns vor. Ich dachte an die buntgestrichenen Wände in meinem Häuschen, an die Bilder, die überall hingen, und an das große Doppelbett, in dem wir zu dritt schlafen würden. Und da sehnte ich mich plötzlich danach, nach Hause zu kommen. Es war Januar. Die Weihnachtsdekoration wurde abgenommen, und ich verabschiedete mich von Dorans Arzt. »Sie haben wirklich einen bemerkenswerten Sohn«, sagte er. »Es war nicht zu erwarten, daß er so bald entlassen werden würde.«

»Er hat schon so viel durchgemacht«, sagte ich. »Ich kann mir nicht vorstellen, daß er nicht irgend etwas Außergewöhnliches mit seinem Leben anfangen wird.«
Der Arzt war jung. Er hatte blaue Augen und blondes Haar, und wahrscheinlich konnte er es kaum mit seiner wissenschaftlichen Ausbildung vereinbaren, mir zuzustimmen, aber er sagte: »Ich auch nicht.«

5

Das Taxi fuhr vor. Die Verspätung war vorherzusehen gewesen: In London war das schlechteste Wetter seit fünfzehn Jahren. Wir waren so warm verpackt, daß wir uns kaum bewegen konnten. Zu Lilis großer Freude begleitete Moe uns nach Hause. Wir machten es uns auf dem Rücksitz des Taxis bequem und fuhren in Richtung Croydon los und dann weiter auf die A 23. Schneeflocken wirbelten gegen die Windschutzscheibe, und das Radioprogramm lief optimistisch mit voller Lautstärke.
Doran war begierig darauf, so viele Positionen wie nur möglich auszuprobieren. Die einzige Bewegung, die er tatsächlich selbst ausführen konnte, war, ein Hohlkreuz zu machen und gerade so viel zu zappeln, daß er rutschte. Er glitt über meine Schulter auf Lilis Brust und von dort auf Moes Schoß. Weil er sich nicht abreagieren konnte, war er das reinste Energiebündel geworden. Es war unmöglich, ihn in den Schlaf zu wiegen.
Unerwartet wurde unser Interesse von Doran abgelenkt: Der Wagen schleuderte um eine enge Kurve, der Motor ging aus und wir kamen am Rand einer Schneewehe zum Stehen. Wir waren noch Meilen von zu Hause entfernt. Unsere einzige Hoffnung war ein kleines Bauernhaus, das sich etwa

einen halben Kilometer weiter an einen schneebedeckten Hang duckte. Ich deutete auf das Haus und schlug vor, daß unser Fahrer von dort aus ein anderes Taxi rufen sollte, das uns abholen würde – falls ein Taxifahrer so verwegen war, bei diesem Wetter hier herumzufahren. Es schneite immer noch leicht. Ich befürchtete, daß wir alle, oder wenigstens Doran, an Unterkühlung sterben würden. Aber der Fahrer bestand stolz darauf, daß sein Taxi nur einen kleinen, ihm wohlbekannten Defekt habe, der ganz einfach zu beheben sei. Er machte uns Mut und stieg aus. Ich schloß aus seinem Betragen, daß er seiner Sache sicher war. Nach etwa zehn Minuten versuchte er, das Auto zu starten. Doch der Motor gab nur dreimal ein kurzes, spuckendes Geräusch von sich und erstarb wieder. Ich schlug noch einmal vor, von dem Bauernhaus ein anderes Taxi zu rufen. Aber der Fahrer behauptete, es würde mindestens eine Stunde dauern, bis ein anderes Taxi käme, während er den Wagen in fünf Minuten wieder in Gang setzen könnte.

»Der Mann weiß wenigstens, was er will«, sagte ich. »Und er versucht seinen Willen durchzusetzen.«

Moe verstand nichts von Autos. Er griff in seine alte, abgewetzte Tasche und zog eine Tüte mit Bagels, den kleinen, harten jüdischen Brotkringeln, und ein großes Stück Käse hervor, der eine interessante rote Farbe hatte.

»Ich habe Hunger«, sagte Lili, und Moe gab ihr ein Stück Bagel und Käse in die Hand. Weil der Wagen aufgehört hatte zu schaukeln, langweilte Doran sich. Es wurde spürbar kälter, und aus den fünf Minuten wurden zwanzig. Der Fahrer hörte nicht auf unsere Ratschläge und lehnte auch Bagels und Käse ab. Noch zweimal setzte er sich auf den Fahrersitz, aber er konnte dem Motor nur immer wieder das gleiche, traurige Geräusch entlocken.

Es würde bald Abend werden, der Schnee türmte sich immer höher und die Straße würde bald nicht mehr befahrbar sein. Dann mußte Lili Pipi machen. Ich konnte sie gerade noch

rechtzeitig aus den vielen Kleidungsschichten schälen, bevor es zu spät war. Moe öffnete die Wagentür und hob Lili über den Schnee, der boshaft um ihren Po wirbelte. Ich nahm bereits an, unser Fahrer sei inzwischen erfroren, als er plötzlich einstieg und sagte: »Er will nicht anspringen. Es ist wohl das beste, wenn wir zu dem Haus gehen und ein anderes Taxi rufen. Haben Sie Geld dabei?«
»Aber Sie sind dafür bezahlt worden, daß Sie uns nach Hause bringen.«
»Tut mir leid, aber ich habe kein Bargeld bei mir. Ich kann das andere Taxi nicht bezahlen.«
»Ich habe Geld, Linda,« sagte Moe.
Das war Ansporn genug. Der Fahrer verschwand in Richtung des Hauses, dessen Fenster jetzt erleuchtet waren. Kein einziges Auto fuhr vorbei. Eine Stunde verstrich. Die A 23 wirkte eher wie die Straße nach Leningrad in einem besonders strengen russischen Winter. Ich fing schon an, Wölfe heulen zu hören und meine Zehen wurden allmählich gefühllos, als ich hörte, daß sich ein Auto näherte. Schließlich hielt der Wagen neben uns an. Zwei Männer stiegen aus. Unser Fahrer hatte sich wohlweislich bei dem Haus abholen lassen. Wir ließen ihn einfach bei seinem Wagen mit dem kaputten Motor stehen.
Doran mußte nur kurz in die Kälte hinaus. Ein oder zwei Flocken berührten seine Nase und seine Wangen. Die Empfindung war neu für ihn. Er warf den Kopf zurück und brüllte wütend in den Himmel. Der andere Taxifahrer brachte uns bis zur Haustür, aber bevor er wegfuhr, deutete er mit einer Kopfbewegung den Hügel hinunter: »Wenn es friert, kommt da morgen früh kein Auto mehr hoch.«
»Ich fürchte, es wird frieren«, sagte ich. Ich hielt mich am Gartentor fest, um nicht auszurutschen. »Vielen Dank und ein gutes neues Jahr.«
»Auch Ihnen ein gutes neues Jahr«, sagte er und wendete auf der Straße.

Ich schloß die Tür auf. Unser Haus hatte keinen Windfang, und man trat direkt ins Wohnzimmer. Wir brachten eine Woge kalter Luft mit ins Zimmer.
Wir schlugen die Tür zu und sperrten den Schneesturm aus. Dann stießen Moe und ich erstmal einen erleichterten Seufzer aus.
Im Haus war alles so, wie ich es verlassen hatte. Wir feierten unsere Heimkehr, indem wir aufräumten und putzten. Lili wollte mit einer Patchworkdecke und ihrem Lieblingsteddy auf dem Sofa schlafen. Doran wollte unterhalten werden. Ich schaltete jede verfügbare Wärmequelle einschließlich des Herdes ein und zündete ein Feuer an. Die nächsten zwei Stunden putzte ich und warf verdorbene Lebensmittel weg. Es war herrlich, mich frei in meinem eigenen Haus bewegen zu können. Schließlich fand ich noch eine winzige Dose mit Milchpulver und kochte Tee. Lili wachte auf, und wir saßen zusammen am Kamin, tranken Tee und aßen die letzten Bagels. Jetzt war nichts Eßbares mehr im ganzen Haus. Ich hatte eigentlich vorgehabt, bei dem Laden anzuhalten, in dem ich anschreiben lassen konnte, um Lebensmittel zu kaufen, aber ich hatte es vergessen. Es schien unmöglich, daß man etwas so Wesentliches vergessen konnte, aber es war passiert. Bevor der Hunger das wundervolle Gefühl der Wärme verdrängen konnte, die nun von allen Seiten strahlte, ging die Haustür auf. Ein Schneesturm fegte zum Kamin, und mit ihm traten Judy und Peter ein. Ich hatte sie von der Guy-Klinik aus angerufen, und jetzt standen sie mit einer großen, tröstlich aussehenden Tüte vor dem Kamin, während der Schnee auf ihren Schuhen schmolz.
»Wir sind zu Fuß über die Felder gegangen«, sagte Peter. »Mit dem Auto kommt man heute nicht durch.«
»Aber das kann dir ja gleichgültig sein«, meinte Judy, »weil *du* nirgends hinfahren wirst. Du wirst schön zu Hause bleiben und Mutter sein.«
»Du meinst, wir sollen daheim bleiben und verhungern.

Das ist wirklich ein tolles Argument für die Rolle der Mutter.«
»Peter und ich werden für dich einkaufen. Wenn du hinausgehst, erkältest du dich bestimmt.«
»Dieses Wetter hält an«, meinte Peter. »Die nächsten drei Monate wird es bestimmt schneien.«
Judy begann, die Lebensmittel auszupacken. Ganz unten in der Tüte stand eine geheimnisvolle feuerfeste Schüssel, die sie Peter gab, damit er sie in die Küche brachte.
»Wir haben uns nur von Bagels ernährt«, berichtete ich.
»Bagels«, Judy schrie fast. »Du hast Bagels?«
»Sicher«, antwortete Moe, »es sind noch zwei in der Tüte.«
Judy stürzte sich auf die Tüte. Zwischen zwei Bissen fragte sie: »Du bist Amerikaner?« Anschließend besprachen die beiden Ausgewanderten und Peter unsere nähere Zukunft, als ob das ihre Lebensaufgabe wäre.
Noch bevor wir zu Abend gegessen hatten, beschlossen sie, daß wir bis zum Frühling das Haus nicht verlassen dürften. Moe würde jedes Wochenende kommen. Judy und Peter wollten uns zu Fuß Lebensmittel bringen.
»Wenn du dich jetzt nicht mehr dauernd herumtreibst«, sagte Judy, »kannst du ein bißchen Zeit in deine Gesundheit investieren. Du und Lili, ihr hustet immer noch.«
Peters Wettervorhersage bewahrheitete sich. Das Haus wurde unsere Welt, und hier versuchte ich, eine Welt zu schaffen, in der Doran gesund werden sollte.
Ich stand früh auf, hauptsächlich, weil Doran wach war und sich langweilte. Ich versuchte, mit ihm auf dem Arm Feuer zu machen, bevor Lili aufwachte. Dabei mußte ich darauf achten, daß Doran mir nicht mit seinem Kopf die Zähne ausschlug und nicht zu schreien anfing.
Wenn Lili aufgewacht war und wir gefrühstückt hatten, badeten wir Doran und zogen ihn um. Das dauerte immer ziemlich lang. Die ovale Plastikwanne stand auf einem Handtuch vor dem Kamin. Doran genoß das Vorrecht, von

Lili ausgezogen zu werden. Zuerst öffnete sie die Druckknöpfe seines Strampelanzugs. Dann mühte sie sich ab, Doran den Pullover über den Kopf zu zerren und den Plastikverschluß an seiner Windel zu öffnen. Wenn Doran ausgezogen war, spielten wir das Spiel: wer kann Doran am besten zum Lachen bringen. Dabei küßten, kitzelten und streichelten wir ihn, und meistens gewann Lili.
Beim Baden selbst ging es noch fröhlicher zu. Es war schwierig, Doran im Wasser nur mit einer Hand zu stützen; deshalb einigten wir uns darauf, daß ich ihn hielt und Lili ihn wusch. Weil ich beide Hände für Doran brauchte, hatte ich unglücklicherweise nur wenig Kontrolle darüber, was Lili mit Doran und dem Badewasser anstellte. Lilis einziges Kriterium war, daß Doran vergnügt war. Sie fand, je mehr Gesellschaft er in seiner Wanne hätte, desto besser. Einmal fragte sie, ob sie ihre Enten in der Wanne schwimmen lassen dürfe.
»Natürlich, Liebling«, sagte ich.
Sie warf alle Enten ins Wasser, einschließlich der rosafarbenen Stoffente. Wie sich herausstellte, konnte diese Ente nicht schwimmen. Aber man konnte sie mit Seife einreiben und über Dorans Kopf auswringen. Lili machte Seifenschaum, und auf dem Teppich entstand ein Schaumschloß nach dem anderen. Dann holte Lili ihr Teeservice aus Plastik und veranstaltete eine Teegesellschaft. Doran war König Neptun, dem von allen Seiten Tassen voller Meerwasser entgegenschwappten. Lili steckte voller Einfälle und setzte alles unter Wasser. Ihr gesamtes Spielzeug kam an die Reihe, wenn ich Doran aus der Wanne herausgehoben hatte.
Mein Häuschen hatte vier Zimmer und ein Bad. Wenn wir das Feuer tüchtig schürten und zusätzlich den Heizlüfter anstellten, wurde es in allen Räumem wohlig warm. Beide Kinder liebten es, von einem Zimmer ins andere zu wandern, anzukommen und wieder abzureisen, und ihre kleine

Welt auszuschreiten. Wir fühlten uns nie beengt, denn es gab immer die Möglichkeit, einen Raum weiterzuziehen.
Für Doran hatte ich unten im Haus beim Kamin ein kleines Bettchen aufgestellt. Er hatte inzwischen gelernt, zu gähnen und selbstlos die Augen zu schließen, kurz bevor Lili schlafen gehen mußte.
Gleichgültig wie lange ich brauchte, um Lili ins Bett zu bringen – Doran schlief immer nur so lange tief und fest, bis ich versuchte, in Ruhe noch eine Tasse Tee zu trinken und etwas zu essen. Aus irgendeinem Grund ärgerte es meinen Sohn, wenn ich allein aß. Wenn Judy und Peter kamen, trafen sie uns meist vor dem Kamin an: Doran hing an meiner Brust, und ich beschäftigte mich mit einem Teller voller Brot, Erdnußbutter und Salat.
Judy war der Meinung, ich wolle wohl abnehmen.
»Ich mag das«, widersprach ich. »Es ist nahrhaft, und außerdem zahlt mir die Sozialhilfe nur 27 Pfund.«
»Du könntest ein bißchen dazuverdienen.«
»Judy, ich bin dazu bestimmt, mein Leben als Mutter in Armut zu verbringen.«
Sie spitzte die Lippen. »Ein bißchen weniger Armut wäre auch noch romantisch genug, finde ich.«
»Wir kennen einen Mann, der einen Schrank bemalen lassen will«, sagte Peter.
»Einen Schrank? Wo sollen wir denn einen Schrank hinstellen?«
Der Schrank paßte problemlos ins Wohnzimmer. Das Möbelstück war aus einfachem Holz gefertigt, sah aber eher wie eine Pagode als wie ein Schrank aus. Es gehörte einem Antiquitätenhändler, der es in eine elegante, rote Lackarbeit aus dem achtzehnten Jahrhundert verwandeln lassen wollte. Zufällig beherrschte ich die chinesische Maltechnik und wußte, wie man ein Gemälde künstlich altern läßt, damit es den Wünschen der Kunden entspricht. Ich brachte Judy und Peter einige Geheimnisse bei, und gemeinsam

gelang es uns, den Schrank in eine Antiquität zu verwandeln.
Während Lili schlief, wurde Doran um den Schrank herum getragen. Ich reinigte meine Marderhaarpinsel und skizzierte zunächst ein paar Vögel und Trauerweiden. Anschließend trugen wir die rote und die goldene Farbe auf. Vögel und Trauerweiden prangten jetzt auf einem glänzenden Hintergrund. Doran hielt noch lange, nachdem alle heimgegangen waren, an der Vorstellung fest, der Schrank diene seiner Unterhaltung. Während ich den Schrank umkreiste, lehnte Doran seinen Kopf an meine Schulter. Ich ging so lange weiter, bis ich ganz sicher war, daß er schlief. Aber sobald ich ihn vorsichtig zu seinem Bettchen trug, öffnete er die Augen. Die Pupillen jagten hin und her und aus seiner Kehle kamen bedenkliche Geräusche.
Wir hatten für die Fertigstellung des Auftrags einen Termin, und ich beschloß, gleich den Aufsatz des Schrankes zu bemalen. Es war schön, so viel Zeit und Freiheit beim Arbeiten zu haben. Ich stieg auf die Leiter. Unter mir sah ich Doran, obwohl sein Gesicht teilweise von einer dünnen, roten Decke bedeckt war. Ich arbeitete von hinten nach vorn und schob meine Farb- und Lacktöpfe vor mir her. Die Flüssigkeit, die ich für die künstliche Alterung benützte, roch sehr scharf. Plötzlich hatte ich eine Vorahnung und im selben Augenblick stieß ich mit dem Ellbogen die Flasche um. Sie fiel direkt auf Dorans Decke. Der Lack mußte ihm in die Augen gespritzt sein.
Er bewegte sich nicht. Sein Schlaf war außergewöhnlich tief. Ich kletterte die Leiter hinunter und beugte mich über ihn. Die einzigen Lösungsmittel, die mir einfielen, waren ebenso scharf wie der Lack. Die Gefahr bestand, daß seine Augen verletzt waren, und ich war daran schuld. Ich zog die Decke zurück. Die zähe Flüssigkeit war durch die Decke hindurch auf Dorans Wange gesickert. Einem normalen Baby, das bequem auf dem Rücken schlief, wäre der rote

Lack in beide Augen geflossen. Aber Doran konnte nicht normal liegen. Sein Kopf lag so verdreht auf der Seite, daß nur auf seine Wange und an den Rand seines Ohrs ein bißchen Lack gelangt war. Über Dorans Leben lag ein Zauber. Das war beängstigend, aber es war auch wunderbar. Drei Monate lang verließen wir das Haus nicht. Der rote Pagodenschrank war fertig, und wir wurden bezahlt. Judy sorgte nun großzügiger für unsere Ernährung, und Peter brachte uns Holz und Kohlen für den Kamin. Trotzdem wußte ich, daß ich unsere Stromrechnung nicht bezahlen konnte. Ich hoffte, in den kleingedruckten Paragraphen des *Handbuchs der Sozialhilfe* einen Ausweg zu finden. Es war unlogisch, daß der Staat im Krankenhaus so viel Geld ausgab, um Doran am Leben zu halten, und ihn dann heimschickte, damit er vor Kälte starb. Aber mit der Logik kam ich hier nicht weiter, und das Sozialamt war nicht die Heilsarmee. Wir waren in einer raffinierten Falle der Armut gefangen, aus der es kein Entrinnen gab: Ein niedrigbezahlter Teilzeitjob hätte nur eine Kürzung der Beihilfe zur Folge gehabt. Dorans Behinderung konnte erst amtlich anerkannt werden, wenn er zwei Jahre alt war. Dann würde ihm ein Pflegezuschuß zustehen.

Langsam wurde mir klar, daß alle Arbeit, die man sich mit einem hirngeschädigten Kind machte, als Zeitverschwendung betrachtet wurde, weil noch niemand gesehen hatte, daß ein solches Kind gesund geworden wäre. Vielleicht sollte deshalb jede Hilfe so lange wie möglich hinausgeschoben werden.

Es wurde Frühling. Sonne und Wind befreiten das Land vom Schnee. Es war schön, einfach draußen zu stehen und die Sonne auf dem Gesicht zu spüren. Peter grub mein Auto aus und ließ es an. Ein langer und dunkler Winter lag hinter uns, aber wir waren nicht allein gewesen. Das Leben lag vor uns, aber seine Qualität hing davon ab, was wir mit Doran taten und ob es erfolgreich war.

Mein Sohn machte einen glücklicheren Eindruck. Er ließ erkennen, daß er großes Interesse an der Welt haben würde, wenn er nur an sie herankommen könnte. Er wurde neugierig auf Alternativen zur Muttermilch, und ich kochte ihm die nahrhaftesten Speisen, die ich finden konnte.
Doran nahm es mit seinen Mahlzeiten sehr ernst. Wenn er wußte, daß ich etwas für ihn zubereitete, war er still. Entsprach aber das Ergebnis nicht seinem Geschmack, protestierte er so lange, bis ich es wieder auf den Herd stellte. Wenn ihm das Essen jedoch schmeckte, verschlang er es gierig.
»Doran«, rief ich, »gegen meine Prinzipien leiste ich jetzt Frondienste am Herd für die Launen eines männlichen Wesens!«
»Leistest du auch Frondienste für meine Launen, Mami?« fragte Lili.
»Du hast keine Launen, Lili.«
»Und warum hat Doran welche?«
»Es fällt ihm schwer, sich mitzuteilen«, antwortete ich, »aber das werden wir schon noch hinkriegen.«
Mit dem besseren Wetter kam auch die Frau vom Gesundheitsamt wieder. Für sie war Doran offensichtlich ein hoffnungsloser Fall. Ich machte einen Routinebesuch beim Arzt. Er sagte, er würde Doran nicht abschreiben, aber ich solle mich endlich ein bißchen mehr um mich selbst kümmern. Ich erwiderte, daß ich mich um mich selbst kümmerte, indem ich für Doran sorgte. Und außerdem, wer würde sich um Doran kümmern, wenn nicht ich!
Ich sah, daß Doran nicht wuchs, daß er seinen Kopf nicht in der Gewalt hatte, daß seine Hände immer noch zu Fäusten geballt waren und daß es, abgesehen von dem plötzlichen Reflex in seinem Rücken, keine Reizkoordination zwischen seinen Körperteilen gab. Neurologisch gesehen war Doran ein Wrack, und langsam begann er, das wahrzunehmen.
Am ersten Tag, an dem das Wetter es erlaubte, in den

Garten zu gehen, lag Doran auf seiner Decke und weinte. Er hatte nie zuvor so geweint, und auch danach hörte ich ihn niemals wieder so weinen. Es war ein Weinen, das direkt aus dem Herzen kam. Vielleicht hatte er gehofft, daß sich die Dinge schneller ändern würden. Er drückte den Rücken durch und stieß sein Gesicht in den Boden. Lili spielte im Blumenbeet mit mehreren Töpfen und einem Eimer Wasser. Ich mußte etwas für Doran tun, ich mußte sein Leben verändern und für ihn jeden Tag erlebenswert machen. Mein Blick wanderte von Lili zu Doran und zurück zu Lili. Ich dachte an die endlosen Bäder vor dem offenen Kamin, die beide Kinder so geliebt hatten. Was sie verband, war Wasser. Ich würde mit ihnen zum Schwimmen gehen! Ich wollte sofort zum nächsten Schwimmbad fahren. Das nächste Schwimmbad lag zwanzig Kilometer entfernt in Crawley. Benzin und Eintritt mußten bezahlt werden, aber daran dachte ich nicht.

»Lili«, fragte ich, »möchtest du schwimmen gehen?«

»Jetzt?«

»Ja, ich muß nur noch die Badesachen suchen.«

Bevor Doran noch trauriger wurde, nahm ich ihn mit ins Haus und suchte die Ausrüstung für unsere Expedition zusammen. Ich fand einen alten Badeanzug für mich, und Schwimmflügel und ein Frotteehöschen für Lili, doch für Doran fand ich nichts. Allerdings sah ich keinen Grund, warum er nicht nackt schwimmen sollte.

Lili jubelte. Es war noch früh am Nachmittag, und wir hatten viel Zeit.

Es war zwei Jahre her, seit ich zum letzten Mal im Schwimmbad gewesen war. Ich hatte die hohe Luftfeuchtigkeit vergessen, den Chlorgeruch, den Lärm, die engen Kabinen und die nassen Fußböden, auf denen man unweigerlich ausrutscht. Ich versuchte, Doran als Säugling hineinzuschmuggeln, aber jeder Badegast brauchte eine Eintrittskarte, und Doran war ein Badegast. Ich hörte, wie

andere Mütter ihren Kindern zuriefen: »Geh nicht alleine!« – »Geh langsam, der Fußboden ist glitschig!« – »Laß das Handtuch nicht ins Wasser fallen!«
Langsam merkte ich, daß es kein reines Vergnügen war, mit meinen beiden Kindern schwimmen zu gehen. Doran reagierte friedlich auf die neue Umgebung, solange er nicht hingelegt wurde. Aber wenn wir jemals aus den Kleidern kommen wollten, konnte ich ihn nicht auf dem Arm behalten. Der einzig sichere Ort war ein Laufställchen, das im Gang auf dem Boden stand. Ich legte ihn vorsichtig hinein und wartete auf den charakteristischen Wutausbruch. Doran gab keinen Mucks von sich. Offensichtlich gefielen ihm der Lärm, der Geruch und die Temperatur. Endlich war auch Lili fertig, und ich blies ihre Schwimmflügel auf. Wir gingen vorsichtig über den schlüpfrigen Boden, stakten durch Fußbecken, drückten uns an Duschen vorbei und gelangten schließlich in die große, lärmerfüllte Halle mit dem großen Becken. Mit Doran auf dem Arm und Lili an der Hand ging ich langsam am Beckenrand entlang zum Nichtschwimmerbecken. Zu dieser Tageszeit war hier nicht viel Betrieb.
Um das Kinderbecken lief ein Geländer. Die Badegäste mußten auf einer Leiter über das Geländer steigen und sich dann ins Wasser fallen lassen. In dem Becken standen noch drei andere Frauen mit ihren Kindern. Das Wasser reichte ihnen ungefähr bis zur Taille; das Becken war also überall gleich tief. Es war so tief, daß Lili nicht stehen konnte. Sie mußte die Schwimmflügel anbehalten. Ich hatte bemerkt, daß ihr die Schwimmflügel unbequem waren, als ich sie aufblies. Wahrscheinlich würde sie sofort versuchen, sie abzustreifen. Ich wollte nicht, daß Doran zwar Fortschritte machte, aber Lili dafür ertrank; deshalb setzten wir uns erst einmal an den Beckenrand und unterhielten uns.
»Lili, Doran ist heute zum ersten Mal in einem Schwimmbad. Wir müssen die ganze Zeit bei ihm bleiben. Und denk

daran, daß deine Schwimmflügel verzaubert sind. Du darfst sie nicht anfassen oder abnehmen.«
»Warum hat Doran keine Schwimmflügel?«
»Doran ist noch zu klein. Er hat *uns. Wir* müssen ihn über Wasser halten.«
Lili sprang ins Wasser und schwamm so natürlich los, als ob sie das jeden Tag tun würde. Ich glitt langsam ins Becken und spürte, wie das lauwarme Wasser an meinem Badeanzug hochstieg. Einen Augenblick zögerte ich und hielt Doran knapp oberhalb des Wasserspiegels. Er machte ein ängstliches Gesicht. Dann tauchte ich ihn ein und hob ihn hoch. Er quietschte vor Vergnügen. Ich machte es wieder und wieder.
»Lili!« rief ich. »Doran gefällt es!«
Je öfter wir schwimmen gingen, desto entspannter wurde mein Sohn. Verschwenderisch kaufte ich mit dem Geld, das ich für die Stromrechnung gespart hatte, Monatskarten. Jetzt konnte ich den Strom ganz gewiß nicht bezahlen, aber das war mir egal.
Im Freizeitzentrum von Crawley gibt es viele verschiedene Sportanlagen, einen Erfrischungsraum und neben den Umkleidekabinen einen Kinderhort. Lili schaute hinein. Sie blieb wie angewurzelt stehen, als sie die Kinder und eine Zimmerrutschbahn sah. So verbrachten wir ganze Tage in Crawley. Doran durfte zweimal täglich schwimmen, während Lili vormittags im Kinderhort spielte und nachmittags im Schwimmbecken.
Ich merkte, daß es Doran im Wasser leichter fiel, seine Gliedmaßen zu bewegen. Außerdem würde das Wasser seine Haut stimulieren und so sein Gefühl für seinen ganzen Körper intensivieren. Das wäre wie eine Rückkehr in das Fruchtwasser des Mutterleibs und würde vielleicht die Wiedergeburt eines anderen Teils seines Gehirn nach sich ziehen. Hydrotherapie schien für spastisch gelähmte Kinder geradezu ideal zu sein, aber mir war sie bis jetzt noch nicht

angeboten oder empfohlen worden. Ich hatte noch nie gehört, daß eine Hydrotherapie so intensiv angewandt wurde, wie ich es plante. Es bestand immerhin die Möglichkeit, daß sie eine Wirkung haben würde.
Im Mittelpunkt unserer Tage stand nun die Fahrt ins Schwimmbad. Wir nahmen unser Mittagessen mit, und wenn wir das erstemal im Wasser gewesen waren, setzten wir uns oben in den Erfrischungsraum. Während des Essens schauten wir vom Balkon aus den Tennis- und Badmintonspielern zu. Ich war mir sicher, daß auch Doran zuschaute, aber was er sah, blieb sein Geheimnis. Seine Augen standen meist wie Halbmonde zu beiden Seiten der Nasenwurzel. Ich vermutete, daß das, was er hörte, ebenso seltsam war. Da er weder die Bewegungen seiner Augen noch die Bewegungen seines Kopfes unter Kontrolle hatte, war es schwierig für ihn, Geräusche zu lokalisieren oder sie mit einem bestimmten Ereignis zu verbinden. Langsam wurde mir klar, wie viele Verbindungen von Wahrnehmungen nötig waren, damit der Körper auch nur die einfachsten Aufgaben ausführen konnte.
Doran wurde allmählich im Schwimmbad bekannt. Weil er so unbeweglich war, hielt man ihn für ein viel jüngeres Baby. An seinen Augen konnte jeder erkennen, daß er behindert war. Doch die Leute fanden ihre eigene Lösung zu diesem Problem. »Was für ein hübsches Baby! Ein Jammer, daß was mit seinen Augen nicht stimmt, aber das können Sie ja später durch eine Operation korrigieren lassen.« Man hatte großes Vertrauen in die Wirksamkeit dieser Operation. Ich wußte, daß sich durch keinen chirurgischen Eingriff an Dorans Augenmuskeln irgend etwas wesentlich verändern lassen würde. Trotzdem freute ich mich, daß Doran für einen verhältnismäßig normalen, zwei Monate alten Säugling gehalten wurde und nicht für ein schwer hirngeschädigtes, sieben Monate altes Baby.
Die Irritation wuchs. Es war schwer, etwas dagegen zu tun.

»Was für einen langen Körper er hat!« riefen manche Frauen, wenn sie am Laufställchen vorbeigingen. Doran merkte nichts von der Irritation seiner Bewunderer.
»Versuchen Sie, aus ihm einen Olympiaschwimmer zu machen?«
»Er liebt das Wasser, stimmt's?«
Wir blieben immer ungefähr eine Stunde im Wasser, und es dauerte mindestens genauso lang, bis wir im Becken und wieder heraus waren. Doran gefiel es, wenn ich ihn so durch das Wasser zog, daß sein Kinn das Wasser knapp berührte. Er ließ sich auch gern untertauchen, auf dem Rücken ziehen und bespritzen. Er freute sich, wenn sich um Mittag nach der Schule das Becken mit übermütigen Jungen füllte. Je lauter und wilder sie herumtollten, desto mehr lachte er. Die Schulkinder begannen, ihn zu respektieren.
»Da ist wieder das Baby. Es ist ganz schön zäh, was? Sind Sie seine Mutter?«
»Nein, das ist seine Trainerin.«
»Wann schwimmt er durch den Kanal?«
Was immer Doran auch hörte, er registrierte, daß es positiv war. Wurden wir angerempelt, wenn wir an ein paar raufenden Jungen vorbeizogen, kam mir Doran zu Hilfe: Er bog das Kreuz durch und schlug, wild um sich spritzend, mit den Fäusten auf das Wasser. Auch Lili interessierte sich ernsthaft für die Jungen. Sie ließ ihre blonden Locken auf dem Wasser tanzen, dann tauchte sie den Kopf unter, nahm den Mund voll Wasser und spuckte es prustend in einem langen Strahl wieder aus. Die Wirkung war beachtlich. Junge Bewunderer liefen bis zum Auto hinter uns her und fragten, wann sie wiederkommen würde.
Wir waren ganz mit unserem Alltag beschäftigt, als die Stromrechnung kam. Weil ich keine Ersparnisse hatte, trug ich meinen Fall dem Gesundheits- und Sozialamt vor. Aber dort interessierte sich niemand dafür, was es kosten würde, ein Kind in Pflege zu geben.

Eine Mutter, die mit einem hirngeschädigten Kind arbeitete, war eine ungelernte Kraft. Deshalb wurde sie nicht bezahlt und vom Amt nicht anerkannt. Mir wurde klar, daß ein behindertes Kind eher in Pflege gegeben wurde, als daß der Beitrag anerkannt worden wäre, den die Familie eines solchen Kindes zu seiner Pflege leistete. Ich beantragte einen Benzinkostenzuschuß. Ohne Auto hätte ich einen Kinderwagen mit zwei Kindern zwei Kilometer weit eine steile, kurvige Landstraße hinaufschieben müssen, um zur nächsten Bushaltestelle zu kommen. Von dort aus waren es dann noch sieben Kilometer bis zur nächsten Stadt. Man schlug mir vor, das Haus zu verkaufen.
Ein Haus zu verkaufen ist eine langwierige Angelegenheit. Was sollte ich in der Zwischenzeit tun? Meine monatliche Belastung war sehr niedrig. Wenn ich irgendeine Wohnung an der Hauptstraße mietete, wären die Kosten mehr als doppelt so hoch, und das Sozialamt wäre verpflichtet zu zahlen. Also war es doch nur von Vorteil, daß ich ein so kleines Haus besaß. Es gab zahllose Widersprüche. Ich hörte auf, nur für mich selbst zu kämpfen, und nahm meinen Kampf gegen die Ungerechtigkeit im allgemeinen wieder auf.
»In solchen Fällen«, sagte ich, »lassen Sie einem keine Alternative außer Tod oder Gefängnis. Es gibt keine legale Möglichkeit, meine Familie zu retten.« Sie entgegneten, ich sei in einer unglücklichen Lage, aber sie müßten die Vorschriften befolgen.
Mavis, die zuständige Sozialarbeiterin, war während unseres langen Winteraufenthalts im Haus regelmäßig zu Besuch gekommen und hatte uns liebgewonnen. Sie schrieb an verschiedene Wohltätigkeitsorganisationen und schilderte unsere Situation. Die Verantwortlichen wiederholten lediglich, daß niemand uns helfen könne, bevor Doran zwei Jahre alt war und eine Pflegebeihilfe erhielt.
»Soll Doran etwa im Bettchen liegen, bis er zwei Jahre alt

ist?« fragte ich. »Sehen Sie sich doch an, welche Wirkung das Schwimmen auf ihn hat.«

Das Schwimmen hatte Doran verändert. Er nahm mit seiner Umwelt Kontakt auf. Er lächelte öfter, als er weinte. Er hörte sofort auf zu weinen, wenn sein Wunsch erfüllt wurde. Ich fand nicht, daß er unvernünftige Wünsche äußerte; es waren die gleichen, die ich in seiner Situation auch gehabt hätte.

Eines Morgens rief Mavis an. Sie war ganz aufgeregt. »Ich habe einen ziemlich kühnen Vorstoß gewagt«, sagte sie. »Aber ich glaube, es hat geklappt. Die Organisation heißt Allgemeiner Künstler-Sozialfond.«

Ich war sprachlos. »Das heißt, es gibt einen Unterstützungsfond für Künstler?«

»Ja, und Sie sind doch Künstlerin. Sie haben Ausstellungen gemacht und an Kunsthochschulen unterrichtet. Sie malen Bilder und bemalen Schränke, und Sie sind in einer Notlage. Sie sind unterstützungsberechtigt.«

»Ich dachte immer, alle Künstler seien in einer Notlage«, sagte ich.

Aber ich war unterstützungsberechtigt.

Sie wollten meine Stromrechnung bezahlen, aber damit war das Sozialamt nicht einverstanden. Die erlaubte Höchstzuwendung betrug 64 Pfund pro Woche, und alles, was darüber lag, wäre mir einfach von der Sozialhilfe abgezogen worden. Ich hätte nichts gewonnen. Nach einigem Hin und Her wurde dem Elektrizitätswerk gestattet, wöchentlich einen gewissen Prozentsatz von der Sozialhilfe einzubehalten. Davon würde sowohl meine jetzige Rechnung als auch jede zukünftige bezahlt werden. Die Leute vom Unterstützungsfond bemühten sich in jeder Hinsicht, mir zu helfen. Es war, als hätten wir plötzlich eine Fee zur Patin.

Dann las wie durch ein Wunder jemand das Kleingedruckte im Sozialgesetz noch einmal und fand heraus, daß eine Wohltätigkeitsorganisation mir Reisekosten auch erstatten

durfte und die Beträge nachträglich anweisen konnte. Der Künstler-Unterstützungsfond stimmte freudig zu, und der Streit mit dem Sozialamt wurde beigelegt.
Kurze Zeit später wollten wir unsere Monatskarten für das Schwimmbad verlängern lassen. Die Kassiererin lächelte uns an und stellte die übliche Frage: »Bilden Sie ihn zum Kanalschwimmer aus?«
Und weil mich Dorans Schwimmübungen optimistisch gestimmt hatten, die Sonne schien und mir ihr Gesicht gefiel, erzählte ich ihr die ganze Geschichte.
»Aber dann müssen Sie doch keinen Eintritt bezahlen«, sagte sie und ging zum Direktor.
Der Direktor erklärte, die Stadt lasse behinderte Kinder und ihre Lehrer umsonst ins Bad, und er akzeptierte mich als Dorans Lehrerin. Als wir an diesem Tag das Schwimmbad verließen, begegneten uns bei dem Drehkreuz am Eingang ein paar Kadetten von der Armee. Ich erwartete nicht, daß sie ein Baby beachten würden. Aber sie hielten uns an. »War er schwimmen? Seht euch das Baby an!« Und einer nach dem anderen salutierte vor Doran, als ich ihn hinaustrug.
Am Ende einer solchen Woche voll erfreulicher Ereignisse hatte ich einen Termin bei dem Spezialisten, der ursprünglich die Diagnose gestellt hatte. Die Veränderung, die mit Doran vorgegangen war, schien mir so offensichtlich, daß ich sicher war, der Arzt würde sein ursprüngliches Urteil revidieren und eine hoffnungsvollere Diagnose abgeben.
Doran wurde gewogen. Dieses Mal durfte er seine Sachen anbehalten und war gut gelaunt. Ich war sehr guter Dinge. Doran wurde als kooperativ bezeichnet, und Lili spielte mit dem Drehstuhl. Ich wartete auf eine optimistische Aussage. Obwohl ich wußte, daß man bei hirngeschädigten Kindern keine Genesung erwartete, sagte ich: »Es geht ihm viel besser.«
»Er scheint viel glücklicher zu sein«, meinte der Arzt ruhig.

»Das auch.«
»Sie sehen besser aus.«
»Nur weil es Doran besser geht.«
Er hielt inne und sagte dann: »Es ist an der Zeit, daß er eine Physiotherapie bekommt. Ich werde sie an den Arzt der ›Klinik für zerebrale Störungen‹ überweisen.«
Das war ein großes Trainingszentrum für Spastiker und Kinder mit ähnlichen Beschwerden.
»Ist das wirklich notwendig?« fragte ich. »Schließlich gehe ich täglich mit ihm schwimmen.«
Ich hatte Angst. Ich fragte mich, was ich wohl in dieser »Klinik für zerebrale Störungen« sehen würde und ob Doran davon irgendwie beeinflußt werden könnte.
»In der Klinik gibt es auch ein Schwimmbecken. Ich bin sicher, daß Sie es benützen dürfen. Ich werde mich bei dem zuständigen Arzt für Sie verwenden.«
»Ich gehe nur dorthin, wenn ich mit ihm schwimmen kann. Ich glaube, Schwimmen ist ungeheuer wichtig für ihn.«
Erst beim Hinausgehen merkte ich, daß er mir eigentlich überhaupt nichts über Doran gesagt hatte. Er war sehr rücksichtsvoll gewesen, und ich war zu höflich, um Fragen zu stellen. Jetzt konnte ich nur den Bericht abwarten, den er meinem Hausarzt schicken würde. Das stimmte mich ein wenig traurig, aber ich überwand dieses Gefühl rasch. Es würde etwa eine Woche dauern, bis der Bericht kam, und in der Zwischenzeit hatte ich genug zu tun.
Doran entdeckte, daß es ihm außer im Schwimmbecken auch unter der Dusche sehr gut gefiel. Ich stand da, hielt ihn unter den warmen Strahl und drückte dabei sacht seine Händchen auf und zu, damit auch die Handflächen stimuliert würden. Mir fiel ein, daß mir noch niemand gesagt hatte, warum Doran so steif war. Es hieß immer nur, er sei steif geworden, weil sein Gehirn verletzt war. Oder es wurde einfach die Tatsache konstatiert, daß er steif war, abgesehen natürlich von seinem Hals, der nicht einmal steif

genug war, seinen Kopf zu halten. Aber warum? Offensichtlich wußte es niemand. Und was schlimmer war: Niemand wollte es überhaupt wissen. Wenn ein Kind hirngeschädigt war, wurden seine Symptome aufgezeichnet und der Grad der Schädigung festgestellt. Diese beiden Vorgänge konnten sich endlos wiederholen – aber mehr geschah nicht. Ich hatte nicht den Eindruck, daß die Ärzte mehr wußten als die Eltern.

Eines Vormittags kamen wir später als sonst aus dem Becken. Eine Schulklasse war angekommen, und die Kinder drängten sich in den Umkleidekabinen. Zuerst dachte ich, sie wären blind. Viele schienen eher tastend herumzutappen als zu gehen. Ihre Münder standen offen, und ihre Gesichter waren ausdruckslos, ganz gleich ob sie grinsten oder böse Grimassen machten. Sie bewegten sich, als ob sie in einer gefährlichen, unsicheren, bedrohlichen Welt lebten, durch die sie gegen ihren Willen von ihren Betreuerinnen gezerrt wurden. Es waren hirngeschädigte Kinder, oder vielmehr ein paar von den Glücklichen, die gehen konnten. Ich erinnerte mich wieder an das Erlebnis in meiner Kindheit. Während ich Doran abtrocknete, musterte ich die Kinder. Langsam fiel die Furcht vor ihnen von mir ab. Ich wollte verstehen. Während ich sie betrachtete, dachte ich, sie könnten unmöglich Dorans Brüder sein. Aber sie waren es. Was immer ich für Doran tat, würde ich für sie tun.

Der Gedanke machte mich unglaublich glücklich, aber dann überkam mich die Reue. Ich packte meine Sachen zusammen. Ich wußte, daß die Kinder zurückbleiben würden, was immer ich auch in Zukunft tat. Ich ließ sie im Stich.

Auf dem Heimweg mußten wir bei meinem Hausarzt vorbeischauen, um die Ergebnisse des fachärztlichen Befunds zu besprechen. Wir kamen fünf Minuten zu spät, was mir eine Rüge einbrachte. Der Arzt sagte, er habe gehört, daß wir schwimmen gingen. Aber zweimal täglich sei doch wohl ein bißchen zuviel.

»Wenn es hilft, kann es gar nicht zuviel sein«, entgegnete ich.
Wir kamen auf den Befund zu sprechen. Allmählich wurde mir klar, daß der Spezialist, mit dem ich so munter geredet hatte, Dorans Zustand ganz anders einschätzte, als ich mir erhofft hatte. Jedes Symptom erzwang förmlich eine hoffnungslose Diagnose, der ein Arzt nicht leicht etwas entgegensetzen konnte.
Der Arzt kam zum Kern des Befunds.
»Doran hat eine beginnende Athetose.«
»Athetose? Was ist das?« fragte ich.
»Das bedeutet, wenn er nach etwas greifen will, kann er seine Hände nicht direkt darauf zu bewegen.«
»Und was macht er statt dessen?«
Der Arzt bog Handgelenk und Ellbogen auf merkwürdige Weise nach hinten: »Eine Bewegung dieser Art«, sagte er.
»Warum?«
»Wegen der Schädigung in dem Teil seines Gehirns, der die Motorik steuert.«
»Aber warum gerade diese Bewegung und nicht eine andere?«
»Weil die Muskeln eben gerade auf diese Weise beeinflußt werden.«
»Ich verstehe«, sagte ich, obwohl ich nichts verstand. Ich nahm an, daß ich einfach nicht die richtigen Fragen stellte, weil ich nie eine einleuchtende Antwort bekam.
»Aber warum kann sich Dorans Zustand nicht bessern?«
Er sah mich mit einer Mischung aus Mitleid und Besorgnis an.
»Wenn die Zellen einmal tot sind, können sie sich nicht mehr regenerieren.«
»Das sagt man mir schon die ganze Zeit. Aber was ist mit den anderen Zellen?«
Er wußte nichts über die anderen Zellen. Ich wünschte, er könnte mir sagen, wer etwas über sie wußte.

Wir fuhren nach Hause, und ich bereitete das Abendessen zu. Ich wußte, daß ich noch mehr für Doran tun mußte. Aber was und wie und in welcher Reihenfolge? Ich dachte an nichts anderes, während ich Eier pochierte. Doran liebte pochierte Eier mit Weizenkeimen. Wir hatten uns gerade an den Tisch gesetzt, als das Telefon klingelte. Lili nahm ihren Teller mit zum Telefon.

»Hallo, hier ist Judith.«

»Judy?« fragte ich. Der amerikanische Akzent verwirrte mich.

»Judith.«

»Ach, *Judith*. Bist du in New York?«

»Nein, ich bin wieder hier. Wir sind in East Grinstead.«

Wir hatten Judith durch unser gemeinsames Interesse an natürlicher Geburt kennengelernt. Peter lebte damals noch. Ich gebar Lili, und Judith hatte eine Reihe von Fehlgeburten. Nach Peters Tod hatte es für mich festgestanden, daß Judith und Michael Lilis Paten wurden. Sie wurden auch Dorans Paten, obwohl sie ihn nie gesehen hatten. Sie hatten die Verantwortung für ein ungeborenes Kind übernommen, bevor sie nach Amerika gereist waren. Anfangs hatte ich ihnen brieflich von den Ereignissen berichtet, die sich nach Dorans Geburt abgespielt hatten, aber als unser Leben immer problematischer wurde, hatte ich nicht mehr geschrieben.

»Was treibst du so?« fragte sie.

»Ich gehe schwimmen, zweimal täglich.«

»Schwimmen?«

»Eigentlich gehe ich nicht richtig schwimmen. Um die Wahrheit zu sagen, Doran und Lili schwimmen. Ich gehe nur einfach im Wasser herum und halte Doran.«

Sie machte eine Pause und sagte dann: »Können wir vorbeikommen? Dann können wir uns mal wieder richtig unterhalten.«

»Ja, das wäre schön.«

Lili nahm ihren Teller und ging zum Tisch zurück. Als Judith und Michael kamen, waren wir an den Kamin umgezogen.
Es war schwer zu erklären, wie ernst es um Doran stand, wie hoffnungslos sein Fall überall eingeschätzt wurde und wie sehr ich auf meinem unbeirrbaren und irrationalen Optimismus beharrte. Judith steckte den Finger in Dorans Faust. Er umklammerte ihn und hielt ihn fest.
»Er kann ganz schön zupacken«, meinte sie.
»Das Problem ist, daß er nicht loslassen kann.«
»Er hält sich fest, weil er es schaffen will«, sagte sie. »Du wirst es schaffen, Doran.«
In diesem Ziel waren wir uns einig.
Judith und Michael wohnten auf halber Strecke zwischen dem Schwimmbad und meinem Haus. Wir sahen uns fast jeden Tag. Judith kochte für uns und sprach uns Mut zu; und während Michael und Lili Klavier spielten, redeten wir über Doran. Wir bemerkten jetzt die geringste Veränderung. Wenn uns etwas davon abhielt zu verzweifeln, war es Doran. Er wollte es allen recht machen. Er zeigte auch großes Interesse an Judiths Kochkünsten.
Schließlich kam der Tag, an dem ich Doran in die »Klinik für zerebrale Störungen« bringen sollte. Wir kamen spät bei Judith an. Es war ein Nachmittag Anfang Juni. Sie stand im Garten und jätete die Rosenbeete. Als sie uns kommen sah, lief sie uns auf dem Weg entgegen.
»Ich habe Neuigkeiten«, sagte sie. »Neuigkeiten, die du gerne hören wirst.«
Ich lächelte. »Ich kann mir nur Neuigkeiten vorstellen, die ich nicht hören will.«
»Das liegt wohl daran, daß du nur Positives über Doran hören willst.«
»Wahrscheinlich.«
»Gut, dann bist du hier richtig.«
»Wie bitte?!«

»So gefällst du mir schon besser. Also sei still, dann erzähle ich dir alles. In Amerika gibt es ein Institut, in dem hirngeschädigte Kinder im Alter von zwei und drei Jahren lesen und rechnen lernen.«

»Was?«

»Den Eltern wird beigebracht, wie man den gesunden Teil des Gehirns so trainieren kann, daß er für den kranken einspringt. Und die Kinder lernen laufen und an Leitern schaukeln.«

»Wie lernen sie es, Judith, wie?«

»Ich weiß es nicht. Du mußt hinfahren und dir die Sache selbst ansehen.«

»Da kannst du Gift drauf nehmen«, sagte ich lachend. »Aber woher hast du diese Informationen?«

»Meine Freundin Dianna Phillips – eine unglaubliche Frau, sie würde dir gefallen – hat ihrer Schwiegermutter, meiner Freundin Nita, davon geschrieben. Ich war dabei, als Nita den Brief öffnete.«

»Und wie kam sie auf dieses Institut?«

»Sie ist Künstlerin und Lehrerin und, wie du, der Ansicht, daß Kinder unterschätzt werden. Deshalb arbeitet sie jetzt dort.«

»Weiß sie von Doran?«

»Noch nicht, aber bald.«

»Wie heißt dieses Institut?«

»Es hat einen eindrucksvollen Namen: Institutes for the Achievement of Human Potential.«

»Das ist ein hübscher Name«, sagte ich, »aber ich brauche mehr Informationen.«

Judith telefonierte noch am selben Abend mit Dianna und rief mich am nächsten Morgen an. Als erstes müsse ich mir das Buch *Was können Sie für Ihr hirnverletztes Kind tun?* besorgen. Der Verfasser sei ein Mann namens Glenn Doman, der Direktor des Instituts. Dann müsse ich ihm schreiben und um einen Termin bitten.

»Einen Moment«, warf ich ein, »ich lebe von der Sozialhilfe. Wie soll ich denn ein Flugticket nach Amerika bezahlen?«
»Glaubst du wirklich, daß du das Geld nicht zusammenbekommst?«
»Nein«, sagte ich, »ich kriege das Geld schon. Mein Schicksal hat mich dazu bestimmt, es aufzutreiben.«
Das Buch war in England erschienen. Wenn der Postbote kam, lauerte ich wie die Katze vor dem Mauseloch neben dem Briefkasten, bis er das Buch endlich brachte. Das nächste Problem war, wann ich es lesen sollte. Doran schlief immer noch nicht viel.
Ich nahm das Buch mit ins Bett und hoffte, das erste Kapitel lesen zu können, bevor ich gestört wurde. Doran schien sehr glücklich. Er machte es sich bequem, um zu trinken, und schloß die Augen. Ich las den ersten Satz.
»An einem Montag im kommenden Monat werden, wie an einem Montag in jedem Monat, neunundneunzig Leute in die ›Institutes for the Achievement of Human Potential‹ in Philadelphia kommen.«
Ich las das ganze Buch in einer Nacht.
Zum ersten Mal in seinem ganzen Leben hatte Doran die Nacht durchgeschlafen. Das war erstaunlich, denn ich hatte alle fünf Minuten das Buch in die Luft geworfen und gerufen: »Genau! So ist es!« Hier war endlich jemand, der die richtigen Fragen gestellt hatte. Sie waren einfach, schön, elegant. Sie waren brillant. Und dennoch waren es nur die schlichten Fragen, die den Eltern hirngeschädigter Kinder beim Gespräch mit den Ärzten auf der Zunge liegen und die sie nie zu stellen wagen.
Neben meinem Bett stand ein Telefon, und ich rief Judith an. Judith hatte kein Telefon neben dem Bett. Sie hörte sich an, als wäre sie gerade die Treppe hinuntergefallen.
»Judith«, fing ich an, »es ist schrecklich früh.«
»Ja.«
»Aber du bist schon auf?«

»Ich wußte, daß du es bist. Wer könnte sonst so früh anrufen?«
»Judith, ich habe das Buch gelesen. Ich habe die ganze Nacht gelesen. Es ist der reinste Champagner. Ich bin betrunken. Dieser Mann hat genau die richtigen Fragen gestellt.«
»Und was ist mit den Antworten?« fragte sie.
»Das ist sein Plus, Judith. Er hat sie gefunden, und ich weiß, daß er recht hat. Es ist wundervoll, unfaßbar, aber er hat recht.« Ich machte eine Pause, um Atem zu holen. »Ist mit dir wirklich alles in Ordnung, Judith? Du hörst dich an, als ob du gerade die Treppe hinuntergefallen wärst.«
»Es ist schrecklich früh«, sagte Judith. »Ich habe dir ja schon gesagt, daß ich wußte, daß du es bist. Und deshalb *bin* ich gerade die Treppe hinuntergefallen.«

6

Man konnte seinem hirngeschädigten Kind helfen, indem man den gesunden Teil des Gehirns so organisierte, daß er die Funktionen des Teils übernahm, der durch die Verletzung ausgefallen war. Das erreichte man dadurch, daß man dem Gehirn durch Übungen all das beibrachte, was ein normales, gesundes Kind im Laufe seiner Entwicklung lernt. Die Schlüssel zum Erfolg waren Regelmäßigkeit, Intensität und Dauer des Reizes.
Doran mußte mit den ersten Übungen zum Krabbeln gebracht werden. Bis er krabbeln konnte und noch einige Zeit danach, würde sich sein ganzes Leben auf dem Fußboden abspielen.
Mein Sohn war nicht gerade begeistert, als er auf dieses neue Feld sportlicher Betätigung losgelassen wurde. Er beklagte sich laut und ausdauernd.

Lili und ich saßen gewöhnlich Schulter an Schulter vor ihm auf dem Boden. Er mußte nur den Kopf heben. Das war schwierig, aber nicht unmöglich. In dem Buch wurde auch vorgeschlagen, mit Lichtblitzen vor den Augen die visuelle Reizleitung anzuregen. Von Zeit zu Zeit verschwanden Doran und ich mit einer Taschenlampe im Besenschrank.
Judith telefonierte stundenlang mit ihrer Freundin Dianna, die nächsten Monat nach England kommen wollte. Ich verschob es, an das Institut zu schreiben, bis wir uns kennengelernt hatten.
Wir gingen weiterhin ins Schwimmbad. Doran glaubte inzwischen vermutlich, er solle zum Fisch erzogen werden. Das Schwimmen hatte mehrere positive Auswirkungen. Es regte unter anderem die Darmtätigkeit an. Die Geräusche, die anzeigten, daß Doran sein Essen gut verdaut hatte, setzten immer auf der Heimfahrt vom Schwimmbad ein. Sie waren für mich das Signal, anzuhalten, Doran die Windel abzunehmen und ihn zu ermuntern wie eine Hebamme eine Gebärende. Dabei legte ich denselben Eifer an den Tag wie die Leute aus meinem Kurs über natürliche Geburt.
»Also los, Doran, atmen: eins, zwei, drei – jetzt pressen, fest pressen. Gut machst du das.«
Ich kam mit merkwürdig geformten Papierpäckchen zu Hause an, die ich, ohne sie auszupacken, sofort in den Mülleimer warf.
Als die Zeit für unseren Termin in der Klinik kam, war ich zuversichtlich. Doran hatte inzwischen einen Kindersitz bekommen. Lili saß neben ihm und sagte alle Kinderreime auf, die ihr einfielen. Ich fand mich auf der Straßenkarte gut zurecht, und wir langten wohlbehalten an der Pforte der Abteilung für Krankengymnastik an.
Wir waren pünktlich. Das Zimmer war geräumig und hatte große Fenster. Lili erspähte sofort das Spielzeug, und ich sah die Reiterbänke in den hellerleuchteten Ecken stehen. Ein etwa zehn Jahre altes Kind, dessen Beine geschient waren,

ging langsam zwischen zwei Geländern vorwärts und rückwärts.
Wir stellten uns vor. Ich trug Doran in Krabbelstellung unter dem Arm. Diese Haltung suggerierte Aktivität und wirkte meines Erachtens nicht im geringsten pathetisch.
Wir wurden einer Krankengymnastin namens Carol zugeteilt. Sie war noch mit einem kleinen Mädchen beschäftigt. Ich brachte Doran zu ihnen hinüber und legte ihn bäuchlings auf den Boden. Lili kletterte in die Spielzeugkiste.
Das kleine Mädchen sollte sitzen lernen. Ihr Rückgrat bog sich, und der Kopf sank auf die Brust. Immer wieder nahm die Krankengymnastin ihre Hände und stützte sie neben dem Körper auf, um das Mädchen in seiner Position zu stabilisieren. Dann ließ sie ihre Schultern los, und das Kind fiel nach vorn auf das Gesicht.
Carol hatte eine warme und freundliche Art. Ihre Patientin blieb eigensinnig unkooperativ.
Die Mutter des kleinen Mädchens sprach mich an: »Sie ist sehr brav. Aber man weiß einfach nicht, was mit ihr los ist.«
Carol lächelte: »Das wär's für heute.« Die Frau nahm das kleine Mädchen auf den Arm und verließ den Raum.
»Das Kind ist doch sicher hirngeschädigt?« fragte ich.
»Das ist ein bißchen allgemein.«
»Wie alt ist sie? Drei?«
»Fünf.«
»Fünf? Sie ist so klein.«
»Ja, sie ist nicht sehr groß.«
»Warum?«
»Manche Kinder wachsen schneller als andere.«
»Glauben Sie, daß Doran wachsen wird?«
»Das sollten Sie besser die Ärztin fragen.«
»Warum haben Sie das Mädchen zum Sitzen gezwungen?«
»Den Müttern ist es lieber, wenn ihre Kinder sitzen können, damit sie die Hände frei haben.«
»Es schien mir ein bißchen verfrüht.«

Carol lächelte. »Das können Sie mit der Ärztin besprechen. Sie wird gleich hier sein. Sie ist eine sehr gute Ärztin. Es ist ein Glück für uns, daß wir sie haben.«

Die Ärztin kam. Ihr folgte stolpernd eine kleine, dunkelhaarige Frau, die den Körper eines sehr langen, sehr steifen Kindes mit Beinschienen trug. Das Kind verdrehte die Augen, die Zunge hing aus dem Mund und die Arme waren merkwürdig verformt. Es war nicht leicht, dieses Kind auf dem Arm zu halten.

Unsere Ärztin klemmte sich die Aufzeichnungen unter den Arm und lächelte dem Paar zum Abschied fröhlich zu.

»Auf Wiedersehen, Mrs. Smith. Ich bin froh, daß Mary so gut mitmacht.«

In meinen Augen verhielt sich Mary absolut nicht wie ein Kind, das gut mitmacht.

»Kommt sie schon lange hierher?« fragte ich.

»Oh, Mary ist schon einige Jahre bei uns«, sagte Carol im gleichen fröhlichen Tonfall wie die Ärztin.

Die Ärztin kam zu uns herüber. Wir gaben uns die Hand. Nach ein paar Fragen meinte sie: »Dann wollen wir mal sehen, was er kann.«

»Gegenwärtig nicht viel, aber er kommt in ein Institut in Amerika, wo hirngeschädigte Kinder auf sehr interessante Weise behandelt werden.«

Sie überhörte meine Bemerkung. Carol untersuchte, was Doran bereits konnte. Es war die übliche Liste dessen, was Doran nicht konnte.

»Glauben Sie, er ist schon so weit, daß er sitzen kann?« Sie schaute die Ärztin an. »Sollen wir ihn für einen Schalensitz vermessen?«

Ich konnte mir nicht vorstellen, was sie mit einem »Schalensitz« meinte, aber ich wußte, daß Doran nur im Auto sitzen konnte, wenn man ihn mit den Sicherheitsgurten festband. Carol versuchte alles mögliche, aber sein Körper knickte immer wieder in der Hüfte ab.

»Ich finde, er sollte sich aufs Krabbeln konzentrieren«, sagte ich.
Carol sah die Ärztin an. »Wenn Sie zur Krankengymnastik hierherkommen«, sagte die Ärztin, »erwarte ich, daß Sie unsere Behandlungsmethoden akzeptieren.«
Sie mußte meinen zweifelnden Blick gesehen haben, denn sie fuhr fort: »Ich kenne das Institut, das Sie eben erwähnt haben, und ich halte es für richtig, Ihnen gleich zu sagen, daß Sie nur Ihr Geld zum Fenster hinauswerfen, wenn Sie dort hinfahren.«
»Sie haben großes Glück, daß Sie hier in unserer Nähe wohnen«, sagte Carol. »Diese Klinik ist im weiten Umkreis die beste für Kinder wie Doran.«
Die Ärztin lächelte. »Wir hätten ihn gern hier«, meinte sie.
Ich schaute von der Ärztin zur Krankengymnastin und wieder zurück zu Doran.
»Können Sie Dorans Gehirn so organisieren, daß ein anderer Teil die ausgefallenen Funktionen übernimmt?«
»Ich fürchte, Glenn Doman irrt. Das Gehirn funktioniert völlig anders«, erwiderte die Ärztin bestimmt. »Ich will Ihnen keine falschen Hoffnungen machen.«
Die Reiterbank in der Ecke schien sich zu bewegen und auf mich zuzukommen. Ich knurrte sie wütend an. Dann begegnete ich dem Blick der Ärztin.
»Wenn Sie in das Institut in Amerika gehen«, sagte sie ruhig, »könnten Sie Ihrem Sohn echten Schaden zufügen. Ich halte Glenn Domans Methoden für äußerst gefährlich. Wenn Sie sich für *ihn* entscheiden, fürchte ich, daß wir Doran *hier* nicht behandeln können.«
Ich wußte, daß das Programm des Instituts nicht einmal Zeit für kurze Höflichkeitsbesuche bei den Krankengymnastinnen lassen würde.
»Ich habe noch Zeit, mich zu entscheiden. Immerhin sind wir uns ja einig, was das Schwimmen betrifft.«
Die Ärztin erlaubte uns, das Becken für die Hydrotherapie

zu benutzen. Das Wasser war wärmer als im Schwimmbad, und das bedeutete, daß Doran sich leichter bewegen konnte. Wir erhielten die Erlaubnis nur zur Probe. Wenn unsere Aktivitäten die anderen Kinder störten, würden wir aufhören müssen.

»Die anderen Kinder?« forschte ich.

»Eine Übungsgruppe«, sagte Carol. »Es sind ziemlich schwere Fälle; deshalb brauchen die Kinder viel Hilfestellung.«

Wir durften sofort zum Schwimmbecken gehen und anfangen. Mein Badeanzug war im Auto, und Lili konnte in ihrem Höschen schwimmen. Nur Doran hatte immer noch keine richtige Badehose. Wir waren vor der Gruppe da und zogen uns rasch um. Das Wasser sah warm und einladend aus. Neben dem Becken lag ein bunter Berg aufblasbarer Schwimmhilfen. Lili suchte sich einen Schwimmring aus, und wir stiegen ins Wasser. Ich spürte, wie Doran sich entspannte, als die Temperatur um ihn herum anstieg. Ich schaute zurück, ob mit Lili alles in Ordnung war. Sie war halb verdeckt von einer Unmenge schaukelnder Schwimmringe.

»Will Doran keinen?« fragte sie.

»Zum Schwimmen nicht, Lili. Aber sie könnten ihn zum Sehen anregen. Schieb einen vor ihn hin.«

Lili paddelte mit einigen Schwimmringen zu uns herüber. Ich ging mit Doran zwischen den Ringen hindurch und versuchte Lili klarzumachen, daß er die Schwimmringe aus einiger Entfernung betrachten sollte. Inzwischen wurden die Kinder der Übungsgruppe hereingetragen.

Die Schwestern sicherten die Kinder mit Schwimmreifen oder Schwimmflügeln. Anschließend schoben sie die Kinder sanft ins Wasser. Die bunte Schar paddelte langsam das Becken herunter auf uns zu. Ich erwartete, daß sie uns umringen würden, als plötzlich eine Krankengymnastin mit einer Trillerpfeife pfiff und rief: »Becken freimachen! Alle raus!«

Das war die kürzeste Schwimmstunde, die ich je erlebt hatte.

Ich zog Doran weiter durchs Wasser. Eine andere Krankengymnastin rief mir zu: »An Ihrer Stelle würde ich schnell aus dem Becken gehen. Wir lassen das Wasser ab.«
Das kam mir merkwürdig vor. Ich beschloß, es mit Fassung zu tragen. Wir kletterten aus dem Becken. Während ich in der Kabine Doran abtrocknete, ging Lili zu den anderen Kindern, um ihnen Guten Tag zu sagen. Sie kam begeistert zurück. »Mami, jemand hat ins Becken gemacht.«
Doran lächelte. Er sah sehr rosa und sauber und glücklich aus.
»Es war ein kleiner Junge. Jamie heißt er«, erzählte Lili. »Er hat es schon einmal gemacht. Jetzt darf er nicht mehr ins Wasser.«
»Das ist aber ziemlich hart«, sagte ich.
Eine der Krankengymnastinnen zog den Vorhang auf und begann, sich überschwenglich zu entschuldigen. »Die Kinder bekommen alle eine Chance«, erklärte sie. »Es tut mir leid, aber es muß wieder Jamie gewesen sein.«
»Hat er gesagt, daß er es war?«
»Er kann nicht sprechen.«
»Wo ist es denn passiert?«
»Ganz in der Nähe von Ihnen. Es tut mir leid.«
Doran konnte auch nicht sprechen. Ich sah in sein glücklich lächelndes Gesicht und erinnerte mich an die entspannende Wirkung des warmen Wassers.
»Es ist unwahrscheinlich, daß es Jamie war«, sagte ich.
»Warum?«
»Weil ich glaube, daß es Doran war.«
»Oh, aber es war viel zuviel für ein Baby.«
»Das ist der Beweis, daß es Doran war«, entgegnete ich. »Doran ist schrecklich gefräßig, er wächst kaum und scheidet außergewöhnlich viel aus.«
Sie starrte mich an.
»Es tut mir leid«, sagte ich sanft. »Und es tut mir sehr leid wegen Jamie. Bekommen wir noch eine Chance?«

»Natürlich, aber ich kann mir nicht vorstellen, wie der Kot aus seiner Badehose gekommen ist.«

»Doran hat keine Badehose«, sagte ich.

Mir dämmerte, wozu eine Badehose ganz nützlich sein konnte. Wir bekamen noch eine Chance, aber in Zukunft trug Doran immer ein Plastikhöschen und eine enganliegende Badehose, wenn ich mit ihm schwimmen ging, auch wenn das seine sensorischen Empfindungen beeinträchtigte. Es dauerte ein Jahr, bis Lili den Vorfall vergaß.

Was ich in dem Schwimmbecken gesehen hatte, zeigte mir, wie dringend es war, Doran eher früher als später zu behandeln. Ich hatte in *Was kann ich für mein behindertes Kind tun* gelesen, daß man mit den Kindern die erforderlichen Bewegungsmuster einüben mußte, um ihnen das Krabbeln beizubringen. Dazu mußte man mit ihren Armen, Beinen und dem Kopf immer fünf Minuten lang rhythmisch die Bewegungen ausführen, die sie zum Krabbeln brauchen. Das leuchtete mir ein, aber ich brauchte noch zwei Helfer, um die Übungen machen zu können. Schließlich entdeckte ich ein Bewegungsmuster zu einer Vorstufe des Krabbelns, zu der insgesamt nur zwei Helfer notwendig waren. Das Kind lag bäuchlings auf dem Boden, und während die eine Person den Kopf hin und her drehte, schaukelte die andere sacht den Körper des Kindes. Dazu hob sie fünf Minuten lang abwechselnd zuerst den rechten Arm und das rechte Bein und dann den linken Arm und das linke Bein.

Am nächsten Morgen frühstückten wir auf dem Fußboden. Doran lag da wie ein Fisch auf dem Trockenen. Es war unübersehbar, daß er den Drang verspürte, sich zu bewegen. Er mußte jetzt einfach eine Sprosse auf der Leiter der Evolution hinaufsteigen. Gleich nach dem Frühstück wollten wir mit ihm üben. Ich erklärte Lili, was ich vorhatte. Doran war nicht in der Stimmung für Bewegungsübungen. Ich kniete mich neben ihn und begann, abwechselnd einen Arm und ein Bein hochzuheben und ihm einen Klaps auf die

Badehose zu geben. Lili wollte natürlich auch mitmachen und bot an, seinen Kopf zu bewegen.
Unser erster Versuch war eine slapstickartige Angelegenheit, die der Patient allerdings sehr lustig fand. Sollte er langfristig irgendeinen Gewinn davon haben, müßte Lili ihre Aufmerksamkeit während der Übungen einer Puppe zuwenden. Ich beschloß, Judith anzurufen und sie um Hilfe zu bitten. Ihre Nummer war besetzt. Aber so wußte ich wenigstens, daß sie schon aufgestanden war. Ich legte wieder auf.
Ich hörte Doran kreischen und lachen. Offensichtlich übte Lili wieder mit ihm. Bevor ich die beiden trennen konnte, klingelte das Telefon.
»Hallo? – Lili, laß Doran in Ruhe!« schrie ich halb in den Hörer und halb durch das Zimmer.
»Du hast Glück, daß ich es bin«, sagte die Stimme am anderen Ende der Leitung.
»Judith! Ich habe schon versucht, dich anzurufen. Willst du zuerst mir zuhören, oder soll ich dir zuhören?«
»Hör zu, Dianna ist hier. Komm zu mir zum Mittagessen, dann können wir sie heute nachmittag gleich besuchen.«
Der Lärm aus der Küche nahm zu.
»Das ist ja toll. Also bis heute mittag. Ach, und danke schön.«
»Was hast du gesagt?«
»Dank dir, Judith. Du bist lieb. Tschüß.«
Ich legte auf und eilte zu meinen Kindern zurück. Lili war verschwunden und Doran ebenfalls. Konnte er plötzlich krabbeln, oder hatte ich irgendeine Gedächtnistrübung und wußte nicht mehr, wo ich ihn gelassen hatte?
»Schau, Mami!«
Lili kam aus dem Bad gelaufen. Sie hatte Dorans Füße in den Händen und zog ihn auf dem Bauch über den Fußboden. Als sein Gesicht sichtbar wurde, sah ich, daß er in ungläubigem Entzücken lächelte.

»Doran krabbelt jetzt«, sagte Lili und hüpfte weiter ins Wohnzimmer. Ich rannte ihnen hinterher.
»Lili, du packst die Sache richtig an, aber jetzt laß ihn sofort wieder los!«
An diesem Morgen brauchten wir wesentlich länger als sonst, bis wir im Schwimmbad waren.
Wir kamen pünktlich bei Judith an und sahen, daß sie etwas ganz Besonderes zum Mittagessen gekocht hatte. Aber ich aß hastig, weil ich endlich Dianna kennenlernen wollte. Judith erzählte mir von ihr. Aber es war mir unmöglich, einer Beschreibung zuzuhören, wenn ich dem wirklichen Menschen so nahe war.
Nach dem Essen fuhren wir los. Endlich kam das Haus in Sicht, in dem Dianna wohnte. Die Tür ging auf, und ich stand ich vor einer unerwartet eleganten Frau. Sie trug ein bequem geschnittenes Kostüm. Ihr blondes Haar war hochgesteckt und mit einer Lilie geschmückt. Dianna sah nicht aus, als ob sie vom »Kinderkriegen« träumen würde.
Ich streifte die Ärmel meiner alten Bluse hoch und hielt ihr die Hand hin. Sie umarmte mich. Dann umarmte sie Doran, nahm ihn mir aus dem Arm, legte ihn auf den Boden und setzte sie sich neben ihn. Ich staunte, daß diese elegant gekleidete junge Frau ohne jede Hemmung auf dem Boden herumkrabbelte.
»Komm, Doran«, sagte sie, »zeig, was du kannst.«
Obwohl sie sich wild auf dem Boden wälzte, blieb die Lilie unversehrt. Dianna krabbelte hervorragend. Doran sah ihr zu und fing an zu lachen.
»Sieht gut aus«, sagte Judith.
Dianna beobachtete Doran genau.
»Liegt er gern auf dem Boden?«
»Ja«, antwortete ich, »und Sie haben ihm gerade ein großes Kompliment gemacht.«
»Nachahmung ist die ehrlichste Form der Schmeichelei, stimmt's?«

»Sie sind sehr nett«, sagte ich. »Es würde mich sehr freuen, wenn er Sie nachahmte.«

»Im allgemeinen schreit er sich die Lunge aus dem Leib«, erklärte Judith.

Dianna kroch zu Doran hinüber.

»Du wirst es lernen«, sagte sie.

Jetzt legten auch Judith und ich uns bäuchlings auf den Fußboden. Wir stützten das Kinn in die Hände und unterhielten uns angeregt. Lili erspähte draußen im Garten die Ecke eines Sandkastens, aus dem Eimer und Schaufeln ragten.

Dianna war voller Energie und Begeisterung. Sie verstand sofort, daß wir der Verzweiflung oft sehr nahe gewesen waren, aber nie ganz die Hoffnung aufgegeben hatten.

»Es hört sich ganz so an, als wäre das Institut meine natürliche Heimat«, sagte ich.

Dianna stimmte mir zu. »Ihre Kinder werden viel Spaß haben.«

Dann beschrieb sie ganz genau den Tagesablauf in dem Institut.

»Ein volles Programm«, sagte Judith, »aber zwischendurch muß sie doch mal auf die Toilette?«

»Ich werde nichts trinken, dazu habe ich gar keine Zeit.«

Dianna lachte. »Aber Sie müssen sehr gesund sein. Sie sehen ein bißchen dünn aus. Was essen Sie denn?«

»Salat«, sagte Judith prompt.

Ich sagte, ich würde immerhin Brot und Erdnußbutter mit Salat essen und krempelte die Ärmel weiter hoch, um meine Muskeln zu zeigen. Wir stritten noch ein bißchen und beschlossen dann, die Frage der Ernährung auf sich beruhen zu lassen.

Dianna wandte ihre Aufmerksamkeit Dorans Sehfähigkeit zu. Dazu nahm sie ihn hoch und ging mit ihm in die Besenkammer, um ihm dort mit einer Taschenlampe in die Augen zu leuchten.

»Er reagiert auf Licht. Daran müssen wir arbeiten«, sagte sie. »Machen Sie ihm ein paar Schwarzweißbilder mit geometrischen Formen. Damit können Sie sein Sehvermögen entwickeln. Sie müssen sie überall aufhängen.«
Dann holte sie drei rechteckige Karten, die mit großen Buchstaben bedruckt waren. »Doran, ich habe etwas besonders Schönes für dich. Wir gucken uns ein paar Wörter an.«
Sie las laut und deutlich, was auf den Karten stand, und zeigte sie Doran mit der Geschicklichkeit eines Taschenspielers.
»Mami! Lili! Doran! – Braver Junge, hat es dir gefallen?«
»Konnte er das sehen?« fragte Judith.
»Na hör mal«, sagte ich. »Er hat den Kopf wegen dieser Karten höher gehoben als wegen seines Abendessens.«
Dianna nickte. »Kinder lernen lieber, als sie essen.«
»Ich bin immer noch der Ansicht, daß man bei einem guten Abendessen eine Menge lernt«, sagte Judith, weil sie stolz auf ihre Kochkünste war.
Ich streichelte ihren Arm. »Keine Sorge. Wenn er lesen kann, wird er lernen, dein Essen mit klingenden Worten zu loben.«
»Das beste Lob ist, daß er es ißt.«
Dianna schlug einen Kompromiß vor. Um Dorans Gehirn anzuregen, sollten wir seinen Geschmacks- und Geruchssinn entwickeln, indem wir ihm verschiedene Leckerbissen und Düfte vorsetzten.
»Lili würde das gefallen«, sagte ich.
»Ganz bestimmt. Lili wird überall miteinbezogen. Jetzt machen wir ein paar Fotos, die Sie Ihrem Brief an Glenn beilegen können. Wir müssen Lili holen.«
Lili baute gerade ein Sandschloß für einen Prinzen und eine Prinzessin. Dianna zeigte ihr die Polaroid-Kamera.
»Willst du ein Zauberkunststück sehen? Dann spiel mit Doran, ihr wärt Indianer, die sich an das Haus anschleichen. Ich mache ein Foto von euch, und wenn du bei der Tür bist, kannst du es sehen.«

Ich zeigte Lili, wie Indianer schleichen, denn sie hätte Doran am liebsten an den Fersen über den Boden gezogen. Dianna fotografierte uns.
»Ihr macht das prima«, sagte sie. »So, hier ist das Foto.«
»Mami, das ist ja toll. Wir haben ganz andere Farben!« Das Foto wurde dunkler, und drei Gestalten im Gras tauchten auf.
»Das ist das erste Zeugnis deines neuen Lebens«, sagte Judith.
Dianna machte noch ein paar Fotos und meinte dann, ich solle den Brief schreiben. Wir lasen ihn gemeinsam noch einmal durch, legten die Bilder ein und steckten ihn in einen Umschlag. Als ich die Adresse schrieb, sagte Dianna: »Ich sehe Ihrem Gesicht an, daß Sie bereits in Philadelphia sind.«
»Ich werde arbeiten, als ob ich schon dort wäre. Ich werde sofort anfangen, mit Doran Bewegungsmuster einzuüben.«
Ich zeigte Judith die Übungen, während Lili und Dianna mit einer Puppe übten. (Die Puppe gehörte wie die Eimer und Schaufeln im Sandkasten der Familie, von der Dianna die Wohnung gemietet hatte.)
Wir bewegten Dorans Arme und Beine so weich und rhythmisch, wie wir konnten. Während sein Kopf von Judith hin und her bewegt wurde, erhaschte ich immer wieder einen Blick auf seinen Mund und konnte sehen, daß die Mundwinkel hochgezogen waren.
Die Puppe hatte einen sehr steifen Hals.
»Das gefällt ihm, Judith! Wie oft kannst du mir helfen? Wir müssen mindestens viermal am Tag mit ihm üben.«
»Solange wir hier sind, brauchst du nur anzurufen, aber ...«
»Aber?«
»Wir müssen nächsten Monat in die Staaten zurück. Ich habe ein Musikseminar in Bennington.«
»Das hatte ich vergessen. Aber wir können trotzdem mal damit anfangen, daß wir auf dem Weg zum Schwimmbad und auf dem Heimweg bei dir vorbeikommen.«

»Kommt gleich morgen. Wir frühstücken zwischen zwei Übungen mit Doran.«

Dianna hatte bis zu ihrer Abreise noch viele Termine – und ich wußte nicht, wann ich sie wiedersehen würde. Sie hatte mir neue Hoffnung gegeben. Ich wußte, daß ich meine Zeit auf die bestmögliche Art nützen würde, während ich auf einen Termin im Institut wartete.

Ich fertigte einige große, geometrische Schwarzweißzeichnungen an und hängte sie an allen möglichen Stellen auf – auch an der Rückenlehne des Beifahrersitzes. So mußte Doran direkt darauf starren, wenn wir irgendwohin fuhren. Für Lili hängte ich ein anderes Bild an die Rückseite des Sitzes daneben. Der Gedanke erschien mir sehr reizvoll. Es ist sehr langweilig, Autositze anzuschauen, und die Landschaft draußen ist auch nicht immer besonders interessant. Lili lebte einen Großteil der Zeit, die sie im Auto verbrachte, in ihren Bildern. Ich konnte hören, wie sie ernsthaft mit den Figuren sprach, und hoffte, daß Doran von seinem weißen Dreieck auf schwarzem Grund und dem schwarzen Kreis auf weißem Grund ebenso gefesselt wäre.

Wir fuhren weiterhin zum Schwimmen in die Klinik. Inzwischen akzeptierte ich die Krankengymnastinnen dort als freundliche, wohlmeinende Menschen. Wir konnten, im Gegensatz zu den anderen Kindern, kommen und gehen, wann wir wollten.

Die Ärztin beharrte auf ihrer Ansicht über das amerikanische Institut. Sie argumentierte jedoch inzwischen nicht mehr offen gegen diese Behandlungsmethode, sondern redete in bestimmendem Ton von der »richtigen« Vorgehensweise, die allerdings dem, was *ich* vorhatte, direkt entgegengesetzt war. Ich wünschte verzweifelt, jedes Kind in dieser Klinik würde aus seinem Rollstuhl geworfen und müßte die langen, dafür so gut geeigneten Gänge entlangkrabbeln. Wirklich unangenehm war eigentlich nur die Sache mit Dorans Augen. Die Ärztin wollte, daß ich wegen

einer eventuellen Operation zu einem Augenarzt gehen sollte. Weil ich nicht die Absicht hatte, einen Chirurgen an einem Symptom einer Hirnschädigung herumschnippeln zu lassen, ließ ich mir die verschiedensten Ausreden einfallen oder vergaß die Termine einfach. Doch um eine Konfrontation zu vermeiden und die Erlaubnis, das Schwimmbad zu benützen, nicht zu verlieren, war ich schließlich gezwungen, wenigstens pro forma in der Augenklinik zu erscheinen: Beim nächsten Termin waren wir pünktlich zur Stelle und machten einen sehr kooperativen Eindruck.
Der Arzt untersuchte Doran der Form halber und sagte: »Das Problem ist der weite Augenwinkel. Wahrscheinlich drückt der Knochen auf einen Nerv.«
»Was ist mit der Hirnschädigung?«
»Die hat damit nichts zu tun.«
»Was?«
»Das ist ein anderes Problem.«
»Aber ist es nicht ziemlich merkwürdig, daß seine Augen vor der Hirnverletzung normal aussahen?«
»Da muß nicht unbedingt ein Zusammenhang bestehen.«
»Aber ich dachte, Sehstörungen seien häufig Symptome einer Hirnschädigung.«
Der Augenarzt seufzte.
»Schauen Sie«, sagte er, »ich kann ihn heute morgen nicht genauer untersuchen. Nehmen Sie diese Tropfen und träufeln Sie ihm während der nächsten Woche dreimal täglich einen Tropfen in die Augen. Dann kommen Sie noch einmal her.«
»Wozu sind die Tropfen?«
»Sie weiten die Pupillen, damit ich sie gründlicher untersuchen kann.«
»Beeinträchtigen sie sein Sehvermögen?«
»Er wird ein wenig verschwommen sehen.«
»Aber Doran sieht ohnehin nicht sehr gut.«
»Es wird ihm nicht schaden, das versichere ich Ihnen.«

»Woher wissen Sie das?« fragte ich. »Sie können das doch unmöglich wissen.«
»Wenn Sie wollen, daß ich seine Augen gründlich untersuche, müssen Sie ihm die Tropfen geben.«
»Doran fängt gerade an, einen optischen Eindruck von der Welt zu bekommen, und Sie verlangen von mir, daß ich ihn dabei gezielt behindere.«
»Das ist wohl ein bißchen übertrieben. Sie haben eine Verantwortung gegenüber Ihrem Kind. Ich schlage vor, daß Sie einmal ein wenig ernsthafter darüber nachdenken.«
»Danke für den guten Rat,« erwiderte ich, »aber ich fühle mich sehr verantwortlich für Doran. Geben Sie mir die Tropfen mit. Ich rufe an und lasse mir einen Termin geben, wenn ich über die Angelegenheit nachgedacht habe.«
Er lächelte. »Ich bin sicher, daß Sie einsehen werden, wie wichtig das für Ihren Sohn ist.«
Ich befreite Lili aus dem Vorhang, in den sie sich unbeachtet eingedreht hatte, und nahm Doran auf den Arm. Dann machten wir uns erhobenen Hauptes auf den Weg.
Als wir den Hauptkorridor entlang gingen, rekapitulierte ich das Gespräch noch einmal. Ich hatte das dumpfe Gefühl, in die Falle gelockt zu werden. Es war mir klar, daß man wegen Dorans Augen nichts unternehmen konnte, solange man davon ausging, daß die Sehbehinderung ein Symptom des geschädigten Hirns war. Doch die Wirkung der Tropfen stand im Widerspruch zu allem, was ich tat, um Dorans Sehfähigkeit anzuregen. Ich hatte keinen Zweifel daran, daß er jetzt an optischen Eindrücken Interesse zeigte. (Ich hängte jedes Mal, wenn wir ins Auto einstiegen, für Doran und Lili einen Satz Lesekarten auf oder vertauschte die alten Bilder.) Als wir am nächsten Papierkorb vorbeikamen, wußte ich, daß ich ihm die Tropfen nicht geben würde und daß ich auch nicht mehr darüber nachdenken wollte. Ich ließ Lilis Hand los, griff in meine Tasche und warf die kleine Flasche in den Papierkorb.

»Was war das, Mami?«
»Eine Eingebung, aber verantwortungslos, Lili. Willst du Rührei oder Käsetoast zum Tee?«
Die Bewegungsübungen brachten Erfolg, und ebenso die Übungen, um den Geschmacks- und Geruchssinn anzuregen. Ich trug ein paar Streichholzschachteln mit mir herum, in denen die »Riechproben des Tages« waren, und präsentierte sie Doran von Zeit zu Zeit. Lili nahm das sehr ernst. Dann reiste Judith ab, und ich mußte eine andere Hilfe für die Bewegungsübungen finden. Die beste Lösung war, meine Eltern auf der Insel Wight zu besuchen. Doran war gesund genug, um reisen zu können, und auch Lili freute sich auf das Abenteuer der Reise. Moe begleitete uns freundlicherweise. Ohne ihn hätten wir es nicht geschafft, denn wir hatten eine Unmenge von Sachen zu transportieren. Wenn ich schwere Gegenstände trug, war mein Körper einer zusätzlichen Belastung ausgesetzt. Weil ich mir jetzt weniger Sorgen um Doran machte, hatte ich Bedenken wegen meiner eigenen Gesundheit. Aber wenn ich schon krank werden mußte, dann lieber früher als später. Ich hatte das Gefühl, als wäre ein Teil meines Körpers nach Dorans Geburt zerrissen. Das Gefühl wurde stärker, wenn ich einen schweren Gegenstand unvorsichtig hochhob. Ich hatte gehofft, das Problem würde verschwinden, wenn ich es nicht beachtete, weil in meinem Kopf einfach kein Platz für eine weitere Sorge war. Die Vorstellung, daß ich zu meinen Eltern nach Hause fahren würde, bestärkte mich in meinem unschuldigen Glauben, dort könnte ich ruhig krank werden, weil jemand da wäre, der für mich sorgte. Ich mußte auch daran denken, welche Probleme meine Großmutter nach der Geburt meiner Mutter gehabt hatte. Ich erinnerte mich, daß man mir erzählt hatte, ihr wäre ein Ring eingepaßt worden, der verhindern sollte, daß ihr die Gebärmutter herausfiel. Die Vorstellung, ein ganzes Leben mit einer solchen Prothese zu verbringen, machte mir Angst, aber ich tröstete mich

mit dem Gedanken, daß es sich um eine altmodische Krankheit handelte.
Moe erwartete uns am Bahnhof. Beide Kinder waren sehr aufgeregt, und wir waren glücklich, daß der Zug pünktlich einfuhr. Ich öffnete eine Waggontür und trug Lili in das Abteil. Die anderen Reisenden waren freundliche Geschäftsleute auf dem Heimweg von London. Sie erwiderten Lilis Lächeln und setzten sie in eine Ecke, während ich den Rest des Gepäcks holte. Ich stieg aus und griff nach einem Koffer, aber Moe meinte, ich solle lieber Doran nehmen. In diesem Augenblick setzte sich der Zug in Bewegung. Ich sah Lilis lächelndes Gesicht am Fenster!
Und dann geschah etwas Unglaubliches: An dem fahrenden Zug öffnete sich eine Waggontür, und ein Mann mit einer Melone stellte Lili auf den Bahnsteig. Die Waggons rollten unmittelbar vor ihr vorbei. Wenn sie sich auch nur zwei Zentimeter bewegt hätte, wäre sie vom Zug erfaßt worden. Ich schrie, und so unglaublich es klingt, ich brachte damit den Zug zum Stehen.
Inzwischen schauten aus allen Fenstern der Waggons Fahrgäste heraus, und der Schaffner und der Lokomotivführer waren auf den Bahnsteig getreten. Lili hatte sich keinen Zentimeter bewegt.
Ich nahm sie auf den Arm. Alle, die den Vorfall beobachtet hatten, redeten wild durcheinander.
»Lili, du warst sehr, sehr tapfer«, lobte ich sie. Es war ein Wunder, daß ihr nichts passiert war. »Wir müssen in Zukunft besser aufpassen«, sagte ich.
Wir gingen den Zug entlang zu dem Waggon, der nach Portsmouth fuhr, und stiegen in ein Abteil. Es war zufällig dasselbe Abteil. Ich sah den Mann mit der Melone. Er war blaß und zitterte. »Ich verstehe nicht, warum ich das getan habe«, sagte er. »Ich habe sie ganz vorsichtig abgesetzt.«
Lili fragte ungerührt: »Können wir jetzt unsere Brote auspacken?«

Der Rest der Reise verlief so ereignislos, wie Reisen mit zwei lebhaften Kindern eben sind. Dorans Aktivitäten bestanden hauptsächlich darin, den Kopf unerwartet nach hinten zu werfen und einem einen überraschenden Kinnhaken zu verpassen. Gleichzeitig schnellte er die Füße nach vorn und stieß treffsicher alle Teller, Becher oder sonstigen zerbrechlichen Gegenstände von den ausklappbaren Tischen am Fenster.

Mein Vater holte uns von der Fähre ab. Er fürchtete sich vor seiner ersten Begegnung mit Doran. Im Gegensatz dazu machte es Doran überhaupt nichts aus, seinen Großvater kennenzulernen. Er zeigte das jedesmal durch ein strahlendes Lächeln, wenn er ihn zu Gesicht bekam. Noch bevor es Abend wurde, lagen sie beide auf dem Küchenfußboden. Mein Vater hatte fast alle Töpfe und Pfannen aus den Schränken gezogen und schlug mit ihnen auf den Boden, was Doran offensichtlich gefiel. Außer meinen Eltern war noch meine Großtante da. Sie war neunundachtzig Jahre älter als Doran, aber den Sinn für Humor und das ansteckende, sprudelnde Lachen hatten sie gemeinsam. Die einzigen im Haus, die sich über Dorans Anwesenheit nicht freuten, waren die Katzen. Sie suchten unter dem Bett meiner Eltern Zuflucht und schmollten.

Meine Mutter hatte dafür gesorgt, daß wir zweimal täglich schwimmen gehen konnten, einmal in einem Hydrotherapie-Bad und einmal im Swimmingpool eines Campingplatzes. Dazu konnten wir jetzt vier Bewegungsübungen pro Tag machen und das Programm auf dem Fußboden durchführen. Nach vierzehn Tagen hob Doran den Kopf vom Fußboden hoch und versuchte, die Töpfe und Pfannen zu erreichen.

Aber meine Gesundheit machte meiner Mutter Sorgen. Ich mußte immer öfter Wasser lassen und mein Bauch wölbte sich stark, obwohl ich ansonsten dünn war. Aber meine Mutter sprach mit mir über die intimsten Dinge, und auch

ich konnte angesichts dieser besorgniserregenden Tatsache die Augen nicht verschließen. Ich sagte: »Ich glaube, ich trete in Großmutters Fußstapfen. Was hatte sie damals?«
»Einen Gebärmuttervorfall.«
»Ich habe das Gefühl, daß etwas in mir zerreißt.«
Meine Mutter verschwendete keine Zeit und vereinbarte für mich beim Hausarzt einen Termin. Er war überrascht, als er mich untersuchte. Ich hatte einen beträchtlichen »Vorfall«. Das war sehr lästig. Eine Operation schien erforderlich. Andernfalls würde man mir einen Ring anpassen müssen, was ich jedoch sofort ablehnte. Dummerweise glaubte ich, »Operation« bedeute hier einen kurzen Eingriff und eine Nacht zur Beobachtung im Krankenhaus. Das war jedoch nicht der Fall. Der Arzt sagte, es müsse so viel genäht werden, daß ein hochqualifizierter Chirurg zwei Stunden Arbeit haben würde. Kurzum, ein zweiwöchiger Krankenhausaufenthalt und danach zwei Monate Schonung waren nötig, damit die Narben gut verheilten. Aber die Warteliste für Unterleibsoperationen war sehr lang, teilte mir der Arzt mit. Ich würde mindestens ein Jahr warten müssen, vielleicht länger.
»Aber ich kann nicht warten«, rief ich. »Ich fahre nach Amerika. Das ist lebenswichtig für Doran. Es muß eine andere Möglichkeit geben.«
Wir gingen nach Hause, um diese neuen Probleme zu besprechen. Zunächst einmal wußte ich nicht genau, wann ich nach Amerika fahren würde. Wer würde während meiner Abwesenheit für Doran und Lili sorgen? Meine Mutter bot sich an, aber sie arbeitete immer noch als Lehrerin und ernährte zur Zeit die ganze Familie, auch wenn sie bald pensioniert werden würde.
Die Nächte mit Doran waren strapaziös, wie mittlerweile jeder im Haus gemerkt hatte. Vielleicht konnte Lili bei meinen Eltern bleiben und Doran bei Judith? Ich konnte mir Doran in keinem Haushalt als selbständigen Gast vorstel-

len. Sollte ich auf der Insel ins Krankenhaus gehen oder es in einer der verschiedenen Kliniken in Sussex versuchen, die ich schließlich gut kannte? Würde mich *irgendein* Krankenhaus früh genug aufnehmen? Wenn nicht, mußte ich mir vorläufig einen Ring anpassen lassen, um Dorans Therapie fortsetzen zu können. Ich würde das Schicksal meiner Großmutter erleiden.

Die Probleme wurden immer vielschichtiger und verwickelter. Wenn Doran bei Judith wäre und ich in eine Klinik in Sussex gehen würde, könnte ich zwar ihn sehen, aber Lili nicht. Doch würde der Umgang mit ihm für Judith nicht noch komplizierter werden, wenn er mich sah? Dann fiel mir ein, daß ich Doran nicht mehr stillen konnte, wenn ich im Krankenhaus war. Ich würde ihn entwöhnen müssen.

Wir wollten noch ein paar Tage auf der Insel bleiben; danach sollte Moe eine Stelle als Bibliothekar antreten. Als wir wie gewohnt im Becken des Campingplatzes schwammen, fragte mich einer der Feriengäste, ob wir an Weihnachten wiederkämen. Ich wollte gerade antworten, daß wir wahrscheinlich schwimmen würden, wenn das Schwimmbad geöffnet wäre, als ich eine außergewöhnliche Idee hatte. Ich paddelte mit Doran zu Moe hinüber und fragte: »Wo würde es dir an Weihnachten am wenigsten gefallen?«

»Ich weiß nicht. Im Gefängnis? Im Krankenhaus? Unter der Waterloo Bridge?«

»An keinem von diesen Orten möchtest du Heiligabend sein?«

»Möchtest *du* Weihnachten unter der Waterloo Bridge feiern?«

»Nein, aber im Krankenhaus.«

»Da warst du doch schon letztes Jahr!«

»Genau. Und wer gehen konnte, ging nach Hause. Niemand wird sich an Heiligabend operieren lassen, wenn es nicht unbedingt sein muß – niemand außer mir!«

»Linda!«

»Das ist doch eine hervorragende Idee. Ich muß es noch vor Silvester machen lassen. Und abgesehen davon gefällt mir Weihnachten im Krankenhaus wirklich.«
Wir stießen Doran wie ein kleines Boot zwischen uns hin und her.
»Ich habe an Weihnachten nichts vor, Linda«, sagte Moe. »Ich könnte kommen und mich um Doran und Lili kümmern.«
»Ist das dein Ernst? Gerade *du* weißt doch, was das bedeutet. Es wäre wunderbar – aber wird es gehen?«
»Natürlich, du kümmerst dich doch dauernd um sie. Ich würde es auch einmal gern tun.«
Ich nahm Doran, drückte ihn an mich und dann umarmte ich Moe.
»Warum bist du immer da, wenn ich dich brauche?«
»Es wäre ein Klischee, wenn ich behaupten würde, daß man dazu Freunde hat.«
Unser Arzt war belustigt und erfreut und rief in der Klinik an. Ich mußte noch einen Monat auf einen definitiven Termin warten, aber die Aussichten waren gut. Ich konnte weiterhin den Aufenthalt in Philadelphia vorbereiten.
Meine Mutter kam mit uns nach Hause, weil Moe nach London zurückkehren mußte. Ich war entschlossen, mit Doran weiter die Bewegungsmuster zu üben, und verbrachte den Abend damit, eine Liste von Bekannten zu erstellen, die mir möglicherweise dabei helfen konnten. Ich hatte erkannt, wie wichtig es war, daß die Übungen regelmäßig stattfanden. Und da Doran Geschmack an den Übungen gefunden hatte, konnte ich nicht zulassen, daß er einfach aufhörte. Meine Mutter schlug vor, unsere Nachbarin Margaret um Hilfe zu bitten.
Aus Diskretion hatte ich bis jetzt niemand aus der unmittelbaren Nachbarschaft in Betracht gezogen. Am Abend brachte meine Mutter Lili ins Bett und ging dann hinüber zu Margaret. Als sie zurückkam, war sie sehr fröhlich was

einerseits auf zwei große Gläser Sherry und andererseits auf die Nachricht zurückzuführen war, daß Margaret jeden Morgen um halb neun und jeden Abend um halb sechs mit Doran üben würde. Wir sprachen Margaret einmütig heilig. Kaum hatte sich am nächsten Morgen vor Margarets Fenster der Duft von Eiern mit Speck verzogen und war zu mir herüber geweht, da stand sie schon vor der Tür, und wir machten uns an die Arbeit. Doran paßte bequem auf den vorderen Teil des großen Küchentischs. Der Tisch war weit herumgekommen war, seit wir ihn unter Obst und Gemüse vor einem Lebensmittelladen in Nord-London entdeckt hatten. Lili saß aufmerksam an der gegenüberliegenden Seite und aß ihr Frühstück. Doran war mit Margaret vollkommen zufrieden. Ich wußte, daß ich genug Freundinnen hatte, die zu anderen Tageszeiten mit ihm üben würden. Die Sonne schien freundlich ins Zimmer, und die unmittelbare Zukunft schien gesichert. Als Margaret ging, nahm ich Doran zur Belohnung für seine gute Laune einen Augenblick auf den Schoß. Es war Sonntag, und meine Mutter wollte nachmittags nach dem Schwimmen abreisen. Doran begann plötzlich zu quengeln. Wenn er sich hätte bewegen können, wie er wollte, wäre er wahrscheinlich auf Lilis Schoß gekrochen. Aber Doran konnte sich nur auf eine Art bewegen: Er bog das Rückgrat, warf den Kopf zurück – und stieß mit voller Wucht gegen meine Vorderzähne. Ich hörte ein splitterndes Geräusch und ahnte, was passiert war, aber einen Augenblick lang wollte ich es einfach nicht wahrhaben. Ich trat vor den Spiegel, der über dem Tisch hing. Vorsichtig schaute ich mir mein Gebiß an. Der linke Vorderzahn lag zerbrochen auf der Zunge. Zehn Jahre zuvor wäre das die größte Tragödie gewesen, die ich mir hätte vorstellen können. Ich spuckte die Zahnstückchen aus und spitzte die Lippen.
»Ich glaube, ich brauche einen Zahnarzt.«
»Macht nichts, Mami«, meinte Lili. »Omi wird ihn dir wieder einsetzen.«

»Das ist ein reizender Gedanke, Lili, aber sie würde dazu ziemlich lange brauchen.«
Ich stand auf, schaute noch einmal genauer in den Spiegel, setzte mich wieder hin und fing an zu lachen. Es war ein komisches Lachen, weil der Atem durch die Zahnlücke pfiff. Mir war das egal.
Meine Mutter legte mir den Arm um die Schulter.
»Gott hat anscheinend einen besonderen Sinn für Humor«, sagte ich. »Glaubst du, daß dieser Schneidezahn der Preis dafür war, daß ich nach Philadelphia komme?«
Meine Mutter umarmte mich. »Ich glaube eher, daß es ein unglücklicher Zufall war«, sagte sie. »Behandelt dich dein Zahnarzt auch am Sonntag?«

7

Ich besuchte Freunde, die mir halfen, mit Doran die Bewegungsmuster einzuüben. Fast alle hatten selbst Kinder, und einige waren in Dorans Alter. Der Kontrast zwischen einem normal entwickelten Kind und dem Kind, dem sie gemeinsam mit mir halfen, war sehr deutlich. Ich wußte nicht genau, ob sie wirklich an das glaubten, was sie taten, aber niemand versuchte, mir mein Vertrauen in die Methode des amerikanischen Instituts zu nehmen. Mein Leben spielte sich im Schwimmbad, auf dem Fußboden und an einem geeigneten Tisch ab.
Lili fuhr besonders gern zu einem kleinen Bauernhof, der ganz versteckt mitten im Wald lag. Dort gab es Hühner und Enten und neugierige Schweine mit rotgoldenen Borsten. Eine junge Frau namens Brenda, die gerade ihr Examen gemacht hatte, war von den Besitzern vorübergehend angestellt worden, um den kleinen Grundbesitz zu bewirtschaften. Sie war immer bereit, den Putzeimer hinzustellen, um

Dorans Kopf zu bewegen, während Lili die Hühner fütterte. Je öfter wir über das Institut sprachen, desto mehr interessierte sich Brenda dafür. Sie sagte immer wieder: »Ich kann es nicht glauben, Linda. Es ist wie ein Traum.« Und ich versicherte ihr dann, daß es kein Traum sei. Eines Tages verkündete sie, sie wolle die Arbeit auf dem Hof aufgeben und in dem Institut arbeiten. »Aber vielleicht könnte ich vorerst hierbleiben und Doran helfen. Er braucht Hilfe«, sagte sie. Wir kamen überein, daß Brenda uns nach Amerika begleiten würde. Sie sollte bei uns wohnen und bei Dorans Therapie mitwirken.

Ich beobachtete täglich, wie Doran auf dem Fußboden darum kämpfte, seine Bewegungen koordinieren zu lernen. Ich hatte keinen Zweifel, daß er es schaffen würde. Doran vergrub seine Nase nicht mehr im Teppich. Wenn er mit den Fäusten heftig auf den Boden schlug, konnte er mit seinen Fingerknöcheln Gegenstände zerschlagen. Es war eindeutig, daß er zu begreifen begann, was er sah.

Ich entwickelte für ihn ein Intelligenzprogramm, das um halb sechs Uhr morgens begann, weil er um diese Zeit hellwach war. Ich stellte ein Bilderbuch mit großen Abbildungen vor ihm auf und zog eine Schachtel mit Gegenständen hervor, die den einzelnen Abbildungen entsprachen. Wenn das Bild einen Löffel zeigte, gab ich ihm einen Löffel in die Hand und vermittelte ihm so möglichst viel taktile und visuelle Informationen über den Löffel. Dann kam der nächste Gegenstand an die Reihe.

Eines Morgens kam Lili mit einem Brief aus Amerika vom Briefkasten zurückgerannt. Der Brief kam von dem Institut und enthielt sehr viel Informationsmaterial und den Hinweis, daß der späteste Termin für eine Begutachtung im Februar oder März liege. Rechtzeitig zu Dorans erstem Geburtstag im September kehrte Judith zurück. Sie war sehr beeindruckt.

»Sechs Zähne, Doran – eine ganz normale Entwicklung!«

»Sie haben ihre Besonderheiten, Judith. Sie sind spitz wie Dornen. Die letzte Kalziumschicht fehlt.«
»Beißt er?«
»Seit er Zähne hat, meint er, die Natur verlange von ihm, mich aufzufressen, statt auszusaugen.«
»Mag er zur Feier des Tages ein Steak oder Kuchen?«
Judith buk einen Kuchen, und wir veranstalteten eine Geburtstagsparty. Einige Wochen danach tat Doran etwas Erstaunliches: Er drehte sich auf den Rücken.
Wenn er dann auf dem Rücken lag, war er hilflos wie eine Schildkröte, aber das Ereignis war ein Grund zum Jubeln. Mir war jedoch nicht sonderlich danach, irgend etwas zu feiern. Der Gebärmuttervorfall machte mir immer mehr zu schaffen. Ich konnte nicht tanzen, ja nicht einmal niesen, ohne das unangenehme Gefühl zu haben, daß etwas in mir auseinanderriß.
Anfang November konnte Doran auf der Seite liegen und in einen umgedrehten Karton kriechen. Er wollte neue Übungen machen. Abends machten wir meist Spiele vor dem Kamin. Der Fußboden war in unserem Intelligenzprogramm eine Landschaft. Gegen halb elf Uhr verließen mich meist meine Kräfte, und ich döste ein, den Kopf auf ein paar Stoffpuppen gebettet. Um diese Zeit kam oft noch Brenda vorbei. Sie brachte uns dann alle nach oben ins Bett. Das letzte Geräusch, das ich an solchen Abenden hörte, war der Staubsauger. Brenda saugte noch den Teppich für mich.
Wenn Brenda nicht zu uns kam, ließ Doran sich jetzt manchmal zusammen mit Lili ins Bett bringen. Wenn ihr Kopf neben ihm auf dem Kissen lag, seufzte er und schloß die Augen. Ich räumte auf und kroch dann zu den beiden ins Bett. Eigentlich hätte es mir schlaflose Nächte bereiten müssen, daß ich irgendwie tausend Pfund aufbringen mußte, aber über Schlafstörungen konnte ich mich nicht beklagen.
Trotzdem war es an der Zeit, daß ich mich ernsthaft darum

kümmerte, Geld aufzutreiben. Judith schlug vor, wir sollten bei ihr zu Hause beratschlagen und dazu Bert, Brenda, Judy und Peter einladen.

Nachdem wir ein paar ausgefallene Vorschläge, an Geld zu kommen, durchgesprochen hatten, entschieden wir uns für eine Anzahl von Wohltätigkeitsbasaren und viel Werbung. Bert war eine unerschöpfliche Quelle guter Einfälle. Er sah die Schwierigkeiten, und wir arbeiteten uns durch sie hindurch.

Je mehr Hilfe wir bekommen konnten, desto besser wäre es für uns. Also beschloß ich, auch noch die Frau anzurufen, die mich in der »Beratungsstelle für natürliche Geburt« beraten hatte. Aber noch bevor ich viel erzählen konnte, bemerkte ich, daß ich einen Fehler gemacht hatte.

»Sie müssen endlich einsehen, daß Doran *nie* gesund werden wird. Wenn Sie Ihren Plan nicht aufgeben, werden Sie zu einem Schmarotzer der Gesellschaft ...«

»Aber ...«

»Es tut mir leid, Linda, aber das ist mein letztes Wort ...«

Es war nicht ihr letztes Wort. Irgend etwas trieb sie dazu, weiterzureden, bis ich kurzerhand auflegte.

»Mit solchen Reaktionen mußt du rechnen, Linda«, tröstete mich Bert. »Du betrittst Neuland.«

Wir beschlossen, zwei Basare zu veranstalten, einen kurz vor Weihnachten und einen etwas später. Judith machte sich Sorgen wegen meines Gebärmuttervorfalls. Sie wußte besser als ich, wieviel Kraft eine Operation kosten und wie lange es dauern würde, bis ich völlig wiederhergestellt wäre.

»Wenn du aus dem Krankenhaus kommst, solltest du bei uns wohnen. Ohne Kinder«, sagte sie. »Du brauchst Ruhe. Deine Eltern und Moe kommen mit Doran und Lili schon allein zurecht.«

Ich sah ein, daß ich ganz gesund werden mußte, um Doran helfen zu können, und nahm das Angebot dankbar an.

»Die beiden werden auch mal ein paar Wochen ohne dich leben können.«
»Aber ob *ich* ohne sie leben kann?«
Glücklicherweise war der Gemeindesaal am Samstag vor Weihnachten nicht belegt. Freunde riefen an und fragten, wo sie Sachspenden für unseren Basar abgeben könnten. Die Sachen wurden an mehreren Stellen in der Stadt gesammelt. Eine Menge Geschenke häuften sich auch schon in meinem Haus. Bert meinte, wir sollten einige meiner Bilder ausstellen, um den Saal ein wenig zu schmücken. Das Geld, das wir einnahmen, wollten wir auf eine Bankkonto überweisen. Für Doran allein konnten wir keine Wohltätigkeitsorganisation gründen, aber wir wollten eine Art »Unterstützungsfonds« einrichten. Judith, Bert und ich würden als Treuhänder fungieren.
Eine andere Freundin schlug vor, ich solle einen Artikel für die Frauenzeitschrift *Woman's Own* schreiben. Die Idee fand Anklang, aber ich fragte mich, wo ich die Zeit dazu hernehmen sollte.
»Was willst du denn sonst im Krankenhaus tun?« fragte Judith. »Stricken?«
»Ich kann nicht stricken. Ich wollte eigentlich Tolstoi lesen, aber jetzt werde ich statt dessen wohl schreiben.«
»Du brauchst Geld. Tolstoi kannst du auch später noch lesen.«
Es war jetzt fast ein Jahr her, daß Doran mit Nierenversagen in die Klinik gebracht worden war. Ich hatte kürzlich den Hausarzt gewechselt und hoffte, eine gute Wahl getroffen zu haben. Beide Kinder waren leicht erkältet. Lili ging es zusehends schlechter. Ihre Temperatur schwankte stark. Unser Arzt diagnostizierte eine Halsinfektion und verschrieb ein Antibiotikum und Aspirin. Lili konnte weder essen noch reden, aber dann sah es eine Zeitlang so aus, als ob sie sich erholen würde. Sie lag mit ihren Buntstiften und einem Malbuch auf dem Sofa.

Ich verbrachte die Nacht damit, auf Lilis Atem zu lauschen. Gegen Morgen ging er plötzlich flach und stoßweise. Als ich sie zu wecken versuchte, wollte sie nicht aufwachen. Ihre Wimpern waren vom Katarrh verklebt. Sie brauchte rasch Hilfe. Der Arzt war unterwegs zu einem Hausbesuch, aber seine Frau meinte, sie könne ihn telefonisch erreichen und ihm ausrichten, daß er sofort zu uns kommen solle. Ich überlegte eine Weile, was ich tun sollte, und rief dann Brenda an. Sie ließ alles stehen und liegen und war in weniger als fünfzehn Minuten bei mir. Sie trug Doran nach unten und fütterte ihn, und ich blieb solange bei Lili.

Sie bewegte sich und öffnete die Augen. Sie wirkten ruhig, sahen mich aber wie aus weiter Ferne an. Ich sprach mit ihr, bis der Arzt eintraf. Er reagierte sehr schnell. »Sie hat eine Lungenentzündung. Welches Krankenhaus?«

»Brighton.«

»Das ist das Krankenhaus, in dem Doran auf dem Weg zur Guy-Klinik war, nicht wahr?«

»Ja.«

»Man wird sich an Sie erinnern. Können Sie Lili sofort hinbringen?«

Ich nickte. Er wählte die Nummer und wurde mit der Aufnahme verbunden.

»Sie werden erwartet. Denken Sie daran, daß Lili nicht in unmittelbarer Gefahr ist. Fahren Sie vorsichtig.«

Brenda fuhr, und Doran saß ruhig in seinem Kindersitz. Lili lag auf meinem Schoß. Ich wollte nicht, daß sie wieder einschlief; deshalb schüttelte ich sie hin und wieder und sagte ihr Kinderreime ins Ohr.

Der Himmel war wolkenverhangen, und draußen wurde es immer düsterer. Nach einer Weile begann es zu regnen. Als wir die Küste erreichten, wurde der Verkehr dichter. Weil wir den Weg zur Klinik nicht kannten, mußten wir an einer Tankstelle anhalten und fragen. Brenda sagte immer wieder vor sich hin, wie ihr der Tankwart den Weg beschrieben

hatte. Die Sicht wurde immer schlechter. »Meinst du, wir müssen hier schon abbiegen?« fragte sie plötzlich und trat heftig auf die Bremse.
Das Auto kam ins Schleudern. Eine Wand glitt vor dem Kühler vorbei, wir schlingerten um eine Kurve und kamen vor einem Hügel zum Stehen. Der Wagen stand mit den Vorderrädern auf der falschen Straßenseite. Doran brüllte wütend. Lili öffnete die Augen ein bißchen weiter, und ich fragte ruhig: »Haben wir ein Rad verloren, Brenda?« Sie stieg aus.
»Nein, wir sind auf eine Ölspur gekommen.«
Ein anderes Auto geriet hinter uns ins Schleudern. Es rutschte und kam knapp einen Meter neben uns zum Stehen. Brenda stieg schnell wieder ein und startete den Wagen. Wir fuhren schlingernd und rutschend zur nächsten Abzweigung und suchten uns unseren Weg durch ein Gewirr von Nebenstraßen. Endlich erspähte ich die Pforte der Klinik, wo wir ziemlich genau vor einem Jahr mit dem Notarztwagen angekommen waren.
Eine Schwester begrüßte uns. »Sind Sie gut hergekommen?« fragte sie. »Radio Brighton hat gerade gemeldet, daß den Autofahrern empfohlen wird, die Umgehungsstraße zu meiden. Ein Tankwagen hat auf der gesamten Strecke Öl verloren.«
Der Aufnahmeraum war warm und gemütlich. Der Arzt begrüßte uns freundlich. »Keine Sorge, das kriegen wir schon hin.«
Eine Stunde später lag Lili unter einem Sauerstoffzelt und bekam eine Kochsalzinfusion. Sie sah jetzt sehr viel besser aus.
»Lili« sagte ich, »jetzt bist du eine Prinzessin in einer gläsernen Kutsche und kannst durch dein Handgelenk Rosenwasser trinken.«
Sie betrachtete stolz den dünnen Schlauch, der in ihrer Haut verschwand. »Wo ist Doran?«

»Doran ist bei Judith. Brenda hat ihn hingebracht. Er macht dort Ferien, und ich bleibe bei dir.«

»Gut.«

Ich bekam ein Bett in Lilis Zimmer und konnte so ständig bei ihr sein. Dreimal täglich kam eine Krankengymnastin, um den Schleim in Lilis Lungen durch Klopfmassage zu lösen. Sie klopfte ihr leicht mit den Fingerspitzen auf Brust und Rücken. Lili war von dem Wort »Klopfmassage« entzückt, aber die Massage selbst behagte ihr überhaupt nicht. Doch für die Reinigung der Lungen war sie sehr gut.

Ich holte Lili täglich Spielzeug aus dem Aufenthaltsraum für Kinder. Dabei kam ich durch eine andere Station. Dort lagen mehrere hirngeschädigte Kinder. Inmitten der vielen fröhlichen kleinen Patienten waren sie die einzigen, die einsam waren.

Wenn Lili tagsüber ein Nickerchen machte, telefonierte ich mit den wichtigsten Leuten unseres Unterstützungsfonds. Ich erhielt den Auftrag, Plakate für den Wohltätigkeitsbasar zu malen. Wenn ich Judith fragte, wie sie mit Doran zurechtkomme, bekam ich nie mehr zur Antwort als: »Prima.« Dann lenkte sie das Gespräch wieder auf Lili.

Wir waren fast eine Woche von zu Hause weg, als Lili fragte: »Wo ist Doran? Ich will zu Doran.«

Ihre Lungen waren wieder gesund. Sie sah mich traurig an. Es war Zeit heimzugehen.

Der Wagen fuhr nach dem Mittagessen vor. Es war kalt, aber der Wetterbericht hatte weder Schnee noch Eis angekündigt. Man versicherte mir, daß der Wagen gerade beim Kundendienst gewesen sei. Einen Teil der Strecke sollten wir gemeinsam mit einer anderen Frau und ihrem Kind fahren. Sie stiegen neben uns ein. Der Junge sah aus, als ob er etwa vier Jahre alt wäre – er war hübsch, aber seltsam träge. Er lächelte seine Mutter still an.

»Sie verstehen nichts«, sagte die Mutter und schaute zum Krankenhaus zurück.

Ich streichelte Lili, während die Frau fortfuhr: »Die Leute wissen nicht, wie es ist, wenn man so ein Kind hat. Sie erwarten nicht, daß man es liebt.«
»Ich schon.«
»Was hatte Ihre Kleine?«
»Lungenentzündung, aber jetzt geht es ihr wieder viel besser.«
»Sie ist hübsch.«
Sie wandte sich an Lili. »Dein Vater wird sich freuen, wenn du nach Hause kommst.«
Lili döste und antwortete nicht. Der Wagen hielt an, und die Frau hob ihren Sohn heraus. »Vielleicht sehen wir uns mal wieder«, meinte sie.
Brenda hatte in meinem Haus gewohnt und begrüßte uns freudig. Das Feuer loderte im Kamin, und der Duft von frischgebackenem Brot hing in der Luft. An den Wänden stapelten sich Schachteln mit sortierten und nicht sortierten Spenden für unseren Basar. Es blieb uns nicht mehr viel Zeit. Brenda packte Lili auf das Sofa und gab ihr ein Stück von dem noch warmen Brot, das mit schmelzender Butter und Honig bestrichen war. Dann reichte sie mir einen Becher Tee.
»Du hast heute morgen einen Brief bekommen. Er ist allerdings ein bißchen schmutzig.«
Sie war draufgetreten, als sie vom Schweinefüttern kam.
Ich öffnete den Brief. »Mein Termin für die Operation. Ich soll am 23. Dezember um 16 Uhr dort sein.«
»Du bist fest entschlossen?«
»Wir sind alle entschlossen. Ich werde gesund werden. Wir werden das Gutachten machen lassen und Doran nach Philadelphia bringen. Stimmt's, Lili?«
Lili nickte entschlossen.
Am Nachmittag kam Judith und brachte Doran.
»Er sieht wohlgenährt aus«, meinte Brenda, als Judith mit ihm ins Zimmer trat.

Erster Morgen im Institut,
März 1980.

Lili im Alter von drei Jahren,
Juni 1980.

Robben mit der Anti-Wälz-Weste, Mai 1980.

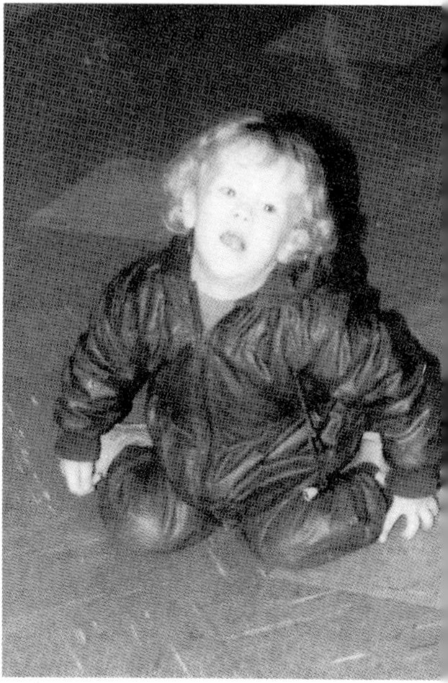

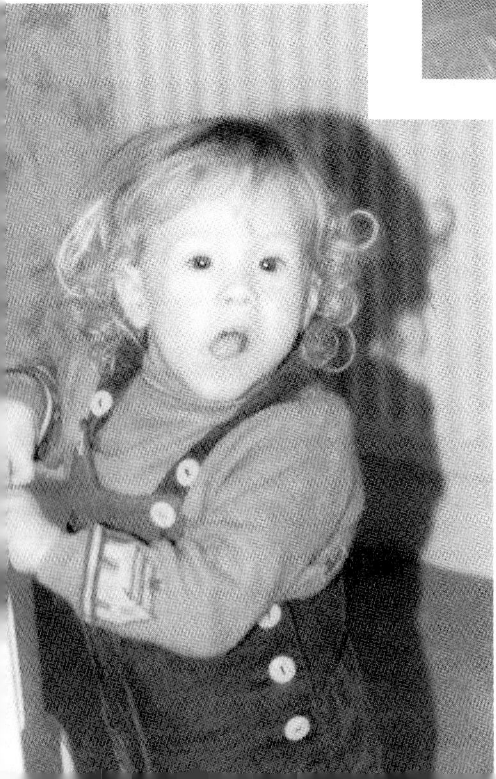

Oben links: Nach dem vertikalen Pirouettieren mit Alison und Linda, November 1981.

Oben: Erstes Sitzen in der verbotenen Position, Januar 1981.

Links: Erster Stehversuch an Hillarys Flügel, November 1980.

Oben: Krabbeln mit dem Anti-Sitz-Gerät und der Atemmaske, Frühling 1981.

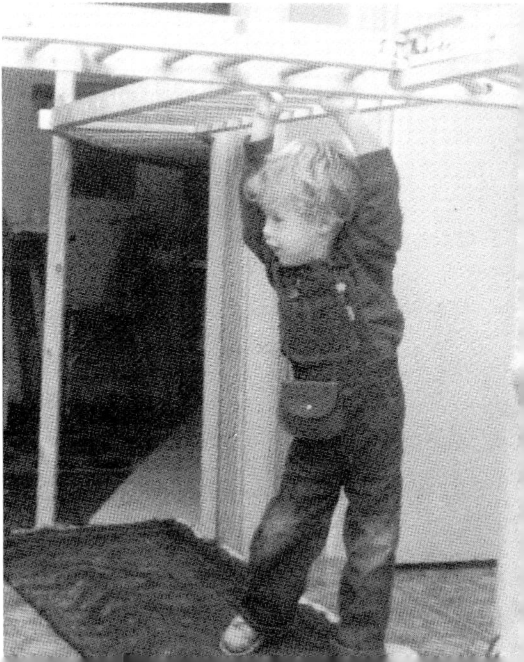

Rechts: Gehen unter der Leiter, Herbst 1981.

Frühmorgendlicher Beginn mit der Arbeit an der Leiter, Sommer 1981.

»Kein Wunder, er hat dreigängige Menüs gegessen und an Avocados genuckelt.«
Doran lächelte. Er wurde herumgereicht, damit wir ihn alle umarmen konnten, und dann vor dem Kamin auf den Boden gelegt. Sofort drehte er sich auf den Rücken, hielt inne und rollte sich dann wieder auf den Bauch. Er spannte die Muskeln auf der einen Seite seines Körpers an, als ob das die einfachste und natürlichste Sache der Welt wäre.
»Das ist seine Überraschung für dich«, meinte Judith.
Doran wälzte sich weiter vom Bauch auf den Rücken und vom Rücken auf den Bauch. Er zeigte richtig, was er konnte.
Lili kletterte vom Sofa herunter und rief: »Doran, komm zu mir! Komm her, Doran!«
Es gelang ihm tatsächlich, und ich hatte den Eindruck, daß er stolz auf seine Leistung war.
Am nächsten Nachmittag kam die erste Lokalreporterin mit einem Fotografen. Doran hatte sich jetzt den ganzen Teppich erobert. Er hatte sich den ganzen Tag hin und her gerollt. Als er die Besucher sah, strengte er sich besonders an. Niemand hätte vermutet, wie beschränkt seine Bewegungsmöglichkeiten tatsächlich waren.
»Ist das Doran?« erkundigte sich die Reporterin. »Ich dachte, er wäre gelähmt.«
»Ich finde, er sieht ganz normal aus«, meinte der Fotograf.
Ich schwankte noch, ob ich Doran mit dem Fuß auf den Boden drücken sollte, als Judith ins Zimmer trat. Sie hatte diese Fragen vorausgesehen und war auf sie vorbereitet. In der Hand hielt sie ein paar Fotos.
»Wollen Sie sehen, was ein Kind in Dorans Alter können sollte? Dieses Kind wurde am selben Tag geboren.«
Die Fotos zeigten einen kleinen Jungen. Er rannte herum, kletterte auf ein Schaukelpferd und spielte mit einem Ball.
Sie schauten alle zu Doran hinunter. »Ich glaube, Sie haben Begeisterung mit Befähigung verwechselt«, sagte ich. »Doran ist anderthalb Jahre alt, aber er kann sich trotz

fleißigen Übens lediglich vom Bauch auf den Rücken drehen und umgekehrt.«

»Durch üben?«

Ich erklärte, was ich gelernt hatte. Plötzlich ging ihnen ein Licht auf.

Am nächsten Morgen kam ein Team von der anderen Lokalzeitung. Doran war von seiner neuen Fortbewegungsart so erschöpft, daß er reglos in meinem Arm hing – wie man es von hirngeschädigten Kindern erwartete. Von nun an mußte ich lautstark auf Dorans Behinderungen aufmerksam machen. Wir mußten beweisen, daß eine Behandlung notwendig war, und vor allem – daß sie wirkte. An dem Tag, an dem die Berichte in den Zeitungen erschienen, aßen wir bei Judith zu Mittag. Der Artikel hatte den Titel: *»Hoffnung für den tragischen Fall Doran«*.

Mein athetoides Kind hatte gerade ein ganzes Schollenfilet mit gebratenem Reis und Gemüse verdrückt und wälzte sich übermütig unter meinem Stuhl.

»Das Kind wirkt nicht wie ein tragischer Fall«, meinte Judith.

»Doran ist ein Held«, sagte Lili.

Doran bereitete uns auf die Rolle unseres Lebens vor.

Am nächsten Samstag fand der Wohltätigkeitsbasar statt. Doran, Lili und ich mußten es uns zu Hause gemütlich machen. Ich wurde auf dem Basar durch meine Bilder vertreten. Lili war betrübt, weil die vielen Schachteln mit den interessanten Dingen verschwunden waren. Immerhin sahen die Schachteln Weihnachtspäckchen sehr ähnlich.

»Weiß der Weihnachtsmann auch, daß wir bei Omi sind, Mami?« fragte sie besorgt.

Endlich hörte ich ein Auto vorfahren. Judith und Bert kamen zurück. Sie redeten laut und lachten und waren bester Stimmung.

»Ich fürchte, wir müssen das noch ein paar Mal machen«, rief Bert, »es war wirklich nervenaufreibend. Wieviel haben wir eingenommen?«

»Mit Sicherheit über siebzig Pfund.«
»Nicht schlecht, Judith – vor allem, wenn man bedenkt, daß wir noch genug Spenden für einen zweiten Basar haben.«
Die Leute waren mit so vielen zusätzlichen Spenden zu dem Basar gekommen, daß wir die ganze Aktion so bald wie möglich wiederholen mußten. Judith und Bert machten bereits Pläne. Ich dürfe mir vor allem keine Sorgen machen, sagte sie.
Ich wußte nicht, worauf ich mich mit der Operation einließ, aber dafür wußten es offenbar alle anderen um so genauer. Brenda sollte weiter in meinem Haus wohnen, es durchheizen und mir die Post nachschicken. (Ich wartete immer noch auf einen Brief vom Institut, in dem der endgültige Termin für Dorans erste Untersuchung festgelegt wurde.) Und zuletzt mußten meine Freunde mich wohlbehalten ins Krankenhaus bringen.
Ich hatte absichtlich einem Platz im letztmöglichen Zug nach Brighton reserviert, um auch noch etwas von der Weihnachtsstimmung mitzubekommen. Sicherheitshalber fuhren wir sehr frühzeitig von zu Hause los, damit wir den Zug auf keinen Fall verpaßten. Als wir am Dorfladen vorbeifuhren, fiel Lili ein, daß sie Weintrauben wollte. Brenda hielt gehorsam an. Als sie wieder zu starten versuchte, brach der Zündschlüssel im Schloß ab, und sie bekam ihn nicht wieder heraus.
»Das darf doch nicht wahr sein, Linda!«
»Mein Leben ist anscheinend ein permanentes Hindernisderby. Soll ich ein Taxi rufen?«
»Das dauert zu lange. Ich hole schnell mein Auto.«
Der Hof war nicht weit von dem Laden entfernt. Aber ich hatte die Zeit, die wir zum Bahnhof brauchen würden, im Hinblick auf *mein* Auto kalkuliert. Brendas Auto erreichte eine Höchstgeschwindigkeit von fünfzig Stundenkilometern. Brenda trat fast das Bodenblech durch. Wir sprachen nicht, wir zwangen das Auto durch unsere Willenskraft

vorwärts. Die Landschaft glitt wie in Zeitlupe an uns vorbei. Wenn meine Energie uns angetrieben hätte, wäre die Straße nach Crawley verbrannt.

Schließlich kamen wir trotz des quälend langsamen Tempos beim Bahnhof an. Nach der Bahnhofsuhr mußte der Zug bereits abgefahren sein, aber ich wußte, daß er häufig Verspätung hatte. Ich trieb Brenda und Lili an. Wir rannten in die Schalterhalle.

»Ist der Zug nach Portsmouth schon weg?« rief ich dem Beamten am Fahrkartenschalter zu.

»Heute haben sie alle Verspätung.«

»Müssen wir uns trotzdem beeilen?«

»Ja, machen Sie schnell!«

Das war gar nicht so einfach. Wir schleppten uns mit zwei Kindern und zwei Koffern die Stufen der Unterführung hinauf. Wir waren gerade auf dem Bahnsteig angelangt, als der Zug einfuhr. Brenda riß eine Waggontür auf und half uns in den Zug.

»Auf Wiedersehen, und danke schön!«

»Du weißt, daß du dich auf mich verlassen kannst«, sagte sie.

Der Zug fuhr an. Ich ließ mich auf den Sitz fallen und legte die Arme um meine beiden Kinder. Es spielte keine Rolle, daß mein Auto den Eingang zum Postamt blockierte und daß ich vergessen hatte, Nachthemden für mich einzupakken. Wir saßen im Zug. Es war Zeit, zu Mittag zu essen, und bei meinen Eltern war schönes Wetter. Ich öffnete die Tüte mit den Weintrauben.

Während wir alle kauten, beugte ich mich zu einem Mann mittleren Alters hinüber und erkundigte mich höflich: »Wann kommt dieser Zug in Portsmouth an?«

»In Portsmouth? Dieser Zug fährt nicht nach Portsmouth. Das ist der Zug nach Littlehampton.«

»Was?«

Ich sprang auf, und die Weintrauben fielen in den Staub.

»Er hat zwanzig Minuten Verspätung«, sagte er. »Heute hatten alle Züge Verspätung. Der Zug nach Portsmouth ist knapp hinter uns.«
»Mir scheint, dieser Zug fährt besonders schnell, um die verlorene Zeit einzuholen.«
»Regen Sie sich nicht auf«, sagte er.
»Ich habe einen Termin im Krankenhaus, den ich nicht versäumen darf. Kann ich von Littlehampton aus ein Taxi nehmen?«
»Es wäre besser, wenn Sie in Horsham aussteigen und dort den Zug nach Portsmouth abwarten.«
Der Zug hielt in Horsham, und der Herr half uns beim Aussteigen.
Als wir einige Minuten auf dem leeren Bahnsteig gewartet hatten, kam mir in den Sinn, daß vielleicht *er* in den falschen Zug gestiegen sein könnte. Doch bevor ich diesen Gedanken weiterverfolgen konnte, fiel mein Blick auf die Anzeigetafel, auf der gerade das Wort PORTSMOUTH erschien. Gleich danach fuhr der Zug ein.
Meine Mutter holte uns am Bahnsteig ab. Sie trug ein weithin sichtbares rotes Kleid. Wir setzten Lili in einen Sportwagen, luden die Koffer und Doran auf einen Kofferkuli und machten uns auf den Weg zur Fähre.
Auf dem Kai merkte ich, daß meine Mutter wegen irgend etwas sehr aufgebracht war. Sie war eine sehr vitale und energische Frau und wirkte trotz ihrer fünfundsechzig Jahre immer noch sehr jugendlich. Aber die Schulbehörde hatte sie automatisch in den Ruhestand versetzt. »Ich bin fuchsteufelswild«, sagte sie.
»Liebste Mama, ich bin froh, daß du pensioniert wurdest«, sagte ich. Jetzt kannst du mir helfen.«
Sie nickte grimmig, aber ich wußte, daß sie ihren Beruf gern noch einige Zeit ausgeübt hätte. Als wir im Schiff saßen und Lili und Doran um den Platz auf ihrem Schoß wetteiferten, vergaß sie allmählich ihren Ärger.

Mein Vater erwartete uns am Hafen von Ryde.
»Papa, ist es nicht wunderbar, daß wir alle zusammen sind?«
»Ich wünschte, du müßtest Weihnachten nicht in die Klinik, Linda!«
»Aber genau da möchte ich hin.«
»Du bist sehr tapfer«, sagte er. »Du tust mehr als nur deine Pflicht.«
Anschließend fuhren wir in die Klinik. Wir gingen alle zusammen hinauf in die Krankenstation, und man zeigte mir mein Bett. Ein Gefühl der Schwäche überkam mich. Erst jetzt fühlte ich mich wirklich krank. Ich bekam ein Krankenhaus-Nachthemd und einen Klaps auf die Wange. Dann lag ich mit halb geschlossenen Lidern einfach da und ruhte mich aus.
»Mrs. Scotson?«
Im Traum war ich ein weißer Vogel und segelte im Sonnenschein.
Aber dann ließ sich der Vogel auf dem Bett nieder. Ich öffnete die Augen und spürte meinen schweren menschlichen Körper wieder. Auf der anderen Seite des Zimmers entdeckte ich helle Lichter.
Ich wollte so gerne weiterschlafen, aber der Arzt insistierte: »Wachen Sie auf, Mrs. Scotson ...«
»Ja?«
»Es tut mir leid, aber wir haben Probleme mit Ihrer Blutgruppe.«
Das war aufregend genug, um mich vollends zu wecken.
»Wir haben sie nicht vorrätig.«
»Aber ich! Könnten Sie mir nicht *jetzt* ein bißchen Blut abnehmen und mir dann damit eine Transfusion machen, wenn es nötig ist?«
Dieser Vorschlag kam mir sehr klug vor. Ich habe nie begriffen, warum man ihn nicht ernst nahm.
»Mrs. Scotson, wollen Sie nicht lieber über Weihnachten

nach Hause gehen und am siebenundzwanzigsten zur Operation kommen? Bis dahin haben wir Blut von Southampton besorgt.«
Was blieb mir übrig? Ich rief meine Eltern an, und mein Vater holte mich ab. Als wir zu Hause im Wohnzimmer saßen, sagte mein Vater: »Jetzt wird es doch noch ein richtiges Weihnachtsfest.«
»Darf ich dir, als besonderes Geschenk, beibringen, wie man mit Doran *homolaterale Bewegungsmuster* einübt?« fragte ich.
Wir legten eine Matratze auf den Küchentisch. Unter sorgfältiger Beachtung der Anweisungen in dem Buch, das ich immer bei mir trug, lernten meine Eltern, wie man Dorans Arme, Beine und seinen Kopf bewegen mußte, damit er die richtigen Krabbelbewegungen eines Babys ausführte. Dazu waren drei Helfer erforderlich, und die ganze Übung dauerte fünf Minuten. Lili saß auf einem Hocker neben dem Kopf ihres Bruders und sang Weihnachtslieder, während wir Dorans Glieder im Takt bewegten.
»Könntet ihr das viermal am Tag mit ihm machen, solange ich weg bin?«
Sie versprachen, es zu tun. An den Weihnachtstagen waren wir alle sehr ausgelassen, und am siebenundzwanzigsten verdrückte ich mich unauffällig.
Ich hatte bei Dorans Geburt die Unterleibsrasur, die Pethidin-Injektionen und die Kochsalzinfusion vermeiden können. Doch jetzt konnte ich mich gegen diese Maßnahmen nicht wehren. Als die Wirkung der Narkose nachließ, hatte ich keine Ahnung, daß ich einen ganzen Tag geschlafen hatte. Ich betastete vorsichtig meinen Körper. Man hatte mir als zusätzliches Weihnachtsgeschenk einen Katheter gelegt.
Ich unterhielt mich mit meinen Leidensgenossinnen. Sie redeten alle wie ausgebildete Ärztinnen, und wir tauschten unsere medizinischen Erfahrungen aus.

Ich bekam sehr widersprüchliche Ansichten über meine Chancen zu hören, vor Mitte März irgend etwas heben oder tragen zu können, das mehr als ein Kilo wog. Glücklicherweise wurde mein Termin von dem Institut in Amerika erst auf den 25. März angesetzt.
Ein paar Tage danach holten Judy und Michael mich vom Krankenhaus ab. Als ich in die kalte Winterluft hinaustrat, merkte ich, daß ich noch sehr wackelig auf den Beinen war. Zu Hause angekommen, schickten die beiden mich ins Bett, aber ich konnte nicht schlafen, sondern wollte meine Geschichte aufschreiben.
»Judith, denk daran, daß wir nur noch zwei Monate haben, um tausend Pfund aufzutreiben«, sagte ich.
»Okay, wenn du nicht schlafen kannst, dann schreib.«
Wir schickten eine Menge Briefe ab, denen Auszüge aus meinem Manuskript für *Woman's Own* folgten.
Bert organisierte den zweiten Wohltätigkeitsbasar. Fast achtzig Pfund und weitere Spenden kamen zusammen. Ein paar Geschäftsleute von einer karitativen Organisation kamen zum Tee. Judith ordnete Tassen und Untertassen sehr hübsch auf einem Tablett an und räumte die herumliegenden Papiere unter die Stühle. Wir erwarteten ein formelles Gespräch. Die Männer kamen und gerieten sofort in jungenhafte Begeisterung über unser Vorhaben. Sie hätten ihren Tee auch aus angeschlagenen Bechern getrunken, ohne es zu merken. Ohne Umschweife sagten sie: »Wir werden Ihren Flug bezahlen.«
Judith war ausnahmsweise einmal sprachlos.
»Ich könnte Sie umarmen«, sagte ich.
»Dann tun Sie es doch«, antworteten sie und stellten die Tassen ab.
Beim Hinausgehen wandte sich einer von ihnen noch einmal an mich: »Sie haben ein großes Glück. Sie brauchen sich in den nächsten paar Jahren keine Gedanken darüber zu machen, wie Sie Ihr Leben sinnvoll gestalten sollen.«

»Da haben Sie vollkommen recht«, erwiderte ich.
Das nächste finanzielle Problem – die Kosten für die erste Untersuchung – löste Harris Levin, Judiths Vater. Er hatte im Laufe der Zeit immer mehr Informationen zu dem Thema gesammelt. Plötzlich erklärte er, er würde für die erste Untersuchung aufkommen.
Eines Abends klingelte das Telefon, und mein Vater teilte mir mit, daß meine Großtante vor ein paar Stunden an einem Schlaganfall gestorben war. Doran und Lili waren während ihrer letzten bewußten Augenblicke in ihrem Zimmer gewesen. Er sagte, sie habe gelächelt und darum gebeten, ihr blaue Bänder ins Haar zu flechten.
Als Judith heimkam, sagte ich: »Die Geburt ist kein Gewinn, der Tod kein Verlust.«
»Wie bitte?«
»Das ist ein Zitat von Su Wen.«
»So?«
Ich erklärte, was passiert war, und Judith meinte: »Ich habe seit Weihnachten eine Flasche Sekt im Kühlschrank stehen. Wir sollten sie auf Tante Mabel trinken.«
Sie öffnete die Flasche, und wir tranken. »Sie war wie eine gute Fee«, sagte ich. »Ich glaube, sie wird noch eine Weile unter uns sein.«
»Ich möchte dich unbedingt mit einer ungeheuer vitalen Frau bekanntmachen. Sie ist deine Schwester im Geiste. Sie heißt Magda.«
Magda hatte Anthropologie studiert und arbeitete in einer Tagesstätte für geistig behinderte Jugendliche. Sie kam zum Abendessen. Wir unterhielten uns natürlich über das Institut.
»Ich verstehe, was Glenn Doman meint«, sagte Magda. »Ich habe ein paar Heime besucht, in denen die Kinder einfach angezogen, vom Bett auf Sitzsäcke und dann wieder zurück ins Bett gepackt werden. In einem Heim habe ich zwei behinderte junge Männer kennengelernt, die auf einer Farm

gearbeitet hatten. Ich sagte: Das muß wundervoll für euch sein. Nein, antworteten sie, wir fanden es gräßlich. Sie waren auf einer Hühnerfarm gewesen, Linda, und mußten den ganzen Tag nur Hähnchen schlachten!«

»Ganz davon zu schweigen, daß das eine miserabel bezahlte Arbeit ist«, bemerkte Judith.

Nach dem Abendessen faßte Magda den Entschluß, uns auf der Reise in das Institut zu begleiten.

»Also pilgern inzwischen Doran, ein armes, hirngeschädigtes, vaterloses Kind, und seine fünf Frauen – Judith, Linda, Brenda, Magda und Lili – plus der Geist von Tante Mabel nach Philadelphia.«

»Schreib ihnen, er sei Moslem und würde seinen Harem überall hin mitnehmen«, schlug Magda vor.

Im Institut nahm man das rasche Wachstum unserer Familie mit Humor auf. Magda konnte ihr Flugticket mit einer unerwarteten Steuerrückzahlung bezahlen, die exakt die Kosten deckte. Die Fluggesellschaft Freddie Lakers bot Brenda, Lili und mir den Flug zum halben Preis an. Doran sollte einen Freiflug bekommen. Judith kehrte schon etwas früher nach Amerika zurück, um noch ein wenig zu arbeiten. Sie richtete es so ein, daß sie uns am Flughafen abholen konnte, und schlug vor, wir sollten ein paar Tage im Haus ihrer Eltern auf Long Island bleiben.

Dianna war kurz in England und kaufte eines meiner Bilder. Aus privaten Spenden ging weiteres Geld auf unser Konto ein. Judith war so mutig, daß sie für uns in einem Hotel in Chestnut Hill, nur zehn Minuten vom Institut entfernt, Zimmer reservieren ließ. Ein Mitglied der karitativen Organisation bot sich an, uns zum Flugplatz zu bringen. Magda wollte einen Standby-Flug nehmen und uns im Hotel treffen.

Anfang März war ich so weit wiederhergestellt, daß ich auf die Insel Wight fahren und die Zeit bis zum Abflug mit der ganzen Familie zu verbringen konnte. Mit meiner Hilfe

konnten wir achtmal am Tag mit Doran üben. Meine Eltern hatten bereits zwei hingebungsvolle Helfer gefunden. Offenbar waren alle von den Ergebnissen beeindruckt.
Lili und mein Vater holten mich von der Fähre ab. »Doran krabbelt«, verkündete sie.
»Das ist kein Witz«, bestätigte mein Vater. »Er kann zehn Zentimeter weit krabbeln. Du hast zwei reizende Kinder.«
Wir betraten das Haus durch die Küchentür. Doran saß auf dem Schoß meiner Mutter und aß. Einen Augenblick lang betrachtete ich ihn vom Standpunkt einer Außenstehenden. Er war ein recht hübsches Kind, aber seine Augen bewegten sich unkontrolliert. Sein Kopf pendelte von einer Schulter zur anderen. Im Gegensatz zu seinem Charakter zeigte sein Körper sehr wenig Rückgrat.
»Doran!« rief ich liebevoll und beugte mich hinab, um seine Wangen und Ohren zu liebkosen. Ich spürte, daß er mich langsam wiedererkannte. Sein Gedächtnis kämpfte sich rückwärts in die Vergangenheit, und die Zeitlücke schloß sich. Lili nahm meine Hand.
»Mami, ich will dir mein Zimmer zeigen. Nimm Doran mit.«
Die Heimkehr symbolisierte meine physische Genesung. Im Garten blühten die Narzissen, und die Sonne wärmte schon ein bißchen. Wir übten achtmal pro Tag. Doran rollte und robbte durch das Haus. Mein Vater verbrachte mit Doran auf dem Fußboden mehr Zeit als jeder andere.
»Ich mag den Jungen«, sagte er immer. »Ich will mit ihm zum Fischen gehen.«
Bis zu diesem Zeitpunkt hatte ich keine Ahnung davon gehabt, daß mein Vater gerne fischte.
Doran ließ die Übungen, die für das homolaterale Bewegungsmuster nötig waren, schlecht gelaunt über sich ergehen. Sobald die fünf Minuten um waren, deutete er an, er habe große Tapferkeit und viel Geduld bewiesen und verlange, gelobt zu werden. Wir sangen im Chor: »Hoch soll er

leben.« Anschließend wurde er wieder auf den Fußboden gelegt.

Am Tag nach meiner Heimkehr kam ein Fotograf von *Woman's Own*. Er machte eine Unmenge Fotos von uns. Ich wollte, daß er Doran aufnahm, wie er auf dem Boden liegend die Zähne zusammenbiß, wenn er sich ein paar Zentimeter über den Teppich bewegte.

»Das ist nichts für eine HS-Story«, sagte er.

»Eine was?«

»Eine Herz-Schmerz-Geschichte. Was fürs Gemüt.«

»Aber ich versuche, die Geschichte mit Humor zu schreiben. Haben sie das wegredigiert?«

»Nur wenn es allzu lustig wurde. Sie haben die witzigste HS-Story geschrieben, die ich je gelesen habe. Würden Sie jetzt bitte Doran auf die Wange küssen. Nur noch einmal. Ja! Bleiben Sie so!«

Am nächsten Tag kam ein Team vom Regionalfernsehen und zeichnete ein Interview mit mir auf. Doran war sehr stolz, bis er merkte, daß er auf Wunsch des Reporters die meiste Zeit mit dem Gesicht nach unten auf dem Tisch liegen sollte. Er holte tief Luft, lief scharlachrot an und brüllte anhaltend. Das war keine gute Werbung. Glücklicherweise schaltete der Tonassistent das Tonband ab.

Am Abend vor unserer Abreise nach New York holte ein etwas skeptischer Freund einen Fernsehapparat aus dem Keller, und wir besuchten ihn, um uns das Interview anzusehen. Während der Übungen schien Doran zu lächeln. Als der Bericht zu Ende war, kratzte sich mein Freund am Kopf.

»Mich wundert nur eines«, sagte er. »Ich bin nahe daran, dir zu glauben, was du in der Flimmerkiste über diese Klinik in Amerika gesagt hast.«

8

Das Flugzeug rollte auf die Startbahn, und die Triebwerke heulten auf. Ich mußte an Schwäne denken, die mühsam vom Wasser aufsteigen. Die Stewardess bot uns Tee an.
»Das wird Ihnen gut tun«, sagte sie aufmunternd.
Während ich an meinem Tee nippte, dachte ich daran, daß wir nach dem Start sieben Stunden lang in einer sehr beschränkten Welt leben würden. Ich mußte einen Platz finden, wo wir mit Doran üben konnten. Der vordere Teil des Flugzeugs erschien mir geeignet.
Lili löste ihren Sicherheitsgurt.
»Wo sind die anderen Kinder?«
»Wir werden sie suchen«, antwortete ich.
Wir machten uns auf den Weg in Richtung Cockpit. Wenn wir an einer Familie mit Kindern vorbeikamen, blieb ich stehen und bat um Hilfe, bis ich eine ausreichende Zahl von Freiwilligen zusammen hatte. Die Stewardeß breitete ein paar Decken aus, der Copilot schritt gleichmütig über Doran hinweg, und alle Jugendlichen an Bord versammelten sich, um uns zuzuschauen. Andere Passagiere wurden auf uns aufmerksam, weil sie vor der Toilette anstehen mußten. Doran wurde im ganzen Flugzeug so bekannt, daß die Passagiere stehend Beifall klatschten, als ich ihn in New York die Gangway hinuntertrug. Die Zollbeamten behandelten uns wie Aussätzige und fertigten uns schnell ab. In der Halle erwartete uns Judith. Sie nahm Doran auf den Arm und dirigierte uns zum Taxistand.
Im Taxi erklärte sie, ihrem Vater sei eingefallen, wie es zugehe, wenn Kinder im Haus seien. Deshalb habe er sich großzügig erboten, die Hotelzimmer für uns zu bezahlen. Sie habe ein Hotel in Manhattan ausgesucht, damit wir einen Tag Zeit hätten, uns New York anzusehen, bevor wir nach Philadelphia fahren mußten.

Der Taxifahrer machte pessimistische Bemerkungen über das Wetter. »Sieht ganz nach einem Schneesturm aus. Sie können von Glück sagen, wenn Sie am Wochenende überhaupt noch von New York wegkommen.«

»Hört nicht auf ihn«, sagte Judith. »Er übertreibt. Außerdem ist es für Schneestürme schon viel zu spät im Jahr.«

Wir kamen wohlbehalten in unserem Hotel an. Der Geschäftsführer zeigte uns die Zimmer und entschuldigte sich wortreich für die schmutzigen Teppichböden. Der Staubsauger sei kaputt. Wir baten um zusätzliche Leintücher und breiteten sie auf dem Boden aus. Sie bedeckten den gesamten Boden. Jetzt konnten Doran und Lili ungehindert umherrollen und krabbeln. Lili fand neben dem Heizkörper einen Teller mit ein paar kleinen, runden Bonbons. Ich verhinderte im letzten Moment, daß sie die Bonbons aß, und zeigte sie vorsichtshalber dem Geschäftsführer. Er identifizierte sie als Rattengift.

»Sie hätten mir sagen müssen, daß Sie in Begleitung von Kindern kommen«, sagte er.

»In englischen Hotels gibt es normalerweise keine Ratten.«

»Sie sind in Amerika, Lady!«

Als Judith spätabends zum Haus ihrer Eltern nach Long Island fuhr, tanzte Lili immer noch singend im Zimmer herum und baute sich in den Bettdecken Höhlen. Ich hoffte, daß wenigstens Doran schlafen würde. Aber er bekam Zahnschmerzen. Brenda und ich legten uns abwechselnd auf den Boden, schlossen die Augen und steckten uns die Finger in die Ohren. Die Alternative war, von dem Geschrei wie betäubt dazuliegen, während der andere mit Doran auf dem Arm durch das Zimmer tanzte. Das hatte den großen Vorteil, daß Doran von seinen Zahnschmerzen abgelenkt wurde.

Am Morgen tobte ein Schneesturm über New York. Ich suchte den Hotelpagen und bat ihn, in unser Zimmer zu kommen. »Wären Sie so freundlich, einem Baby fünf Minuten lang den Kopf nach links und rechts zu drehen? Ich erkläre Ihnen in der Zwischenzeit, warum.«

Der Page war sehr hilfsbereit und benahm sich, als ob er ungewöhnlichere Bitten gewöhnt sei.

Judith schaffte es, trotz des Schneesturms zu uns zu kommen. »Keine Sorge«, sagte sie, »der Schnee bleibt nicht liegen, jedenfalls nicht lange.«

Als wir zum Empire State Building stapften, hingen in unseren Wimpern Schneeflocken und unter unseren Füßen knirschte der Schnee.

Am Abend gab ich Doran verschiedene Mittel gegen Zahnschmerzen. Doch die erhoffte Wirkung blieb aus.

Am nächsten Morgen kamen Michael und Judith. Sie hatten ein Auto geliehen, um uns nach Philadelphia zu bringen. Während wir in südlicher Richtung über die schnurgeraden Highways fuhren, wurde die Schneedecke immer dünner. Und als Chestnut Hill, ein kleines Dorf am Rande Philadelphias, erstmals ausgeschildert war, lag überhaupt kein Schnee mehr. Das Chestnut Hill Hotel hatte besonders günstige Tarife für Familien, deren Kinder im Institut behandelt wurden. Wir hatten deshalb kein so elegantes Hotel erwartet: Das Portal wurde von Säulen getragen, und durch die Türen schritten die Gäste in Abendgarderobe.

Wir gingen an einem sehr teuer aussehenden Restaurant vorbei zur Rezeption.

»Das muß das falsche Hotel sein«, meinte Brenda. »Hier sind hirngeschädigte Kinder bestimmt unerwünscht.«

Ich starrte auf den Teppich und versuchte mir in dieser Umgebung krabbelnde, robbende und kriechende Kinder vorzustellen. Da fiel mein Blick auf ein Paar nackter, brauner Füße mit lackierten Zehennägeln. Meine Augen glitten über den Saum eines Saris nach oben zu dem Kastenzeichen auf der Stirn der Geschäftsführerin.

»Guten Abend, ich bin Sheila. Darf ich Ihnen Ihre Zimmer zeigen?«

Michael fuhr noch am selben Abend zurück nach Vermont. Er wollte uns am Ende der Woche wieder abholen.
Unser Zimmer war geräumig und hatte ein Bad. Noch bevor wir mit dem Auspacken fertig waren, kam Magda. Wie geplant, übernachteten wir alle zusammen in der Nähe des Instituts.
Die erste Nacht verbrachten Lili, Doran, Brenda und ich in einem Bett. Lili schlief, aber Doran litt weiterhin unter Zahnschmerzen. Um fünf Uhr früh hielt ich es für ratsam, mit ihm ins Foyer hinauszugehen, damit wenigstens die anderen schlafen konnten. Ich hatte in New York ein Spielzeug gekauft, das für das Schlafzimmer zu laut war, also nahm ich es in die Hand und tastete mich an der Wand entlang den Korridor hinunter. Das Licht im Foyer war schummrig. Ein junger Mann lag schläfrig auf dem Sofa und sah fern. Als er mich bemerkte, setzte er sich auf.
»Darf ich Ihnen eine Tasse Kaffee anbieten?«
»Wer sind Sie?«
»Ich helfe nachts hier aus. Möchten Sie Kaffee?«
»Gerne.«
Er goß mir immer wieder nach. Unsere Unterhaltung schien Doran von seinen Schmerzen abzulenken.
»Warten Sie nur, was los ist, wenn die anderen aufgestanden sind«, sagte mein neuer Freund.
»Wer sind die anderen?«
»Die anderen Familien aus dem Institut, die sich hier eingemietet haben. Dieses Haus wird vom Institut geführt.«
»Und das Restaurant?«
»Das gehört nicht zum Hotel. Es ist sehr teuer.«
Gegen halb sieben war das erste Husten und Schreien zu hören. Die erste Tür im Korridor ging auf, und ich hörte, wie eine Stimme mit starkem Liverpooler Akzent rief: »Komm schon, Susan. Verflucht, wie oft muß ich dir das noch sagen?«
Nebenan schrie eine Frau: »André, komm sofort hierher!«

Ein kleines Erdbeben schien das Chestnut Hill Hotel zu erschüttern.
Im Foyer wurden Stühle, Tische und ein Buffet aufgestellt. Sheila trug zum Frühstück Kuchen und Cornflakes auf. Während ich Doran mit seinem gewohnten Ei fütterte, schnitt sich gegenüber von mir am Buffet ein großer, breitschultriger Mann mit einem Bart wie Ernest Hemingway ein Stück Kuchen ab und setzte sich an den Tisch. Seine Frau und sein Sohn gesellten sich kurz darauf zu ihm. Der Junge war etwa vierzehn Jahre alt und sah sehr aufgeweckt und lebhaft aus. Ich wollte nicht glauben, daß er hirngeschädigt sein sollte. Seine Mutter erzählte mir, sie seien aus Kanada hierhergekommen, weil ihr Sohn Schwierigkeiten beim Lesen habe, aber sie hofften auch, daß im Institut etwas für sein Gehör getan werden könnte. Er war taub.
Gegen 8.30 Uhr hatten die meisten Eltern den ersten Termin im Institut. Wir versammelten uns draußen vor dem Hotel und warteten dort auf die Taxis. Schließlich kam unser Taxi, und nach kurzer Zeit bogen wir in die Stenton Avenue ein. Aus einer hohen Steinmauer ragte ein Schild mit der Aufschrift: »Institutes for the Achievement of Human Potential«. Wir fuhren durch das Tor, vorbei an einem anderen Schild: »Langsam fahren! Auf Kinder achten!«, und hielten vor der Tür eines sehr europäisch aussehenden Herrenhauses. In der Halle warteten die Mitarbeiter des Instituts und hießen uns willkommen. Sie empfingen uns mit einer Begeisterung, aus der hervorging, daß sie wußten, welche Mühen es uns gekostet hatte, zu ihnen zu kommen. Wir erhielten Namensschildchen und versammelten uns dann in einem langgezogenen, spätviktorianischen Speisesaal. Ein großes, rothaariges Mädchen kümmerte sich um uns und teilte uns den Tagesablauf mit.
Die anderen siebenundzwanzig Elternpaare saßen da und hatten ihre Kinder auf dem Arm oder an der Hand, je nachdem, wie die Kinder sich bewegen konnten und wie

aktiv sie waren. Die Mitarbeiter des Instituts redeten freundlich mit den Eltern, um ihnen die erste Befangenheit in der fremden Umgebung zu nehmen. Es war offensichtlich, daß sich die Mitarbeiter sehr viel Mühe gaben, uns zu beruhigen und eine angenehme Atmosphäre zu schaffen. Die Stimmung erinnerte eher an einen Tag der offenen Tür im College als an die Einführungsveranstaltung in einer Klinik für kranke Kinder.

Ich war ganz berauscht von der Atmosphäre.

»Willkommen im Institut, Mrs. Scotson. Wie geht es Ihnen? Sie haben eine lange Reise hinter sich.«

»Ich fühle mich großartig, absolut großartig.«

»Ist das Doran?«

»Hallo Doran! Und Lili? Ist das Lili?«

Lili kehrte gerade von einer Entdeckungsreise zurück. Sie hatte sich an verschiedenen Gesprächen beteiligt und begann, das Englisch der Amerikaner zu korrigieren.

Die Kinder wurden systematisch begutachtet. Wir erfuhren, daß das Institut in drei Abteilungen gegliedert war, die jeweils auf die Weiterentwicklung der physischen, physiologischen und intellektuellen Fähigkeiten der Kinder spezialisiert waren. Heute sollten die Kinder in jeder Abteilung untersucht werden. So würde herausgefunden werden, ob sie tatsächlich hirngeschädigt waren oder nicht. Dorans Gutachten war positiv. Ich hatte nicht wirklich daran gezweifelt, aber es war gut, die letzte Hürde vor dem Beginn des vollen Behandlungsprogramms überwunden zu haben. Ich drückte Doran an mich und flüsterte ihm zu: »Wie Churchill schon sagte: *Das ist aber noch nicht das Ende. Es ist nicht einmal der Anfang vom Ende. Es ist aber, vielleicht, das Ende des Anfangs.*«

Wir gingen in Bruce Hagys Büro. Er teilte uns die offiziellen Untersuchungsergebnisse des ersten Tages mit. Mit ausgestreckter Hand kam Bruce auf mich zu: »Gratuliere, Ihr Kind ist hirngeschädigt. Wir können Ihnen helfen.«

»Nirgendwo sonst auf der Welt könnte ich erwarten, daß man mir zu Dorans Zustand gratuliert. Aber wo könnte ich auch Hilfe erhoffen?«
»Richtig«, sagte er lächelnd.
Doran hatte eine nicht genau definierbare Schädigung des Mittelhirns. Die Einzelheiten würden sich erst in den nächsten paar Tagen herausstellen.
Wir hatten noch einen zweiten Termin am frühen Morgen. Die Klinik lag auf dem Grundstück des alten Hauses. Es war ein schlichter Bau, der weit über das abschüssige Waldgelände hinausragte. In der Klinik befand sich ein einziger, mit Teppichen ausgelegter, hoher Raum, von dem kurze Treppen abgingen, die zu seitlich offenen Korridoren mit Behandlungsräumen führten. Im unteren Stockwerk lagen weitere Sprechzimmer. Dort wurden auch die Geräte aufbewahrt. Ein Teil des Hauptraumes war von einem Geländer umgeben. Hier war der Boden mit unterschiedlichen Belägen versehen. Es gab hochflorigen Teppich, Preßspan und Plexiglas. Jeder Belag stellte eine Möglichkeit dar, einem Bewegungsproblem zu begegnen. Einige kleinere Kinder, die sich nur wenig oder gar nicht bewegen konnten, lagen bereits auf dem Boden. Ich streckte mich auf dem hochflorigen Teppich neben Doran aus und schloß die Augen. Lili war immer noch damit beschäftigt, Englischunterricht zu erteilen. An den Wänden entlang standen Stühle und ein paar hohe Tische mit gepolsterten Vinyloberflächen. Zuerst saßen die Väter und Mütter schüchtern und scheu auf den Stühlen herum. Aber nach einiger Zeit legte einer nach dem anderen sein Kind auf den Boden, kniete sich daneben und ermunterte es zum Robben oder Krabbeln. Judith schüttelte mich.
»Doran rollt sich zu diesem kleinen mongoloiden Mädchen. Willst du sehen, wie er flirtet? Sie hat ganz reizende Augen.«
Mühsam versuchte ich, wach zu werden.
Die Mitarbeiter der Institute waren immer zur Stelle, wenn wir sie brauchten, aber sie schafften es dennoch, die Fami-

lien der Reihe nach in ihre Sprechzimmer zu bitten. Alles ging ruhig und geordnet vor sich, obwohl man in einer solchen Situation ein Chaos erwarten könnte.
Wir beschlossen, auf einem der Tische mit Doran zu üben, und fingen fröhlich damit an. Während wir Dorans Gliedmaßen bewegten, sangen wir ein Kinderlied.
Eine dunkelhaarige junge Frau mit rosigem Teint kam auf uns zu. Sie wartete höflich, bis wir fertig waren, und meinte dann: »Es ist schön, daß Sie unsere Tische benützen.« Sie streckte die Hand aus. »Guten Morgen, Mrs. Scotson, ich bin Ihre Betreuerin. Rosalind Klein ist mein Name. Haben Sie heute nacht ein bißchen geschlafen?«
»Nicht viel, aber ich es geht mir sehr gut.«
Sie hob die Augenbrauen und fuhr fort: »Alle Mitarbeiter des Instituts stehen in engem Kontakt zu den Familien, aber wir wollen sicherstellen, daß für jedes Kind eine ganz bestimmte Person unmittelbar verantwortlich ist. Deshalb haben wir ein Betreuersystem entwickelt. Während Sie im Institut sind, werde ich mich um Doran kümmern.«
»Sie sind sehr freundlich. Ich freue mich auf die Zusammenarbeit mit Ihnen.«
»Danke. Würden Sie mir bitte in mein Sprechzimmer folgen, damit ich mir diesen jungen Mann genauer ansehen kann?«
Rosalind war Direktorin in dem »Institut für die Förderung des körperlichen Wachstums«. Wir saßen im Halbkreis, während Doran vorführte, wie schön er robben und sich umherwälzen konnte. Rosalind schüttelte den Kopf: »Doran, ich habe noch nie ein Kind gesehen, das sich so gut wälzen konnte wie du.«
»War das ein Kompliment oder eine kritische Bemerkung?« fragte ich.
»Beides. Er rollt sich wirklich hervorragend hin und her, aber das führt zu nichts. Er wird sich immer nur rollend fortbewegen. Kinder, die sich gut wälzen können, strengen

sich nicht mehr richtig an, um das Krabbeln zu lernen. Krabbeln ist aber sehr wichtig für die neurologische Reorganisation von Doran. Wie weit kann er krabbeln?«
»Fünf Zentimeter.«
»Er muß dreihundert Meter pro Tag krabbeln, sonst wird er ein Kriecher. Diese Bewegungsabläufe stellen beträchtliche Anforderungen an das Mittelhirn.«
»Ein Kriecher?« Ich stellte mir Kriechtiere vor.
»Mrs. Scotson, Doran muß vom Boden wegkommen und richtig auf Händen und Knien krabbeln.«
»Also nicht wie eine Schlange kriechen.«
Rosalind lachte. Sie stellte noch ein paar Fragen, um Dorans neurologisches Alter bestimmen zu können. Wir wurden nicht gedrängt oder zur Eile getrieben. Es war nicht zu befürchten, daß es zu irgendwelchen Mißverständnissen kommen würde. Rosalind entdeckte, daß Doran den kindlichen Babinski-Reflex (die Bewegung der Zehen, wenn man an der Fußsohle entlangstreicht) noch nicht verloren hatte. Ich wunderte mich, als sie einen ihrer Schuhe auszog. Ich nahm an, sie wollte sich entspannten. Aber im nächsten Augenblick schlug sie mit dem Schuh von unten hart gegen den Tisch. Wir alle zuckten heftig zusammen – nur Doran nicht. Er sah eher ein wenig belustigt aus. Rosalind schlug noch einmal gegen den Tisch, und wir zuckten wieder zusammen.
»Was ist los mit dir, Doran? Die anderen haben es gut gemacht. Sie haben recht gute Schreckreflexe.«
»Machen Sie das gern?« fragte Judith.
»Die Leute erschrecken? Das gehört zu meiner Arbeit. Aber folgen Sie mir jetzt bitte alle nach unten. Ich habe noch eine Überraschung für Sie.«
Wir gingen hinter ihr her in einen merkwürdigen Raum. Auf dem Boden lag ein niedriger, rechteckiger Kasten. Rosalind knipste das Licht aus und drückte auf einen Knopf an der Seite des Kastens. Ein Geräusch wie von einer

Luftschutzsirene betäubte uns, und blendende Lichtblitze zuckten durch den Raum. Wir fuhren nicht nur zusammen, wir schrien – nur Doran blieb stumm. Als Rosalind noch einmal auf den Knopf drückte und das normale Licht wieder einschaltete, sah er sehr enttäuscht aus.

»Sie vier zeigen hochentwickelte, lebenswichtige Reaktionen auf bedrohliche Geräusche«, sagte Rosalind. »Doran braucht ein wenig Nachhilfe.«

»Ich glaube, es hat ihm gefallen«, sagte Magda.

»Ich habe einen ganz schönen Schrecken gekriegt«, meinte ich.

»Ja«, lachte Rosalind, »wenn die Kinder wieder gesund sind, müssen wir meistens die Eltern behandeln.«

Wir gingen zurück in das Sprechzimmer, und Rosalind untersuchte Doran weiter. Als sie fertig war, schlug Judith vor, Kaffee trinken zu gehen.

»Ist dir klar«, fragte ich, »daß dies die gründlichste Untersuchung war, der Doran in seinem ganzen Leben unterzogen wurde? Und wir haben erst angefangen.«

»Kannst du dich noch an alles erinnern, was untersucht wurde?« erkundigte sich Judith.

Magda hatte sich Notizen gemacht.

»Visuelle, auditive, taktile und manuelle Fähigkeiten, Babinski-Reflex und Schreckreflex, lebenswichtige Reaktion auf Sprache und bedrohliche Geräusche. All die Probleme hängen mit der Schädigung des Mittelhirns zusammen.«

Obwohl im Institut Wert auf gesunde, vitaminreiche Ernährung gelegt wurde, tranken alle Mitarbeiter reichlich Kaffee. Er war offensichtlich für alle lebenswichtig. Im Speisesaal, wo es den ganzen Tag über Kaffee gab, herrschte Gedränge. Mir fiel auf, wie wohl es tat, anderen Eltern, die eine ähnliche Erfahrung gemacht hatten, zuzunicken und zuzulächeln. Wir beobachteten, wie ein australisches Paar sich die ganze Zeit damit beschäftigte, seinen hyperaktiven Sohn zu bändigen, ohne die gute Laune zu verlieren. Das

Kind war etwa zehn Jahre alt und bewegte sich völlig unberechenbar und blitzschnell. Es war mir ein Rätsel, wie sie den Flug mit ihm überstanden haben. Sie hatten keine Zeit, sich mit irgend jemandem zu unterhalten.
Niemand beschwerte sich, wenn er auf seinen Termin warten mußte, denn es war klar, daß jeder Familie die gebührende Aufmerksamkeit gewidmet werden würde, wenn sie an der Reihe war. Während Lili auf dem Fußboden lag und sich mit den anderen Kindern – gleichgültig ob hirngeschädigt oder gesund – unterhielt, ging ich mit Doran zu Dr. Bob Doman.
»Hier scheint es üblich zu sein, daß Eltern respektiert werden«, sagte ich.
»Wir lernen viel von ihnen. Und zu Hause müssen sie mit den Kindern arbeiten, nicht wir.«
Dr. Bob Doman tastete Dorans Rücken ab. Er war vollkommen in Ordnung. Doran war nie zum Sitzen gezwungen worden, deshalb war weder sein Rückgrat verbogen, noch waren seine Hüftgelenke deformiert.
Bald hatte Dr. Doman seine eigene Akte mit Dorans Daten angelegt. Doran grinste schief.
»Das«, sagte er, »ist ein Mittelhirn-Lächeln. Sie wissen ja, Mittelhirn-Kinder sind verdammt charmant. Ich erinnere mich, daß ich einmal einem Kind geholfen habe, das genauso lächelte. Der Junge ist jetzt Arzt, aber er hat immer noch dieses leicht schiefe Lächeln.«
Bei der letzten Begutachtung vor dem Mittagessen wurde Dorans Atmung überprüft. Ich war überrascht, als ich entdeckte, wie flach und unregelmäßig er atmete. Aber wichtig war nur, daß auch das verändert werden konnte. Eine bessere Atmung würde insgesamt zu einer besseren Koordination seines Körpers führen.
Inzwischen war es Mittag geworden und wir hatten Hunger. Für meinen Geschmack war das Essen hervorragend: schüsselweise Salat, Obst, Joghurt und Hüttenkäse. Der

Anblick von soviel Salat versetzte die Nicht-Vegetarier zunächst in Panik. Doch man war nicht verpflichtet, eine Schüssel rohen Blumenkohl zu essen. Es stand genügend Fleisch und gedünstetes Gemüse zur Auswahl. Die meisten Eltern hatten Schwierigkeiten beim Füttern ihrer Kinder. Einem hirngeschädigten Kind eine kleine Mahlzeit zu füttern, kann einen halben Tag dauern. Und da niemand so viel Zeit hatte, wurden Bananenbrei und Milch allgemein zu Lieblingsspeisen.

Außer den Mitarbeitern und den anderen Eltern begegneten wir im Institut auch Gruppen von jungen Männern und Frauen, die entweder im Trainingsanzug erschienen oder in sehr schicken Blazern, weißen Hemden und schwarzen Hosen oder Röcken. Magda hatte herausgefunden, daß sie Studenten des »Seminars für menschliche Entwicklung« waren, das ebenfalls zu dem Institut gehörte.

»Sie absolvieren zu Hause ein zweijähriges Programm und kommen dann hierher«, erklärte Magda. »Sie haben mir erzählt, wie ihr Alltag aussieht. Sie robben und krabbeln meilenweit.«

»Das wirst du mit Doran auch tun, Linda. Zieh dir schon mal die Knieschützer an«, rief Judith fröhlich.

Wir gingen vom Speisesaal zurück zur Klinik. Die Luft war klar und kalt. Ein paar Leute standen draußen und rauchten. Ein Mädchen von etwa elf oder zwölf Jahren nahm mich bei der Hand und fragte, zu wem ich wolle. »Ich bringe Sie hin«, sagte sie. Dann sah sie Doran. »Wie alt ist er? Wie heißt er?«

»Er ist achtzehn Monate alt und heißt Doran.«

»Ist er hirngeschädigt?«

»Ja.«

»Wie heißt er?«

»Doran.«

Das Mädchen wiederholte unablässig dieselben Fragen, und ich gab jedesmal dieselben Antworten, bis die Frau aus

Liverpool kam und mich fragte, ob ich den Arzt gesehen habe.
»In der letzten Viertelstunde nicht.«
»Das ist Susan«, sagte sie ruhig. »Sie hat einen Anfall.«
Sie ging fort, bevor ich etwas sagen konnte. Ich ging mit Doran weiter zu meinem nächsten Termin. Doran sollte gemessen werden. Alle Einzelheiten wurden genau aufgeschrieben: Größe, Gewicht, Brustumfang, Kopfumfang, Beckenbreite, sogar die Menge Fleisch, die er auf den Knochen hatte. Doran mißfielen die zahlreichen Messungen. Er brüllte wie am Spieß. Als er sicher war, daß niemand mehr etwas von ihm wollte, holte er tief Luft, nahm wieder seine normale Farbe an und lächelte.
»Dieses Lächeln soll bedeuten: ›Nehmen Sie es nicht persönlich, Elaine‹«, sagte ich.
»Freut mich zu hören, Doran.« Elaine Lee schüttelte ihm die Hand. »Ludwina möchte dich jetzt sehen und deine Intelligenz testen.«
Wir wurden in das Zimmer nebenan geführt. Doran freute sich, daß dort keine Meßinstrumente standen. Lili ergriff als erste das Wort.
»Doran kann lesen«, sagte sie.
»Das ist sehr schön, Lili. Hast du es ihm beigebracht?«
Lili nickte. »Aber er kann nicht sprechen.«
»Kann er eine Karte in die Hand nehmen?«
»Nein«, sagte ich, »aber er könnte auf sie zeigen.«
Sie gab mir einen dicken, roten Filzstift und mehrere weiße Karten.
»Schreiben Sie ein paar seiner Lieblingswörter auf.«
Ich fertigte eine Auswahl von Karten an. Ludwina hielt *Mami* und *Doran* in die Höhe.
»Doran, auf welcher Karte steht *Mami*?«
Langsam hob er die Hand und deutete auf die richtige Karte. Ludwina versuchte es dreimal, und jedes Mal erkannte Doran das richtige Wort.

»Prima, Junge«, lobte sie. »Willst du mir auch etwas vorlesen, Lili?« Der Test ging weiter. Ludwina zeigte Doran ein paar neue Wörter und fragte ihn nach ihnen. Er hatte keine Schwierigkeiten, sie zu identifizieren. Er war selbstsicher und charmant.

»Doran erwartet, daß man ihn ernst nimmt«, sagte ich. »Mir ist es hier fast ein wenig unheimlich.«

»Unheimlich? Bei uns im Institut?« fragte Ludwina.

»Ja, wenn ich sehe, wie intensiv Sie sich mit der Hirnverletzung beschäftigen. Normalerweise hört ein Arzt einer Mutter lediglich zu, um sie aufzumuntern, und nicht, damit er etwas erfährt, das dem Kind helfen könnte.«

»Das liegt daran, daß er nicht glaubt, daß es überhaupt eine Möglichkeit gibt, dem Kind zu helfen«, meinte Magda.

»Das stimmt«, bestätigte ich. »Hier ist das ganz anders. Ich muß darauf achten, daß ich genaue Auskünfte über Doran gebe, weil ich weiß, daß die Mitarbeiter wirklich zuhören.«

Als wir zurück ins Hotel kamen, war es schon nach acht. Man hatte uns geraten, früh zu Bett zu gehen. Ein Kurs über »Neurologische Reorganisation und Entwicklung des Menschen«, der eigentlich drei Monate dauerte, mußte in die nächsten zwei Tage gequetscht werden. Wir wurden gebeten, uns warm anzuziehen und uns auf kühle Räume einzustellen. Die Temperaturen sollten niedrig sein, damit wir wach und geistig aufnahmefähig blieben. Eltern aus Florida waren darüber ein wenig beunruhigt, während die Engländer völlig unbeeindruckt blieben. Im Chestnut Hill Hotel wurden die ersten Freundschaften geschlossen. Die Liverpooler verbrüderten sich mit Trinidad und Kanada, und ganze Stapel von Bierdosen zeigten, wie gut sie sich verstanden. Obwohl mich die Unterhaltung und das fröhliche Lachen in Versuchung führten, riet mir die Vernunft, Lili in die Badewanne zu stecken und nach ihr mit Doran auf dem Arm selbst hineinzusteigen. Ich hatte nicht daran gedacht, daß Kinder im Wasser nicht einfach stillsitzen, und ich hatte nicht geahnt, wie sehr sich das amerikanische System von Stöpseln, Hähnen und Duschen vom englischen unterscheidet. Die Badewanne leerte sich mehrmals, während heiße und kalte Fluten auf uns herabstürzten. Als die Kinder schließlich erschöpft waren, steckte ich sie ins Bett und kroch zu ihnen. Draußen im Foyer hörte ich Francis, den Mann aus Liverpool. Er beschrieb seine lange Suche nach Hilfe für seine Tochter Susan, die er über alles liebte. Trotz der Behinderung seines Kindes hatte er seinen derben Humor nicht verloren und hatte immer noch eine große Vorliebe für Anekdoten. Sein Lieblingswort war »verflucht«. Er gab gerade eine Geschichte von einem Heilpraktiker zum besten, der Einläufe mit Kaffee empfohlen hatte: »Also, ich geh zum verflucht besten Kaffeeladen in Liverpool und verlang ein halbes Pfund Kaffee. Da sagt der Verkäufer zu mir: Wollen Sie Mokka oder brasilianischen? Und ich sag: Wo der hinkommt, schmeckt keiner den verfluchten Unterschied!«

Aber bevor er bei der Pointe war, schlief ich ein.

Am nächsten Morgen stand ein Vortrag von Glenn Doman auf dem Programm. Judith nahm die Warnung vor dem kalten Hörsaal ernst. Sie riet uns, wir sollten im Hotel Decken borgen, und Mäntel, Handschuhe und zwei Paar Socken anziehen.

»Ihr werdet mir dafür noch dankbar sein«, murmelte sie unter einem Berg geliehenen Bettzeugs.

Selbst wenn wir in allen Punkten anderer Ansicht sein sollten als Glenn Doman, so schuldeten wir ihm doch Dank dafür, daß er uns respektierte und uns die einzige Alternative zu den traditionellen Behandlungsmethoden für unsere Kinder bot. Wir hatten inzwischen keine falschen Vorstellungen mehr von dem Umfang des Programms und dem Ausmaß an Arbeit, das auf uns zukam. Und allen, denen das noch nicht klar war, raubten die nächsten zwei Tage rasch sämtliche Illusionen.

Glenn war sich bewußt, daß er vor medizinischen Laien sprach, und nicht vor Ärzten. Er hatte ein feines Gefühl für die richtige Wahl der Worte, und wir verstanden ihn durch unsere Erfahrung im Umgang mit hirngeschädigten Kindern.
Er betonte, alles hänge vom Gehirn ab. Fehlschläge bei der Heilung einer Hirnverletzung rührten daher, daß ständig versucht werde, die Symptome zu behandeln und nicht die Ursache. Tote Zellen seien absolut tot. Das Ziel sei, die lebenden Zellen so zu reorganisieren, daß sie die Funktion der toten Zellen übernehmen könnten. Er bezeichnete hirngeschädigte Kinder nicht als krank, sondern nur als verletzt, eine Differenzierung, die wir alle sofort nachvollziehen konnten. Die präzise medizinische Terminologie gehörte nicht zu unserem Wortschatz, aber wir alle hatten unsere Kinder Monate oder Jahre lang genau beobachtet.
Glenn benützte eine einfache Analogie: »Das Hirn wächst – wie der Bizeps – durch Beanspruchung.«
Wenn alle sensorischen Reizwege zum Gehirn angeregt würden, wachse das Gehirn. Fünf Faktoren spielten dabei eine wichtige Rolle. Den Kindern müßten normale Entwicklungsmöglichkeiten zur Verfügung stehen. Das sei unmöglich, wenn sie auf Reiterbänke und in Spezialstühle geschnallt würden. Man müsse ihnen das Entwicklungsschema eines gesunden Kindes aufzwingen und ihre neurologische Organisation verbessern. Es sei wichtig, die Dominanz beim Gebrauch der rechten oder linken Hand festzulegen. Aber am allerwichtigsten sei die Atmung.
Nach fünfzig Minuten ertönte ein Klingelzeichen, und wir konnten hinausgehen und uns erfrischen. Wir waren alle mit großen Aktenordnern und Papier ausgestattet worden und hatten uns fieberhaft Notizen gemacht. Jeder von uns konnte bereits sein eigenes Kind nach den in der Vorlesung genannten Kriterien einigermaßen beurteilen.
»Ich hätte nie gedacht, daß ein Arzt jemals zugeben würde,

daß Mütter mehr über ihre Kinder wissen könnten als die Ärzte«, sagte Magda.
»Wir sind selbst daran schuld«, meinte ich. »Schließlich machen wir unsere Ärzte zu Halbgöttern. Wir sollten ihnen lieber dabei helfen, zum gewöhnlichen Volk herabzusteigen.«
»Linda ist einfach zu sehr in Doran vernarrt, als daß man alle ihre Ideen ernst nehmen könnte«, spottete Judith.
Es klingelte wieder, und wir gingen auf unsere Plätze zurück. Erst in der zweiten Kaffeepause erinnerte ich mich, daß wir vor der Kälte gewarnt worden waren. Auch nach dem Mittagessen waren die Vorträge fesselnd, aber zu diesem Zeitpunkt hatte ich von Judith bereits dankbar eine Decke angenommen.
Während des Abendessens verglichen wir unsere Notizen. Magda schlug ihren Aktenordner auf.
»Wenn ich mir das so durchlese, fällt mir als erstes auf, wie einfach sich die Leute hier ausdrücken.«
»Sie haben es nicht nötig, dich zu verwirren, um ihre Unsicherheit zu verbergen«, sagte Brenda. »Sie wissen, wovon sie reden.«
Magda las vor: »Eine Hirnverletzung bildet eine Barriere zwischen der Umwelt und dem Gehirn. Je schwerer die Verletzung, desto größer die Barriere. Als Grundregel gilt: Je mehr Funktionen die Barriere den Weg versperrt, desto schwerwiegender ist die Schädigung.«
Judith zeigte auf eine Stelle weiter unten auf der Seite. »Das ist eine gute Beschreibung des Verfahrens, das im Institut angewendet wird. Linda wird immer wieder danach gefragt werden.«
»Judith«, sagte ich. »Ich weiß die Antwort bereits: Hirnverletzte Kinder werden mit erhöhter Häufigkeit, Intensität und Dauer visuellen, auditiven und taktilen Reizen ausgesetzt, wobei immer berücksichtigt werden muß, wie das Gehirn normalerweise wächst. Applaus, bitte!«

Mir war klar, daß mir zwar viele Leute aus reiner Gutmütigkeit helfen würden, aber die meisten wollten genau wissen, warum sie es taten. Uns war immer wieder gesagt worden, daß es keine Garantie dafür gebe, daß jedes Kind gesund würde. Im Institut wisse man immer noch nicht genug, aber es werde ständig geforscht. Wir wurden ermutigt, Fragen zu stellen, nachzudenken und unsere eigenen Schlüsse zu ziehen.

Es wurde zehn Uhr, bis wir zurück zur Klinik marschierten und unsere Kinder wieder abholten. Auch die hyperaktiven waren inzwischen anscheinend müde.

Lili kam mir entgegengelaufen: »Mami, Doran hat Hunger. Ich habe ihm Orangensaft gegeben.«

Doran lag auf dem Knie eines Institutmitarbeiters und nuckelte an seiner Flasche.

»Mrs. Scotson, Ihr Sohn hat ja einen unglaublichen Appetit. Wo tut er das nur alles hin?«

»In die Windel, in großen Mengen«, sagte Judith rasch. Wir nahmen Doran mitsamt der Flasche, bedankten uns bei allen und bestellten ein Taxi für den Heimweg zum Hotel. Auf dem Tisch im Foyer türmten sich die Bierdosen. Francis erzählte, wie ihm einmal eine Erdnuß in die Nebenhöhle geraten war.

Am nächsten Morgen erklärte Gretchen Kerr im Hörsaal des Instituts das Entwicklungsschema, von dem die Forscher des Instituts ausgingen. Mit dieser graphischen Darstellung läßt sich das *neurologische* Alter eines Kindes im Vergleich zu seinem *chronologischen* Alter bestimmen. Auf dem Schema konnte man auch erkennen, in welchem Ausmaß ein Kind geschädigt war und welchen Gang seine Heilung nehmen würde. Das Schema bestand in einer Darstellung der kindlichen Entwicklungsschritte. Langsam konnte ich erkennen, wie Dorans Kurve im Vergleich zu einer normalen Entwicklung verlief und welche Leistungen er erbringen mußte, um seinen Rückstand aufzuholen. Als Douglas

Doman, Glenns Sohn, über das Bodenprogramm sprach, betonte er, daß Robben und Krabbeln für das intellektuelle und körperliche Wachstum deshalb so wichtig seien, weil davon die neurologische Organisation abhänge.
Es war Freitag geworden. Wir saßen mit einer Liste von Terminen in der Hand in der Klinik und warteten. Dorans Tagesablauf war ganz genau geregelt. Zuerst mußten wir in Rosalinds Sprechzimmer, um das Anfänger-Bodenprogramm zu lernen.
Rosalind reichte uns Blätter mit Anweisungen und sagte: »Doran muß Tag und Nacht auf dem Fußboden verbringen, und alle Besucher müssen den Regeln des Bodens gehorchen. In jedem Augenblick, den Doran bäuchlings auf dem Boden zubringt, hat er Gelegenheit, sich zu bewegen. Das ist die beste Voraussetzung, daß er gesund wird. Er muß einfach immer auf dem Boden liegen. Ausnahmen werden nur zur Belohnung oder aus Gründen der Geselligkeit beim Essen gestattet. Und natürlich, wenn er zur Toilette muß.«
»Ich lebe bereits auf dem Fußboden«, sagte ich. »Es ist für mich natürlicher, auf dem Boden zu sitzen als auf Stühlen.«
»Gut. Das wichtigste Verbot für Doran lautet: Er darf sich nicht wälzen. Er soll krabbeln.«
»Wie soll ich ihn davon abhalten?«
»Weil der junge Mann ein solcher Experte im Wälzen ist, muß er eine Anti-Wälz-Weste tragen.«
Sie zog ein großes Aluminiumkreuz hervor, das an einer Baumwollweste befestigt war. Es wurde so angelegt, daß die Speichen den Boden berührten, wenn das Kind sich auf die Seite drehen wollte. Auf diese Weise hinderte die Apparatur das Kind daran, sich zu wälzen. Doran betrachtete die Erfindung interessiert. »Wenn er seine Energie erst einmal aufs Robben und Krabbeln verwendet«, sagte ich, »wird er großartige Fortschritte machen.«
»Das ist gut, denn wir haben das Ziel weit gesteckt. Er muß in der Lage sein, am Tag dreihundert Meter zu krabbeln.«

»Wo soll sie in ihrem Häuschen denn eine Strecke von dreihundert Metern finden?« meinte Judith.
»Er wird im Kreis robben«, erwiderte ich.
»Das geht auch«, sagte Rosalind, »solange ihm nicht schwindlig wird und er mit dem Tisch zusammenstößt. In *der* Zeit, die er in der Bauchlage auf dem Boden verbringt, hat Doran die beste Chance, gesund zu werden; deshalb wird er auch in Bauchlage auf dem Fußboden schlafen.«
»Ich verstehe, und zwar so, daß der Kopf nicht zur Wand zeigt, damit er auch im Schlaf krabbeln kann.«
»Und wenn er sich nachts wälzen will?« fragte Judith.
»Das wird ihm nicht gelingen«, antwortete Rosalind. »Doran wird in seiner Anti-Wälz-Weste schlafen.«
Gewöhnlich schlief Doran in meiner Armbeuge. »Das wird eine Umstellung für ihn sein«, meinte ich, »aber das bereitet mir keine Sorge.«
Judith sah mich zweifelnd an. »Brenda wird euch mit Gewalt auseinanderzerren müssen und dann ein Schwert zwischen euch legen.«
»Nichts da«, sagte ich. »Wir haben eine neue Art zu leben gesucht. Jetzt haben wir sie gefunden, und ich bin sehr froh darüber.«
Ich spürte, daß Rosalind mir glaubte. Sie sah mich an: »Noch Fragen?«
»Hierzu nicht.«
Wir besprachen die Übungen des Bodenprogramms. Schließlich sagte Rosalind: »Jetzt muß ich Ihnen noch etwas sagen, was Sie vielleicht bereits wissen. Gehen Sie mit Freude an die Übungen! Ihre Einstellung zu den Übungen wirkt sich stark auf Dorans Einstellung dazu aus.«
»Linda wird Orgien feiern«, bemerkte Judith.
Rosalind lächelte und reichte uns zum Abschied die Hand.
Wir hatten uns angewöhnt, die Zeit zwischen den Terminen zu nützen und mit Doran zu arbeiten. Nachdem uns offiziell beigebracht worden war, wie man mit einem Kind Bewe-

gungsmuster einübt, hatten wir schon große Fortschritte gemacht. Wir lernten, Dorans Finger auseinanderzudrükken und seine geöffneten Handflächen über den Tisch gleiten zu lassen. Immer wieder wurde betont, wie wichtig die taktilen Informationen seien. Die Anzahl der Übungen pro Tag wurde von acht auf fünfzehn erhöht.

Als wir mittags die Klinik verließen, meinte Judith: »Du wirst viel organisieren und koordinieren müssen. Das wird dir nicht leicht fallen.«

»Schau, dieses Programm hat eine feste Struktur. Und diese Struktur schafft Ordnung in meinem Chaos. Wenn ich erst einmal alle Übungen kenne, wird mein Leben sogar einfacher werden.«

»Aber eine geordnete Struktur war bisher nicht gerade ein Kennzeichen deines Lebens«, zweifelte Judith.

»Doch, mein ganzes Leben hat eine Struktur gehabt. Vielleicht verstehst du das nicht, aber es ist wie in der Malerei. Jeder kleine Teil eines Bildes hängt von jedem anderen kleinen Teil ab, aber wenn man das Ganze ansieht, bemerkt man es nicht.«

Judith wies darauf hin, daß als nächstes »Ernährungslehre« auf unserem Stundenplan stehe und daß wir zu Mittag essen sollten, wenn wir nicht hungrig einem Vortrag über gesunde Ernährung lauschen wollten.

Die Vorlesung brachte für mich nicht viel Neues. Wir aßen nie Zucker oder stark gesüßte Lebensmittel, und von Vitaminen war ich ohnehin sehr begeistert. Salz ersetzte ich seit langem durch Knoblauch und Seetangasche. Ich hoffte nur, daß meine Freunde sich an den gesundheitsfördernden Eigenschaften dieser Gewürze erfreuen und den beißenden Geruch und die kräftigen Ausdünstungen von faulendem Seetang entschuldigen würden.

Inzwischen nahm der blaue Aktenordner, den ich vor der Vorlesung bekommen hatte, an Gewicht und Umfang zu. Die Eltern um uns herum waren gewiß ebenso übermüdet

und überanstrengt wie wir, aber sie sahen alle sehr fröhlich aus.
Zwischen den nächsten drei Terminen hatten wir ziemlich lange Pausen. Auf dem Programm standen Unterricht im Gebrauch der Atemmaske, Intelligenzförderung und das Abschlußgespräch. Mit der Atemmaske konnte die Tiefenatmung eines Kindes verbessert und so der Sauerstoffgehalt seines Blutes erhöht werden. Außerdem wurden dem Hirn wichtige Informationen über die Tiefenatmung vermittelt. In einer stickigen Atmosphäre mit einem hohen Gehalt an Kohlendioxid atmen sogar hirngeschädigte Kinder automatisch tiefer ein, um einen Ausgleich zu schaffen. Kohlendioxid weitet die Blutgefäße und verbessert so die Sauerstoffversorgung des Gehirns. Doran sollte sechzigmal am Tag eine Minute lang eine kleine Plastikmaske mit einem Schlauch tragen, durch den nur wenig Luft in seinen Mund und in die Nase gelangen konnte.
Die Vorschriften für die Anwendung dieser Maske waren natürlich sehr streng. Trotzdem konnte ich mir schmunzelnd vorstellen, was es bedeutet, sechzig einminütige Atemübungen in einem Tag unterbringen zu müssen. Ich würde einen Wecker brauchen, der ständig auf Intervalle von sieben Minuten gestellt war. Ich sah schon vor mir, wie ich jedesmal, wenn der Wecker klingelte, über Stühle, Spielzeug und Lili fiel, um zu Doran zu kommen. Dann wurden die Masken ausgegeben und jeder bekam einen aufmunternden Händedruck.
In dem Intelligenzprogramm für Doran waren neue Leseübungen vorgesehen. Ich schrieb mir die Zahlenangaben auf. Ein- bis zweimal am Tag sollte ich ihm fünfzig Wörter, in zehn Gruppen zu je fünf Wörtern unterteilt, in zehn oder zwanzig fünfminütigen Sitzungen beibringen.
»Wenn ich aus Amerika zurück bin«, sagte Magda, »werde ich dir jedes Wochenende neue Lesekarten vorbeibringen.«
Doran betrachtete sehnsüchtig den Stapel heller Demon-

strationskarten. Ludwina reichte ihm eine Karte als Geschenk. Darauf stand in großen roten Buchstaben das Wort »Astronaut«.
»Er ist wirklich klug«, sagte sie. »Das Intelligenzprogramm zwingt ihn dazu, sich zu bewegen. Es wird sein bester Freund sein. Haben Sie noch Fragen?«
Ich hatte keine Fragen mehr. Alles, was man uns beigebracht hatte, paßte in ein genau vorgezeichnetes Raster, und ich war voller Eifer, das Gelernte in die Tat umzusetzen.
Vor dem Abschlußgespräch aßen wir zu Abend und tranken danach, weil es schon spät war, viele Tassen Kaffee. Lili und Doran spürten das nahe Ende der Aufregung. Sie entspannten sich und schliefen beide ein.
Der Termin mit Bruce Haigey rückte näher. Er wollte noch einmal mit uns sprechen, um sicherzugehen, daß er unser Engagement auch richtig eingeschätzt hatte. Auf dem Weg zu seinem Sprechzimmer überfiel mich ein merkwürdiges Gefühl. Ich wußte, daß dies die letzten Augenblicke der Unabhängigkeit waren, bevor die wirkliche Arbeit begann. Brenda und Judith trugen meine schlafenden Kinder in das Zimmer. Wir saßen nebeneinander und warteten auf Bruce Haigey. Er kam herein und hatte uns kaum die Hand gegeben, da klingelte das Telefon. Trotz der späten Stunde herrschte in der Klinik noch reger Betrieb. Er entschuldigte sich und eilte zu einem anderen Fall.
Als er wieder zurück war und sich gerade setzen wollte, rief ihn jemand von der Tür aus. Erst der dritte Versuch, mit uns zu sprechen, gelang. Mir schien, als kämen seine Worte von weit her, und meine Augenlider wurden schwer, als würde ich hypnotisiert. Ich öffnete mühsam die Augen und sah Bruce doppelt. Judith schüttelte mich.
»Tut mir leid«, gähnte ich. »Ich glaube, ich schlafe schon.«
Bruce schlug mir vor, an die frische Luft zu gehen und eine Tasse Kaffee zu trinken. Es kostete mich einige Anstrengung, aufzustehen und mich auf den Weg in den Speisesaal

zu machen. Als ich durch den Garten ging und die Stufen zu dem alten Gebäude hinaufstieg, sah ich andere Eltern, die bereits reisefertig waren.
»Bis Anfang Juni! Alles Gute!« riefen sie mir zu.
Ich versuchte, mir das Institutsgelände im Sommer vorzustellen. Während ich den Kaffee trank, berauschte ich mich an der Vorstellung, daß Doran dreihundert, ja sogar nur drei Meter weit krabbelte. Ich lief zurück ins Sprechzimmer.
Bruce schien nicht im mindesten befremdet. Er wollte, daß ich ganz wach war, wenn er mir dazu gratulierte, wie ich das Arbeitspensum der Woche bewältigt hatte. Eine solche Abschiedszeremonie hatte ich nicht erwartet.
»Sie sind so nett zu mir, und ich schlafe vor Ihren Augen ein.«
»Ich rate Ihnen, gehen Sie nach Hause und ruhen Sie sich dort zuerst einmal eine Woche lang aus.«
»Das würde ich gerne tun, wenn ich Doran dazu bringen könnte, daß auch er auf Ihren Rat hört.«
Doran sah vollkommen friedlich aus. Es war schwer, sich vorzustellen, wieviel Energie tatsächlich in ihm steckte.
»Wir möchten, daß Sie sich entspannen und wieder ihren gewohnten Lebensrhythmus finden, bevor Sie sich entscheiden, ob Sie unser Behandlungsprogramm mit Doran durchführen.«
»Ich weiß, warum Sie wollen, daß ich warte. Aber ich habe die Entscheidung innerlich bereits getroffen.
»Das stimmt«, meinte Judith. »Sie wird es machen.«
Bruce muß gemerkt haben, daß hinter unserer Euphorie echtes Engagement steckte. Er wiederholte seine Worte nicht.
»Wir sehen uns dann wieder im Juni«, sagte ich.
Er stand auf und gab uns die Hand.
»Wir freuen uns darauf, Sie wiederzusehen. Bis dahin wird Doran prima krabbeln.«
»Dreihundert Meter«, gab ich zurück, »mit Leichtigkeit.«

9

Judith und Michael brachten uns zum Kennedy-Airport und wünschten uns eine gute Reise. Magda war bereits in den Norden der USA gefahren, um Verwandte zu besuchen.
Beide Kinder schliefen bald nach dem Start ein. Brenda verkündete, sie habe die Absicht, bis nach dem Abendessen wach zu bleiben. Ich konnte weder essen noch schlafen. Doran war in einer Phase, in der jeder Tag zählte, und der nächste Termin war schon in drei Monaten. Ich kam mir vor wie ein Regisseur, der zwar eine vorzügliche Textvorlage hat, aber Tausende von Schauspielern braucht, um das Stück realisieren zu können. Ich fragte mich, wie viele Leute Bert in England gefunden haben mochte, die mir helfen würden, mit Doran die Bewegungsmuster einzuüben. Jedesmal, wenn ich die Augen schloß, meinte ich, aufstehen und etwas tun zu müssen. Lili hatte sich auf dem Sitz neben mir zusammengerollt, während Doran in Decken gehüllt zu meinen Füßen lag. Er nuckelte immer noch an seinem Schnuller, als wir am Sonntagmorgen auf der Landebahn aufsetzten. Bert holte uns am Flughafen ab. Sie hatte einen Reporter und einen Fotografen mitgebracht.
»Du brauchst Hilfe, Linda, und du brauchst die Anteilnahme der Öffentlichkeit. Eine Pressenotiz kann dir nur nützen.«
Weil Doran immer noch in meinem Arm schlief und nicht in der Lage war, ein Interview zu geben, sagte ich: »Ich habe in Philadelphia eine der positivsten Erfahrungen meines Lebens gemacht. Aber jetzt brauche ich Leute, die mir helfen.«
Auf dem Heimweg erzählte mir Bert, daß sich nur zögernd Hilfswillige meldeten.
»Wie viele?«
»Hör zu, ich rede nicht von deinen besten Freunden. Die werden dir alle helfen. Das Problem ist nur, daß die meisten von uns arbeiten oder weit weg wohnen.«

»Ich weiß. Wie viele also?«
»Bis jetzt haben wir einen Telefonanruf bekommen.«
»Einen!«
»Von einer Frau namens Judy Blowe. Sie hat bei unserem letzten Wohltätigkeitsbasar mitgeholfen. Sie ist ein Organisationstalent und hat schon viel von dem Institut gehört. Wir haben die Gemeindehalle gemietet. Du kannst einen Vortrag halten und zur Demonstration eine Übung mit Doran vorführen. Hoffentlich kommen viele Leute.«
»Wann soll ich den Vortrag halten?«
»Nächste Woche. Ich finde, daß du ein bißchen Zeit brauchst, um dich zu erholen.«
»Ja und nein. Ich muß anfangen. Untätigkeit macht mich krank.«
Wir packten rasch unsere Sachen aus. Dann rief ich alle Bekannten an, die mit Doran Bewegungsübungen machen konnten. Die meisten wollten einmal oder zweimal kommen. Mehr konnten sie nicht für mich tun tun. Schließlich wandte ich mich an Sue Bittleston und Jaya Graves, zwei Freundinnen von mir. Sie wohnten zusammen mit jungen Leuten in einem großen Haus, das in einzelne Mietwohnungen aufgeteilt war. Die jungen Leute studierten am Rudolf-Steiner-College in der Forest Row oder hatten Kinder auf der Waldorfschule.
Sue und Jaya erklärten sich dazu bereit, für jeden Tag ein paar Teams zu organisieren und zu koordinieren. In der Zwischenzeit sollten die Bewohner des Hauses einspringen, wenn sie zwischen den Vorlesungen, oder nachdem sie ihre Kinder in die Schule gebracht oder abgeholt hatten, ein bißchen Zeit hätten.
Die Aussichten waren gar nicht so schlecht, aber als Bert gegangen war und die Kinder im Bett lagen, spürte ich, daß Brenda unruhig wurde.
»Es hat keinen Zweck«, sagte sie. »Ich brauche eine andere Arbeit. Eine Arbeit, bei der ich unabhängiger bin. Ich finde

es wundervoll, was du für Doran tust, aber ich kann nicht ewig hierbleiben und dir dabei helfen. Ich weiß, daß es nicht gutgehen würde.«

»Aber ich brauche dich.«

»Nur so lange, bis du genügend Leute gefunden hast, die dir helfen. Ich werde in der Gegend bleiben, aber ich brauche meine eigene Arbeit.«

Ich verstand sie, weil ich wußte, wie wichtig es war, etwas Eigenes zu haben. Ich befand mich jetzt in einer neuen Lage: Ich mußte stark genug sein, um die Abhängigkeit sowohl von Freunden als auch von Fremden zu ertragen.

Am nächsten Morgen stand ich sehr früh auf. Ich hatte ein intensives Gefühl von Verantwortung. Die Kinder schliefen noch. Sie litten unter der Zeitverschiebung. Ich fing an, nach den restlichen Linoleumstücken zu suchen, die, soweit ich mich erinnerte, beim Belegen des Badezimmerfußbodens übrig geblieben waren. Doran würde es leichter haben, wenn er sein Pensum von dreihundert Metern auf einer glatten Oberfläche zurücklegen konnte. Ich schob das Sofa auf die andere Seite des Zimmers. Der Lärm weckte Brenda, und sie kam herunter.

»Meine Güte, was machst du denn da? Können wir nicht ein einziges Mal in Ruhe ausschlafen?«

»Ich muß anfangen.«

»Hat man dir im Institut nicht gesagt, du sollst noch eine Woche warten?«

»Ja, aber sie wollten bestimmt nicht, daß ich vor lauter Warten wahnsinnig werde. Ich vibriere vor Energie. Ich werde mich ausruhen, wenn Doran gesund ist.«

Von oben drang ein Schrei zu uns. »Mami, Doran ist wach«, rief Lili.

Brenda nahm meine Hand. »Geh du zu ihnen, Linda. Ich mache hier weiter.«

Nach dem Frühstück hatte Brenda bereits das Linoleum gelegt und das ganze Haus vermessen. Sie schrieb die Länge

jedes Raumes in großen roten Zahlen auf ein Blatt Papier und hängte es an die Wand.
»Vormittags werde ich dir helfen«, sagte sie, »aber nach dem Mittagessen werde ich mit der Arbeitssuche beginnen.«
Wir verhinderten abwechselnd, daß Doran sich wälzte anstatt zu krabbeln. Dabei entdeckten wir, daß wir ihm die Atemmaske am besten anlegen konnten, wenn wir ihn bäuchlings auf den Fußboden drückten, so daß er sich nicht wehren konnte. Ich stellte die Zeitschaltuhr am Herd auf Intervalle von sieben Minuten. Es war Doran sehr unangenehm, in so kurzen Abständen durch einen Plastikbeutel vor der Nase vom Krabbeln abgelenkt zu werden. Aber für mich war es noch viel unangenehmer, denn jedesmal, wenn ich aufstehen und etwas tun wollte, rief mich der Summer zurück zur Atemmaske.
Von meinen Vortrag in der Gemeindehalle versprach ich mir sehr viel. In den Zeitungen erschienen Artikel über Doran und über das Institut. Wir meinten deshalb, mit gewaltigem Andrang rechnen zu dürfen, doch die Halle blieb fast leer. Außer Judy und Bert, die zusammen mit einer kleinen Gruppe der karitativen Organisation »Die Löwen« kamen, waren nur noch ein oder zwei Zuhörer da, die ich nicht kannte.
Ich sprach über Dorans Bodenprogramm, während Doran warm verpackt vor mir auf dem kalten Linoleumfußboden lag. Als ich meinen Vortrag beendet hatte, führten Brenda, Bert und ich mit ihm auf einem unbequem niedrigen Tisch die Bewegungsübungen vor. Eine Frau in der ersten Reihe fragte, ob die Übungen Doran sehr anstrengen würden.
»Ein normales Kind in diesem Alter würde das ganze Haus auf den Kopf stellen. Doran kann sich nicht genug bewegen, um müde zu werden. Der Bewegungsmangel ist ein Grund, warum er so schlecht schläft.«
Zu meiner Überraschung nickte sie. »Ich verstehe. Er hat sich auch während Ihres Vortrags kaum bewegt. Meinen

kleinen Sohn kann ich nur mit größter Mühe einen Augenblick lang ruhig halten.«
Nach unserer Vorführung, kam die junge Frau auf mich zu. Sie hatte ein sehr hübsches, ernstes Gesicht. Sie trug eine Strickmütze, die sie sich tief über die Ohren gezogen hatte.
»Ich heiße Kirsteen Whitby«, sagte sie. »Ich finde es fantastisch, was Sie da tun, und ich werde Ihnen helfen. Außerdem will ich versuchen, so viele Leute wie möglich zu finden, die sich die Sache einmal ansehen wollen. Vielleicht bekommen Sie auf diesem Weg noch ein paar Hilfswillige zusammen.«
Bert und Judy plauderten noch mit ein paar von den »Löwen«. Bert rief mir begeistert zu: »Sie sind aus Uckfield, Linda, und sie möchten Donnerstag abend ein Team zu dir schicken.«
Meine Lage sah so hoffnungsvoll aus, daß ich den Mut fand, mich auch an unser Gemeindeblatt zu wenden. Als ich dort anrief, sagte der Redakteur ohne Umschweife: »Ich werde für Sie alle Managertypen in der ganzen Gemeinde auftreiben. Die Leute, die viel Zeit haben, sind immer zu beschäftigt. Wann möchten Sie anfangen?«
»Am Montag.«
Brenda fand Arbeit in einer Gärtnerei und beschloß, ein paar Tage in der Woche bei einer Freundin zu leben, die nicht so weit von ihrer Arbeitsstelle entfernt wohnte wie ich. Ich hatte inzwischen einen vorläufigen Wochenplan für die Teams aufgestellt und vertraute darauf, daß Sue und Jaya Freunde schicken würden, mit denen ich die Lücken füllen könnte.
Am Sonntagabend räumte Brenda für mich auf und fegte alle Zimmer. Am nächsten Morgen traf ein Stapel Lesekarten von Magda ein und eine kurze Notiz, in der sie mitteilte, daß sie am nächsten Wochenende zurückkommen würde. Als Brenda zur Arbeit ging, lag Doran bereits auf dem

Fußboden. Er sah zu, wie Lili für ihn Bauklötze aufeinandertürmte, und ich setzte ihm regelmäßig die Atemmaske auf.

Ich war ganz ruhig, denn ich wußte, daß ich genügend Hilfswillige gefunden hatte: Von diesem Montagmorgen an bis zu dem Tag, an dem wir wieder im Institut wären, würden wir fünfzehnmal am Tag mit Doran die Bewegungsübungen machen.

Um zehn Uhr kamen zwei Frauen vom Kirchenchor. Sie waren freundlich und lernwillig. Der Vormittag verlief wie geplant. Lili erklärte den beiden Frauen jedes Detail, von dem sie befürchtete, daß ich es vielleicht vergessen haben könnte. Doran wartete geduldig, bis wir den richtigen Rhythmus gefunden hatten, um seine Gliedmaßen koordiniert zu bewegen. Ich hatte keine Ahnung, wer am Nachmittag kommen würde.

Um drei kam Kirsteen. Sie hatte eine Mitfahrgelegenheit gefunden und brachte vier andere Helfer mit. Meine Gäste hatten Kinder. Wir übten mit Doran, daß um uns herum Spielzeug und Bücher von den Regalen fielen. Wir bearbeiteten ihn gerade laut singend, als unangemeldet ein Fotograf erschien. Zu unserem Erstaunen wußte er nicht, wen oder was er fotografieren sollte. Er zog ein zerknülltes Stück Papier aus der Tasche.

»Tun Sie, was Sie wollen«, sagte ich, »aber stören Sie den Ablauf hier nicht.«

Ich legte Doran auf das Linoleum, setzte ihm die Maske auf und feuerte ihn an zu krabbeln. Das Chaos im Haus motivierte ihn, und er mühte sich ab, immer dorthin zu krabbeln, wo es am lautesten zuging.

»Er ist süß«, sagte Kirsteen. »Die Leute sind einfach blöd, Linda. Als ich eine Frau einlud mitzukommen, sagte sie: ›Wenn die Mutter des kleinen Jungen nicht immer betonen würde, daß er hirngeschädigt ist, würde sie mehr Hilfe bekommen.‹«

»Na, wenn ein Hirnschaden nicht ausreicht, um der Hilfe für wert befunden zu werden, weiß ich auch nicht.«
»Sie fürchtete sich vor Dorans Anblick. Sie dachte, ihm laufe das Gehirn aus den Ohren.«
Doran nahm die gesamte Zeit in Anspruch, die meine neuen Freunde aufbringen konnten. Deshalb verlangte ich nicht, daß sie auch noch das Spielzeug aufräumen sollten. Wenn ich Doran die Atemmaske abgenommen hatte, blieben mir sieben Minuten Zeit, bis ich ihm die Maske wieder anlegen mußte. Diese Zeitspanne nutzte ich, um aufzuräumen.
Der Küchentisch war zwar von der Größe her ideal für die Übungen, aber wenn man sich fünfzehnmal am Tag über ihn gebeugt hatte, erwies er sich als ein wenig zu niedrig. Ich bat um ein paar Holzklötze, die ich unterlegen konnte.
Jede Minute meines Tages war ausgefüllt. Während ich den Helfern erklärte, was sie tun mußten, zeigte ich Doran die Lesekarten vor, ohne sie durcheinanderzubringen, setzte ihm die Maske auf, verabreichte ihm seine Vitaminpräparate, um den Katarrh auszutrocknen, und kochte Tee.
Ich duldete keine Zweifel an dem, was ich tat. Wenn ich gefragt wurde: »Kostet das nicht eine Menge Zeit?«, entgegnete ich barsch: »Wundert Sie das?«
Am Abend kamen Diana Phillips, die Besitzerin des Vollwertkost-Ladens in unserem Dorf, und ihre Freundin zu Besuch.
»Es wurde auch langsam Zeit, daß es in unserem Dorf eine gute Sache gibt, die man unterstützen kann«, sagte Diana. »Vielleicht rüttelt das die Leute ein bißchen auf.«
Sie war eine resolute, intelligente Frau Ende Fünfzig. Manche Leute fürchteten sich ein wenig vor ihr, weil sie immer sagte, was sie dachte. Doran liebte sie. Nach der fünfzehnten Sitzung an diesem Tag schüttelten wir uns die Hand.
»Wir haben es geschafft«, sagte ich. »Für heute ist Schluß.«
»Und morgen geht es weiter«, ergänzte Diana und hob ihr Teeglas: »Auf daß es noch viele solche Tage gebe!«

Ich ließ Doran bis etwa zehn Uhr abends auf dem Boden krabbeln. Dann schien er müde zu werden, und ich bettete ihn auf die Matratze neben meinem Bett. Ich steckte ihm den Schnuller in den Mund und wünschte ihm eine gute Nacht und gutes Krabbeln. Lili schlief bereits auf meinem Kopfkissen. Ihr hatte der Tag sehr gut gefallen. Sie fand es einfach wunderbar, viel Besuch zu bekommen. In dieser Hinsicht sollte sie in den nächsten Wochen nicht zu kurz kommen.

Jeden Morgen um zehn Uhr kamen zwei oder drei Hilfswillige mit oder ohne Kinder und machten sich an die Arbeit. Doran fügte sich so mancher ungeschulten Hand. Ich wußte nicht, was er von dem täglichen Programm hielt. Wir waren fröhlich und manchmal sogar ausgelassen. Singend bewegten wir seine Arme und Beine, auch wenn Doran protestierte. Bis einmal eine meiner neuen Freundinnen sagte: »Eigentlich schreit er gar nicht, sondern er singt mit. Hör zu!« Das Geräusch, das Doran von sich gab, hatte deutlich den Rhythmus von »Ten Green Bottles«.

Nach fünf Tagen konnte Doran schon viel weiter krabbeln. Er robbte mit bloßen Knien, Füßen und Ellbogen, um das Maximum an taktiler Information zu bekommen; deshalb wurde er auch erheblich schmutziger als früher. Es genügte nicht, daß ich den Fußboden jeden Abend absaugte. Ich mußte ihn naß wischen und benützte dabei ein scharfes Reinigungsmittel.

Am Samstagvormittag kam Magda und brachte ein Anti-Wälz-Gerät aus Aluminium mit, das sie an einer hübschen kastanienbraunen Weste befestigt hatte. Doran kam gerade noch durch die Küchentür, wenn er die Weste trug. Das Gerät sah aus wie eine Schildkröte mit überdimensionalen Beinen.

Als wir Doran die Weste angelegt hatten, konnte er sich nicht mehr wälzen. Doch statt enttäuscht zu schmollen, verwandte er einfach mehr Energie darauf, zu krabbeln.

»Wir sollten unsere Grundsätze veröffentlichen«, schlug Magda vor. Sie schrieb mit Filzstift in großen Buchstaben mehrere Merksprüche auf ein Blatt Papier und hängte es an die Wand. Zuoberst stand der Befehl *Sei fröhlich*! Dann kam das Motto *Übung ist der Weg zu einer besseren Motorik*, und zuletzt natürlich *Der Feind des hirnverletzten Kindes ist die Zeit*. Danach setzte sie sich hin und schrieb mit einer Schablone noch ein paar Lesekarten.

Mein neuer Lebensstil wirkte auf andere Menschen anscheinend sehr exzentrisch. Als meine alte Freundin, Lehrerin an der Dorfschule, mich am Samstagnachmittag besuchte, meinte sie, ich würde in einem Elfenbeinturm leben: »Linda, liest du überhaupt Zeitung oder hörst die Nachrichten im Radio?«

»Nein.«

»Es ist schrecklich, was alles passiert. Was würdest du machen, wenn ein Krieg ausbricht?«

»Ich habe keine Zeit, mir darüber Gedanken zu machen.«

»Aber meinst du nicht, daß du das tun solltest?«

»Ich glaube, daß jede gute Tat uns vom Rande des Abgrunds zurückzieht. Ich möchte Doran gesund machen. Mehr habe ich nicht zu bieten.«

»Trotzdem bin ich der Ansicht, daß ich ein Tagebuch über die wichtigsten Ereignisse führen sollte. Das kann ich dir vorlesen, während wir mit Doran arbeiten.«

Magda übernachtete bei uns. Sie hatte zwei Mahlzeiten mit Unterbrechungen erlebt, bei denen ich nacheinander jedem seinen Teller gereicht hatte und alle sieben Minuten aufgesprungen war, um Doran die Atemmaske anzulegen. Deshalb bot Magda am Sonntagmorgen an, zum Mittagessen Nußbratlinge zuzubereiten.

»Und wie willst du die Nüsse mahlen?«

»Mit der Küchenmaschine. Es geht ganz schnell.«

Sie betrachtete das vorsintflutliche Gerät auf meinem Kühlschrank. Ich hatte es mit einer Zuwendung aus dem Künst-

ler-Unterstützungsfonds gekauft, um weniger Arbeit mit dem Kochen zu haben.
»Hast du sie schon mal benützt?« fragte Magda mißtrauisch.
»Ich habe die Gebrauchsanweisung verlegt.«
»Linda!«
»Naja, sieht so aus, als ob die Messer des Mahlwerks noch scharf wären«, meinte ich. »Aber die Plastikschüssel hat sich von dem Untersatz gelöst, und ich weiß nicht genau, wie man sie wieder festmacht. Ich wollte mich eigentlich darum kümmern, aber ich vergesse einfach alles, weil ich Doran dauernd die Maske anlegen muß.«
Magda lachte und sagte: »Paß auf. Das Gerät ist unglaublich einfach zu bedienen.«
An diesem Tag aßen wir zwar auf dem Fußboden, aber wir aßen zum ersten Mal seit einer Woche alle gemeinsam. Dorans Verdauung wurde durch die dauernde Bauchlage nicht beeinträchtigt, und er aß mit gutem Appetit.
Kurz nach dem Mittagessen kamen Diana und Kirsteen. Kirsteen hatte ihre ganze Familie mitgebracht. Inzwischen hatten wir uns daran gewöhnt, daß unsere Gespräche alle sieben Minuten unterbrochen wurden. Ich fragte Kirsteen, warum sie zu meinem Vortrag gekommen sei.
»Ich war neugierig auf Sie, denn ich hatte Gerüchte über die Umstände bei Dorans Geburt gehört. Ich wollte mein nächstes Kind zu Hause bekommen, aber dann erfuhr ich, daß die Ärzte hier keine Hausgeburten mehr betreuen, weil Sie so viel Wirbel um Doran machen.«
»Ich konnte nicht einfach trauern und vergessen. Doran war nicht tot. Ich wollte, daß etwas für ihn getan wird.«
»Aber ich mußte deshalb in der Klinik entbinden. Ich war damals so wütend auf Sie, daß ich Sie am liebsten mit einem seidenen Halstuch erdrosselt hätte.«
»Das wäre ein schöner, kunstvoller Tod gewesen, Kirsteen. Werden Sie mich jetzt am Leben lassen?«

»Inzwischen glaube ich, daß Sie richtig gehandelt haben. Doran hat die Chance, gesund zu werden.«
Und dann legte ich Doran wieder die Atemmaske an.
Am Montag bekam Doran einen Hautausschlag. Ich schlug in verschiedenen Büchern über Kinderkrankheiten nach. In diesem Stadium war es noch zu früh, um zu entscheiden, ob Doran Windpocken, Masern oder etwas Schlimmeres hatte. Als ich Lili anzog, bemerkte ich kleine Pusteln an ihren Knien und am Po. Ich wollte sie genauer untersuchen, aber sie entschlüpfte mir und setzte sich auf den Küchenfußboden, um einem hirngeschädigten Teddybär eine Atemmaske anzulegen.
Der Ausschlag trat nur an Körperteilen auf, die mit dem Linoleum in Berührung kamen. Offenbar war er auf das scharfe Reinigungsmittel zurückzuführen. Als meine Helfer gekommen waren, wischte ich den Fußboden mit klarem Wasser, damit Doran krabbeln konnte, ohne mit dem Reizmittel in Berührung zu kommen. In Zukunft wollte ich den Fußboden einfach gründlich mit heißem Wasser reinigen.
Inzwischen hatten meine Helfer sich zu eingespielten Teams zusammengefunden. Ich konnte jetzt an der Reihenfolge der Gesichter ablesen, welcher Wochentag war. Fast bestimmte ich so auch, ob es Vormittag, Nachmittag oder Abend war, denn mit Uhren assoziierte ich nur noch Bewegungsübungen und die Atemmaske. Dorans Trainingsprogramm band mich ans Haus. Lili wurde von ihren neuen Freundinnen in den Kindergarten gebracht und abgeholt. Ich ging nie weiter als bis zum Gartentor, um zu winken.
Wenn mir ein Helfer fehlte, rief ich Freunde an, oder die Bekannten von Freunden, oder die Freunde von Bekannten, oder Bekannte von Bekannten, bis die Lücke gefüllt war. Ich integrierte sogar zufällig vorbeikommende Spaziergänger in unser Programm. Ich gab mich einfach nicht geschlagen.
Eines Tages sagte Kirsteen: »Ich glaube, du könntest mehr Unterstützung von der Waldorfschule bekommen, wenn die

Leute dort verstehen würden, warum du Doran das Lesen beibringst.«

»Ich verstehe nicht?«

»Ihrer Ansicht nach verlieren Kinder ihre Spiritualität, wenn sie zu früh beginnen, ihren Intellekt zu entwickeln.«

»Aber normale Kinder lernen sehr viel durch ihre sinnlichen Wahrnehmungen und machen aufregende Alltagserfahrungen. Doran ist durch seine Schädigung so sehr eingeschränkt, daß es für ihn aus emotionalen und neurologischen Gründen wichtig ist, lesen zu lernen.«

Ein paar Tage später rief Diana an. »Ich habe einen Vorschlag«, sagte sie. »Nur so eine Idee, aber ich finde sie gut. Stell dir vor, du kämst eines Morgens in meinen Laden und würdest dort mit Doran üben. Dann könnte jeder, der Lust hat, bei den Bewegungsübungen zuschauen, und du könntest dich mit den Leuten unterhalten. Der Fußboden ist warm, und ich würde ihn für dich säubern lassen.«

Ich war einverstanden. Als Termin wählten wir das Ende der folgenden Woche. Diana hängte eine Ankündigung auf und nahm ein paar Fotos mit, falls jemand immer noch nicht wissen sollte, wie Doran aussah.

Am Montagnachmittag kam ein neues Team aus dem Dorf. Doran schlug mit Armen und Beinen um sich und kreischte vor Vergnügen. Ich glaubte schon, er habe neue Freunde gewonnen, als eine der Frauen mich beiseite nahm: »Ich kann das nicht machen. Es ist schrecklich.«

»Ich glaube, Doran hat es gut gefallen«, antwortete ich.

»Finden Sie nicht, daß es grausam ist, was Sie da machen? Wieviel Zeit hat er denn noch für sich selbst? Es ist nicht fair dem Kleinen gegenüber.«

Während meines gesamten Zusammenseins mit Doran hatte ich ihn noch nie als »meinen Kleinen« gesehen. Ich versuchte einen Augenblick, die Situation aus der Perspektive der Frau zu betrachten. Schließlich fragte ich: »Wäre es Ihnen lieber, er würde nie erwachsen werden?«

»Ich kann einem Kind nicht weh tun. Es tut mir leid, aber ich kann das nicht.«
»Dann eben nicht«, erwiderte ich und ging mit der Atemmaske in der Hand zu Doran. Die beiden anderen Frauen knieten vor ihm und lockten ihn mit einem Spielzeugteufel.
»Er krabbelt schon sehr gut«, bemerkte eine von ihnen. »Wann sollen wir wir wiederkommen?«
Am Freitag gingen wir in Dianas Laden. Wir wollten so viele Leute wie möglich davon überzeugen, daß Doran ein gesundes Kind werden könnte und sogar die Aussicht hätte, ein normales Erwachsenenleben zu führen.
Doran robbte hinter der Ladentheke. Er kam langsam vorwärts, aber man konnte die zurückgelegte Strecke bereits in Dezimetern statt in Zentimetern messen.
Kirsteen kam und warb für uns. »Haben Sie Doran schon kennengelernt? Kommen Sie, da drüben steht seine Mutter.«
Von Zeit zu Zeit zeigte ich Doran ein paar Lesekarten. Ich wartete die ganze Zeit darauf, daß mir wieder eine von Dianas Kundinnen erklären würde, nach Steiners Ansicht solle für Kinder die Welt erst in die Form des geschriebenen Wortes gepreßt werden, wenn sie sieben Jahre alt wären.
»Soviel ich weiß, war Steiner nicht dogmatisch«, entgegnete ich dann. »Und Doran ist eine Ausnahme.« Zu meiner Freude spürte ich, daß die Leute mir zustimmten, und auch Dorans Freundlichkeit hatte sie überzeugt.
Als Diana zur Mittagszeit die Ladentür abschloß, hatten wir eine ganze Liste mit den Namen und Telefonnummern von Hilfswilligen. Diana kam zu uns. »Ich finde, das war ein erfolgreicher Vormittag«, sagte sie, »aber die Leute setzen mich immer wieder in Erstaunen.«
»Positiv oder negativ?«
Sie lachte. »Sowohl als auch. Es wurde viel Gutes über dich gesagt, aber eine Frau fragte, ob ich wisse, daß du deinen beiden Kindern starke alkoholische Getränke gibst.«

»Ich trinke nicht einmal selbst Alkohol. Kennt mich die Frau denn überhaupt?«

»Ach, Leute, die solches Zeug daherreden, haben ihre Informationen immer von »einer Freundin«, und wenn man nachhakt, können sie sich nie genau erinnern, welche Freundin es war.«

Nach unserer Vorstellung in Dianas Laden hatte ich keine Befürchtungen mehr, zuwenig Helfer zu finden. Am Tag darauf kamen zwei Freunde. Sie brachten vier massive Holzklötze mit. Wir stellten den Küchentisch auf die vier Klötze. Jetzt war der Tisch so hoch, daß wir bequem mit Doran üben konnten. Wenn ich ab und zu keine Helfer hatte, steckte ich die Kinder ins Auto und fuhr zu Kirsteen. Sie konnte immer eine Nachbarin um Hilfe bitten, damit das Team vollständig war.

Der Kurzzeitwecker am Herd ging wegen der Dauerbelastung schließlich kaputt. Er wurde durch einen roten, sehr teuren, tragbaren Wecker ersetzt.

Im Mai krabbelte Doran bereits über den Fußboden der Küche und griff nach einem verlockenden Plastikspielzeug. Er konnte Daumen und Zeigefinger beider Hände wie eine Pinzette benützen, aber seine Flasche oder einen anderen Gegenstand konnte er noch nicht festhalten, weil er die anderen Finger noch nicht richtig koordinieren konnte. Als er sah, daß die anderen Kinder im Garten bei der Schaukel spielten, versuchte er, die Stufen am Hintereingang hinunterzukrabbeln, wozu er das linke Knie hochheben mußte. Das war ein so spektakulärer Fortschritt, daß ich die Glastür öffnete und draußen im Garten Linoleum legte. Ich wollte ihn dazu bringen, das Letzte aus sich herauszuholen. Unsere Stimmung war sehr gut. Dorans Fortschritte gaben uns neue Hoffnung.

Ich hörte, daß die Grippe umging, aber ich nahm das Gerücht nicht ernst, bis ein oder zwei meiner Besucher sich krank meldeten. Doran und Lili hatte ich vorsorglich Vitamintabletten gegeben, aber sie standen ohnehin unter einem unsichtbaren, aber sehr wirksamen Schutz. Ich hatte den Eindruck, daß ich drohendes Unglück am besten abhalten konnte, wenn ich es einfach solange wie möglich ignorierte, und meiner Willenskraft konnte ein Grippevirus ohnehin nichts anhaben.

Meine Mittwochshelfer waren da. Doran krabbelte zum Rechenbrett eines vierzehn Monate alten Kindes, das gerade versuchte, die Kugeln abzureißen und zu essen. Schließlich langte Doran an seinem Ziel an. Er warf das Rechenbrett um und begann seinem Freund beizubringen, wie man zählt.

»Naja, wenigstens verschiebt er die Kugeln«, sagte ich und nieste.

Doran machte an diesem Tag seine Sache außergewöhnlich gut, während es mir immer schlechter ging. Ich machte mir Sorgen. Ich konnte zwar noch herumlaufen, aber durfte ich meine Freundinnen weiterhin bitten, mir zu helfen, auch wenn sie eine Ansteckung riskierten? Von Stunde zu Stunde fühlte ich mich schwächer. Um mich aufrecht zu halten, trank ich doppelt soviel Tee wie sonst. Am Abend hatte mein Blut wahrscheinlich die Farbe von *Earl Grey* angenommen. Der letzte Helfer ging gegen halb acht. Doran hatte noch einen beträchtlichen Teil seines Bodenprogramms vor sich, und im Haus sah es aus wie auf dem Schlachtfeld. Überall lagen Spielsachen, Bücher, Lesekarten und Atemmasken. Ich kroch mit dem Kurzzeitwecker in der Hand auf dem Boden herum und legte Doran auf Befehl des Weckers die Atemmaske an. Nach einer Weile schleppte ich mich zum Telefon und rief Brenda an.

Sie erbot sich, sofort zu kommen. Der einzige andere Mensch, der ohne meine Hilfe das Programm mit Doran durchführen konnte, war Magda. Ich rief sie an, solange ich noch aufrecht stehen konnte.

»Hast du vielleicht Zeit, mir zu helfen? Ich fürchte, ich bekomme die Grippe.«

»Das ist aber ein Zufall. Ich habe nämlich gerade zwei Tage Sonderurlaub bekommen. Ich komme morgen.«
»Du weißt ja, daß mein Haus der geeignetste Ort ist, um ein bißchen auszuspannen«, sagte ich.
Am nächsten Morgen kam ich gerade bis ins Wohnzimmer. Dort versagten mir die Beine den Dienst, und ich ließ mich auf das Sofa fallen. Ich hatte einen so schlechten Geschmack im Mund, daß ich weder essen noch trinken wollte. Ich legte mich zurück und schloß die Augen. Das erste Team kam, und kurze Zeit später traf Magda ein. Sie mußte sehr früh aufgebrochen sein. Magda übernahm die Leitung der Teams, und ich fiel in einen Dämmerzustand. Wie von Ferne nahm ich wahr, daß Lili mir die Stirn streichelte und kalte Umschläge auflegte. Manchmal hörte ich, wie Doran krabbelte. Da ich mich selbst nicht bewegen konnte, beeindruckten mich seine Bemühungen noch mehr als sonst. Plötzlich hörte ich lauten Applaus.
»Er hat die Stufe am Hintereingang geschafft!«
Am Sonntag stand ich auf und nahm ein Bad. Meine Haut hatte eine häßliche gelbe Farbe, und ich sah aus, als ob alle Jugendlichkeit, die ich mir bis vor kurzem noch bewahrt hatte, für immer verschwunden wäre. Ich bemerkte, daß die Knochen an Knien und Ellbogen beunruhigend spitz hervorstanden. Dann fiel mir ein, daß man mir geraten hatte, viel zu trinken, wenn ich fieberte, um zu vermeiden, daß ich austrocknete. Die hervorstehenden Knochen waren vermutlich die ersten Anzeichen der Dehydration, weil ich nicht darauf geachtet hatte, viel zu trinken. Ich hatte ein schlechtes Gewissen, weil ich mich so vernachlässigt hatte, und holte mir ein Glas Wasser in der Küche. »Ich habe immer gedacht, das sei ein Witz«, murmelte ich und füllte mir noch ein Glas, »und gelte nur in der Wüste oder für Babys mit Nierenversagen.«
Am Nachmittag kam Kirsteen und brachte mir Suppe. Sie hielt den Teller und wollte mich füttern.

»Werde ich je wieder hübsch sein? Wird mir je wieder etwas schmecken?« fragte ich traurig.
»Ich finde, du bist sehr hübsch, Mami«, sagte Lili.
Im Zimmer sah es aus wie nach einer Party. Ich sehnte mich nach wilder Musik. Mit dem Fuß schob ich ein paar Spielsachen zusammen. Der Wecker klingelte, und Magda hob Doran auf, um ihm die Atemmaske aufzusetzen. Die Speichen der Anti-Wälz-Weste legte sie zu beiden Seiten ihrer Knie. Ich erinnerte mich an die Lesekarten. Das Leseprogramm konnte nur ich mit Doran durchführen. Alle anderen Übungen waren auch während meiner Krankheit mit Doran gemacht worden. Ich nahm einen Stapel Karten in die Hand und zeigte sie ihm.
»Mir geht es besser«, verkündete ich.
Magda und Kirsteen fanden, ich solle noch eine Weile liegenbleiben. Kirsteen riet mir zu Akupunktur, und Magda sagte: »Du solltest nicht allein sein. Ich habe von einer Wohltätigkeitsorganisation namens »Freiwilliger Gemeindedienst« gehört. Dort können Institutionen oder Familien, die in Not sind, Hilfe anfordern. Der Gemeindedienst schickt dann einen Studenten oder eine Studentin zur Aushilfe. Was hieltest du davon, wenn jemand bei dir im Haus wohnte, um dir zu helfen?«
»Das wäre ein Segen!«
»Gut. Ich rufe morgen früh beim Gemeindedienst an.«
»Wenn ich mir nicht die Grippe geholt hätte, hättest du nicht einen so hervorragenden Vorschlag gemacht.«
»Geh und leg dich wieder hin.« Sie schob mich zurück zum Sofa.
Der Frühling war ungewöhnlich warm, und der Rasen war mit Gänseblümchen übersät. Doran stützte sich auf Knie und Ellenbogen und rutschte die Stufe am Hintereingang hinunter. Ein leichter Windstoß fuhr in ein paar trockene Blätter und wirbelte sie ihm entgegen. Er schrie und wandte den Kopf ab. Ein paar Sekunden lang hatte er Angst. Der

Wind legte sich, und die Blätter blieben ruhig neben Doran liegen. Er beäugte sie mißtrauisch und zog sich zurück.
»Was hat er denn nur?« fragte jemand. »Was hat er gesehen?«
»Es waren die Blätter«, sagte ich. »Er weiß noch nicht, was Wind ist. Alle Objekte, die er kennt, liegen still, wenn sie niemand bewegt. Er denkt, die Blätter wären lebendig.«
Doran lernte immer mehr dazu. Er war gewachsen und hatte zugenommen, und seine Brust war breiter geworden. Nur die Größe des Kopfes hatte sich nicht nennenswert verändert. Aber er hatte schöne goldene Locken, die wohl deshalb so dicht und voll waren, weil sie keine besonders große Fläche bedecken mußten.
Die Kinder, die ins Haus kamen, erinnerten sich an ihre früheren Besuche. Sie kannten unsere Lieblingslieder und brachten Doran Spielzeug mit. Mein Haus war zum Treffpunkt einer Spielgruppe geworden. Lili, die anfangs alle mit offenen Armen empfangen hatte, war jetzt nicht mehr so begeistert von den vielen Besuchern. Sie begann, unsere Bücher und Spielsachen zu horten und eifersüchtig zu bewachen.
»Nein, das gehört Mami. Faß das nicht an!«
»Bitte, Lili, sag das nicht. Das ist nicht nett. Sie sind gekommen, um uns zu helfen.«
Meine Krankheit hatte mir deutlich zu Bewußtsein gebracht, wie abhängig ich auch von meiner Tochter war und daß auch sie mich brauchte. Lili mußte stärker in das Programm einbezogen werden. Dorans Übungen waren kein Spiel mehr, bei dem nur wir drei mitmachten, sondern wir hatten Hunderte von Mitspielern. Doran gedieh, aber Lili fühlte sich vernachlässigt und forderte mehr Aufmerksamkeit.
Magda hatte sich in der Zwischenzeit mit Beverly Abbott vom Freiwilligen Gemeindedienst in Verbindung gesetzt. Eine junge Frau aus Yorkshire namens Nancy Elliott hatte

sich bereit erklärt, uns zu helfen. Sie würde im Laufe der nächsten Tage kommen.
Ein paar Tage vor Nancys Ankunft schenkte mir eine meiner Freundinnen einen kleineren, geeigneteren Küchentisch. Auf diesem Tisch konnte ich mit Doran üben, während Nancy das Mittagessen kochte. Dazu mußte ich allerdings den jetzigen Übungstisch in das vordere Zimmer räumen, das jetzt nur noch als Vorraum diente. Zwei junge Männer vom Steiner-College boten mir an, den alten Tisch hinauszutragen, aber er war vor langer Zeit hereingebracht worden und paßte jetzt nicht mehr durch die Haustür. Die beiden Männer schlossen Wetten über die erfolgversprechendste Methode ab, den Tisch hinauszubringen. Ich schritt erst ein, als sie die Beine abhacken wollten. Schließlich hängten sie die Türen aus und stellten den Tisch hochkant. Durch das Wohnzimmerfenster gelangte das Monstrum schließlich an seinen vorgesehenen Standort.
Kurz danach kam das Nachmittagsteam. In einem Monat mußten wir wieder im Instuitut in Philadelphia vorsprechen. Bis dahin sollten wir unser Ziel von dreihundert Metern erreicht haben.
Zwei Tage später kam Nancy. Ich bat eine Freundin, sie vom Bahnhof abzuholen. Keine der beiden Frauen hatte eine klare Vorstellung, wie die andere aussah, aber sie fanden sich.
Wir waren gerade bei der Nachmittagsübung, als sie kamen. Sie sangen Doran ein Lied vor, lobten ihn und schmeichelten ihm. Ich hatte keine Zeit, ihnen etwas zu erklären, und deshalb ergriff Lili die Initiative.
»Liest du mir bitte eine Geschichte vor?«
Sie holte ein Buch und machte es sich auf Nancys Schoß bequem.
Nancy war erst neunzehn Jahre alt, aber wirkte bereits sehr erwachsen. Zu Lili war sie wie eine große Schwester. Sie war genau das, was ich brauchte. Außerdem hatte sie einen

trockenen Humor. Ich habe keine Ahnung, wie sie herausfand, was genau wir mit Doran machten, aber sie räumte Schubladen und Schränke auf und legte die Wäsche zu ordentlichen Stapeln zusammen. Lili war immer beschäftigt, und mittags standen appetitlich angerichtete Mahlzeiten auf dem Tisch. Diana sagte: »In deinem Haushalt herrscht wieder Ordnung. Wir freuen uns alle, daß du jetzt besser aussiehst.«

Nancy konnte mit Kindern umgehen. Wenn Lili sich nicht anziehen wollte, sagte sie: »Mir ist das egal. Ich glaube sowieso nicht, daß du deinen Arm durch den Ärmel stecken kannst. Das ist viel zu schwierig für dich.« Dann schrie Lili, das sei nicht wahr, und schlüpfte in ihre Kleider.

Jeden Abend stellte ich die Puppen und Stofftiere so auf, daß es aussah, als hätten sie die ganze Nacht über gespielt und würden gerade aus ihren Schachteln und Kisten herausschauen, um die Kinder am Morgen zu begrüßen. Nancy erwischte mich eines Abends dabei. »Du siehst alles mit den Augen eines Kindes«, sagte sie. »Ich habe beobachtet, wie du aufräumst.«

Während wir mit Doran übten, kümmerte Bert sich um die finanziellen Probleme. Sie kam mit einer riesigen Plastiktüte vorbei, die sie »Dorans Büro« nannte. In der Tüte waren alle Unterlagen, die mit Dorans Krankengeschichte, den Geldbeschaffungs-Maßnahmen und der nächsten geplanten Reise zusammenhingen.

»Wir haben zweihundert Pfund für deinen Artikel in *Woman's Own* bekommen. Außerdem sind zweihundert Pfund aus öffentlichen Stiftungen eingegangen. Die »Löwen« aus Uckfield werden uns helfen, die Flugtickets zu bezahlen, aber wir brauchen immer noch ein paar hundert Pfund für die Gebühren im Institut. Wir müssen uns etwas einfallen lassen.«

»Woran hast du gedacht?«

»Wir machen noch einen Wohltätigkeitsbasar. Wir haben

noch so viele Sachen, die wir verkaufen können. Außerdem dachten wir an ein Konzert.«
Zwei meiner Helferinnen, Susan Masters und Susan Harvey, waren gute Musikerinnen. Sie hatten sich mit zwei Kolleginnen zusammengetan und wollten in der »Michael Hall« in der Waldorfschule ein Konzert geben. Dorans Zukunft hing vom guten Willen und der Hilfsbereitschaft so vieler Menschen ab, daß ich manchmal vergaß, daß ich seine Mutter war. Ich nehme an, daß Bert mehr als einmal das Gefühl hatte, Dorans Mutter zu sein.
»Doran gehört der Welt, Bert«, sagte ich. »Wahrscheinlich ist das mit allen Kindern so, aber wir haben so wenig Kontakt mit ihnen, daß wir es gar nicht merken.«
»Im Moment brauche ich meine gesamte Energie dazu, die Leute aus East Grinstead zu überreden, daß sie zu unserem Wohltätigkeitsbasar kommen, Linda.«
Bis zum nächsten Termin im Institut hatten wir nur noch wenig Zeit. Wir maßen jeden Tag die Strecke, die Doran zurücklegte, und beobachteten gespannt, wie sie täglich ein paar Zentimeter der Zweihundertfünfzig-Meter-Marke näher rückte. Jetzt fehlten Doran nur noch fünfzig Meter, bis er sein Pensum erreicht hatte. Doran war physisch in der Lage, dreihundert Meter weit zu krabbeln, wenn wir ihn dazu motivieren konnten. Er robbte Kindern und Tieren hinterher und aß sich an Rosinenzeilen entlang, aber er krabbelte nicht mehr als zweihundertfünfzig Meter.
Bert und Judy Blowe organisierten den Wohltätigkeitsbasar, und viele unserer Freunde gingen hin. Sie fanden sogar die Zeit, Geschenke für uns zu kaufen. Lili bekam ein blaues Samtkleid. Die Wahl war gut getroffen. Das Kleid hatte ursprünglich ihr gehört. Ich hatte es für den ersten Basar gespendet. Mir fiel es oft schwer, die Geschenke anzunehmen. Allerdings nicht aus Stolz – ich wußte, wieviel Hilfe aller Art Doran brauchte –, sondern aus dem natürlichen Drang heraus, etwas zurückgeben zu wollen. Ich hoffte

immer noch, daß andere Familien mit hirngeschädigten Kindern Kontakt zu mir aufnehmen würden. Ich hatte mich mit der örtlichen »Initiative der Eltern geistig behinderter Kinder« in Verbindung gesetzt und die betroffenen Eltern eingeladen, bei Dorans Übungen zuzuschauen oder vielleicht sogar selbst mitzuhelfen, aber niemand kam.
Kirsteen mußte ähnliche Überlegungen angestellt haben wie ich, denn sie wies mich auf eine Radiosendung über Hirnverletzungen hin, bei der man im Studio anrufen konnte, und riet mir, die Sendung anzuhören. Vor lauter Übungen, Atemmasken und lautem Gesang vergaß ich jedoch, das Radio einzuschalten. Wenn der Tag einmal begonnen hatte, hatte ich nur einen Gedanken: wie konnte ich Doran dazu bringen, bis zur Dreihundert-Meter-Marke zu krabbeln. Zur Mittagszeit klingelte das Telefon.
»Hast du gehört, Linda? Hast du gehört, was er zu mir gesagt hat? Ich bin so sauer! Ich war noch nie so wütend.«
»Der Hörer wird schon ganz heiß an meinem Ohr. Was um alles in der Welt ist denn passiert?«
»Ich habe im Studio angerufen und den Arzt gefragt, warum die Leute nicht über das Institut informiert würden. Dann habe ich ein bißchen von Doran erzählt, und weißt du, was er gesagt hat?«
»Ich nehme an, er hat dir ein paar tröstliche Worte gesagt und und dich dann aus der Leitung geworfen.«
»Viel schlimmer. Er hat gesagt: ›Diese armen, irregeleiteten Frauen zerren nur an den Gliedmaßen ihrer Kinder herum und hoffen vergebens.‹«
Ich mußte lachen. »Ich verstehe, er hält wohl Männer einer solchen Dummheit nicht für fähig.«
Kirsteen war nicht nach Lachen zumute. »So eine Unverschämtheit!« In ihrer Stimme hörte ich den gekränkten Stolz ihrer alten schottischen Familie.
»Er konnte ja nicht wissen, daß er mit Lady Macbeth telefoniert«, sagte ich.

Später, am Nachmittag, rief Kirsteen noch einmal an.
»Die BBC hat mich gerade nach der Adresse des Instituts gefragt. Es sieht so aus, als hätte sich eine Familie gemeldet, die an den Gliedmaßen ihres Kindes zerren und vergebens hoffen will. Ich habe ihnen auch deine Adresse und die Telefonnummer gegeben, damit sie herkommen und zuschauen können, wie du mit Doran übst.«
»Hoffentlich kommen sie bald«, meinte ich.
Das Übungsprogramm des Instituts wurde nur unterbrochen, wenn Doran schlief. Wenn er in der Nacht unruhig war und aufwachte, legte ich ihm die Atemmaske an, bis er wieder einschlief. Manchmal robbte er im Traum ein kleines Stück über den Schlafzimmerboden. Seine Bettdecke zog er mit sich, denn sie war zwischen den Speichen seiner Anti-Wälz-Weste festgeklemmt.
Tagsüber robbte und krabbelte Doran in der Unordnung herum, gegen die Nancy ankämpfte.
»Lili, die Puppen und Stofftiere hier kleben am Teppich. Ich glaube nicht, daß du sie wegnehmen kannst. Sie sind mit Spezialkleber festgeklebt. Sie tun mir leid. Sie müssen die ganze Nacht über hier liegenbleiben, und jedermann tritt auf ihnen herum.« Wenn Lili solche Worte hörte, wurde sie vom Mitleid gepackt und hob ihre Puppen auf.
Eines Tages robbte Doran zum Gartentor. Kirsteens Kinder liefen zum Auto, und wir sahen, wie Doran hinter ihnen her durch das Gartentor krabbelte. Es war gerade so breit, daß er mit seiner Anti-Wälz-Weste hindurchkam. Doran arbeitete sich den schlammigen Feldweg entlang, der vor dem Tor lag, und krabbelte den Stimmen und dem Gelächter hinterher. Nancy maß die Entfernung. Er hatte in etwa zehn Minuten fünfundvierzig Meter zurückgelegt. Das war für ihn der Augenblick der Befreiung und der letzte Anstoß, den er gebraucht hatte, um die dreihundert Meter zu schaffen.
Das Konzert fand kurz vor unserer Abreise nach Philadelphia statt. Es war fast nicht zu ertragen, daß so schöne

Musik nicht nur um ihrer selbst willen, sondern auch für Doran gespielt wurde. Ich kämpfte mit den Tränen. Diana saß hinter mir und reichte mir ein großes Taschentuch.
»Behalt es«, flüsterte sie. »Mir reicht der Ärmel.«
»Woher wußtest du, daß ich ein Taschentuch brauchte?« fragte ich sie nach dem Konzert.
»Intuition!«
Das Konzert brachte einhundertundsieben Pfund ein. Einen Tag danach holte meine Mutter Lili und ein paar ihrer glücklichen Teddybären ab. Sie sollten ihre Ferien auf der Insel Wight verbringen.
Doran und ich sollten am Samstag kurz vor dem Mittagessen abreisen. Ich sah keinen Grund, die Übungen schon vorher abzubrechen. Die Koffer waren gepackt, und wir brauchten nur noch Doran mit seiner Anti-Wälz-Weste auf den Arm zu nehmen.
Als Bert kam, um uns abzuholen, waren wir gerade bei der letzten Übung.
»Liegt er noch auf dem Tisch, Linda?«
Ich hörte auf, »This Old Man« zu singen und rief: »Alles in Ordnung. Nimm die Koffer.«
Wir waren sommerlich gekleidet. Judith hatte uns gesagt, daß es in Philadelphia im Juni gewöhnlich sehr heiß sei.
»Wo sind seine Schuhe?« fragte Bert.
»Er hat keine.«
»Hast du nichts, was du ihm statt den Schuhen anziehen könntest?«
»Er war immer barfuß. Er hat nie Schuhe gebraucht.«
»Hoffentlich denken die Leute von der Presse nicht, wir wären zu arm, um ihm ein Paar Schuhe zu kaufen.«
Bert schnallte die Anti-Wälz-Weste an dem Koffer fest.
»Das Ding sieht aus wie eine Fernsehantenne«, meinte sie.
»Ich weiß nicht, was der amerikanische Zoll dazu sagen wird.«
»Für mich«, sagte ich, »ist es ein mystisches Zeichen.«

Draußen beim Auto erwarteten uns ein paar Fotografen. »Fahren Sie gleich? Haben Sie noch Zeit, bis wir ein paar Fotos gemacht haben?«
»Aber bitte beeilen Sie sich! – Unser Flugzeug wartet nicht.« Mit diesen Worten ließ Bert den Motor an.
Ich kurbelte das Fenster herunter, und Doran streckte zum Gruß den Arm hinaus. Bevor Bert es verhindern konnte, rief ich hinaus: »Es mag merkwürdig klingen, aber sie können schreiben, daß Doran die ganze Strecke nach Amerika hin und zurück barfuß zurückgelegt hat. Er ist nämlich gerade dreihundert Meter weit gekrabbelt!«

10

Während wir in der Abflughalle warteten, legte ich Doran auf den Teppich und setzte ihm alle acht Minuten die Atemmaske auf, als ob wir hier zu Hause wären. Die anderen Reisenden beobachteten uns. Doran ließ sich von der ungewohnten Umgebung nicht beeindrucken. Er kroch zwischen den Reisetaschen umher und krabbelte den Wartenden zwischen den Füßen herum. Manche Passagiere versuchten so zu tun, als ob das alles ganz normal wäre. Sie tätschelten Doran den Kopf: »Braver Junge.«
Zwei junge Amerikanerinnen beobachteten Doran mit unverhohlenem Interesse. Eine sprach mich direkt an: »Ein süßes Kind. Was hat es denn?«
In diesem Augenblick wußte ich, daß ich die beiden Helfer, die ich im Flugzeug brauchen würde, bereits hatte. Tatsächlich saßen die beiden sieben Stunden lang vorn im Flugzeug und beschäftigten sich mit Doran.
Auf dem Kennedy-Airport kam mir alles sehr vertraut vor. Sogar das Bodenpersonal erinnerte sich noch an uns. Drei

Monate lang hatte ich mein Haus nur selten verlassen. Dorans Übungsprogramm hatte mich den ganzen Tag voll in Anspruch genommen. Dennoch stand mir das Institut in Philadelphia deutlicher vor Augen als mein Haus in England. Wir warteten auf die Zollabfertigung. Ein Beamter stellte uns die üblichen Fragen, aber als er hörte, daß Doran hirngeschädigt war, runzelte er die Stirn und blätterte noch einmal in unserem Paß.

»Sie haben keinen Vermerk im Visum. Ohne den Vermerk kann er nicht in die USA einreisen.«

»Aber ich habe das Visum von der amerikanischen Botschaft in London bekommen. Dort wußte man von Dorans Zustand. Das ist sicher ein Mißverständnis.«

»Ich mache keine Fehler, Lady. Das Kind ist hirngeschädigt, ist das richtig?«

Ich nickte. Er zog ein ein dickes Buch hervor und blätterte darin, bis er gefunden hatte, was er suchte: die »Vorschriften zur Einreise von Geistesgestörten in die USA«.

»Wenn er hirngeschädigt ist, dann ist er also auch geistesgestört, oder?«

Ich überlegte fieberhaft, wie ich verhindern könnte, daß wir mit dem nächsten Flugzeug zurückgeschickt wurden. Schließlich sagte er: »Also gut. Um Ihnen zu zeigen, daß wir Amerikaner keine Unmenschen sind, lasse ich Sie dieses Mal durch. Aber wenn Sie nach England zurückkehren, müssen Sie sich mit der Botschaft in Verbindung setzen und den entsprechenden Vermerk im Paß eintragen lassen.«

»Das tue ich gern. Danke schön.« Ich ging schnell durch die Schranke, bevor er es sich anders überlegte.

»Bist du aufgehalten worden?« fragte Judy.

»Kurz, aber Gott sei Dank sind die Amerikaner keine Unmenschen.«

Wir fuhren mit dem Zug nach Chestnut Hill. Dieses Mal beeindruckte uns das Hotel nicht mehr. Als wir an dem eleganten Restaurant und der Rezeption vorbei waren, fan-

den wir es sogar ein wenig schäbig. Wir hörten, daß im Foyer Kinder auf dem Boden herumkrochen. Die Eltern füllten umfangreiche Formulare aus, ermunterten ihre Kinder zum Krabbeln und legten ihnen, wenn ihr Wecker klingelte, die Atemmasken an. Auf dem Tisch standen bereits ein paar Bierdosen. Francis erzählte, daß er hinter Susan Spielzeugbomben abwarf, um sie zum Robben zu zwingen. Seine Frau war noch angezogen, als herrschten in Philadelphia dieselben Temperaturen wie an einem kühlen Morgen in Lancashire. Draußen war es heiß, fast unerträglich heiß, aber sie konnte sich nicht umziehen, weil ihr Koffer nach Rom fehlgeleitet worden war.
Die Klinik war klimatisiert. In dem großen zentralen Raum versammelten sich alle, lagen auf dem Fußboden und unterhielten sich. Doran traf Carla wieder, das Mädchen mit den hübschen Augen, an dem er vor drei Monaten Gefallen gefunden hatte. Sie war jetzt schlanker und robbte mit einer eigenen Anti-Wälz-Weste. Mehrere Familien hatten ihre gesunden Kinder mitgebracht, andere wurden von Cousinen, Onkeln oder Tanten begleitet. Die Zusammensetzung der Mitarbeiter des Instituts war fast ebenso international wie die Zusammensetzung der Patienten.
Nachdem wir physisch, intellektuell und physiologisch beurteilt worden waren, begutachtete eine junge Brasilianerin namens Leia Dorans Fortschritte. Er hatte 0,9 cm mehr Brustumfang. Der Zuwachs entsprach also dem eines normalen Kindes. Die Veränderungsquote war volle hundert Prozent. Er war 2,5 cm gewachsen, immerhin siebenundsechzig Prozent, bezogen auf die letzte Messung. Nur das Wachstum seines Kopfes wich von der normalen Entwicklung ab. Der Umfang hatte nur um fünfundzwanzig Prozent zugenommen. Aber er war um insgesamt zweiundachtzig Prozent gewachsen, verglichen mit dreiundsechzig Prozent zu Beginn des Programms. Das war ein sehr gutes Ergebnis. Doran hatte auch im Lesen große Fortschritte gemacht.

Leia hielt drei Karten gleichzeitig hoch: *Garten – Tisch – Flugzeug.*
»*Womit* bist du nach Amerika gekommen, Doran?«
Er deutete eifrig auf das Flugzeug. Er machte bei den Tests keinen einzigen Fehler.
Ich hatte gehört, daß wir nach den Tests eine neue Methode zur Verbesserung der Atmung lernen sollten. Im Hörsaal würde uns vorgeführt werden, wie die Atemmuster eingeübt werden müssen. Es dauerte noch eine Weile, bis alle Kinder begutachtet waren. In der Zwischenzeit versammelten wir uns in dem großen zentralen Raum der Klinik. Auch die schüchternsten Eltern benahmen sich auf dem Fußboden jetzt extrovertiert, nachdem sie drei Monate lang auf die Hilfe fremder Menschen angewiesen waren und mit wildfremden Menschen zusammengearbeitet hatten. Wir alle hatten mit unseren Kindern fünfzehnmal am Tag die Bewegungsmuster eingeübt, aber es gab beträchtliche, von individuellen Faktoren abhängige Unterschiede. Die Kinder, die gehen konnten, gingen kilometerweit, außerdem krochen sie auf allen vieren und robbten. Diejenigen, die bereits sitzen konnten, hatten eine merkwürdige Schleppe an ihrer Anti-Wälz-Weste oder trugen unbequem wirkende Segeltuchsäcke, die aussahen, als wären sie mit zerdrückten Blechdosen gefüllt.
Die kanadische Familie mit dem tauben Jungen war nicht wiedergekommen. Offenbar glaubten nicht alle Eltern, daß die Ergebnisse die Mühe wert wären, ihr ganzes Leben neu zu gestalten. Ein spanisches Elternpaar war wiedergekommen, aber sie hatten das Programm nicht konsequent durchgeführt und wurden nach Hause geschickt. Ein Team vom Institut war nach Australien geflogen, um den Eltern des hyperaktiven Jungen eine zweite Reise zu ersparen. Zwei Kinder waren kaum wiederzuerkennen. Die pummelige Zehnjährige hatte jetzt eine schlanke, sportliche Figur, und der italienische Junge, dessen Hyperaktivität nur durch den

schraubstockfesten Griff seines Vaters gebremst worden war, ging jetzt gehorsam neben seiner Mutter. Alle waren von Doran beeindruckt. Er krabbelte so weit und so schnell er konnte.

Wir warteten begierig darauf, in den Hörsaal zu gehen. Endlich war es soweit. Als wir alle saßen, überraschte uns ein Mitarbeiter des Instituts damit, daß er die Ergebnisse unserer Kinder vorlas. Wir klatschten uns gegenseitig Beifall. Jeder wußte, wieviel Schweiß und Verzweiflung, aber auch wieviel Freude sich hinter diesen Zahlen verbargen.

Als ich in der Pause draußen in der Sonne stand, kam Anne Ball auf mich zu, eine englische Mitarbeiterin des Instituts.

»Mrs. Scotson, wir haben Doran ausgewählt, um die Atemprägung vorzuführen. Haben Sie etwas dagegen?«

»Nein, im Gegenteil. Ich bin sicher, daß es ihm gefallen wird.«

»Wir werden ihn während des letzten Teils der Vorlesung herüberbringen.«

Die Atemübung sollte klare taktile Informationen über eine regelmäßige Atmung vermitteln. Um uns deutlich vor Augen zu führen, was es bedeutete, wenn die Atmung aus dem Gleichmaß kam, wurden Freiwillige gebeten, um das Gebäude herum zu rennen, bis sie außer Atem waren. Dann wurden sie aufgefordert, ein Stück Brot zu essen, zu singen oder ein Gedicht aufzusagen, und zwar bevor sich die Atmung wieder normalisiert hatte. Die Versuchspersonen gestanden schnaufend, daß sie dazu nicht mehr in der Lage seien.

Anne zog zur anschließenden Demonstration für die Atemübung eine Weste hervor. Die Weste bestand aus einem geraden Stück Segeltuch, das den Körper des Kindes von der Taille bis zu den Achselhöhlen halb umschloß. An beiden Seiten der Weste waren drei vier Zentimeter breite Segeltuchstreifen festgenäht. Sie wurden über der Brust miteinander verbunden und um zwei Rundhölzer gelegt. Anne

erklärte, das Kind liege mit dem Rücken auf dem Tisch, während zwei ausgebildete Helfer sich gegenübersitzen und zum individuell bestimmten Takt eines Metronoms vorsichtig und gleichmäßig an den Hölzern ziehen.
Zu diesem Zeitpunkt wurde Doran feierlich in den Saal getragen. Er strahlte alle an, als ob er eine Rede halten wollte. Als wir ihn in die Weste zwängten, schwand seine gute Laune. Er runzelte die Brauen und schob die Unterlippe vor. Sein Gesicht verfärbte sich, er holte tief Luft und fing an zu schreien. Eine Stimmung törichten Mitleids breitete sich im Publikum aus. Anne mußte die Stimme heben, damit alle sie hören konnten: »Wir dachten, das sei eine Auszeichnung für dich, Doran.«
Als die Glocke zur Pause klingelte, hatte Doran festgestellt, daß die Atemübung in Wirklichkeit eine ganz vergnügliche Erfahrung war. Stolz ließ er sich von Anne in die Klinik zurücktragen.
Als uns zwei Tage später Dorans persönliches Atemprogramm vorgestellt wurde, hätte ich Mitleid brauchen können. Mit der Atemübung sollten Dorans neurologische Funktionen auf allen Gebieten verbessert werden, vor allem seine Beweglichkeit. Wir sollten *viermal* am Tag zwanzig Minuten und *einmal* eine halbe Stunde mit ihm üben. Anne forderte Judith und mich auf, uns einander gegenüber an den Tisch zu setzen. Doran lag fröhlich zwischen uns. Dann stellte sie das Metronom ein. Das Pendel bewegte sich gleichmäßig hin und her. Es hörte sich an, als würde jemand mit einer Peitsche knallen. Anne zeigte mir, wie ich im Takt an dem Hölzchen ziehen, es festhalten und wieder loslassen mußte. Das Geräusch war hypnotisierend. Ich versuchte, selbstsicher zu wirken, aber Judith sah, daß ich glasige Augen bekam.
Judith war Musikerin. Sie hatte schon oft mit einem Metronom gearbeitet. Ich ahmte ihre Bewegungen einfach nach. Das Metronom schien einmal langsamer, und dann wieder

schneller zu ticken. Doch seine Geschwindigkeit hatte keinen Bezug zu meinen Armbewegungen. Ich hatte das Gefühl, verrückt zu werden. Ich konnte mir nicht vorstellen, wie ich zu Hause diese Übung jemand beibringen sollte.
Als wir aufhörten, fühlte ich mich seekrank. Ich lächelte zum Dank und wollte gerade fortwanken, als Anne sagte: »Gut. Wenn Sie alle dreißig Minuten kommen und zehn Minuten üben, können wir feststellen, wie die Atemübungen auf Doran wirken.«
»Doran?«
Ich hatte völlig vergessen, daß meine Armbewegungen etwas mit Doran zu tun hatten. Er war eingeschlafen.
»Anscheinend hat es ihm gefallen«, meinte Anne.
Judith versicherte mir, daß meine Reaktion auf das Metronom völlig normal sei. In ein paar Tagen würde es mir nicht mehr schwerfallen, meine Armbewegungen nach dem Takt des Metronoms auszuführen. Und sie behielt recht – noch bevor wir das Institut verließen, hatte ich keine Probleme mehr mit dem Metronom.
Nach der Atemübung hatten wir einen Termin bei Janet Doman, der Fachleiterin für den Erwerb intellektueller Fähigkeiten. Doran konnte schon mindestens dreihundertfünfundvierzig Wörter lesen. Aus diesen Wörtern sollten jetzt Sätze gebildet werden. Außerdem sollte Doran dreihundert neue Wörter pro Monat lernen und jeden Tag ein selbstgemachtes Buch bekommen. Ich notierte mir die Zahlen. Dann ging Janet Doman zu einem weiteren Aspekt des Programms über: den sogenannten BITS.
Durch diese BITS sollte Doran gezwungen werden, viele verschiedene Informationen aufzunehmen, die sein Gehirn zum Wachstum anregen würden. Janet erklärte mir, daß ein gesundes, aktives Kind täglich Hunderte neuer Eindrücke sammle und daß sich durch seine schnelle körperliche Entwicklung sein Verhältnis zu vertrauten Dingen immer wieder verändere. Wie aber konnte ein Kind, das nur ver-

schwommene, ungeordnete oder gar keine Wahrnehmungen hatte, Informationen aufnehmen und die Verbindungen knüpfen, die für kreatives Denken notwendig waren? Als Antwort auf diese Frage waren in dem Institut diese BITS entwickelt worden.

Ich sollte für Doran zehn thematische Gruppen zu je zehn Karten mit einfachen und eindeutigen Bildern besorgen. Die einzelnen Karten sollte er zehn Tage lang dreimal täglich sehen. Jeden Tag mußte die alte thematische Gruppe durch eine neue ersetzt werden. Bis zu unserem nächsten Besuch im Institut sollte Doran achtzehnhundert verschiedene BITS gesehen haben. Wie ich das Material zusammenbekam, blieb meinem Erfindungsreichtum überlassen.

»Es ist wirklich interessant, zu beobachten, wie durch das BITS-Programm das Gehirn der Kinder wächst«, sagte Janet. »Der gesamte Kopf wird größer.«

Als ich keine Fragen mehr zum dem BITS-Programm hatte, besprach Janet mit uns das mathematische Übungsprogramm. Im Institut hatte man entdeckt, daß kleine Kinder Zahlen wiedererkennen konnten, die in einer großen Punktschrift auf einem Blatt Papier dargestellt waren. In den nächsten drei Monaten sollte Doran addieren, subtrahieren und dividieren lernen. »Und er soll Spaß daran haben«, sagte Janet. »Er soll gern rechnen.«

Als wir uns von Janet Doman verabschiedet hatten und auf dem Korridor standen, sagte ich zu Judith: »Leider ist Mathematik gar nicht mein Fall. Vielleicht liegt es daran, daß ich höchst ungern zähle. Denk nur an meine Schwierigkeiten mit dem Metronom.«

»Stell dir vor, du würdest einen Walzertakt hören«, schlug Judith vor.

Nach der nächsten Atemübung mit Doran hatten wir einen Termin mit Rosalind. »Sind Sie bereit, über Dorans Bodenprogramm zu sprechen?« fragte sie. »Willst du lernen, wie man ein Krabbler wird, Doran?«

Doran robbte in ihr Sprechzimmer, und sie begann, uns das neue Bodenprogramm darzustellen: »Vergessen Sie nie, daß Sie nicht nur mit Freude und Begeisterung reagieren müssen, wenn Doran meterweit robbt, sondern auch wenn er sich auf alle viere erhebt und die *Krabbelstellung*, wie wir es nennen, einnimmt.«

»Nimm ein paar Sportfans in dein Haus auf«, schlug Judith vor. »Sie sollen ihm zujubeln. Es ist gerade Kricket-Saison. Ich werde Brenda mit einem Tonband zum nächsten wichtigen Spiel schicken.«

Rosalind lächelte. »Doran muß so oft wie möglich auf dem Teppich über Hindernisse robben.«

Ich konnte mir kaum vorstellen, daß Doran es je lernen würde, sich, auf Knie und Hände gestützt, vom Boden wegzudrücken. Um ein Gefühl für diese neue Körperhaltung zu bekommen, würde Doran jeden Tag ein paar Minuten in der »Schaukel« zubringen. Das war eine einfache, an Springfedern hängende Segeltuchschlinge, die um seine Brust und seinen Bauch gelegt wurde. Dann wurde er an der Schlinge so weit hochgehoben, bis seine Hände und Knie etwa zwei Zentimeter über dem Teppich waren.

Bis zu unserem nächsten Termin im Institut sollte Doran dreihundert Meter auf einem Teppich und zweihundert Meter über Hindernisse robben können und in der Lage sein, die »Viererstellung« fünf Minuten lang zu halten. Zwei Tage in der Woche sollte er nur halb so oft die Atemmaske bekommen und seine Bewegungs- und Atemübungen durchführen, um sich nur auf das Krabbeln konzentrieren zu können.

Spät am Freitagabend verließen wir das Institut. Auf dem Weg zum Flughafen sagte Judith: »Bist du dir bewußt, daß du jedesmal, wenn du Doran Rosinen in den Mund steckst, auch mir welche gibst?«

»Tatsächlich?«

»Das hast du die letzten achtzig Kilometer gemacht. Sie waren sehr lecker.«

Als wir wieder zu Hause waren, ließen wir uns von Nancy verwöhnen. Brenda nähte die Atemweste, und eine andere Freundin brachte die Schlinge, genannt »Schildkröte«, unter dem Arbeitstisch an, um Platz zu sparen.

Andere Freiwillige bauten Hindernisse aus Sandsäcken, die sie dann mit gestreiftem Liegestuhlstoff bezogen. Wir verteilten die bunten Säcke im ganzen Haus, aber es war schwierig, Doran dazu zu bringen, über sie zu klettern. Über die Treppenstufe am Hintereingang hatte ihn der ganze Reichtum der weiten Welt gelockt, während der Anblick eines zweiten Hindernisses, kaum daß er eines überwunden hatte, eine schlechte Belohnung für seine Anstrengungen war. Mit der Zeit legte ich mir die Sprache eines Sportreporters zu. Als Lili von ihren Ferien bei meinen Eltern zurückkehrte, machte sie täglich mit ihrem Bruder um die Wette Hindernislauf. Neben dem Hindernisrennen standen pro Tag zehn Bewegungsübungen und sechzigmal die Atemmaske auf dem Programm, dazu kamen noch die Atemübungen und das Intelligenzprogramm.

Als ich Nancy von den BITS erzählte, hatte sie eine Idee. Sie ging zum nächstbesten Ramschladen, und kehrte mit einem Stapel alter Ansichtskarten zurück, auf denen Greifvögel oder Landschaftsansichten von Amerika abgebildet waren.

Die BITS wurden bei meinen Freunden sehr beliebt. Auf diese Weise, so meinten sie jedenfalls, könnten sie all ihre vielen kleinen Dinge, die sie nicht wegwerfen wollten – obwohl es keinen Grund gab, sie aufzubewahren –, einem guten Zweck zuführen.

Zwischen den verschiedenen Übungen mit Doran sortierten ein paar Freunde Ansichtskarten, schnitten Bilder aus und klebten sie auf zugeschnittene Blätter, während andere sie säuberlich beschrifteten.

»Doran«, schwärmte ich, »sieh mal – zehn amerikanische Präsidenten.« (Oder zehn ägyptische Bauwerke oder zehn Kriegsschiffe.)
Doran war begeistert. Seine Augen wurden groß. Ich opferte sogar meine Bildbände für ihn.
Wir hatten so wenig Zeit, daß wir unsere Mahlzeiten auf dem Fußboden an den umgedrehten Brotkästen (die wir als Hindernisse geliehen hatten) einnahmen oder uns um die »Schildkröte« versammelten, in der Doran während des Essens hing. Zwischen den Bissen wippte er auf und ab. Er hatte immer noch einen gesunden Appetit und eine gute Verdauung.
Als wir eines Tages gerade bei einer solchen Mahlzeit saßen, kam Bert mit der Plastiktüte, in der Dorans Unterlagen waren. Sie kippte den Inhalt der Tüte auf den Tisch, und ich reichte ihr einen Teller Reis mit Salat.
»Möchtest du einen Stuhl?«
»Nein danke, Linda, ich stehe lieber. Außerdem habe ich es eilig. Ich wollte dich nur fragen, ob dir klar ist, daß wir kein Geld mehr haben?«
»Ich bin mir dessen bewußt. Ich warte nur noch darauf, daß mir mein Unterbewußtsein einen guten Einfall hochschickt.«
»Wir brauchen viel Geld, Linda.«
Doran wippte ungeduldig, und ich schob ihm den nächsten Bissen in den Mund.
»Sein Übungsprogramm ist sehr unterhaltsam«, sagte ich.
»Wir könnten Eintritt verlangen.«
»Wir sollten ein gesponsertes Wettrennen veranstalten.«
»Könnten wir nicht ein Wettbüro einrichten, in dem die Leute Wetten darüber abschließen, ob Doran seine Ziele erreicht?«
»Wir müssen mehr an die Öffentlichkeit, Linda.«
»Wir wär's, wenn wir andere Leute dazu bringen, Dorans Programm zu absolvieren?«

Berts Augen leuchteten auf. »Das ist es! Das ist die Idee: Wir veranstalten ein Wettkrabbeln.«
»Bert, das ist glänzend.«
Sie machte sich jetzt doch über den Reis her.
»Ich gehe zu Judy Blowe. Mal sehen, wir ihr die Idee gefällt. Tschüß.« Sie beugte sich unter den Tisch: »Tschüß, Doran. Mach weiter so, Junge.«
Außer Bert bemühte sich noch jemand darum, Geld aufzutreiben. Jane Stimson, eine der ersten, die mir bei Dorans Bewegungsübungen geholfen hatte, schlug vor, den »Club der Tausend« zu gründen: Wenn man tausend Leute dazu überreden könnte, jedesmal ein Pfund zu spenden, wenn Doran nach Amerika mußte, hätten wir genug Geld, um nahezu sämtliche Kosten zu decken. In Janes Diele stand ein großes Bonbonglas, in dem sie Kleingeld sammelte. Auch ihre Gäste warfen die Münzen, die sich in ihren Manteltaschen gesammelt hatten, in das Glas. (Diana hatte ein ähnliches Glas in ihrem Laden aufgestellt und ermunterte ihre Kunden, einen Teil des Wechselgeldes zu spenden.)
Obwohl Doran inzwischen über seine Sandsäcke kletterte und mit zunehmender Energie über den Fußboden robbte, zeigte er kein Interesse, die »Krabbelstellung« einzunehmen. Ich fragte mich, ob irgend jemand glaubte, daß er dieses Ziel jemals erreichen könnte. Auch wenn es völlig utopisch erschien, betrachtete ich es als Tatsache, daß er es früher oder später schaffen würde.
Während der Sommermonate fehlten mir immer wieder ein paar Helfer, weil viele meiner Freunde verreist waren. Ich mußte neue Hilfswillige suchen, um die Lücken zu füllen. Das Programm war inzwischen so kompliziert, daß wir nicht mehr zu Kirsteen fahren konnten. Wir machten Reklame im Dorf.
Die ersten beiden Hilfswilligen interessierten sich für die Lehren Steiners. Ich hoffte, daß wir zahlreiche Gemeinsamkeiten finden würden. Als der Nachmittag fast vorbei war,

spürte ich, daß die Atmosphäre ein wenig gespannt war. Deshalb fragte ich die jüngere der beiden Frauen, wie sie sich fühle.

»Ich finde, Sie zerstören die spirituelle Bestimmung Dorans. Es gibt einen Grund, warum Kinder wie er sind, wie sie sind. Aber ich fürchte, das können sie nicht verstehen.«

»Vielleicht können Sie nicht verstehen, daß es nicht angenehm ist, hirngeschädigt zu sein? Doran will kein Krüppel bleiben. Möglicherweise kann er sich die Erfahrung zunutze machen. Aber seine Behinderung soll kein Dauerzustand sein, ebensowenig wie ein gebrochenes Bein.«

Sie streckte mir zum Abschied die Hand hin. »Ich behaupte nicht, daß Sie nicht das Beste für Doran wollen, bestimmt nicht. Aber ich könnte so etwas nicht tun, ohne meinen inneren Frieden zu verlieren.«

Sie verließ das Haus und ging die Straße hinunter. Ihre Freundin sah mich verständnisvoll an.

»Was soll ich machen?« sagte ich. »Sie glaubt an etwas, an das ich nicht glaube. Ich respektiere ihren Standpunkt. Aber sie hat mich verletzt.«

»Ich glaube, sie hatte ihre Entscheidung schon getroffen, bevor sie überhaupt herkam. Machen Sie sich keine Sorgen, ich helfe Ihnen.«

Sie kam den ganzen Sommer und das ganze nächste Jahr, um mir zu helfen.

Unsere Idee, ein Wettkrabbeln zu veranstalten, hatte Anklang gefunden, und wir beschlossen, unsere Veranstaltung mit einem »Sommerfest« auf dem Spielplatz in East Grinstead zusammenzulegen.

Diana beschloß, selbst zu krabbeln. Sie machte einen entsprechenden Aushang in ihrem Laden und sprach jeden Kunden persönlich an: ». . . und ein Pfund Tomaten? – Ach, haben Sie es schon gehört? Ich krabble für Doran. Möchten Sie ein Teilnahmeformular?«

Konnte da jemand nein sagen?

Bert kam immer nur kurz bei mir vorbei. Sie brauchte genau zehn Minuten, um die Plastiktüte mit den Unterlagen auf dem Tisch auszukippen, ein paar hektische Notizen zu machen und wieder zu verschwinden. Als das Wettkrabbeln näher rückte, wurden diese Auftritte häufiger.

»Zuerst dachten viele, wir würden einen Schwimmwettbewerb veranstalten, Linda.«

»Kraulen statt Krabbeln?«

»Wir haben sie aufgeklärt. Eigentlich ist es ja ein Wettkriechen. Wir können die Teilnehmer nicht gut zwingen, wie Doran zu robben.«

In Zukunft wurde jedem, der mein Haus betrat, eine Aufgabe zugeteilt. Bert hatte lange Namenslisten, die mit Häkchen und Kreuzen bedeckt waren. »Papa fragt schon um Erlaubnis, wenn er sein Telefon benützen will, so schlimm ist es«, sagte sie.

Kurz vor dem großen Ereignis war die Schönwetterphase zu Ende. Der Wetterbericht kündigte Regenschauer mit kurzen Aufheiterungen an. Wir belegten die Turnhalle und den Sportplatz. Diana übte heimlich im Garten krabbeln. Magda wollte auch kommen, und Moe hatte versprochen, Fotos zu machen. Es war Dorans großer Tag. Bert schimpfte über das schlechte Wetter. Aber das gehörte nun einmal zu England, und deshalb sagte sie: »Wir können nur hoffen, daß es besser wird.«

Doran absolvierte gleichmütig sein Samstagvormittags-Programm. Der Regen interessierte ihn nicht. Er ahnte nicht, daß seine Zukunft von den Launen des Wetters abhing. Um halb zwei kamen wir bei dem Spielplatz in East Grinstead an. Wir eilten an einem kleinen Vergnügungspark und an Verkaufsständen vorbei, von deren Markisen das Wasser tropfte. Lili wollte Karussell fahren, aber Nancy meinte, wir sollten zuerst Magda suchen. Die große Sporthalle neben dem Spielplatz stand voller Stände und Buden, deren Besitzer Doran entweder vom Sehen oder aus der

Zeitung kannten. Es gab die verschiedensten Dinge zu kaufen, nur die Krabbeltiere fehlten.
»Was können denn die Leute an einem so miesen Samstagnachmittag sonst tun?« fragte ich.
»Ins Kino gehen oder, noch besser, fernsehen«, seufzte Bert.
Zwei Jugendliche erklärten sich bereit, bei den Schaustellern vom Vergnügungspark Kostüme zu leihen und verkleidet auf der Hauptstraße für unseren Wettbewerb Reklame zu laufen. Inzwischen waren die ersten Krabbler eingetroffen. Alle trugen Phantasietrikots, Knieschützer und Handschuhe. Doran kam ohne diese Ausrüstung zurecht.
»Bert«, meinte ich, »könnten sie nicht außen um die Halle krabbeln? Das wäre doch witzig.«
»Für das Publikum vielleicht, aber nicht für die Teilnehmer. Doran ist ein trainierter Krabbler. Die anderen würden nach ein paar Runden aufgeben. Der Boden ist zu hart.«
Ich seufzte. Bert fuhr fort: »Ich finde deinen Vorschlag nicht schlecht. Aber je länger sie krabbeln, desto mehr Geld nehmen wir ein.«
Judy rief nach Bert. Sie hatte eine Gruppe Fremder entdeckt und meinte, es seien die ersten Kunden. In Wirklichkeit war es ein Team von der »Beratungsstelle für natürliche Geburt« mit einer großen Schachtel selbstgebackener Kekse. Magda paßte auf Doran auf, und ich machte mich auf den Weg und suchte Nancy und Lili, die plötzlich verschwunden waren. Als ich sicher war, daß sie sich nicht in der Halle aufhielten, ging ich nach draußen. Der Boden war noch sehr matschig, aber zwischen den grauen Wolken zeigte sich ein schmaler Streifen Blau. Ich beobachtete, wie er breiter wurde und sich auf uns zubewegte. Da hörte ich Lilis Stimme. Sie fuhr Karussell und sang. Bis jetzt war sie noch der einzige Fahrgast, aber von der Stadt näherten sich bereits andere Kinder mit ihren Müttern und Vätern. Nancy stand neben dem Karussell.

»Es hellt sich auf«, sagte sie. »Werden sie krabbeln? Wenn sie erst einmal gestartet sind, macht ihnen ein bißchen Regen nichts mehr aus. Es ist ja nicht sehr kalt.«
Ich lief los, um Bert zu suchen.
»Sie müssen starten, sieh dir das Wetter an!«
»Der Boden ist doch völlig aufgeweicht. Es ist schon an einem schönen Tag verrückt genug, um die Wette zu krabbeln.« In diesem Moment kam Diana, als Schildkröte verkleidet, mit den anderen Krabblern auf uns zu.
»Wann starten wir?« fragte sie.
»Wir wollen krabbeln! Wir wollen krabbeln!« riefen die anderen.
Judy Blowe und Berts Vater steckten den Kurs ab. Mittlerweile herrschte strahlender Sonnenschein. Die Markisen der Schaubuden waren fast trocken; und auf dem Karussell drehten junge Fahrgäste auf dem Rücken von Giraffen und Pferden ihre Runden.
Der Boden war so weich, daß er die Knieschützer nicht aufriß, und die Krabbler schafften mehr Runden, als irgend jemand zu prophezeihen gewagt hätte. Dianas Krabbelkünste brachten uns über zweihundert Pfund ein.
Das Wettkrabbeln war ein finanzieller Erfolg gewesen. Der nächste Termin im Institut rückte näher, doch Doran beherrschte die »Viererstellung« immer noch nicht. Er konnte zwar größere, und vor allem interessantere Hindernisse überwinden und dreihundert Meter weit auf einem Teppich robben, aber wenn er schon in der Krabbelstellung nicht das Gleichgewicht halten konnte, lag die Hoffnung, daß er je auf zwei Beinen stehen würde, in weiter Ferne. Ich wußte, daß wir unseren Besuch im Institut aufschieben mußten, bis Doran die gesteckten Ziele erreicht hatte. Damit mußte ich mich wohl oder übel abfinden. Dennoch verlangte ich das Unmögliche.
»Doran, um Gottes willen, streng dich an! Spann deine Muskeln an!«

Doran beachtete mich nicht und sank zurück auf den Bauch.
»Er ist müde«, sagte eine meiner Helferinnen. »Soll ich ihm etwas zu trinken geben?«
Ich glaubte nicht, daß Doran müde war, aber ich akzeptierte die Entschuldigung und gab der Helferin das Fläschen. Sie nahm Doran mit hinaus in den Garten. Ein paar Sekunden später hörte ich sie rufen: »Hält Doran seine Flasche schon selbst?«
»Nein, er kann die Hand nicht richtig öffnen.«
»Aber *jetzt* kann er es! Er hält seine Flasche selbst.«
Ich rannte in den Garten. Doran lag auf dem Rücken im Arm der Helferin, hielt die Flasche mit beiden Händen fest und nuckelte gierig. Immer wieder nahm er den Sauger aus dem Mund, grinste, und steckte ihn wieder hinein.
Als ich mich nicht mehr ausschließlich darauf konzentrierte, ob Doran sich auf allen vieren halten konnte, stellte ich andere Veränderungen an ihm fest. Sein Kopf wirkte jetzt größer. Janet hatte vorhergesagt, daß die vielen neuen Informationen sein Hirn zum Wachsen anregen würden, und wenn das Gehirn wuchs, würde der Schädel entsprechend mitwachsen. Doran wirkte insgesamt größer, und wenn er mich ansah, bewegten sich manchmal beide Pupillen gleichzeitig auf mich zu. Dorans Augenachsen begannen zu konvergieren.
Ich telefonierte mit Rosalind im Institut. Ihr Interesse galt hauptsächlich Dorans Bewegungsleistung. Wenn er sein Pensum erreicht hatte und die Krabbelstellung trotzdem noch nicht beherrschte, mußte eine andere Methode gefunden werden, sie ihm beizubringen. Rosalind war gespannt darauf, Doran wiederzusehen und zu begutachten.
Die Zeit verging, ohne daß mir bewußt gewesen wäre, welche Jahreszeit wir hatten. Mein Leben wurde nur von den Besuchen im Institut in Philadelphia gegliedert. Wenn ich gefragt wurde, wann wir wieder ins Institut fahren würden, sagte ich: »Am zweiundzwanzigsten« und nahm

an, jeder wisse, welchen Monats, weil der September im Kalender aller Freundinnen und Helfer rot angestrichen war. Am dreiundzwanzigsten feierten wir Dorans zweiten Geburtstag. Magda hatte beschlossen, wieder mit uns in die USA zu fliegen. Aber dieses Mal wollte sie ein paar Tage länger bleiben, um an einem Kurs des Instituts über menschliche Entwicklung teilzunehmen.

Doran robbte bergauf und bergab und kletterte über immer mehr Hindernisse. Wenn er sich sehr anstrengte, zog er die Knie ein wenig an, und ich bekam eine erste Ahnung davon, wie es sein würde, wenn er richtig krabbeln würde. Als ich eines Abends mit Nancy dasaß und BITS ausschnitt, sagte sie: »Glaubst du, daß Doran zu sprechen versucht? Ich glaube schon, aber ich bin mir nicht ganz sicher.«

»Meiner Meinung nach äußert er sich zu vielen verschiedenen Dingen. Vor allem quengelt er gut.«

Eine Woche bevor wir wieder in Philadelphia sein sollten, hatte Doran sein Ziel beinahe erreicht.

Ich rief Rosalind an. Mit ihrer optimistischen Art spornte sie mich an, Doran dazu zu motivieren, das Letzte aus sich herauszuholen.

»Es hört sich alles sehr gut an, was Sie über Doran berichten, aber er muß sein Pensum schaffen. Wir freuen uns darauf, Sie wiederzusehen«, sagte sie zum Abschied.

Wir steckten die geforderte Strecke genau ab. Dann stellten wir uns neben Dorans Rennbahn auf. Wir benahmen uns, als ob es sich um das Britische Hindernisderby handelte und wir unseren gesamten Einsatz auf *ein* Pferd gesetzt hätten. Und *dieses* »Pferd« gewann – aber ich wurde heiser.

Als meine Mutter kam, um Lili für die Ferien abzuholen, fragte Lili: »Mami, wie willst du in Amerika von Doran erzählen, wenn du nicht sprechen kannst?«

»Ich hoffe, daß er alles selbst erzählt«, flüsterte ich heiser.

Eine lokale Wohltätigkeitsorganisation rief zu einer Spendenaktion für Doran und den Boxclub von East Grinstead auf. Die Kombination erschien nicht einsichtig, aber wir waren trotzdem dankbar. Doran sollte wenige Stunden vor unserem Abflug nach New York als Ehrengast auf dem Gartenfest der Organisation erscheinen. Nancy fuhr einen Tag vor uns ab. Sie hatte eine Mitfahrgelegenheit nach Yorkshire gefunden.

Noch am Sonntagmorgen kamen ein paar Freundinnen und halfen mir, Doran über die letzten Hindernisse zu locken. Anders als bei meiner Abreise im Juni hatte ich noch nicht gepackt. Der Fußboden des vorderen Zimmers war mit Büchern, Notizblöcken und Kleidern übersät. Wahrscheinlich glaubte niemand, daß sich das Puzzle noch zusammenfügen würde. Als eine Nachbarin anbot, ins Dorf zu fahren und alles einzukaufen, was ich brauchte, stellte ich fest, daß mir wirklich noch einige Dinge fehlten.

Am frühen Nachmittag war alles gepackt, und ich fuhr los. Mein Auto wollte ich bei Kirsteen abstellen. Diana hatte versprochen, Doran und mich dort abzuholen. Ich sah ihren Lieferwagen vor dem Tor stehen. Diana war über dem Steuer zusammengesunken und schlief fest. Als ich ans Fenster klopfte, fuhr sie zusammen und hob langsam den Kopf. Ihr Gesicht war rot und verschwollen.

»Ich habe nur ein bißchen gedöst«, sagte sie.

»Diana, du hast tief geschlafen. Du siehst aus, als hättest du eine schlimme Erkältung.«

Sie nieste in ihr Taschentuch. »So ist es. Aber wenn ihr euch auf den Rücksitz setzt, steckt ihr euch nicht an.«

Wir fuhren bei dem Tor zum Park des großen Landhauses vor, in dem das Gartenfest stattfand. Ein großer Mann blies auf seinem Dudelsack, während wir langsam die Auffahrt hinauffuhren. Doran streckte Kopf und Schultern aus dem Fenster, um sich für den Beifall zu bedanken.

Nach der Veranstaltung trafen wir uns mit Magda am Flughafen. Der Flug verlief ohne besondere Vorkommnisse.

Da ich mir bei der amerikanischen Botschaft in London den entsprechenden Vermerk in den Paß hatte eintragen lassen, kamen wir problemlos durch den Zoll. Wenige Stunden später saßen Doran, Magda und ich zusammen mit Judith in unserem klimatisierten Zimmer im Chestnut Hill Hotel.
Am Montagmorgen begutachtete Rosalind Dorans Fortschritte. Doran hatte seine Ziele erreicht. Er hatte sogar Hindernisse überwunden, die so hoch waren, daß Rosalind nicht erwartet hätte, daß er sie bezwingen würde.
»Mrs. Scotson, wir machen es unseren Kindern immer sehr schwer, aber was Doran leistet, ist unglaublich. Gratuliere, Doran.«
Doran sah sie direkt an. Er hatte seine manuellen Fähigkeiten verbessert und konnte sehr gut lesen. Sein Kopf war um zwanzig Prozent mehr gewachsen als der eines durchschnittlichen Zweijährigen.
»Das entspricht unseren Erwartungen, wenn ein Kind mit dem BITS-Programm anfängt. Doran hat seine Sache außergewöhnlich gut gemacht. Vor einem Monat fürchteten Sie noch, er würde seine Ziele nicht erreichen, und heute ist er ein Star.«
»Und morgen hat er Geburtstag.«
»Ich verstehe. Dann ist morgen sein Glückstag. Gehen Sie nur vormittags in die Vorlesungen, damit Sie ihn abholen und sich amüsieren können.«
Judith und Magda planten eine Besichtigungstour durch die Altstadt von Philadelphia, aber je voller das Programm wurde, desto weniger Lust hatte ich dazu.
»Was würdest denn du gern zur Belohnung tun?« fragte Magda.
»Schlafen.«
Sie ließen mich in einem abgedunkelten Raum zurück. Ich war völlig glücklich, denn die nächsten paar Stunden mußte ich nur schlafen.
Die drei kehrten wohlbehalten von ihrem Ausflug zurück.

Sie hatten nur das Problem gehabt, Doran so in die Windel zu packen, daß er nicht an der Seite hinauspinkelte. Wir lachten gemeinsam darüber, daß er wegen seiner Locken und rosa Hosen für ein Mädchen gehalten worden war.
Am Freitag besprachen wir mit Rosalind das neue Bodenprogramm. »Dieses Mal«, sagte sie, »wollen wir aus Doran einen echten Profikriecher machen.«
Er sollte weiterhin pro Tag viermal dreißig Minuten seine Atemübung und achtmal die Bewegungsübung absolvieren. Wir mußten für ihn eine Kiste oder einen Trog mit offenen Stirnseiten bauen, damit er seitliche Unterstützung hatte und in der Krabbelstellung das Gleichgewicht halten konnte. An gewöhnlichen Tagen mußte er hundertachtzig Meter robben, davon hundert Meter über Hindernisse und achtzig Meter normal. An drei Tagen in der Woche sollte er sich hauptsächlich auf das Bodenprogramm konzentrieren. Bis zum Zwischenbericht sollte er vierhundert Meter robben, davon hundertfünfzig Meter normal und zweihundertfünfzig Meter über Hindernisse.
»Wir werden Doran an eine geneigte Leiter lehnen, um ihn auf das Gehen vorzubereiten«, sagte Rosalind. »Das wird für ihn auch eine Krabbelhilfe sein.«
Bevor wir in ihr Sprechzimmer konnten, mußten wir noch viele Einzelheiten durchsprechen. Das Intelligenzprogramm war ungewöhnlich umfangreich, aber Doran würde viel Zeit im Trog verbringen, und dabei konnte ich ihm gleichzeitig die Karten zeigen.
Ich konnte zwischen den vielen neuen Informationen zunächst keinen Zusammenhang erkennen. Ich wollte zu Hause in Ruhe darüber nachdenken. Magda bekam ein Zimmer im Institut. Sie borgte sich einen Trainingsanzug, um an dem Kurs über menschliche Entwicklung teilnehmen zu können.
Ich überprüfte zum zehnten Mal meine Flugnummer. Unser Flugzeugt startete um halb elf Uhr. Das war später, als

ich eigentlich wollte, aber so hatten wir noch Zeit für eine Mahlzeit in New York. Als wir unseren letzten Spaziergang durch Chestnut Hill machten, kamen wir auf einen Rummelplatz. Eine altmodische Blaskapelle machte Musik. Michael wollte plötzlich noch einmal die Flugtickets überprüfen. Er sah mich unglücklich an.
»Linda, mit dieser Flugnummer ist etwas nicht in Ordnung. Entweder ist sie falsch oder die Abflugzeit stimmt nicht.«
Ich verstand das nicht. Ich hatte die Tickets direkt von dem Büro der »Laker-Billigflüge« bekommen und konnte mir kaum vorstellen, daß dort eine falsche Zeit eingetragen worden war.
Judith nahm die Tickets. »Der Flugnummer nach ist es der Flug um halb acht«, sagte sie. Sie war schon so oft geflogen, daß sie zwischen den Ziffern eine Verbindung sah, die mir entging. Wir versuchten, beim Flughafen anzurufen, aber wir erreichten nur einen automatischen Anrufbeantworter.
»Wenn wir jetzt sofort gehen und das Auto holen, könnten wir es gerade noch schaffen. Denk dran, daß du eine Stunde vor dem Abflug da sein mußt.«
Michael nahm Doran, und wir liefen blind durch die Menschenmenge. Ich hatte die Vision, nie mehr nach Hause zu kommen, sondern für immer in einem bösen Traum gefangen zu bleiben. Ein paar Stunden später erreichten wir die Peripherie von New York. Michael rief von mehreren Telefonzellen beim Flughafen an. Als er endlich durchkam, hatten wir nur noch geringe Chancen, den Kennedy-Airport bis halb acht zu erreichen.
Er kam mit grimmiger Miene zurück zum Auto.
»Auf deinem Ticket steht die falsche Zeit, und in der halb elf Uhr-Maschine ist kein Platz mehr.«
Ich versuchte, tapfer sein. »Aber weil alle Flüge verschoben worden sind, startet die Halb-acht-Uhr-Maschine erst um halb elf. Wohin gehen wir also zum Abendessen?«

11

Am ersten Morgen zu Hause schliefen Doran und ich aus. Freunde, die gekommen waren, um uns zu begrüßen, schlichen auf Zehenspitzen durchs Haus. Als wir schließlich aufwachten, war es Mittag. Nach dem Essen beschäftigten sich meine Besucher mit Doran, und ich ging meine Aufzeichnungen durch. Kurz bevor am Spätnachmittag Cathy, die erste Freiwillige, kam, heftete ich das neue Programm an die Wand.

Peter erklärte sich bereit, einen Kriechkasten anzufertigen und eine Trittleiter zu bauen, an der Doran das Stehen lernen konnte. Cathy, eine schlanke, ernste junge Frau, hatte gerade ihr Mathematik- und Französischstudium an der Pädagogischen Hochschule abgeschlossen. Sie war begeistert von der Vielfalt des Übungsprogramms. Um neun Uhr abends saßen wir mitten in einem Chaos.

»Wer räumt auf?« fragte sie, als sie sich den Weg zum Bad bahnte.

»Wir«, gab ich zurück, während ich Doran badete und Lili den Rücken schrubbte.

»Wo kommt das alles hin?«

»Zum größten Teil in die Spielzeugkiste.«

Cathy war sehr zurückhaltend. Lili mußte sich erst an Cathys sanfte, aber direkte Art gewöhnen. Sie spielte Theater und tat bei jeder Gelegenheit, als sei sie völlig hilflos.

Am Nachmittag sagte Cathy: »Lili, ziehst du dir bitte die Schuhe an?«

Lili antwortete weinerlich: »Sie passen mir aber nicht.«

Cathy warf Lili vor, daß sie die Schuhe erst am Tag zuvor getragen habe, aber das Argument beeindruckte Lili nicht im mindesten. Ich schlug vor, sie solle es mit der Geschichte von Aschenputtels Schuh versuchen und wandte mich an meine Tochter: »Wenn der Schuh nicht paßt, wird das dem

Prinzen das Herz brechen.« Sofort streckte Lili die Beine aus und zog ihre Schuhe an. Cathy wurde immer verwirrter. Doran absolvierte währenddessen mit wilder Entschlossenheit eine Übung nach der anderen, bis er schließlich in Schlafanzug und Anti-Wälz-Weste gesteckt und ins Bett gepackt wurde. Als er endlich schlief, fegte Cathy die Zimmer. Der Staubsauger war in der Reparatur und würde dort noch längere Zeit bleiben, weil ich kein Geld hatte, die Rechnung zu bezahlen.

Am nächsten Wochenende kam Magda. Während Doran über seine Hindernisse in Richtung Garten kletterte, saß sie in der Küche und beantwortete Cathys Fragen. Als ich Cathy ein wenig später sah, wirkte sie entspannt und lächelte. Als Magda gegangen war, meinte sie: »Das war die verwirrendste Woche meines Lebens, aber jetzt weiß ich endlich, um was es geht.« Sobald Cathy wußte, warum sie etwas tat, machte sie es sehr effizient.

Ihre Schönschrift war die leserlichste Handschrift, die ich je gesehen habe. Sie schrieb mit unglaublicher Geschwindigkeit Informationsprogramme oder beschriftete die Rückseite von neuen BITS. Judith schickte Pakete voller Ansichtskarten aus Amerika. Ohne sie hätten wir nie erfahren, daß es so viele verschiedene Hunderassen gibt.

Mehrmals am Tag mußte Doran in seinen Kriechkasten. Damit er in Krabbelstellung blieb, stopfte ich ihm Kissen in die Kniekehlen. Im Kriechkasten aß Doran meist Rosinen und lauschte meiner dramatischen Wiedergabe der Titel seiner BITS. Cathy und manchmal auch Lili stützten seinen Po. In der »Schildkröte« zeigte Doran die Bereitschaft, sich, für einen Blick auf sein entschlossenes Gesicht im Spiegel, vorwärts und rückwärts zu schieben. Am liebsten stand er an der senkrechten Leiter und spielte den vielversprechenden, aufrecht gehenden jungen Mann. Auch Cathy sah man im Laufe des Tages in den verschiedensten Körperhaltungen, darunter im Schneidersitz auf dem Tisch, wo sie aus einem Stapel Zeitschriften die nächsten zehn BITS auswählte. Sie brachte Lili das Ausschneiden bei. Ihre Schülerin war gelehrig und produktiv. Die Konfettischicht auf dem Fußboden rings um den Tisch wurde immer dicker, denn Lili versuchte, mit der Schere möglichst kleine Schnippsel abzuschneiden.

Auch mein Hausarzt bemerkte Dorans Fortschritte. Er wollte, daß Doran medizinisch überwacht wurde, und schlug vor, einen Spezialisten zu kontaktieren, der vor kurzem aus der Guy-Klinik in die »Klinik für zerebrale Störungen« übergewechselt war.

Wir vereinbarten einen Termin. Ich bat meine Freundin Jean, eine ausgebildete Krankengymnastin, mit in die Klinik zu fahren. Sie besaß einen kleinen Bauernhof und brachte Doran oft Eier und Sahne mit, wenn sie kam, um mit ihm zu üben. Auf dem Weg zur Klinik erzählte uns Jean, daß eine Fernsehsendung sie sehr deprimiert hatte. Dort war gezeigt worden, wie eine Gruppe von Müttern behinderter Kinder versuchte, ihre Isolation zu überwinden und sich gegenseitig bei der Betreuung ihrer Kinder zu helfen.

In der Klinik begrüßte uns unsere frühere Krankengymnastin sehr freundlich. Ich wollte ihr vorführen, wie Doran über den Korridor robbte, aber sie verschwand sofort wieder. Im Vergleich zu unserem letzten Besuch in der Klinik war Dorans Beweglichkeit beeindruckend. Er hatte neue Schaftstiefel und freute sich über das laute Geräusch, daß sie auf dem Fußboden machten. Die Krankengymnastin kam zurück und sagte, der Arzt meine, sein Sprechzimmer sei zu klein, um uns alle aufzunehmen.

»Meine Freundinnen haben sehr viel mit Doran zu tun. Es ist sehr wichtig für mich, daß sie bei mir bleiben.«

»Der Arzt meint, es würde ein bißchen eng werden. Das ist alles.«

»Meine Freundinnen sind von weit her gekommen, und ich bin nicht bereit, ohne sie mit dem Arzt zu sprechen.«

Die Krankengymnastin verschwand noch einmal. Nach ein paar Minuten bat sie uns in das Sprechzimmer des Arztes. Es war eine riesiger Raum, und in der Ecke standen sogar mehr Stühle, als wir benötigten. Wir gaben uns die Hand. Der Arzt beachtete Doran nicht, obwohl dieser sofort in eine Ecke robbte, um einen Stapel Bücher zu untersuchen.
»Wir haben uns gerade über eine sehr gute Fernsehsendung von gestern abend unterhalten«, sagte er.
»Die Sendung über die Mütter hirnverletzter Kinder, die gegenseitig auf ihre Kinder aufpassen, damit alle einmal ausruhen können?«
»Ja«, meinte er, »es erfreulich, daß es Leute gibt, die versuchen, ihre Isolation zu durchbrechen.«
»Und was ist mit den Kindern?« fragte ich. »Hat es ihnen was geholfen?«
»Ich finde, die Sendung hat nur gezeigt, wie resigniert diese Frauen sind«, sagte Jean.
Der Arzt wechselte das Thema.
»Also, was kann ich für Sie tun, Mrs. Scotson?«
»Ich freue mich, daß Sie sich bereiterklärt haben, Doran zu betreuen, um einen Einblick in die Behandlungsmethoden und Prinzipien des Instituts zu bekommen.«
»Ich fürchte, diesen Einblick kann ich mir nicht verschaffen, wenn ich nur ein einzelnes Kind betreue.«
»Aber sie werden wenigstens einen Eindruck von den Methoden des Instituts bekommen.«
»Mrs. Scotson, ich habe erst vor kurzem eine amerikanische Klinik besucht. Der dortige Spezialist zeigte mir eine ganze Reihe von Kindern, bei denen die Methoden des Instituts versagt hatten und die wieder mit den üblichen Methoden behandelt wurden.«
»Wie viele Kinder haben Sie gesehen?«
Er zögerte, deshalb drängte ich ihn: »Fünfzig? Zwanzig, zehn, fünf?«
»Vier oder fünf.«

»Und was hatten diese vier oder fünf für einen Hirnschaden?«
Er konnte sich nicht erinnern.
»Natürlich bekommen Sie nur die Fehlschläge zu sehen«, meinte Jean. »Die Kinder, bei denen die Methoden des Instituts Erfolg hatten, brauchen Sie nicht mehr.«
»Wir können mit einiger Berechtigung behaupten, daß wir die Kinder ebenso heilen können wie die Leute im Institut.«
»Verlassen Ihre Kinder je gesund und munter diese Klinik?«
»Die Institutsärzte können nicht beweisen, daß die Kinder, die sie angeblich geheilt haben, nicht auch von alleine gesund geworden wären.«
»Haben Sie je gesehen, daß ein schwer hirngeschädigtes Kind gesund geworden ist?«
»Mrs. Scotson, ich fürchte, ich kann Ihren Sohn nicht betreuen, wenn Sie unsere Methoden nicht akzeptieren.«
»Aber wenn ich das tun würde, wäre Dorans Übungsprogramm gefährdet. Und Sie hätten nicht die Möglichkeit, festzustellen, ob Ihre Methode oder die Methode des Instituts erfolgversprechender ist.«
»Dann geben Sie also zu, daß wir eine Methode haben?«
»Ja, aber meiner Ansicht nach führt sie nicht zu dem gewünschten Ergebnis.«
»Nun«, sagte er, »Sie müssen sich nicht jetzt entscheiden. Gehen Sie nach Hause und denken Sie darüber nach.«
»Wollen Sie sich Doran nicht einmal ansehen?«
»Es hat keinen Zweck, Doran zu untersuchen, wenn ich ihn nicht behandle.«
»Ich glaube, wir hatten sehr unterschiedliche Vorstellungen von dem Zweck unseres Treffens hier«, stellte ich fest. »Da wir in der Sache nicht zu einer Übereinstimmung kommen können, sollten wir alles lassen, wie es ist. Guten Tag.«
Als wir vor der Tür standen, explodierte Cathy: »Er hat nicht einmal gefragt, wie es Doran geht, und er hat nicht eine deiner Fragen beantwortet.«

»Du bist sehr ruhig geblieben, Linda«, meinte Jean.
»Ich bin solche Gespräche gewöhnt. Seht euch diese wunderbaren Korridore an, sie sind wie geschaffen fürs Robben, aber die Kinder hier sitzen in Rollstühlen oder gehen an Krücken.«
»Könnten wir für die Tage, an denen Doran nur robben muß, nicht irgendwo so einen Korridor auftreiben?« überlegte Cathy.
So war der Besuch in der Klinik doch nicht ganz vergeblich gewesen. Doran und ich verbrachten von nun an mindestens zwei Tage in der Woche auf den Fußböden anderer Leute. Ich lernte, was ein Staubsauger alles verschlucken muß. Wir robbten hinter Sofas und in Schlafzimmer. Doran kroch über Hundenäpfe und robbte an Katzenkörbchen vorbei. In einem riesigen Haus war ein hohes, weitläufiges Treppenhaus, das die Hindernisse ersetzte. Ich schob Doran die Treppen hinauf und hielt ihn fest, wenn er hinunterkletterte. Lili rutschte auf dem Bauch von oben nach unten. Wenn wir wieder zu Hause waren, wurde Doran sofort für die Atemübung auf den Tisch gelegt, während Lili aß und sich die Zehen wärmte.
Dorans Mahlzeiten waren sehr kompliziert. Er hatte etwas gegen die breiige Konsistenz seiner Speisen. Wenn ich seinen Forderungen nachgab und nichts kleinhackte, kaute er auf jedem Bissen stundenlang herum, bis er ihn schlucken konnte. Er hätte den ganzen Tag mit Kauen verbracht, anstatt zu robben. Ich kam auf die Idee, kleine, brisolettartige Klößchen für ihn zu kochen, die man ihm in den Mund schieben konnte, wenn er ihn öffnete, um zu lachen oder schreien. Aber auch damit waren weder er noch ich wirklich zufrieden.
Dann lieh uns Diana einen großen rustikalen Hochstuhl, den sie für ihr Enkelkind aufbewahren wollte. Doran konnte darin sitzen, wenn ich ihn mit ein paar Kissen stützte. Er konnte jetzt bereits Brot und Käse essen.

Diana brachte uns aus ihrem Laden Lebensmittel und ein Kräutertonikum. Eines Tages fragte sie: »Wann hast du zum letzten Mal gemalt?«
»Als Doran im Krankenhaus war. Warum?«
»Ich habe mir überlegt, ob ich dich nicht bei einer Kunstgruppe in der Schule anmelden sollte. Ich könnte Doran ins Bett bringen und auf ihn aufpassen.«
»Diana, du errätst meine geheimsten Wünsche, aber im Moment wäre es besser, du würdest statt meiner für malen. Geh doch du zu dem Malkurs?«
Diana ging in den Kurs, und wir hatten ein neues Thema zum Reden: die Malerei.
Doran konnte zwar keinen Buntstift halten, aber er hatte viel für das Malen übrig. Er forderte andere dazu auf, daß sie für ihn zeichneten, indem er ihnen beharrlich den Stift zurückgab und auf das Papier zeigte.
Eines Nachmittags kam ein Mann, um den Boiler zu reparieren. Doran stand auf allen vieren in seinem Kriechkasten und sah zu, wie der Installateur sein Werkzeug ordnete und Röhren auseinanderschraubte. Er erklärte Doran jeden einzelnen Handgriff. Fünf Minuten vergingen, dann zehn und als der Installateur fertig war, hatte Doran die Krabbelstellung fast fünfundzwanzig Minuten lang gehalten.
Am folgenden Samstag gingen wir zu meiner Freundin Hilary, um dort zu robben. Sie hatte ein ideales Haus. Es bestand aus drei Reihenhäusern, aus denen durch das Einreißen verschiedener Wände ein einziges Haus gemacht worden waren. Hilary besaß einen weißen Flügel und ein luxuriöses, weißgekacheltes Bad. Lili vergnügte sich gewöhnlich mit viel Seife und Badesalz in der Badewanne, während Doran neugierig vom Fernseher in der Küche zu dem Flügel am anderen Ende des Hause robbte. Er hatte gerade sein Nachmittagspensum erledigt, und ich sammelte verschiedene Puppen und Stofftiere ein, als Hilary aus der Küche rief. Ich hatte kein Glas splittern hören, aber

Hilarys Stimme ließ auf ein Unglück schließen. Als ich in die Küche stürzte, packte sie mich an der Schulter: »Warte, schau!«
Doran wollte fernsehen, und um dabei keinen steifen Hals zu bekommen, hatte er freiwillig und ohne Hilfe die Krabbelstellung eingenommen.
»Ich kann's nicht glauben«, sagte ich.
Wir wagten nicht, uns zu bewegen, denn wir fürchteten, eine plötzliche Bewegung könnte ihn erschrecken. Nach etwa zwei Minuten sank er wieder auf den Boden.
Zu Hause setzte Doran seine neue Fähigkeit sofort ein. Er robbte zu den Bücherregalen hinüber und zog sich so weit hinauf, daß er jedes einzelne Buch abräumen konnte. Statt Einspruch zu erheben, rückten Cathy und ich unsere Stühle näher zu ihm und schauten zu.
Lili kletterte auf meinen Schoß. »Doran macht ein schreckliches Durcheinander, Mami.«
»Ja, ist das nicht wunderbar?«
Doran konnte jetzt seine Umgebung verändern. Viele Dinge, die »oben« waren, konnte er nach »unten« befördern. Er begann auch, verschiedene Dinge zu assoziieren. Cathy hatte zu dem Thema »Schnee« aus einem *National Geographic* Bilder ausgeschnitten und ein paar schöne Karten hergestellt. Wir hatten gerade mit dem Mittagessen angefangen, als Doran seinen Teller beiseiteschob und aufgeregt zum Fenster hinüber zeigte. Ich sah, daß es draußen schneite. Doran konnte sich kaum beruhigen. Er verlangte, daß man ihn zur Tür trug und hinaushielt, damit er die Flocken fangen konnte.
Cathy zeigte sich von einer ganz ungewohnten Seite. »Das ist wie ein Gedicht!« rief sie. Sie lief ohne Mantel hinaus auf den Rasen und tanzte glücklich durch die weißen Flocken.
Cathy hatte ursprünglich vorgehabt, bis Februar zu bleiben. Danach wollte sie gerne unterrichten. Sie bewarb sich bereits jetzt für alle möglichen Stellen.

Aus Maidstone kam eine Einladung zu einem Vorstellungsgespräch. Cathy bekam die Stelle und mußte sie zu Beginn des zweiten Schulhalbjahres im Januar antreten. Sie beschloß, dem Freiwilligen Gemeindedienst sehr genau zu beschreiben, welche besonderen Probleme wir hatten und welche Eigenschaften eine Person haben mußte, die geeignet wäre, sie zu ersetzen. Wir überlegten gemeinsam und kamen zu dem Ergebnis, daß ich eine Frau bräuchte, die ebenso praktisch wie intelligent war und mit ihrem Lachen und ihrer Begeisterungsfähigkeit andere mitreißen konnte. »Und wenn es diese Frau nicht gibt, dann eben eine andere«, fügte ich hinzu.

Inzwischen sangen wir schon Weihnachtslieder, wenn wir mit Doran übten. Meine Mutter schickte zwei Adventskalender, die bald zu erzieherischen Zwecken verwendet wurden. Die Drohung, das Türchen nicht öffnen zu dürfen, veranlaßte Lili und Doran sofort zu manierlichem Betragen.

Als Weihnachten näherrückte, rief der Freiwillige Gemeindedienst an. Man sagte mir, daß die Aussichten, eine Frau zu finden, die noch vor Weihnachten bei mir anfangen könnte, sehr schlecht seien. Kirsteen hatte vorgeschlagen, wir sollten das Übungsprogramm am Weihnachtstag bei ihr absolvieren. Diana lud uns für den zweiten Feiertag ein.

Ein Brief von Judith kam. Sie schrieb mir, daß sie versuche, in Vermont eine Studentin zu finden, die für einen Monat kommen könnte. Aber da ich nach diesem Brief nichts mehr von Judith hörte, nahm ich an, ihr Versuch sei gescheitert. Deshalb brachte ich in Dianas Laden einen Aushang an, mit dem ich nach einer Aushilfe suchte, um die Zeit zu überbrücken, bis mir der Freiwillige Gemeindedienst jemanden schickte. Nach mehreren ergebnislosen Telefongesprächen bekam ich dann doch noch einen Anruf.

»Hallo, hier spricht Emily.«

Ich hielt sie für eine amerikanische Studentin vom Emerson College.

»Soll ich am Samstag kommen?« fuhr sie fort.
»Ja, prima. Wo bist du?« fragte ich, weil ich wissen wollte, ob sie vom Dorf abgeholt werden müßte.
»Ich bin in einem Restaurant in New York.«
Bevor ich weitere Fragen stellen konnte, ging ihr das Geld aus. Ich wußte weder ihren Nachnamen noch ihre Adresse. Am Samstagmorgen fiel der Strom aus. Im Elektrizitätswerk wußte niemand, wann wieder alles in Ordnung sein würde. Nachdem ich den Campingkocher und Kerzen hervorgekramt hatte, rief ich beim Flughafen an. An diesem Morgen kam nur ein Flug aus New York an, und der Name Emily stand nicht auf der Passagierliste, deshalb brachen wir mit gutem Gewissen zu Hilary auf.
In Hilarys Haus war es hell und warm, was uns an diesem Tag besonders gefiel. Kaum hatten wir uns begrüßt, ließ ich mich auf Knie und Hände nieder. Ich konnte mir gar nicht mehr vorstellen, wie es war, in ihrem Haus aufrecht zu gehen oder mit einer Tasse Tee auf einem Stuhl zu sitzen. Am Abend tobte ein Sturm. Wir hatten immer noch keinen Strom und keine Nachricht von Emily. Langsam fragte ich mich, ob der Telefonanruf ein dummer Scherz gewesen war. Am Sonntagnachmittag fuhr draußen ein Taxi vor.
»Emily!« sagte Lili. Sie hatte nie aufgehört, daran zu glauben, daß sie tatsächlich kommen würde. Emily trat ein und ließ sich in den nächsten Sessel fallen. Sie war schön und wirkte resolut und völlig übermüdet.
»Ich habe deine Telefonnummer verloren und mußte wegen der Adresse meine Mutter in Long Island anrufen. Es war *greulich*!«
Sie wollte weder etwas essen noch etwas trinken, sondern bat nur um ein Bett. Cathy begleitete sie nach oben, und wir ließen sie erst einmal schlafen, obwohl wir sehr neugierig auf sie waren.
Ab Montagnachmittag schauten wir jede halbe Stunde nach, ob sie noch lebte. Am Dienstagmorgen fragten wir uns, ob

sie Gefahr lief zu dehydrieren. Kurz nach dem Abendessen kam sie die Treppe herunter. Sie sah sehr hungrig aus. Ich häufte dementsprechend Gemüse und Kartoffeln auf ihren Teller.

»Das schmeckt *toll*«, sagte sie, schlug sich aufs Knie und sprang auf, um nachzuschöpfen.

Judith hatte Emily so genau beschrieben, was sie erwartete, daß die Wirklichkeit sie unbeeindruckt ließ.

Ich besprach mit Emily das tägliche Programm. Der Fußboden um uns herum war bald von zahlreichen Notizzetteln übersät. Cathy versuchte, Emily das BITS-Programm zu erklären, aber Emily wollte sofort anfangen. Sie steckte voller Energie und mußte immer etwas tun.

»Das machst du großartig, Doran. AUF! AUF! AUF!«

Als er über die Hindernisse auf sie zu robbte, fragte ich mich, ob wir in England oder in Amerika waren.

An Cathys Abschiedsabend schmückten wir das Haus und unseren »Baum«, einen starken Fichtenast aus dem Wald. Diana kam mit einer Schachtel voll Sterne, kleiner holzgeschnitzter Spielsachen und Kerzen vorbei. Als wir die Kerzen angezündet und das Licht ausgeschaltet hatten, erlebte Doran zum ersten Mal, wie ein vertrauter Raum verzaubert werden kann.

»Da«, sagte er und zeigte auf den Ast. »Da, da, da!«

Später kamen Cathys Eltern, um sie abzuholen, und am nächsten Morgen begann Emilys Regiment.

Am Weihnachtsmorgen lagen viele Päckchen unter unserem »Baum«. Meine Freundin Bridget, die in Dianas Laden arbeitete, kam schon früh, um mir bei einer Atemübung mit Doran zu helfen, bevor wir zu Kirsteen fuhren. Es war nicht die angenehmste Übung, die Doran über sich ergehen lassen mußte. Emily half ihm, seine Geschenke auszupacken. Gemeinsam bewunderten sie Lilis Geschenke. Das schönste war ein Puppenjunge, der richtig pinkeln konnte. Ihr Patenonkel Peter Marinker hatte ihn ihr geschenkt. Die glückli-

chen Ausrufe Lilis und das Geraschel des Geschenkpapiers übertönten fast den stetigen Schlag des Metronoms, nach dem Bridget und ich uns im Takt bewegten.
»Ich finde es wunderbar, daß ihr die Atemübungen ›spiritistisch‹ nennt«, sagte Emily hinterher.
»In gewisser Weise ist der Atem etwas Spirituelles«, antwortete Bridget. Emily verstand sie nicht und gebrauchte weiterhin das falsche Wort.
Kirsteen verhielt sich so, als ob Dorans Programm zu den Ritualen des Weihnachtstages gehörte. Doran robbte durch Spielzeugkanäle hindurch und bekam zur Belohnung Weihnachtsplätzchen. Er mußte drei Kinder und eine Katze fangen oder ihnen hinterherrobben, und es ist erstaunlich, daß er es schaffte, sich mehrmals mit seiner Anti-Wälz-Weste am Baum vorbeizuzwängen, ohne sich zu verfangen. Nach den letzten Pastetchen, die wir redlich teilten, legte er sich hin. Noch im Schlaf kaute er auf Krümeln von Vollkorngebäck herum.
Am nächsten Tag fuhren wir zu Diana. Ihr Haus war voll fröhlicher Menschen. Sie sangen und begleiteten sich dabei gegenseitig auf dem Klavier. Nach dem Mittagessen gingen Doran und ich zum Robben in das Obergeschoß. Nach einigen Runden entdeckte Doran das Bad. Er robbte eilig auf die Badewanne zu und als er sie erreicht hatte, hob er sich auf alle viere und versuchte, den Rand der Wanne zu erreichen.
Das Manöver war erfolgreich. Er fand sich aufrecht stehend neben den Wasserhähnen wieder. Als Diana erschien, hatte ich die Wanne mit Wasser gefüllt und warf alles hinein, was schwamm. Doran machte immer wieder einen neuen Versuch. Jedes Mal bekam er mehr Vertrauen zu seinen Fähigkeiten und stützte sich ein bißchen geschickter ab.
»Diana, eine Premiere in deinem Bad. Paß auf!«
Doran zeigte stolz, was er konnte. Er drückte sich hoch,

grabschte nach dem Rand und stand aufrecht. Dann griff er nach einer schwimmenden Plastikente.
»Er hat es geschafft, Diana. Ein Glück, daß du noch mit Plastikenten spielst.«
»Meine Enkel sind auch ganz begeistert davon«, sagte sie.
Alle kamen herauf, um Doran zuzuschauen. Diana brachte ihm Süßigkeiten.
»Laß es dir schmecken, mein Junge. Ich hätte nie gedacht, daß ich einmal stolz darauf sein würde, daß jemand sich am Badewannenrand hochziehen kann. Aber leben heißt lernen.«
Wir kamen spät nach Hause. Lili schlief bereits, aber Doran war durch die Festlichkeiten des Tages völlig überdreht. Ich legte ihn auf das Sofa und zeigte ihm Lokomotiven, venezianisches Glas, Käfer, berühmte Erfinder und impressionistische Gemälde. Nach dem letzten »Renoir« döste er ein. Visionen von schönen Frauen auf einer Frühlingswiese begleiteten ihn.
Am nächsten Tag suchte Doran einen Gegenstand, der ihm den Badewannenrand in Dianas Haus ersetzen könnte. Er beschloß, auf das Sofa zu klettern. Je weiter wir ihn von Sofa weglegten, desto größer war die Strecke, die er kriechend zurücklegte. Er brauchte Platz. Die geeignetste Umgebung für ihn, die wir finden konnten, war die Rollschuh-Diskothek im Felbridge Hotel. Wir bekamen die Erlaubnis, dieses Mekka der geblümten Teppiche und der blitzenden Lichter nachmittags vor der öffentlichen Laufzeit zu benutzen.
Die Tische konnten problemlos zusammengeschoben werden, und Doran konnte zwischen den Tischbeinen umherkriechen. Wenn er seine Sache gut gemacht hatte, drehten wir einen Tisch um, legten Doran zwischen die Tischbeine und schoben ihn über den den Fußboden. Die Kinder aus der Nachbarschaft versammelten sich auf den Treppenstufen, um uns durch die Glastüren zuzusehen.
Eines Tages setzte sich Doran aus der Krabbelstellung mit

dem Po zwischen die Fersen und löste die Hände vom Boden.
»Das ist unglaublich«, staunte Emily.
»Ja«, sagte ich, »ab jetzt müssen wir verhindern, daß er sich hinsetzt.«
Sitzen war wie Wälzen eine neurologische Sackgasse, und im Institut gab es für diese Körperhaltung nur ein Wort.
»Du solltest Doran auf keinen Fall bewundern, Emily. Diese Position wird im Institut ›die Katastrophe‹ genannt.«
»Warum?«
»Weil sie Hüftgelenks- und Rückgratschäden fördert«, antwortete ich. »Wir müssen verhindern, daß er sich hinsetzt.«
Das Kissen, das wir in dem Kriechtrog verwendet hatten, nützte außerhalb des Troges leider nichts. Wir füllten einen Kissenbezug mit flachgeklopften Blechdosen und banden ihn Doran so um, daß er ihn am Sitzen hinderte. Aber Doran interessierte sich mehr für das Geklapper hinter ihm als für das Kriechziel vor ihm. Eine Freundin von Magda bot an, ein richtiges Anti-Sitz-Gerät herzustellen. Sie kam mit einem gebogenen, kreuzförmigen Ding aus Metall zu uns. Das Gerät sah aus, wie ein Propeller aus einem Science-Fiction-Film. An einem stabilen schwarzen Geschirr war ein langer, polierter Metallstab angebracht. Das Problem war nur, daß der Träger dieses Geräts mindestens anderthalb Meter Platz brauchte, um sich umzudrehen. So viel Platz gab es nur auf der Wiese. Deshalb hängten wir das Gerät an die Wand und warteten auf besseres Wetter.
Bert und Judy beschafften durch einen Weihnachtsbasar und eine Tombola Geld, und Jane Stimson hatte durch den »Club der Tausend« inzwischen auch einiges zusammengebracht. Wir konnten dem nächsten Termin, März in Philadelphia, ruhig entgegensehen. Außerdem hatte Hilary beschlossen mitzukommen, da ich sowohl physische als auch finanzielle Unterstützung brauchen würde.
»Ich werde mich um die Wäsche kümmern«, sagte sie. »Du mußt eine Woche vor dem Abflug gepackt haben. Das beste

wäre, ich würde deine Sachen gleich mitnehmen.« Sie ging mit einem Bündel Kleider und dem entschlossenen Blick einer spanischen Waschfrau fort.
Der Freiwillige Gemeindedienst schickte mir eine neue Aushilfe. Sie war allerdings nicht gerade meine »Traumfrau«. Ich versuchte, sie in die Grundlagen der Pädagogik und des Übungprogramms einzuführen.
»Lili wird Ihnen nicht besser gehorchen, wenn Sie drohen, ihr Puppenhaus anzuzünden. Das Problem besteht darin, daß Sie mit dem Programm niemals fertig sind.«
Sie schaffte noch nicht einmal, eine Arbeit anzufangen, geschweige denn, sie zu beenden.
Als Emily über Sylvester nach London fuhr, konnte ich meiner Gefährtin nur eine Flasche Sekt anbieten. Sie saß wie immer untätig herum, während ich versuchte, ein Gespräch mit ihr zu führen, aufzuräumen und neue Karten herzustellen. Als sie die Flasche geleert hatte, sagte sie gute Nacht und ging zu Bett. Sie konnte mit Recht behaupten, daß sie bei mir den schlimmsten Sylvesterabend ihres Lebens verlebt hatte.
Am nächten Morgen beim Frühstück beugte sie zu mir herüber und sagte ernst: »Ich weiß nicht, wie ich es Ihnen sagen soll, aber ich kann nicht hierbleiben. Ich werde einfach nicht mit Ihrer Tochter fertig.«
Ich nötigte sie nicht, zu bleiben, und sie fuhr noch vor dem Mittagessen ab. Doran, Lili, der neue Puppenjunge und ich fuhren zu Hilary. In Hilarys Küche fing ich plötzlich an, im Kreis herumzutanzen.
»Hilary, es ist schrecklich von mir, aber ich bin so froh. Sie ist wirklich freiwillig gegangen. Das ist ein wunderbares Gefühl. Wie hat Lili das nur gemacht?«
»Was habe ich gemacht, Mami?«
»Ich weiß nicht, mein Engel. Die meisten Leute finden dich unwiderstehlich.«
Lili wollte Hilarys neunzehnjährigem Sohn, der gerade mit

ein paar Schulfreunden Poker spielte, ihren Puppenjungen zeigen.
Der Freiwillige Gemeindedienst nahm die Suche nach einer Aushilfe für mich wieder auf. Der letzte Termin war der 14. Februar, denn für diesen Tag hatte Emily einen Flug nach Hause gebucht.
Weil ich die Helferinnen vom Freiwilligen Gemeindedienst nicht bezahlen mußte, hatte ich ein bißchen Geld übrig. Peter schlug vor, mit dem gesparten Geld Holzplatten zu kaufen und die feuchte Wand neben der Haustür zu verkleiden. Doran krabbelte immer besser, aber ohne ein geeignetes Anti-Sitz-Gerät mußte ständig jemand hinter ihm stehen und ihn an der verführerischen Sitzposition hindern.
Emily konnte mir bei allen Arbeiten helfen, nur nicht beim Beschriften der Karten. Selbst ihre Schönschrift war unleserlich. Auch ich konnte Cathys schöne Lettern nicht nachahmen. Zum Glück kam Judith nach England. Sie widmete sich in jeder freien Minute der Herstellung neuer BITS.
Eines Tages, als ich Doran neue BITS zeigen wollte, stand er gerade mit hocherhobenen Armen da und hielt sich an den Sprossen einer Leiter fest, die auf dem Tisch und dem Bücherregal auflag. Ich setzte mich unter den Tisch und zeigte ihm die Karten. Solange ich Bilder hochhielt, blieb Doran stehen. Als unsere Sitzung vorbei war, wollte ich aufstehen, aber weil ich nicht aufpaßte, stieß ich mir den Kopf an der Unterseite des Tisches an. Ich hielt mir den Kopf und rutschte rückwärts, um unter dem Tisch hervorzukommen. Da bewegte Doran sich plötzlich in meine Richtung. Er machte einen ganzen Schritt und benützte dabei seine Hände an den Sprossen, um sich zu festzuhalten. Ich bewegte mich weiter von ihm weg. Er machte noch einen Schritt. Ich beugte mich vor, um ihn zu umarmen. Dabei stieß ich mir den Kopf noch einmal an, aber ich spürte es kaum. Als Doran sich bewußt wurde, was er getan hatte, fiel er vor Überraschung um. Trotzdem hatte er alle Anwesenden

davon überzeugt, daß er eines Tages auch das Gehen beherrschen würde.
Ungefähr seit dieser Zeit weigerte Doran sich zu robben. Er hatte ein neues Ziel vor sich.
Emily hatte ihre Lieblingsausdrücke »toll« und »greulich« für Dorans Fortschritte beim Krabbeln und für seine Windeln reserviert. Im Januar hatte er plötzlich Verstopfung. Nachdem ich ergebnislos alle bekannten Abführmittel ausprobiert hatte, hörte ich von einer homöopathischen Methode. Wir mußten Handtücher in heißen Kamillentee tauchen und um seinen Bauch wickeln. Dorans Geduld wurde belohnt, obwohl ich für die endgültige »Geburt« Gebrauch von meinen Fingern machen mußte. Doran lag bäuchlings über meinen Knien, und als er vor Erleichterung strahlte, sagte Emily mal wieder: »Das war greulich.«
»Gott sei dank war es nicht nur greulich, sondern auch toll«, fügte ich hinzu. »Er ist eingeschlafen.«
Anfang Februar machte ich mir allmählich Sorgen, wer mir nach Emilys Abreise helfen würde. Die Forderungen, die ich an die Kandidatin stellte, waren vielleicht ein bißchen übertrieben, aber ich hoffte, daß wenigstens ein Teil davon erfüllbar wäre.
Nachdem der Freiwillige Gemeindedienst meine Hoffnungen mehrmals geweckt und wieder enttäuscht hatte, schlug er eine graduierte Biologin vor: Alison Geddes. Sie hatte noch ein bißchen Zeit, bis sie zu Forschungsarbeiten für ihre Doktorarbeit in den tropischen Regenwald reiste. Die Frau, die mit ihr gesprochen hatte, sagte mir, Alison sei der außergewöhnlichste Mensch, dem sie je begegnete, aber sie erzählte mir nicht, warum sie dieser Ansicht war. In dem Brief, den ich von Alison bekam, schrieb sie, sie treibe gerne Sport und habe als Büroangestellte gearbeitet, um Geld zu verdienen. Sie würde am 7. Februar bei mir anfangen. »Sie wird groß und schlank sein, glatte blonde Haare haben und eine Brille tragen«, meinte Emily.

Zufällig war der 7. Februar auch der Tag, an dem Peter die feuchte Wand mit Holzplatten verkleiden wollte. Er schob alle Möbel in die Mitte des Raumes. Doran krabbelte in einer Acht durch das Zimmer. Dabei kam er hin und wieder an Lili vorbei, die am Küchentisch saß und malte. Sie war so begeistert bei der Sache, daß sie nur für das nächste Blatt Papier Augen hatte.
Es klopfte an der Tür, und ich rief: »Herein!« Doch bevor Alison eintreten konnte, mußten Möbel gerückt, Nut-und-Feder-Bretter beiseite gestellt und Schachteln mit Nägeln weggeschoben werden.
Alison war nicht sehr groß, aber sie stürmte voller Energie herein. Sie hatte kurzes, braunes Haar. In einem Ohr trug sie einen goldenen Ring. Wir redeten alle gleichzeitig. Alison setzte sich in einen Sessel und sagte: »Doran sieht völlig normal aus.«
»Abgesehen von seiner Hirnschädigung, *ist* er vollkommen normal«, antwortete ich.
»Doran ist *toller* Bursche«, sagte Emily.
Dann kam Lili mit einem Buch und setzte sich auf Alisons Schoß: »Lies mir eine Geschichte vor!« Ich sorgte dafür, daß Doran krabbelte und ging hinter hinter ihm her, um ihn daran zu hindern, daß er sich hinsetzte. Als Alison mit dem Vorlesen fertig war, unterhielt sie sich mit Emily über Biologie und Feminismus. Ich hörte zu und dachte: »Glück gehabt. Diese Frau denkt!«
Am Abend versuchte ich, sie von der Logik, die hinter dem Programm steckte, zu überzeugen. »Du mußt dir das Hirn wie einen Computer vorstellen«, erklärte ich, während ich mit der einen Hand Lilis Haar einshampoonierte und mit der anderen Dorans Kopf über Wasser hielt. »Doran, du darfst nicht das ganze Badewasser trinken! – Ohne Input gibt es keinen Output. Ein ungeordneter Input hat einen wirren Output zur Folge.«
Ich ließ Doran los, um Lilis Haar zu spülen. Er schrie

vergnügt, schlug um sich und stieß die Shampooflasche in die Toilette.
»Ohne den richtigen sensorischen Input«, sagte ich, als ich die Flasche herausfischte und den Toilettendeckel zuklappte, »kann man nicht den richtigen motorischen Output erwarten.«
Alison war es nicht gewöhnt, daß Vorträge ständig unterbrochen wurden, weil der Referent häuslichen Pflichten nachgehen mußte. Ich hoffte, daß ich durch Originalität ausgleichen könnte, was durch Unterbrechungen verloren ging. Als Emily und ich mit Doran die letzte Atemübung machten, unterhielt Alison sich mit Lili. Um halb elf schlief Doran endlich ein.
Alison setzte sich zu mir. »Lili ist sehr intelligent, nicht wahr?«
»Lili ist eine Künstlerin. Gratuliere, du hast es erkannt«, sagte ich lachend.
Im Verlauf der Unterhaltung fand ich heraus, daß Alison nicht wußte, daß ich Vegetarierin war. Aber weil wir schon beim Thema »Essen« waren, bekannte Alison, daß sie einen »Bärenhunger« habe. Um sie zu bekehren, schüttete ich aus jeder Kräuterdose, die auf dem Küchenbord stand, ein wenig in das Essen. Das Ergebnis sah hervorragend aus.
Alison nahm einen Bissen, kaute und lächelte anerkennend.
»Schmeckt's?« fragte Emily. »Das Essen hier ist *toll.*«
»Ja.« Sie hielt inne. »Aber man muß sich erst daran gewöhnen.« Sie kaute weiter.
Als sie ihren Teller fast leer gegessen hatte, wollte ich meine Kreation selbst einmal probieren. Sie schmeckte unangenehm bitter.
»Ich war zu großzügig mit den Kräutern. Versuch es mit Brot und Käse.«
Alison aß ein Stück Brot, und wir redeten darüber, wo die Biologie aufhört und die Physik anfängt. Aber als sie zu Bett ging, machte sie sich immer noch Sorgen wegen des Essens.

Am nächsten Morgen versuchte sie, Doran ruhig zu halten, während sie eine Windel zwischen seine Beinen schob. Er strampelte aber so wild, daß er zehn Minuten später, als das erste Team über die Schwelle trat, immer noch ohne Windel dalag.

»Hat Doran dich geschlagen?« fragte ich, zog ihm die Windel selbst an und und hob ihn vom Tisch. Mit den Frotteeanzügen hatte Alison dieselben Probleme wie mit der Windel. Bei den Strampelanzügen hatte ich den Fuß abgeschnitten, damit Doran sie wie lange Hosen tragen konnte.

»Alison, du hast Dorans Fuß in seinem Ärmel«, sagte ich, »und das Hemd muß unter die Hose, nicht darüber.«

Am 14. Februar fuhr Emily ab. Die letzten drei Tage vor ihrer Abfahrt hatte sie gehungert und dann eine riesige Tafel Schokolade gekauft, die wir zum Abschied gemeinsam aufaßen.

Als Magda am folgenden Wochenende kam, krabbelte Doran in einem roten Plastikanzug im Garten herum. Ich hatte ihm das merkwürdige Anti-Sitz-Gerät angelegt, damit ich nicht dauernd hinter ihm herrennen mußte. Alison hatte beschlossen, mit ein paar Käsebroten als Verpflegung das Flußufer zu erkunden. Sie kam schon bald wieder zurück.

»Du hast deinen freien Tag«, sagte ich.

»Ich weiß, aber wenn ich Doran helfen will, kann ich nicht in solchen Kategorien denken. Ich würde lieber richtig mit dir zusammenarbeiten.«

»Als Freundin, meinst du?« fragte ich.

»Genau«, lächelte sie.

»Schade, daß Alison nicht gesehen hat, wie Doran robbt«, meinte Magda. »Selbst ich habe es nicht für möglich gehalten, daß er jemals richtig krabbeln würde.«

»Nicht einmal *du*! O Magda, das hätte ich nie gedacht.«

»Ich habe zu viele Kinder wie Doran gesehen. Ich konnte es einfach nicht glauben. Ich wünschte, ein englischer Arzt

hätte die Entwicklungen der letzten sechs Monate genau aufgezeichnet.«
In diesem Augenblick lehnte sich mein Nachbar George, ein älterer Mann, der gerne in seinem Garten arbeitete, über den Zaun: »Wofür hat er denn dieses Ding auf dem Rücken?«
Ich erklärte es ihm.
»Wird ihm nichts nützen«, knurrte George. »Hab' noch nie gesehen, daß so ein Kind gesund wird.«
»Nun, hier sehen Sie es«, erwiderte Magda freundlich.
»Nur weiter so«, sagte George und wandte sich ab, um sein Kartoffelbeet umzugraben.
Als Alison und ich an diesem Abend aufräumten, fragte ich: »Was hältst du von dem Programm? Sei ehrlich.«
»Ich sehe, daß es deiner Ansicht nach positive Ergebnisse bringt, und das zählt für mich.«
»Alison, wenn Doran gesund wird, bedeutet das, daß sich auch das Leben anderer hirngeschädigter Kinder verändern kann. Gibst du mir bitte die Kehrschaufel?«
Sie trat einen Schritt auf den Schrank zu und zögerte. »Ich bin ein Mensch, der all seine Energie auf eine einzige Sache konzentrieren will. Für mich ist es zwecklos, an die anderen Kinder zu denken. Ich will mich für Doran einsetzen.«
»Das ist in Ordnung. Alles, was du für ihn tust, tust du unweigerlich auch für alle anderen. Ob du es willst oder nicht – im Endeffekt setzt du dich für alle ein.«
Alison holte die Kehrschaufel aus dem Schrank.
»Mir gefällt es wirklich hier, obwohl ich beim Freiwilligen Gemeindedienst gesagt habe, ich würde alles machen, außer Kinder oder geistig Behinderte zu betreuen.«
»Das ist ja lustig! Warum bist du dann überhaupt gekommen?«
»Ich hatte auch gesagt, daß ich irgendwohin wollte, wo ich einen Gesprächspartner hätte. Sie haben dich empfohlen.«
»Man muß sehr schnell oder sehr klug sein, um während des Übungprogramms reden zu können. Die Alternative ist,

die ganze Nacht aufzubleiben.« Unser Gespräch dauerte bis nach Mitternacht. Doran hielt unruhig nach seiner ersten Flasche Ausschau, als wir nach oben gingen.

»Jetzt habe ich ein schlechtes Gewissen«, sagte Alison. »Du wirst sehr müde sein.«

»Ich hätte ja ins Bett gehen können«, lachte ich. »Doran ist viel schlimmer! Er schläft nicht durch, und wenn er einmal wach ist, schläft er schlecht wieder ein.«

»Warum?«

»Das ist auch eine Folge der Hirnschädigung. Er atmet schlecht und durch den Mund, deshalb wird er durstig. Außerdem ist er nicht beweglich genug, um bequem liegen zu können. Wenn er versucht, sich nachts an der Nase zu kratzen, ist es wahrscheinlicher, daß er sich ins Auge schlägt.«

»Wird sich das ändern?«

Ich gähnte, streckte mich und umarmte sie. »Du kannst es ändern, wenn du konsequent das Übungsprogramm mit ihm durchführst.«

Am nächsten Morgen war Alison früh auf. Ich hörte, wie sie unten in ihren Holzpantinen umherschlurfte. Sie räumte auf. Dann versuchte sie ein narrensicheres System zu erfinden, nach dem die Karten zusammengestellt werden konnten. Emily hatte eine eigene, höchst wirkungsvolle Methode entwickelt, die aber zu esoterisch war, um weitergegeben zu werden. Lili half Alison und steckte alles, was zu Abfall erklärt worden war, in einen großen schwarzen Plastiksack.

Am Nachmittag kam Diana und brachte eine neue Sorte Tee ohne Tein mit.

»Du hast Glück mit deiner neuen Hilfe«, sagte sie. »Dir müßte es jetzt viel besser gehen.«

»Ja, abgesehen von einer leichten Magenverstimmung.«

Gegen Abend wurde die Magenverstimmung schlimmer. Diana empfahl Kamille, von der wir immer noch große

Mengen im Haus hatten. Aber wenig später mußte ich mich übergeben.
»Es tut mir leid, Alison. Ich hatte mal ein Magengeschwür«, sagte ich. »Das Narbengewebe ist sehr empfindlich gegen Streß. Ich dachte, ich könnte die Sache mit einem Scherz abtun.«
Zunächst fühlte ich mich in Dorans Krabbelstellung am wohlsten, aber später hatte ich auch in dieser Stellung Schmerzen.
Alison fuhr zu meinem Hausarzt und holte Medikamente. Sie pflegte mich die ganze Nacht hindurch. Für den Rest der Woche gab sie mir nur weiche Eier zu essen und befahl mir, eine Flasche mit heißem Wasser auf den Bauch zu legen. Als ich wieder gesund war, hatte sie keine Probleme mehr, Doran zu wickeln. Sie verhielt sich, als hätte sie ihr Leben lang Kinder versorgt und mit hirngeschädigten kleinen Jungen neurologische Übungsprogramme durchgeführt. Ihr unterlief kein einziger Fehler – abgesehen davon, daß sie Lili einmal in den Kindergarten schickte, obwohl Ferien waren.
Als Magda das nächste Mal kam, fuhr Alison für einen Tag nach Hause. Beim Wiedersehen fragte ich sie, ob sie den Frieden genossen habe.
»Nein«, sagte sie, »das konnte ich nicht. Ich bin die ganze Zeit vom Stuhl aufgesprungen, weil ich dachte, ich würde einen Wecker hören. Zu allem Überfluß meinte meine Mutter, ich sei inzwischen Vegetarierin geworden, und machte mir einen Salat zum Mittagessen.«
»Hast du ihn gegessen?«
»Nein! Ich bin zum Kühlschrank gegangen, habe mir ein dickes Steak geholt und es mit zwei Eiern gebraten. Und dazu gab es einen Teller Pommes frites.«
Vielleicht beeinflußte diese Veränderung der Eßgewohnheiten Alisons Verdauung, oder das Klingeln imaginärer Wecker hinderte sie am Schlafen – jedenfalls wurde ich in

dieser Nacht geweckt, weil Alison neben meinem Bett stand: »Wach auf! Es brennt!«
Die Kinder schliefen ruhig, aber Rauchschwaden drangen schon in mein Schlafzimmer. Wir rannten die Treppe hinunter. Die Tapete neben dem Kamin schwelte. Ich sah, daß ein Stück Glut in einen Feuerhandschuh aus Asbest gefallen sein mußte. Der Handschuh verbrannte langsam neben der Scheuerleiste. Wir schütteten Wasser auf die brennenden Stellen, bis es nicht mehr zischte. Dann öffneten wir Fenster und Türen, damit sich der Raucht verflüchtigte.
Im Institut hatten sie gesagt: »Wenn Ihr Haus abbrennt, gehen Sie zu Ihrer Nachbarin und setzten Sie dort das Programm fort. Überlassen Sie das Feuer der Feuerwehr.« Unsere Nachbarn erfuhren nie, was ihnen erspart geblieben ist.
Am nächsten Morgen war es ein bißchen kühl im Haus, aber sonst war alles in Ordnung. Doran versuchte nicht mehr, sich hinzusetzen, sondern krabbelte artig im Garten herum. Ihm machte es nichts aus, wenn seine Hände schmutzig wurden. Er freute sich, daß er so viel Platz hatte. Alison ermunterte ihn: »Auf, auf, Doran. Gut machst du das.«
An diesem Abend setzte sich Alison zwischen Lili und Doran auf das Sofa, um die Gute-Nacht-Geschichte vorzulesen. Doran sah zu, wie Alison die Beine übereinanderschlug; dann lehnte er sich zurück und tat es ihr nach.
»Er bewundert dich«, sagte ich. »Du hast uns gestern nacht das Leben gerettet.«
»Ich weiß nicht, warum ich aufgewacht bin. Ich hatte einfach das Gefühl, aufstehen zu müssen.«
»Wir haben viele Katastrophen oder Beinahe-Katastrophen hinter uns.«
»Ich bin sicher, daß euch nichts wirklich Schlimmes passiert, während ich hier bin.«
»Das ist keine wissenschaftlich haltbare Behauptung. Aber weil du es sagst, Alison, will ich es glauben.«

12

Alison gefiel das chaotische Leben in meinem Haus. Sie gewöhnte sich sogar daran, mir mehrmals am Tag Tee zu kochen. Ich ließ meine Tasse gewöhnlich irgendwo stehen, weil ich Doran von Raum zu Raum verfolgen mußte. Am Anfang unserer Zusammenarbeit hatte Alison mich zur Rede gestellt und gesagt: »Linda, du mußt auf deinen Flüssigkeitsspiegel achten. Außerdem könntest du die Mühe respektieren, die ich mir mit dir mache. Das ist jetzt die zehnte Tasse Tee, die ich dir bringe.«
Während wir draußen beim Krabbeln waren, machte Alison das Wohnzimmer sauber und legte Musik auf. Damit endete meine selbstauferlegte Verbannung aus der Welt Beethovens, Mahlers und David Bowies.
Als Alison zum ersten Mal mit uns zum Pfarrhaus kam, übertraf Doran sich selbst. Er krabbelte nonstop zweihundertfünfzig Meter um das Pfarrhaus. Den größten Teil der Strecke legten wir gemeinsam mit Doran, drei Hunden und dem Vikar auf dem Boden zurück.
Kurz vor unserem Abflug nach Philadelphia erschien Bert mit den Flugtickets und Dollars. »Paß auf, daß Linda nichts verliert«, trug sie Alison auf.
Hilary brachte meine saubere Wäsche und half mir, sie in den Koffer zu packen.
Am Morgen des Abflugs war alles ordentlich gepackt, und wir waren reisefertig. Alison trank ein Glas Rotwein, hielt die Flugtickets in der Hand und täuschte die entspannte Ruhe eines gelangweilten Popstars vor, obwohl sie mich ständig fragte: »Linda, bist du denn nicht aufgeregt?«
Der Flug verlief ohne Zwischenfälle. Weil Doran inzwischen krabbelte, konnte er sein Bodenprogramm ohne Einschränkungen im Flugzeug absolvieren. In der Abflughalle versuchte er, auf einen Stuhl zu klettern, und handelte sich

beim folgenden Sturz eine große Beule ein, aber das dämpfte seine Begeisterung nicht.

In New York wurden wir wie immer von Judith abgeholt. Ich stellte Hilary vor. Zwei Tage später saßen wir wieder auf dem bevölkerten Fußboden in der Klinik.
Im Institut waren alle begeistert, daß Doran jetzt richtig krabbeln konnte. Doran zeigte seinem Publikum, was er konnte. Er krabbelte zu den Stühlen, die an der Wand standen, zog sich hoch und stand dann aufrecht da. Mit konzentrierter Miene glitt er mit den Händen an den Kanten der Sitzflächen entlang, um sich zu stützen, und machte so einmal die Runde im Raum. Rosalind kam und sah ihm zu.
»Ich wollte Doran eigentlich zum Krabbeln gratulieren, aber er läuft ja schon beinahe.«
»Er wird sich rasch von einem Vierbeiner in einen Zweibeiner verwandeln. Bald können wir ausgedehnte Wanderungen machen.«
»Mrs. Scotson, ich bin ehrlich überzeugt, daß Sie das bald können werden.«
Alle Mitarbeiter des Instituts freuten sich, daß Doran solche Fortschritte gemacht hatte.
Seine Wachstumsquote war durchschnittlich einundneunzig Prozent. Das war um hundertvierundzwanzig Prozent besser als vor dem Programm. Auch die Veränderungen seiner Körper- und Kopfgröße waren hervorragend. Sein Brustumfang war um 3,1 cm gewachsen, im Mittel also um über 1,1 cm mehr.
»Wir haben für solche Ergebnisse ein Wort reserviert«, bemerkte Rosalind. »Schreiben Sie: FANTASTISCH.«
Als schließlich das Intelligenzprogramm getestete wurde, hatte Rosalind nicht mehr viele Superlative übrig. Nach etwa fünf Minuten unterbrach sie und sagte: »Moment mal, merken Sie etwas?«
Wir sahen sie fragend an.

»Ich will es Ihnen sagen. Sie haben zweieinhalbmal soviel in puncto Intelligenzentwicklung erreicht, wie in Dorans Programm vorgesehen ist.«
Wir lächelten geschmeichelt.
»Dabei hatte ich Ihnen bereits ein sehr umfangsreiches Programm zusammengestellt«, fuhr Rosalind fort. »Wir haben schon Eltern hier gehabt, die es nicht schafften, ihr Programm zu erfüllen, aber noch nie in der Geschichte des Instituts ist es vorgekommen, daß jemand die erwünschten Ergebnisse um mehr als das Doppelte überschritt.«
Judith schloß die Augen. »Monatelang sind Hunderassen an meinem Bett vorbeimarschiert, wenn ich schlafen gegangen bin.«
»Und Käfer, Judith«, flüsterte ich, »vergiß die Käfer nicht.«
Doran war eindeutig ein Star. »Da er sein Programm voll erfüllt hat«, meinte Hilary, »muß er sich in Zukunft bestimmt an Leitern entlanghangeln.«
Hilary hatte recht. Die Leiter mußte waagrecht so hoch gelegt werden, daß Doran noch bequem mit den Armen nach oben reichen und die Sprossen umfassen konnte. Dadurch sollte sich sein Körper an die aufrechte Haltung gewöhnen, und seine Gliedmaßen würden sich nicht verformen. Ab Juli sollte er dann die Möglichkeit bekommen, frei zu gehen. Das Ziel waren fünf freie Schritte.
Nur seine Sprechfähigkeit hatte Doran nicht entscheidend verbessert. Wir dachten, das liege daran, daß er so viel Energie auf das Krabbeln verwendet hatte. Die meisten Mittelhirn-Kinder hatten Probleme mit dem Gehör, doch damit hatte Doran anscheinend keine besonderen Schwierigkeiten. Ich dachte inzwischen nur noch an die fünf freien Schritte.

Eine Woche später reisten wir wieder ab. Wir ließen Judith in Amerika zurück und brachten Alison die guten Neuigkeiten und ein T-Shirt mit dem Aufdruck »Ich werde gewinnen!« mit. Als sie die Haustür öffnete, mischte sich frische Luft mit dem Geruch von Bohnerwachs und Seifenpulver. »Ich habe alles gewaschen, was in die Waschmaschine paßte. Auch die Teddybären.«

Als meine Mutter Lili zurückbrachte, hatten wir mit dem neuen Alltagsprogramm bereits begonnen. Doran mußte täglich achthundert Meter krabbeln, damit er fit genug war, einmal in der Woche an einem Tag tausendsechshundert Meter zu krabbeln. Die Strecke vom Gartentor durch das Haus hindurch bis zum Ende meines sehr langen, schmalen Gartens maß fast genau einhundert Meter. Das bedeutete, daß Doran auf die eine oder andere Weise achtmal am Tag von einem Ende zum anderen krabbeln mußte. Jeden Tag, gleichgültig ob es stürmte oder die Erde bebte. Weil immer noch täglich die Bewegungsübungen, die Atemübungen, das Anlegen der Atemmasken und die Intelligenzübungen auf dem Programm standen, würde mein Sohn gut mitmachen müssen, wenn wir das alles an einem Tag schaffen wollten.

»Hat man dir im Institut gesagt, wie du ihn dazu bringst, gut mitzuarbeiten?« fragte Alison.

»Hat man. Man nennt es das BGB-Programm. Wir stellen eine Anzahl Hausregeln auf, und Doran und Lili müssen gewisse Pflichten übernehmen. Sie können sich Chips verdienen – bunte Plastikplättchen, nicht Kartoffelchips –, wenn sie ihre Sache gut machen. Mit den Chips können sie sich allerlei Sachen kaufen. Ich habe mir schon Gedanken darüber gemacht . . .« Ich zeigte Alison meine Aufzeichnungen, aber sie blieb skeptisch.

»Ach komm«, meinte ich, »sie spielen gern und bei diesem Spiel können sie dauernd gewinnen. Das liegt doch genau auf deiner Linie.«

Wir kauften beiden Kindern Umhängetäschchen und Hunderte von großen, leuchtend bunten Plastikchips. Sie waren begeistert. Ursprünglich hatten wir geplant, daß Doran und

Lili tagsüber ihre Chips sparten und sich abends, bevor sie ins Bett gingen, ihre Belohnung »kauften«. Doch den ganzen Tag warten zu müssen, war für Doran zu viel. Deshalb durfte er sich auch zwischendurch eine Vergünstigung kaufen. Welche Vergünstigungen Doran bevorzugte, schrieben wir sorgfältig auf eine Wandtafel. Seine Lieblingswünsche, wie viermal in der Schubkarre um den Apfelbaum geschoben oder von Alison und mir an Händen und Füßen geschaukelt zu werden, kosteten uns mehr Schweiß als das Programm.

Das neue Anti-Sitz-Gerät, Modell IV, gefiel Doran sehr gut, war allerdings für uns reichlich unbequem. Es bestand aus einem Aluminiumgürtel, an dem ein Metallstab angebracht war. An dem Gürtel waren kleine Bolzen, die sich in den Bauch eingruben, wenn man Doran hochhob.

Seit er schneller krabbeln und sogar auf niedrige Möbelstücke klettern konnte, holte er sich viel mehr Beulen und Schrammen. Meine Freundinnen machten sich Sorgen. Eine von ihnen brachte ihm einen kleinen Sturzhelm mit, aber er rutschte ihm ständig über die Augen. Doran probierte das neue Spielzeug wenige Sekunden lang aus, riß es sich dann vom Kopf und schleuderte es vor sich auf den Boden. In Zukunft weigerte er sich, eine Kopfbedeckung zu tragen.

Eines Morgens hatte er eine leichte Schwellung über der Schläfe. Zur Mittagszeit war sie zu einer richtigen Beule angeschwollen und während der nächsten paar Tage schien sie eher größer als kleiner zu werden. Ich ging mit ihm zum Arzt.

»Das ist nur ein leichter Bluterguß«, sagte er. »Ein kleines Blutgefäß ist geplatzt. Kein Grund zur Sorge. Das geht wieder vorbei.«

Die Beule breitete sich immer weiter aus, bis die gesamte Gesichtshälfte und der Kopf angeschwollen waren. Dorans Kopf sah schrecklich aus. Ich ging noch einmal mit ihm zum Arzt. Die Diagnose war beunruhigend. Der Arzt hatte noch

nie ein so schlimmes Hämatom gesehen. Wenn es nicht bald von selbst zurückging, würde er es punktieren müssen.
»Heißt das, Sie wollen die Flüssigkeit einfach absaugen?« fragte ich.
»Ja, das heißt es leider. Eine Punktion am Kopf ist keine ganz ungefährliche Angelegenheit. Doran müßte ins Krankenhaus.«
»Für einen Tag?«
»Ich fürchte, für ein paar Tage. Er braucht eine Vollnarkose.«
»Aber eine Vollnarkose könnte seine Atmung beeinflussen und eine weitere Schädigung seines Gehirns verursachen. Könnte er nicht nur örtlich betäubt werden? Ich würde ihn halten.«
»Warten wir noch ein paar Tage ab. In der Zwischenzeit versuchen Sie, ihn ruhig zu halten.«
Trotz meiner Besorgnis lachte ich. »Das ist leichter gesagt, als getan.«
Alison hatte zunächst liebevoll versucht, mich davon zu überzeugen, daß die Schwellung zurückgegangen sei, obwohl sie in Wirklichkeit größer wurde und sich immer weiter ausbreitete. Inzwischen hatte sie aufgegeben und sagte: »Wissenschaftlerinnen können nicht so objektiv sein wie Mütter.«
»Das liegt daran, daß Wissenschaftlerinnen auch Menschen sind. Mutter zu sein bedeutet nicht, daß man in seinem Denken und Handeln völlig eingeschränkt ist. Man hat als Mutter viel mehr Möglichkeiten als gemeinhin angenommen wird.«
»So etwas kannst nur du sagen.«
Ich rief im Institut an und hinterließ eine Nachricht für die praktische Ärztin. Ich hoffte, sie würde meinen Wunsch nach einer örtlichen Betäubung unterstützen. Gleichzeitig gab ich die Hoffnung nicht auf, daß Dorans Körper mit dem Problem selbst fertig werden würde. Ich behandelte ihn mit

Die ersten vier Meter in der Fußgängerzone von Crawley mit Sue.
Die Hände sind zur Balance erhoben, Februar 1982.

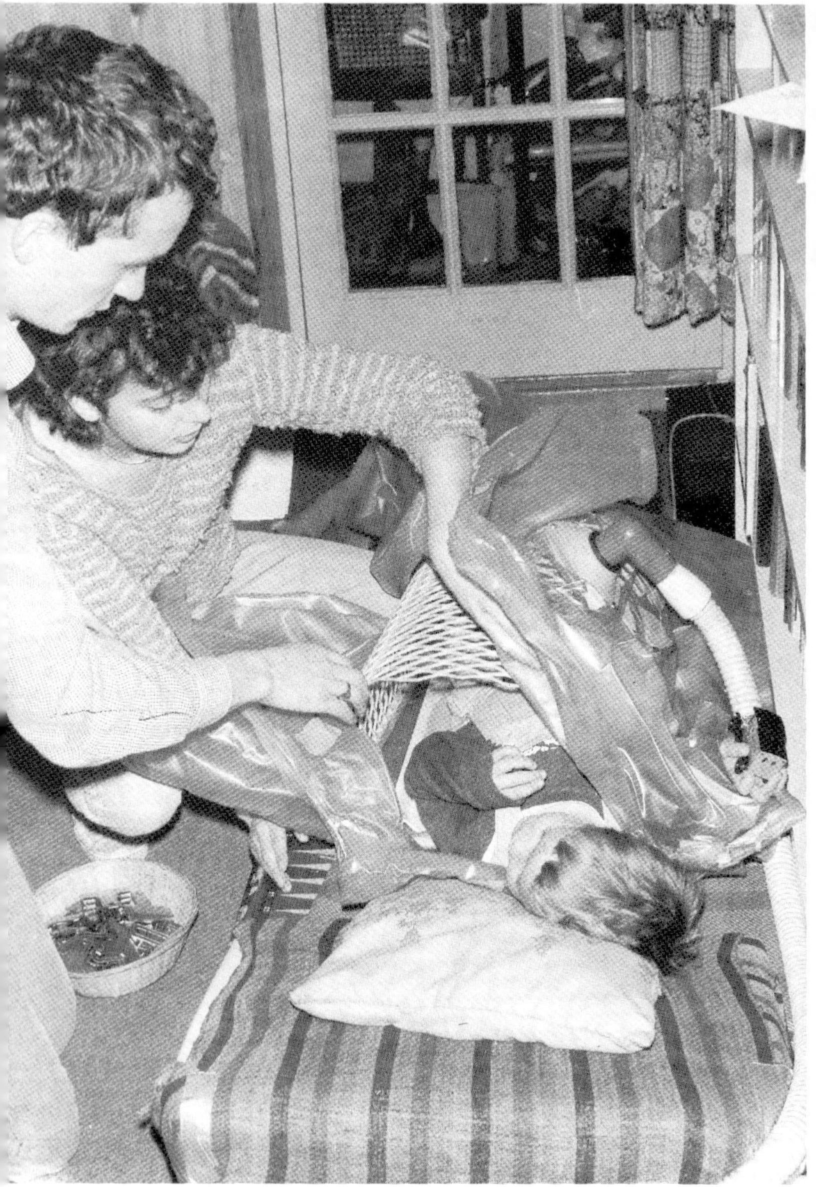

Neil und Daphne passen Doran das Atemgerät an.

Doran und Joleen untersuchen den Arm im Bus zum Regierungsgebäude in der Downing Street, Dezember 1982.

Doran feiert im Oberhaus mit Nerys Hughes und Derek Nimmo, Dezember 1982.

Skifahren ist gut für den Gleichgewichtssinn, September 1983.

Haselnußöl. Das hatte meine Mutter mir geraten. Oder ich goß ihm Arnika-Tonikum über den Kopf, was Kirsteen mir wärmstens empfohlen hatte. Die gelbe Flüssigkeit sickerte durch sein Haar und rann ihm den Hals hinunter. Als Doran merkte, daß er ruhig liegen sollte, wollte er sich erst recht bewegen. Wir vermehrten die Anzahl der Atemübungen und verkürzten die tägliche Krabbelstrecke, aber das führte nur dazu, daß er noch mehr überschüssige Energie entwikkelte. Außerdem brachte ihn der große Bluterguß aus dem Gleichgewicht, und er lief Gefahr, mit Stuhlbeinen und scharfen Kanten, die mir vorher gar nicht aufgefallen waren, zu kollidieren. Ich blieb die halbe Nacht auf und starrte auf die Beule, als ob ich sie durch bloßes Anschauen schrumpfen lassen könnte. Alison kam herein.
»Ich konnte nicht schlafen. Möchtest du eine Tasse Tee?« fragte sie.
»Ja, bitte. Du bist ein Engel.«
Als sie zurückkam, sagte ich: »Meiner Ansicht nach ist die Schwellung zurückgegangen. Findest du nicht?«
»Wir haben konstatiert, daß ich dir auf diese Frage keine Antwort gebe.«
Ich streckte die Hand aus und berührte Dorans Schläfe. Die Beule war nicht mehr steinhart, sondern so weich, daß der leichte Druck meines Fingers eine Delle hinterließ.
»Fühl nur, der Erguß geht wirklich zurück.«
Am nächsten Morgen war Dorans Kopf merklich weniger verformt.
»Wir haben gewonnen«, sagte ich. »Die Krise ist überstanden.«
Als wir zu Mittag aßen, klingelte das Telefon.
»Mrs. Scotson, hier sind die Institutes for the Achievement of Human Potential. Ich verbinde Sie jetzt mit Frau Dr. Wilkinson.«
»Ach, das hat sich inzwischen erledigt. Könnten Sie mir Rosalind Klein geben?«

»Frau Dr. Wilkinson möchte mit Ihnen sprechen. Ich stelle Sie durch.«

Frau Dr. Wilkinson klang sehr ruhig und hilfsbereit. Ihre tröstlichen Worte verwandelten sich in warme Glückwünsche, als sie meine gute Nachricht hörte. Rosalind war weniger zurückhaltend.

»Mrs. Scotson, das ist großartig. Ich bin so erleichtert. Es ist wirklich sehr gefährlich, wenn ein Kind mit Atembeschwerden eine Vollnarkose bekommt. Und Doran hat sich durch das Programm so gut entwickelt...«

Nachdem das auch überstanden war, kehrten wir zu unseren Alltagsproblemen zurück. Doran mußte lernen, zwischen großen Kisten zu gehen.

Bert hatte ihren Onkel, der bezeichnenderweise den Nachnamen »Freund« trug und eine Umzugsfirma hatte, gebeten, uns ein paar große Kisten zu besorgen. Für den Garten eigneten sie sich vortrefflich, aber für das Haus waren sie fast zu groß. Sie ließen Alison und mir nur sehr wenig Bewegungsfreiheit. Nur die Kinder, die begeistert auf ihnen herumkletterten, störten sich nicht an den Kisten.

Als es wärmer wurde, beschloß ich, Doran zur Belohnung im Wald krabbeln zu lassen. Wir machten uns mit einem Picknickkorb auf den Weg. Lili hatte eine Schubkarre voller Teddybären dabei und Eimer und Spaten, weil der Weg an einigen Stellen sehr sandig war. Der Himmel war strahlend blau, und die Sonne schien. Ich stellte mir vor, wie es wäre, wenn Doran aus dem Auto springen und in die Heide hinaus tollen würde wie ein kleiner Hund.

Als wir bei dem Parkplatz für Wanderer ankamen, sah ich, daß das Gelände ungeschützter war, als ich es in Erinnerung hatte. Doran zeigte keine große Neigung, von seiner neuen Freiheit Gebrauch zu machen. Der Ausflug schien ihm zu mißfallen. Wenn wir ihn irgendwo in der Nähe auf den Boden legten, krabbelte er sofort in Richtung Auto. Als ich ihm den Weg abschneiden wollte, legte er sich bäuchlings hin und begrub den Kopf in den Armen. Ich trug ihn außer Sichtweite unseres Autos, und Alison und Lili gingen herausfordernd mit der Schubkarre, den Teddybären und dem Picknickkorb vor Doran her. Doran konnte es nicht fassen, daß wir von ihm erwarteten, er würde an einem so gottverlassenen Ort krabbeln. Der Wind frischte auf und trieb Regenwolken herbei. Lili klagte, ihr sei kalt. Sie kletterte in die Schubkarre und kuschelte sich an die Teddys. Schließlich hockten wir zusammengekauert am Rand einer Lichtung und aßen den Inhalt unseres Picknickkorbs auf, während der Regen herabrauschte.

»Ich finde immer noch, daß es eine gute Idee war, mit Doran hierherzufahren«, sagte Alison. »Du hast es versucht und es hat nicht geklappt. Das ist alles.«

»So spricht die mitleidige Stimme der Wissenschaft«, gab ich zurück. »Nimm dir noch ein belegtes Brot, bevor alle völlig durchweicht sind.«

Der nächste Krabbeltag fand im Dachgeschoß und auf der Bühne des warmen und trockenen Hauses meiner Freundin Sheila statt. Doran krabbelte im Uhrzeigersinn oder gegen den Uhrzeigersinn um ein Sofa herum, je nachdem in welche Richtung ihn die kreischenden Kinder der Hausbewohner jagten. Wir waren dem vom Institut aufgestellten Zeitplan voraus.

Eines Morgens krabbelte Doran in Hilarys Haus so gut, daß wir es wagen wollten, die tausendsechshundert Meter in Angriff zu nehmen. Wir fuhren zu Sheila. Als wir ankamen, entdeckten wir in Sheilas Garten ein Spielhaus und weiter weg eine Umzäunung mit ein paar Hühnern.

Wir versuchten zuerst Dorans Aufmerksamkeit auf die Hühner zu lenken, aber Doran zeigte deutlich, daß er zum Spielhaus wollte. Lili hatte es bereits in Besitz genommen und deckte den Tisch für eine Puppen-Teegesellschaft. Sheila gab ihr einen Teller mit kleingeschnittenem Obst und Käse und eine Flasche Apfelsaft. Ich kroch zu ihr hinein. Als

Doran zu uns hereingekrabbelt war, setzten wir ihn auf einen Stuhl und boten ihm auf einem Puppenteller ein bißchen Obst und Käse an. Lili war freundlich wie immer. Draußen steckte Alison die Krabbelstrecke ab. Sie holte Doran aus dem Spielhaus und legte ihn ungefähr fünfzig bis hundert Meter entfernt auf den Boden. Er krabbelte zum Spielhaus, wo er wieder ein bißchen Obst, Käse und Apfelsaft bekam. Dann holte Alison ihn wieder ab und legte ihn an einer anderen Stelle ins Gras, so daß Doran immer einen neuen Weg zum Spielhaus zurücklegen mußte. Ich spähte durch die kleinen Fenster. Doran krabbelte schneller. Er bekam noch einmal Obst.

»Er krabbelt wie ein Uhrwerk. Mit was für einem Schlüssel ziehst du ihn auf, Alison?« fragte ich.

»Du und Lili, ihr seid der Schlüssel«, antwortete sie, holte ihn wieder vom Spielhaus ab und trug ihn zurück. »Und ich bin offenbar die Feder.«

Eine Stunde später hatte Doran fast alles Obst und allen Käse gegessen und war aus allen Himmelrichtungen auf das Spielhaus zugekrabbelt. Er wurde euphorisch. Alison feuerte ihn an.

»Los, Doran«, rief sie. »Noch einmal bis zum Spielhaus, dann hast du die tausendsechshundert Meter geschafft.«

Als Doran triumphierend ankam, stürzten Lili und ich aus dem Spielhaus und gratulierten ihm.

»Wir tragen sie beide wie Champions auf den Schultern, schlug Alison vor und hob Doran auf ihre Schultern. Ich bückte mich und Lili kletterte auf meine Schultern.

»Ihr drei seid eigentlich jeden Tag Champions«, sagte ich, »aber heute seid ihr ganz besondere Champions. Ihr habt wieder einmal das Unmögliche geleistet.«

»Mir gefällt das Unmögliche«, sagte Lili hoch über meinem Kopf.

Peter hatte die Leitern gebaut, mit deren Hilfe Doran laufen lernen sollte, und kam zu uns, um sie an den Wänden zu befestigen. Es war schwierig, die richtige Höhe zu finden. Entweder konnte er sich bequem an den Sprossen festhalten – wobei er aber seine Gliedmaßen nicht ganz ausstreckte –, oder er stand ganz aufrecht da, hatte dann aber Schwierigkeiten, die Sprossen zu erreichen.

Meine Eltern hatten mir Geld gegeben, damit ich meine Küche vergrößern lassen konnte. Der Anbau war jetzt überall mit Leitern bestückt. Wir mußten über sie hinwegsteigen, wenn wir zur Hintertür hinaus wollten.

»Wenn hier jemand nachts einbricht, bekommt er einen Schock«, sagte Peter. »Er stößt gegen Umzugskisten und stolpert über Leitern. Er wird wahrscheinlich froh sein, wenn er aufs Polizeirevier darf.«

»Du bringst mich auf eine Idee, Peter. Wir bringen an der Tür eine Sammelbüchse an. Ich erwarte von jedem Einbrecher eine Spende, weil ich ihn damit gewarnt und vor möglichen Verletzungen bewahrt habe.«

Der erste Übungstag an der Leiter begann. Alison und ich freuten uns. Naiv meinten wir, Dorans größter Wunsch sei es, gehen zu können. Dabei berücksichtigten wir nicht, daß er inzwischen sehr schnell und sehr geschickt krabbelte. Er wollte sich nicht mühsam an Leitern entlanghangeln, nachdem er die Freiheit des Krabbelns entdeckt hatte. Er weigerte sich einfach, sich zu bewegen. Wir hielten abwechselnd seine Hände an den Sprossen fest, während einen Meter vor ihm Lili mit seinem Lieblingsspielzeug spielte. Leider verstärkte das nur seinen Wunsch, auf Hände und Knie zu fallen, um sie krabbelnd auf dem schnellsten Weg zu erreichen. Nach einer Weile wurde ihm die Übung so lästig, daß er anfing laut zu schreien. Sein Zorngebrüll war in der ganzen Nachbarschaft zu hören. Hätten wir in der Stadt gewohnt, dann hätten die Leute auf der Straße längst den Kinderschutzbund alarmiert, um zu verhindern, daß in meinem Haus Kinder zu Tode geprügelt wurden. Es war der heftigste Kampf, den ich je mit Doran ausgetragen hatte.

Wer gewinnen würde, stand nicht zur Diskussion. Die Frage war nur, wie.
»Alison«, überschrie ich den Lärm, »wir müssen das BGB-Programm einsetzen.«
»Ich tue alles, wenn er nur aufhört zu brüllen.«
Also ging Lili in die Hocke, hielt sich mit den Händen an den Sprossen der Leiter fest und hangelte sich Schritt für Schritt zum Ende der Leiter. Jedesmal, wenn sie das Ende erreicht hatte, bekam sie sie einen Chip. Mit jeweils fünf Chips kaufte sie sich eine Vergünstigung. Es war ein wunderbarer Tag für Lili.
Doran hatte die Wahl. Er konnte ebenfalls unter der Leiter entlanggehen und sich mit den verdienten Chips Vergünstigungen kaufen, oder er blieb auf dem Boden liegen und schrie sich die Lunge aus dem Hals.
»Er wird gehen«, schwor ich, »und wenn er nur einen einzigen Schritt tut.«
Um die Mittagszeit bemerkten wir, daß Doran still geworden war. Er schlief. Ich legte eine Decke auf ihn und ließ ihn allein, während wir zu Mittag aßen. Mein Trost war, daß wenigstens Lili sich hervorragend amüsierte. Als Doran aufgewacht war, fütterte ich ihn auf dem Fußboden. Über ihm hing drohend die Leiter.
Kurz vor dem Tee, als Lili ihren letzten Chip einheimste, überlegte Doran es sich anders. Er klammerte sich mit den Händen an die Sprossen und begann, hinter Lili herzugehen.
»Hurra! Endlich!«
Ich stürzte zum Obstkorb und schnappte eine Banane. Doran bekam seinen Chip und kaufte sich schnell ein großes Stück Banane.
Nach und nach verlängerten wir die Strecke, die er zurücklegen mußte, um einen Chip zu bekommen. Um Zeit zu gewinnen, versuchten wir ihn dazu zu bringen, daß er sich für den Chip die Belohnung kaufte, ein Buch vorgelesen zu

bekommen, während er ging. Trotzdem dauerte es bis halb zwölf Uhr nachts, bis das Übungsprogramm abgeschlossen war. Oft absolvierten wir zum Abschluß noch eine halbstündige Atemübung, während der Doran auf dem Tisch einschlief. Wenn wir fertig waren, hatte ich meistens nur noch den Wunsch, meinen Kopf neben seinen zu legen und auch zu schlafen. Mehr als einmal wurde ich sacht von Alison geweckt.

»Du sitzst jetzt seit zwanzig Minuten hier. Ich hatte Angst, du würdest vom Stuhl fallen.«

»Ich mache noch im Schlaf mit der Übung weiter«, sagte ich. »Manchmal komme ich mir vor wie die mechanischen Figuren auf einer dieser berühmten Uhren. Dir wird es ebenso gehen.«

Von Zeit zu Zeit wechselten wir uns mit Aufräumen oder Vorlesen ab.

Alison bekam jede Woche den *New Scientist*. In jeder Nummer fand sie einen Artikel, von dem sie meinte, er würde mir gefallen, entweder, weil in ihm meine Anschauungen vertreten wurden, oder weil er ein Streitgespräch herausforderte. Meine Argumente kamen aus dem Bereich der Philosophie, des Spiritualismus und der Kunst. Alisons intellektuelle Ehrlichkeit gab mir Sicherheit. Ich wurde wegen meiner Entscheidung für das Institut in Amerika immer noch von vielen meiner Bekannten kritisiert. Eine meiner Freundinnen war in die Forest Row umgezogen, um eine Waldorfschule in der Nähe zu haben. Sie meinte, ich würde Dorans geistige Entwicklung stören, wenn ich ihm Bilder von Dingen zeigte, die in seiner Alltagserfahrung nicht vorkamen.

»Aber ein Kind erfindet täglich neue Dinge«, wandte ich ein wenig verwirrt ein. »Was ist mit Feen und Riesen?«

»Das sind doch nur Einbildungen. Ich werde meinem Sohn keine Geschichten über Löwen und Tiger vorlesen, weil er noch nicht im Zoo war.«

»Aber ich habe etwas gegen Zoos. Wo soll ich mit Doran hingehen, um ihm wilde Tiere zu zeigen? Muß ich warten, bis wir in Indien gewesen sind, bevor ich ihm eine Geschichte über Indien vorlese?«

Die Streitfrage blieb ungelöst, denn wir konnten Rudolf Steiner nicht mehr um seine Ansicht fragen. Trotzdem stimmte mich dieses Gespräch traurig. Doran schien in Einklang mit den Menschen seiner Umgebung zu leben. Oft verhielt er sich, als würde er unsere Gedanken erraten.

Obwohl Doran unter seiner Leiter inzwischen anstandslos ging, war ich mit der Greifhöhe nicht ganz zufrieden. Dorans Arme waren ein wenig abgewinkelt, und sein Rükken sah nicht ganz gestreckt und gerade aus. Ich zweifelte daran, daß seinem Gehirn die richtigen Informationen übermittelt wurden. Viele Besucher meinten dagegen, die Leiter sei zu hoch angebracht. Doran müsse sich zu sehr strecken, und das belaste sein Herz. Schließlich verließ ich mich auf mein eigenes Urteil und rief Peter an, um ihn zu bitten, die Leiter höher anzubringen. Er war nicht zu Hause. Ich setzte mich an den Küchentisch und stützte den Kopf in die Hände.

»Alison, ich bin so schwach. Es ist schrecklich, daß ich mir so dumme Sachen so zu Herzen nehme. Die Leiter hängt einfach zu tief. Das ist nicht gut für Doran, und ich wollte das nicht wahrhaben, weil ich nicht noch mehr Mißbilligung und Kritik ertragen kann.«

»Du bist nicht schwach. Deine Helferinnen glauben an dich. Sie kommen, weil du sie brauchst, und sie bewundern dich, weil du so viel für Doran tust.«

»Ich bin einfach viel zu offen und ehrlich zu allen Leuten, und ich hoffe immer, daß sie mich verstehen.«

»Das ist ein bißchen viel verlangt, Linda. Du bist der ungewöhnlichste Mensch, dem ich je begegnet bin.«

»Ich? Und ich dachte dasselbe von dir!«

»Mir war nicht klar, daß ich ein ungewöhnlicher Mensch bin, bis ich hierher kam. Jetzt fange ich langsam an, mich selbst anders zu sehen. Kann nicht irgend jemand anders die Leitern höher anbringen? Es quält mich, wenn du sagst, du seist schwach. Das paßt nicht zu dir.«

Ich lachte sie an. »Du hast recht. Irgendwie rapple ich mich immer wieder auf.«

Wir untersuchten die Leitern und fanden heraus, daß wir nur ein paar Bücher unterlegen mußten. Jetzt stand Doran wirklich aufrecht da. Seine Hände umklammerten die Sprossen, aber er konnte oder wollte nicht gehen.

»Dann werden wir eben hier an der Leiter mit ihm üben«, sagte ich. »Wir führen einfach mit seinen Armen und Beinen die entsprechenden Bewegungen aus.«

»Das bedeutet, daß eine von uns auf den Knien herumrutscht und seine Füße bewegt, während die andere mit seinen Händen arbeitet.«

»Ich fürchte, ja. Sind deine Knie hart?«

»Nachdem ich jahrelang über Hockeyfelder gejagt worden bin, werde ich das auch noch schaffen.«

Wir übten eine Weile, bis Alison sagte: »Ich glaube, ich schaffe es alleine. Du und Lili, ihr könnt euch darauf konzentrieren, Doran zu motivieren.« Doran ließ sich nicht mit dem erstbesten locken. Manche Dingen waren ihm einen Chip wert und andere nicht. Lili holte seine Schachtel mit Tüchern und Hüten und setzte ihm das kleine Hütchen auf, das er sich ausgesucht hatte. Ich stellte einen Spiegel an das Ende der Leiter. Um sich bewundern zu können, mußte Doran die Leiter entlanggehen. Am Abend hatte er sich ein »Essen im Kerzenschein« verdient. Dazu gehörte auch, daß wir über einer Kerze, die in einer leeren Sektflasche steckte, kleine Käsestückchen rösteten. Wir machten uns keine Gedanken darüber, ob ihm »geräucherter« Käse bekommen würde.

Auch am nächsten Tag konnte ich Peter nicht erreichen. Wahrscheinlich machte er Urlaub. Als Diana am Montag kam, sah sie die Bücher unter den Leitern und nahm sofort mit einem Schreiner Verbindung auf. Er hieß James und wohnte im Dorf, besaß aber kein Auto. Wenn jemand bereit wäre, ihn abzuholen, könnte er am nächsten Abend kommen. Bis dahin könnten wir uns noch mit unserem Provisorium behelfen.

Doran übte täglich an der Leiter. Wir hörten immer erst auf, wenn er todmüde war. Lili blieb abends immer bei bei uns und schlief in einem improvisierten Bett aus einer Daunendecke neben der Leiter. Wir arbeiteten oft bis Mitternacht. Alisons Radiowecker unterhielt uns.

»Hast du schon einmal von den *Special Air Services* gehört?« fragte sie. »Das ist eine Eliteeinheit der Luftwaffe. Um sich für sie zu qualifizieren, muß ein Soldat einen unglaublich harten Eignungstest bestehen. Wenn er sich nach dem Training in die Kaserne geschleppt hat, sagt ihm ein Offizier, daß er noch fünfzehn Kilometer weiter gehen muß. Nur wenige stehen das durch.«

»Soldaten sind gar nicht so zäh, wie man immer meint. Ein paar amerikanische Soldaten versuchten einmal, eine Gruppe von Zweijährigen einen Tag lang an Energie zu übertreffen. Sie scheiterten.«

»Das würde mir nicht passieren. Ich würde mich sehr gut für die Special Air Services eignen, aber sie lassen ja keine Frauen zu!«

»Alison, ich bin sicher, daß du trotz deiner Begeisterung fürs Militär im Herzen eine Pazifistin bist.«

»Ich habe zu viel Energie. Ich muß intensiv leben.«

»Ich verstehe. Du stehst mit einem Bein noch im neunzehnten Jahrhundert. Du schwärmst für romantische Helden.«

»Kann schon sein«, sagte sie.

»Hat Doran gegähnt oder gelacht?«

»Gegähnt.«

»Er kann ins Bett gehen. Ich bleibe hier bis morgen auf den Knien sitzen. Das tut weniger weh, als aufzustehen.«

»Betest du auf den Knien?«

»Nein, meiner Meinung nach ist das Gebet eine Tätigkeit … Also gut, Alison, zieh mich hoch.«
Ich streckte die Arme aus.
Wir überlegten, daß Doran morgen seine Atemübung absolvieren und den Rest seiner täglichen Krabbelstrecke zurücklegen könnte, solange James die Leitern höher anbrachte. (Doran mußte immer noch achthundert Meter am Tag krabbeln.)
Während Alison beim Einkaufen war, rief eine Frau vom Abendteam an und sagte, ihr Auto sei kaputtgegangen. Sie müsse abgeholt werden. Als Alison zurückkam, sagte ich ihr Bescheid und sie fuhr gleich wieder in die Richtung, aus der sie gekommen war. Sie war gerade mit der Helferin zur Tür hereingekommen, als James anrief und sagte, er sei fertig und könne jetzt abgeholt werden.
»Denk an die Special Air Services, Alison«, bemerkte ich tröstend. Meine Helferin hatte Doran bereits auf den Tisch gelegt, und wir begannen zu singen. Zwanzig Minuten später polterte James mit einer großen Werkzeugtasche in das Zimmer. Alison ging gleich in die Küche und öffnete den Kühlschrank.
»Ich bin am Verhungern. Den ganzen Heimweg habe ich eine große Scheibe Toast mit Brauhefe-Extrakt vor mir gesehen.«
Sie schaltete den Grill ein. James öffnete seine Tasche und verkündete: »Ich habe die Säge vergessen.«
Es handelte sich um eine ganz bestimmte Säge, ohne die er nicht arbeiten konnte.
Alison schaltete den Grill wieder aus.
»Vielleicht habe ich vergessen, es dir zu erzählen«, sagte sie, »aber bei den SAS merken die Soldaten, die sich noch einmal auf die Socken machen, daß sie geblufft worden sind. In Wirklichkeit bekommen sie fünfhundert Meter weiter heißen Tee und belegte Brote.«
»Wir Pazifisten sind viel grausamer, Alison. Kauf eine

Flasche Cider auf meine Rechnung. Morgen schreibe ich ans Verteidigungsministerium und empfehle dich.« Sie machte sich mit James auf den Weg.

Als es wärmer wurde, konnten wir tagsüber Türen und Fenster öffnen. Dorans Tag begann um neun Uhr morgens mit einer halbstündigen Atemübung. Eine Helferin kam nur für diese halbe Stunde zu mir, damit Alison Zeit hatte, Lili beim Frühstück Gesellschaft zu leisten. Wenn wir nicht bis Mitternacht mit dem Übungsprogramm fertig waren, kam es häufig vor, daß ich erst nach ein Uhr zu Bett ging. Ich war oft in einer Art Trance, wenn ich morgens aufstand. So schien mein Körper auf die Anspannung und den ständigen Schlafmangel zu reagieren. Ich besaß einen halbwegs eleganten schwarzen Morgenrock. Wenn ich dann noch in meine Schuhe geschlüpft war, hatte ich durchaus das Gefühl, angezogen zu sein. Deshalb vergaß ich wohl auch immer, mich zu kämmen. Ich glitt einfach übergangslos vom Schlaf in das Tagesprogramm. Die Dame vom Gesundheitsamt war sich nie ganz sicher, ob ich gerade aufgestanden war oder zu Bett ging.

Zur Mittagszeit krabbelte Doran immer im Garten. Er sah sehr niedlich aus, wenn er ein Gänseblümchen pflückte und es mir mit einem Lächeln überreichte, das deutlicher als Worte ausdrückte, wieviel schöner er es fände, still dazusitzen und Blumenkränze zu flechten, als zu krabbeln. Eines Nachmittags, als Alison und Lili weggegangen waren, weigerte Doran sich, etwas anderes zu tun, als mich auf das warme Gras zu ziehen, zu lachen und mir Blumen zu überreichen. Ich befahl ihm zu krabbeln, ich schmeichelte und drohte ihm. Aber er ließ sich nicht von mir beeindrukken. Der Himmel war strahlend blau, und die Vögel sangen. Ich hätte nichts lieber getan, als seinem Wunsch nachgegeben. Das machte es mir umso schwerer. Eine halbe Stunde später, als Alison zurückkam, waren wir erst ein paar Meter vorwärtsgekommen. Doran lachte fröhlich, obwohl ich ihn anschrie. Am frühen Nachmittag kam die erste Helferin. Sie machte am Apfelbaum einen Kopfstand. Die Wirkung grenzte an Zauberei. Doran krabbelte schnell auf sie zu. Ich drohte ihm mit der Faust.

»Ich habe dich noch nie wütend gesehen«, sagte Alison. »Es ist ja fast beängstigend.«

»Doran findet das offenbar nicht. Es muß eine Möglichkeit geben, ihn zu motivieren, ohne daß ich das Gefühl habe, ich müßte ihn in der Luft zerreißen.«

»Was ist mit den Chips?«

»Sie sind nicht mehr interessant. Alles hat seine Grenzen. Wir brauchen ein neues Motivationsprogramm für das Krabbeln.«

Doran krabbelte immer noch auf seine Freundin zu, die jedesmal, wenn er sie erreicht hatte, ein paar Meter weiterlief und wieder einen Kopfstand machte.

»Ich glaube, ich versuche es mit einem Hypnotiseur«, sagte ich mit einer plötzlichen Eingebung.

»Ist das nicht ein wenig abwegig? Wo willst du einen Hypnotiseur hernehmen?«

»Ganz einfach. Ich schau in den Gelben Seiten nach.«

Drei Tage später ging ich zum nächsten Hypnotiseur, während Doran zu Mittag aß. Ich hatte keine Ahnung, was ich zu erwarten hatte, aber wenn man unter Hypnose das Rauchen aufgeben und Babys bekommen konnte, konnte man zweifellos auch krabbeln. Der Hypnotiseur war sehr freundlich. Er erklärte mir, daß man bei kleinen Kindern nicht mit Hypnose, sondern mit Suggestion arbeite. Dann brachte er mir bei, wie ich Dorans Schlaf vertiefen könnte, damit er im Schlaf aufnahmefähiger würde. Wir sprachen über die Spiele, die er am liebsten beim Krabbeln spielte. Ich sollte nachts neben ihm sitzen und flüstern: »Doran, du bist ein Zug, der nie anhält, ein Zug, der nie anhält, ein Zug, der nie anhält.« Bei Tag sollte ich ihn beim Krabbeln an diesen Zug erinnern.

Ich eilte zum Auto und fuhr zurück nach Hause. Während der Heimfahrt murmelte ich die Sätze vor mich hin, die der Hypnotiseur mir gesagt hatte. Als ich zu Hause ankam, glaubte ich fast, ich sei selbst der Orient-Express.
»Was murmelst du da?« fragte Alison.
»Ich bin ein Zug, der nie anhält – nie anhält ...«
In den folgenden Nächten probierte ich die Methode des Hypnotiseurs aus. Während der nächsten paar Tage krabbelten wir neben Doran her und wiederholten die suggestiven Sätze. Aber wir konnten nicht herausfinden, ob ihn die Suggestion oder unser Betragen stärker motivierte.
Das Wetter wurde schlechter. Es regnete dauernd. Lili und Alison gingen zum Sommerfest ins Emerson College. Sie sahen durch regenblinde Fenster dem Tanz um den Maibaum zu und aßen Erdbeerkuchen und Berge von Eis. Doran war glücklich, weil Magda für einen Tag zu Besuch gekommen war. Bei der Arbeit an der Leiter schüttelte er plötzlich meine Hände ab und ging vorsichtig unter der Leiter auf Magda zu.
»Magda, wie hast du das gemacht?«
»Tut er das normalerweise nicht?« fragte sie.
Gegen Abend kamen Alison und Lili zurück. Sie brachten eine kleine Tüte mit Vollkornkeksen mit. Doran war neugierig auf den Inhalt der Tüte und ging zielstrebig auf die beiden zu, um einen Keks in Empfang zu nehmen.
Solange Magda da war, ging Doran unter seiner Leiter auf und ab. Doch als sie gegangen war, hatte Doran plötzlich wieder geheimnisvolle Probleme mit seinen Händen und Füßen. Am Abend lagen Alison und ich wieder auf den Knien.
»Er *kann* gehen«, meinte ich, »also *soll* er es auch tun.«
Alison hatte eine Idee. »Wir könnten einen Tunnel aus Spanplatten bauen. An einem Ende hängen wir irgendwelche Sachen auf, und Doran muß, um sie genauer anschauen zu können, durch den Tunnel hindurchgehen. Außer-

dem wird er bestimmt nicht in dem dunklen Tunnel herumstehen wollen.«
Alison wollte die Leiter auf der gesamten Länge verkleiden lassen, aber wir einigten uns dann auf einen Kompromiß. Wir holten James, und er verkleidete sie nur zur Hälfte. Doran verschwand sofort im Tunnel und rührte sich nicht mehr.
Wir waren beide nicht klein genug, um uns in den Tunnel quetschen und ihn herausholen zu können. Doran summte vor sich hin und schlug gegen die Spanplatten, um sich zu unterhalten. Wir ließen ihn einfach sitzen und gingen nach oben. Es war zermürbend. Als wir wieder nach Doran sahen, war er aus dem Tunnel herausgekrabbelt. Er saß in der »gefährlichen« Sitzposition auf dem Fußboden und spielte still mit Lilis Legosteinen.
»Wenn das Wetter besser wird, können wir es mit einer Leiter im Garten versuchen, Alison. Aber damit ist unser Problem auch nicht gelöst.«
Ich packte Doran, schüttelte ihn und legte seine Finger um die Sprossen. »Ich habe eine tolle Idee«, sagte Alison. »Wir reißen den Tunnel ein.«
»Vielleicht klappt es doch. Meinst du nicht, daß wir eine Möglichkeit finden, Doran durch den Tunnel zu locken?«
Wir lösten die Spanplatten aus ihrer Befestigung am Boden, so daß sich an dem Tunnel eine Art Schwingtür aufklappen ließ. Jetzt konnte eine von uns hineinschlüpfen und Doran hinausjagen. Wir mußten eine ganze Reihe unfairer Tricks anwenden, denn auf so beengtem Raum war Doran viel beweglicher als wir Erwachsenen. Die Spanplatten wackelten oft gefährlich, dann wurde es plötzlich still und Doran erschien: auf zwei Beinen.
Ich beschloß, mich zu Ehren des Sommeranfangs zu kämmen. Es dauerte zwei Stunden, bis ich mein verfilztes Haar durchgebürstet hatte. Als ich aus dem Bad kam, war es halb zwei Uhr morgens.

Alison las *Das egoistische Gen* von Richard Dawkins. »Du solltest dich ein wenig mehr um dich selbst kümmern«, sagte sie.
»Im Augenblick kommt meine Seele vor der äußeren Erscheinung.«
Alison legte das Buch weg. »Dieser Autor ist der Meinung, auch alle sogenannten ›großzügigen‹ Handlungen dienten nur dazu, die Gene zu erhalten. Er behauptet, die Gene würden uns einfach benützen, um sich selbst zu erhalten. Wir wären bloße Gen-Maschinen.«
»Armes Schwein«, sagte ich. »Wenn er das beweisen will, ist das sein Problem. Über den Genen steht die freie Wahl, und darüber letztlich die transzendente Macht des menschlichen Geistes.«
»Jedenfalls siehst du jetzt viel besser aus. Ich glaube, daß deine Gene dich dazu getrieben haben, dir die Haare zu bürsten.«
Sie reichte mir Dorans Flasche, und wir gingen nach oben.
Am nächsten Tag kam eine neue Haushaltshilfe. Sie hieß Julie und klingelte zuerst an Georges Haustür. Er war sicher enttäuscht, daß sie nicht bei ihm blieb. Julies regelmäßige Besuche wirkten Wunder in meinem Haushalt. Sie wurde eine liebe Freundin.
Peter kam aus dem Urlaub zurück und brachte am Zaun entlang eine Leiter an. Der Himmel war zwar bedeckt, aber es war warm und wir konnten draußen mit Doran üben. George kam aus seinem Gewächshaus und gab Doran ein paar Erdbeeren.
»Er wird nie richtig laufen lernen. Vorher werden Sie ihm die Arme aus den Gelenken ziehen.«
Doran ging unter seiner Leiter fröhlich auf einen Schlauch zu, mit dem wir Wasser in Eimer und Schüsseln füllten. Juli war der richtige Monat, um Doran zu ermutigen, zwischen zwei sitzenden Helferinnen die ersten unabhängigen Schritte zu machen. Als er diese Aufgabe erstmals erfolgreich

bewältigt hatte, bekam er ein Stück Banane. Wir gaben ihm nur noch ganz selten Bananen. Sie wurden dadurch zu seltenen, exotischen Früchten, die er nur durch höchste Anstrengung bekommen konnte.
Nachdem ich mich um meine äußere Erscheinung gekümmert hatte, wandte ich mich Lilis Haaren zu. Ihre Locken waren gleichfalls völlig verfilzt. Cathy hatte sie festgehalten und ihr geduldig das Haar gebürstet, aber Emily war nicht der Typ gewesen, der so zeitraubende kosmetische Arbeiten fortsetzte. Alison beschloß, die ganze Angelegenheit in die Hände eines Friseurs zu legen. Ich saß da und sah zu, wie Doran ein paar mutige Schritte machte, als die beiden zurückkehrten. Alison trug Lili huckepack. Lili sah aus wie eine geschorene Elfe, und Alison war bleich und zitterte.
»Hast du dir ihre Haare mitgeben lassen?« fragte ich.
»Nein. Ich war froh, daß ich sie dort lassen konnte. Du hättest dabei sein müssen. Sie hat sich schreiend am Boden gewälzt. Die Friseusinnen mußten sie auf allen vieren kriechend verfolgen.«
»Aber mit Erfolg, wie ich sehe.«
»Der Geschäftsführer meinte, Lili werde Friseure den Rest ihres Lebens hassen. Aber als es vorbei war, ist sie aufgestanden und hat sich bei allen bedankt. Und wie hat sich Doran heute vormittag verhalten?«
Alisons Gesicht blieb bleich. Während des Mittagessens sprang sie auf und kramte in der Kommodenschublade. Sie zog eine Taschenlampe hervor, ging zum Spiegel, öffnete den Mund und spähte aufmerksam in ihren Schlund.
»Was machst du da?« fragte ich.
»Ich sehe mir meine Mandeln an.«
»Und warum?«
»Erste Anzeichen von Streß. Ich habe eine chronische Mandelentzündung. Hier, siehst du die weißen Pickelchen?«
Ich sah nichts. Sie nahm einen Löffelstiel und drückte sich

die Zunge nach unten. Täglich kontrollierte sie den Zustand ihrer Mandeln mit der Taschenlampe. Ich gewöhnte mich rasch daran.
»Es wäre praktisch, wenn du aus deinen vereiterten Mandeln die Zukunft lesen könntest«, meinte ich. »Doran sollte wieder einmal einen entscheidenden Fortschritt machen. Außerdem müssen wir uns überlegen, wie wir an Geld kommen.«
Am Abend besuchte uns Bert. Sie hatte die übliche Plastiktüte mit den Unterlagen und eine Latzhose für Doran dabei. Die Knie seiner Hosenbeine waren durch das viele Krabbeln dauernd durchgescheuert, und weder ich noch Alison konnten gut Flicken aufnähen. Bert wollte Doran das Päckchen erst geben, wenn er sich eine Vergünstigung verdient hatte. In der Zwischenzeit unterhielten wir uns über das diesjährige Wettkrabbeln.
»Wir brauchen viele Teilnehmer. Diana kann dieses Jahr nicht mitmachen, weil sie Probleme mit dem Herzen hat. Ob du wieder ins Institut kannst, wird davon abhängen, daß wir wirklich gut organisieren.«
»Setz mich auf die Liste«, sagte Alison. »Ich werde gewinnen.«
»Darum geht es nicht in erster Linie, Alison«, meinte Bert.
»Aber mir macht es mehr Spaß, wenn ich es so sehe. Du solltest dich freuen. Wenn ich meine ganze Energie auf das Wettkrabbeln verwende, wird das Ergebnis für Doran gut sein.«
Doran hing an seiner Leiter. Er sah das Päckchen und zeigte lebhaft darauf: »Au, au.«
»Nein, Doran, das ist kein Auto«, sagte Bert. »Laß zuerst sehen, was du kannst.«
Er ließ sich fallen und kroch zu ihr herüber. Wir setzten uns so hin, daß er direkt auf uns zu gehen konnte. Doran hatte nur Augen für sein Päckchen. Er machte vollkommen unabhängig einen Schritt und fiel Bert in die Arme. Bert lockerte

die Schnur an dem Päckchen und gab es Doran zum Auspakken.
»Den Schritt hat er dir zu Ehren gemacht, Bert«, sagte ich, als sie ihm die neue Hose anzog. »Was ist heute für ein Tag?« Wir schauten auf den Kalender. Es war der 4. Juli. Bert pfiff durch die Zähne: »Das muß ich dir lassen, Doran, du hast dir einen denkwürdigen Tag ausgesucht, um *deine* UNABHÄNGIGKEIT zu beweisen!«

13

Wir planten eine Werbekampagne für das Wettkrabbeln. Hilary gab mir die Telefonnummer eines Journalisten von einer großen Londoner Zeitung. Der Journalist kam mit seinem Fotografen zu uns.
Auf der dritten Seite der *Sunday People* erschien ein langer Artikel mit dem Titel »Liebe, die Wunder wirkte«. Über Nacht wurde Doran bekannt. Nur die Unruhen in Brixton verdrängten ihn von der Titelseite. Die Anrufe verzweifelter Eltern von hirngeschädigten Kindern mehrten sich.
Mina, eine Frau, die im Süden Londons wohnte, wollte kommen und uns besuchen. Da sie nichts von einem Ehemann sagte, ordnete ich sie gleich in die Kategorie »entschlossene Alleinerziehende in Geldnot« ein. Ich wollte ihr Geld für die Bahnfahrt schicken, aber sie sagte, sie hätte eine Mitfahrgelegenheit.
Die Frauen von der »Beratungsstelle für natürliche Geburt« in Crowborough übten mit Doran, während ich ihnen erzählte, wie sie sich Minas Existenz vorzustellen hätten. Plötzlich unterbrach mich eine von ihnen: »Besitzt die typische alleinerziehende Arbeitermutter einen Mercedes mit Chauffeur? So einer ist nämlich gerade vorgefahren.«

Wir stürzten zum Fenster und sahen zu, wie der Chauffeur Mina, ihren Kindern und dem Kindermädchen aus dem Wagen half. Aus dem Kofferraum holten sie eine Plastiktüte mit dem Aufdruck »Harrods«, in der Anziehsachen für Doran waren. Außerdem brachten sie eine Pfirsich-Biskuitrolle mit Sahne mit, die mindestens einen halben Meter lang war. Mina verstand es, zu handeln und im richtigen Moment das Richtige zu tun. Die meisten Leute, die bei uns Hilfe suchten, meinten, daß sie in jeder wachen Minute etwas für ihr Kind tun müßten. Sie waren erleichtert, wenn sie sahen, daß auch wir das taten. Wer nicht darauf vorbereitet war, wurde gewöhnlich nach fünf Minuten eines Besseren belehrt.
Als Mina eine Weile zugeschaut hatte, wie wir mit Doran die Bewegungsmuster einübten, legten wir Doran auf den Boden und Minas Sohn nahm seinen Platz auf dem Tisch ein. Doran kroch zu mir und zerrte an meinen Beinen. Als ich nicht sofort aufhörte, mich um Minas Sohn zu kümmern, preßte er die Stirn gegen den Teppich. »Ich hatte keine Ahnung, daß du so eifersüchtig bist«, rief ich.
Er war sehr gekränkt. Alison nahm ihn mit in den Garten, um ihn zu trösten.
Mina wollte mit ihrem Sohn in das Institut gehen. Als wir uns verabschiedeten, sagte sie: »Ich habe gelesen, daß Sie einen Fonds für Doran haben. Lassen Sie mich ein wenig dazu beitragen.« Sie faltete den Scheck zusammen. Ich öffnete ihn erst, als der weiße Mercedes hinter der Kurve verschwunden war. Mina hatte hundert Pfund gespendet.
Immer mehr Leute reagierten auf den Artikel. Ich fing eine umfangreiche Korrespondenz an, weil ich mich entweder bei Leuten bedanken mußte, die Geld geschickt hatten, oder anderen über Dorans Behandlung berichtete. Zuerst bestand ich darauf, sehr ausführlich zu schreiben. Jeder Brief erinnerte mich an meine eigene Verzweiflung und an die Freude, die ihr gefolgt war. Eines Nachts, als ich gerade die

zehnte Seite an eine Frau in Irland beendete, schritt Alison ein.

»Es ist halb zwei. Du arbeitest dich tot, wenn du so weitermachst.«

»Meinst du, ich sei verrückt, weil ich anderen Menschen helfen und sie trösten will?«

»Nein, aber du könntest ihnen einfach den Titel des Buches von Glenn Doman mitteilen und die Adresse, an die sie sich wenden müssen. Wie wäre es, wenn du einen Brief fotokopieren würdest?«

»Aber das ist zu unpersönlich. Würdest du gern einen fotokopierten Brief bekommen?«

»Wenn ich verzweifelt wäre, wäre mir das egal. Stell dir vor, du wirst krank.«

»Das ist der letzte Brief, Alison. Ehrenwort!«

»Der letzte bis morgen abend«, zweifelte sie. »Wie soll man dir helfen, wenn du so eigensinnig bist?«

»Würde ich dieses Programm durchführen, wenn ich nicht eigensinnig wäre?«

»Wahrscheinlich nicht, aber versuch doch, wenigstens ein bißchen verständiger zu sein. Hier, ich habe dir einen Umschlag frankiert. Steck deinen Brief hinein und geh ins Bett.«

In der nächsten Woche gingen Alison und Lili mit einem Stapel Formulare für das Wettkrabbeln in das nahegelegene Industriegebiet.

»Der Direktor von ›Tantofex‹ hat versprochen, daß alle in der Fabrik einen Betrag setzen müßten, bevor er ihnen die Lohntüte gibt!« rief Alison. Auf sie waren bereits zweihundert Pfund gesetzt worden. Sie würde schnell krabbeln müssen.

Andere Firmen regten sogar ihre Mitarbeiter zur Teilnahme an dem Wettkrabbeln an. Anscheinend regte unsere Kampagne die Phantasie an. Angestellte machten Großraumbüros oder Fabrikhallen zu Übungsstrecken.

Mit dem Wetter hatten wir Pech, wie im vergangenen Jahr. Die optimistischste Prognose, die wir der Telefonistin beim Wetteramt abringen konnten, war »wechselhaft«. Der Sportplatz »King George« erwies sich dann als der einzige sonnige Ort im Umkreis von Kilometern. Doran krabbelte sofort fröhlich in alle Richtungen, um uns zu zeigen, daß in Ashdown Forest nur ein paar Karusselle und Schaubuden gefehlt hatten. Ich wollte, daß er mit den Wettkämpfern auf der Bahn um die Wette krabbelte, aber ich hatte es nicht riskieren wollen, daß jemand tatsächlich auf ihn setzte.
Die Kriecher oder Krabbler, je nachdem, wie man es definierte, starteten alle gemeinsam. Dann verteilte sich das Feld rasch. Gewinner würde derjenige sein, auf den der höchste Betrag gesetzt worden war, vorausgesetzt er legte die gesamte Strecke von fünfzehn Runden krabbelnd zurück. Doran setzte den Krabblern aus eigenem Antrieb nach. Er wurde immer kleiner, als er sich der anderen Seite der Bahn näherte. Er schlängelte sich zwischen den Wettkämpfern hindurch und krabbelte zu dem Tisch, an dem Judy Blowe saß und die Runden zählte. Alison war bereits weit voraus. Sie bedankte sich mit einem Kopfnicken für unsere anfeuernden Rufe. Bald war sie dem Feld fast eine Runde voraus und kam mit Leichtigkeit als Erste ins Ziel. Obwohl es kein richtiges Rennen war, hatte das für sie große Bedeutung. Auf sie war der höchste Betrag gesetzt worden, und sie wurde die unumstrittene Gewinnerin des Siegerpokals.
»Ich bin auch eine Weile mit dem Kandidaten der Ökos gekrabbelt«, erzählte sie. »Wir waren so in die Diskussion vertieft, daß ich beinahe vergessen hätte zu krabbeln.«
»Du scheinst dich zu Pazifisten hingezogen zu fühlen, Alison. Was möchtest du zur Feier des Tages essen?«
»Fisch und Chips«, antwortete sie.
Mit den Wetteinsätzen und dem Geld, das wir durch den Artikel in der *Sunday People* zusammengebracht hatten,

war unser Flug nach Philadelphia gesichert. Jetzt hatte ich die Ruhe, mir über Dorans Übungsprogramm Gedanken zu machen. Je mehr er unter der Leiter übte, desto schwieriger wurde es, tagsüber sein Krabbelpensum einzuhalten. Er brauchte einen interessanten Ort, wo er auch abends krabbeln konnte.

In Lilis Vorschule und in der Dorfschule gab es geeignete Räume. Der Rektor der Grundschule war in den Ruhestand getreten, und der neue Rektor hatte seine Stelle noch nicht angetreten; deshalb lag die Verantwortung für die Sicherheit der Gebäude bei dem Vikar. Er gab gern die Erlaubnis, die Räume zu nutzen.

Wir fingen in der Vorschule an. Beim Anblick des vielen Spielzeugs freute sich Doran. Zuerst mußten wir ihm die Illusion rauben, er sei zum Spielen hierhergekommen. Wir hatten ihn gerade davon überzeugt, daß er dreimal durch die Räume krabbeln mußte, bevor er auf die Rutschbahn durfte, als uns ein lautes Klopfen an der Tür zusammenfahren ließ. Ich öffnete. Vor der Tür standen ein paar Italiener mit einem goldbraunen Spaniel. Der Hund sprang herein und warf Doran um. Die Italiener erzählten, ihr Auto sei liegengeblieben und sie suchten ein Telefon oder eine Werkstatt. Da sie offenbar nicht verstehen konnten, was wir taten, ging eine Hälfte der Gesellschaft fort, um sachkundigere Hilfe zu holen. Die anderen bekamen ein paar Schlucke Tee aus unserer Thermosflasche, und der Spaniel mußte Doran zum Krabbeln motivieren.

Obwohl wir weder BBC hörten noch Zeitung lasen, hatte uns die Nachricht von der bevorstehenden Hochzeit im Königshaus doch erreicht. Ständig fragten uns Leute, wie wir den Tag feiern würden. »Mit einer ausgedehnten Übung unter der Leiter«, antwortete ich. Lili fragte alle Leute, wie man Prinzessin werden könne und ob auch Doran ein echter Prinz werden könnte.

Um sie zu beruhigen, beschlossen wir, selbst ein Hochzeits-

fest zu feiern. Die Leiter im Garten wurde zum Hauptschiff der St.-Pauls-Kathedrale. Doran und Lili verkleideten sich und spielten das nach, was sie in Alisons Radio über die »königlichen« Hochzeitsfeierlichkeiten hörten.
George stapfte durch sein Salatbeet. »Hier«, sagte er und schenkte Lili einen Salatkopf. Dann wandte er sich an mich und fuhr fort: »An einem solchen Tag sollten Sie nicht mit ihm arbeiten. Das ist nicht gut.«
»Eigentlich feiern wir.«
»Sie sollten die Kinder fernsehen lassen.«
»Ich habe keinen Fernsehapparat.«
»Dann bringen Sie die Kinder zu mir. Heute abend zeigen sie die Wiederholung.«
Zum krönenden Abschluß des Tages gingen wir also die paar Schritte zu George hinüber und setzten uns vor seinen alten Schwarzweiß-Fernseher. Die Skepsis, die wir dem kleinen Bildschirm gegenüber empfanden, wurde noch verstärkt durch einen Fehler am Horizontal-Oszillator. Das Innere der St.-Pauls-Kathedrale wirkte merkwürdig verzerrt. Außerdem konnte George sich nicht entscheiden, ob der Empfang im BBC- oder im ITV-Kanal besser war, und schaltete ständig hin und her.
»Habe ich Doran wirklich geheiratet?« fragte Lili.
»Nur für heute, Lili«, antwortete ich. »Nach Mitternacht ist er wieder dein Bruder.«
Ende Juli lief Doran problemlos unter der Leiter. Es war feucht und schwül. Ich hatte täglich das Gefühl, irgend etwas müsse passieren. Aber wir blieben von Katastrophen verschont. Doran war gewöhnlich nackt. Um den Hals trug er sein Chips-Täschchen und an den Füßen ein Paar löchrige Schaftstiefel. Wenn er das Ende der Leiter erreicht hatte, trat er mit dem Fuß in einen Eimer Wasser und planschte darin herum wie ein Zirkusclown.
Nachts gab es häufig Gewitter. Als es eines Nachts besonders laut donnerte, kam Alison in mein Zimmer. »Kann ich

ein bißchen hierbleiben?« fragte sie. »Ich habe dauernd Angst, daß es einschlägt.«
Ein Blitz erleuchtete das Fenster. Er schien förmlich vom Glas abzuprallen. Doran und Lili schliefen weiter.
Ein paar Nächte später wurde Alisons Schlaf durch eine Nachtigall gestört. Kurz nach Mitternacht holte sie mich in den Garten, damit auch ich dem Gesang lauschte. Es war die erste Nachtigall, die wir beide hörten. Wir standen und lauschten ehrfürchtig. Die Zeit schien stehenzubleiben.
Am nächsten Morgen mußten wir uns einem neuen Problem stellen. Lili war seit über einem Jahr nicht mehr mit uns im Institut gewesen. Sie hatte dort einen guten Eindruck hinterlassen, und ich wußte, daß die Mitarbeiter des Institutes großen Wert darauf legten, bei den Begutachtungen die ganze Familie zu sehen. Ich sprach mit Bert darüber.
»Aber sicher kannst du Lili mitnehmen«, sagte sie. »Nur – schaffst du das?«
»Es wäre überaus hilfreich, wenn Alison dabei wäre.«
Bert sah mich streng an. »Das wird uns eine Menge Geld kosten.«
»Wir haben doch genug.«
»Es ist sauer verdient, und wir sollten es nicht verschwenden. Aber andererseits finde ich, daß Lili unbedingt mit dir fliegen sollte. Will Alison denn mitkommen? Ich könnte mir vorstellen, daß der Aufenthalt ziemlich anstrengend ist.«
Alison war sofort bereit, mitzukommen. Sie hatte noch nie in einem Flugzeug gesessen. »Es ist langweilig. Du mußt unbedingt etwas zum Spielen mitnehmen«, erklärte ihr Lili.
Lili fuhr in diesem Sommer früh zu ihren Großeltern. Kaum war sie weg, kamen Abigail und Rebecca Kops, die Töchter der Freunde, bei denen wir über Weihnachten waren, als Doran in der Guy-Klinik lag. Die Kinder veranstalteten wilde Wasserschlachten. In einem kleinen Becken planschen und spritzen war Dorans liebstes Sommerver-

gnügen. Wenn er den den Schlauch halten durfte, rannte er freudig seine Leiter entlang. Er lernte, daß der Strahl stärker wurde, wenn er den Schlauch vorne zusammendrückte. Doran war bei diesen Wasserschlachten im Vorteil, weil er fast nackt war. Wir anderen verbrachten den größten Teil des Tages in feuchten Kleidern. Vor dem endgültigen Waffenstillstand kam es stets zu einer großen Schlacht. Der ganze Rasen war überschwemmt. Danach verlor Doran plötzlich jedes Interesse an Wasser. Er wollte nicht mehr baden, und sogar wenn ich ihm den Hals wusch, empfand er das als Zumutung.

Die Zeit war unser größtes Problem. Wir waren dazu übergegangen, im Garten Tee zu trinken. Alison und ich saßen mit einem Teller auf dem Schoß je an einem Ende der Leiter, während Doran zwischen den beiden Tellern hin und her ging und im Gehen kaute. Nach dem Tee machten wir uns fertig, um in die Schule zu gehen.

Doran krabbelte durch das Labyrinth von Pulten, auf denen die Stühle standen, den schmalen, mit Büchern und ausgestopften Tieren gesäumten Korridor entlang zu dem riesengroßen, weiten, glänzenden Boden der Turnhalle. Es war eine hübsche Schule. Ich fragte mich, ob Doran jemals hier zur Schule gehen würde. Er war noch nicht drei. Er hatte schon einen Schritt alleine gemacht, aber sein Körper sah so zerbrechlich aus. Ich konnte mir nicht vorstellen, wann seine spindeldürren Beine einmal sein Gewicht tragen würden.

Anfang August gab es während einer Schönwetterperiode plötzlich sehr viele Insekten. Die Luft war voll Gesumm und Gebrumm. Am 12. August feierte ich meinen sechsunddreißigsten Geburtstag, und meine Mutter brachte Lili nach Hause. Ich erwartete Magda. Bernard und Erica Kops wollten kommen und ihre Kinder abholen. Um ein Uhr saßen wir alle im Schatten des Apfelbaums und aßen zu Mittag.

»Du wirst ein ganzes Buch über diesen einen Tag schrei-

ben, begann Bernard. »Wo gehst du denn hin? Ich wollte mit dir reden.«
»Sie holt nur Dorans Maske«, erklärte Alison.
»Du hast Geburtstag. Amüsierst du dich überhaupt?« fragte Bernard.
»Ja, das kannst du mir glauben. Es ist eine großartige Art, zu leben. Andere Leute klettern auf Berge.«
»Du meinst, es ist eine Droge?« fragte er.
»Nein«, sagte Erica. »Sie meint, ihr bleibt gar nichts anderes übrig.«
Als Kops' gegangen waren, schlug Magda vor, wir sollten mit den Kindern zum Tee in einen nicht weit entfernten Kinderzoo fahren.
»Dort kann Doran sein gesamtes Krabbelprogramm absolvieren«, sagte sie. »Und es gibt dort keine Löwen in Käfigen. Es wird dir dort gefallen.«
»Magda, wir können nicht. Wir verlieren zu viel Zeit.«
»Wir können sehr gut dorthin fahren«, sagte Alison. »Ein Ortswechsel tut Doran gut. Du darfst das nicht so eng sehen.«
»So?«
»Ich verspreche dir, daß Doran keine einzige Übung verpaßt.«
Ich sah sie an. »Weil ihr meine guten Freunde seid und weil ich heute Geburtstag habe, bin ich ganz in eurer Hand.«
Am Eingang des Zoos kroch Doran durch das Drehkreuz und schlug sofort den Weg zum Ententeich ein. Alison erwischte ihn gerade noch am Bein, als er nach einem gefiederten Entenpürzel griff.
Ich merkte, daß andere Besucher dachten, Doran würde nur so aus Spaß kriechen und nicht, weil er nicht laufen konnte. Später beging er einen klassischen Irrtum. Er hielt eine Schildkröte für einen Stein. Als wir uns eine Teepause gönnten, kletterte eine Herde Affen von den Bäumen und

stahl uns das Essen aus den Händen. Doran fütterte die Tiere und ermunterte sie zu weiteren Diebstählen.

»Du wirst im tropischen Regenwald aufpassen müssen, Alison«, meinte Magda.

»Und wie willst du die Gewitter überleben?« fragte ich. »Ich nehme an, mit Spinnen kommst du zurecht?«

»Solange sie nicht zu groß sind«, antwortete sie.

Als wir das nächste Mal an der Leiter im Haus übten, entdeckte ich eine mittelgroße Spinne und zeigte sie Doran. Er kam, die Sprossen entlang, neugierig näher. Um ihn zu ermuntern, schneller zu gehen, tat ich so, als ob ich Alison die Spinne in den Ausschnitt stecken wollte. Sie schrie und floh, während Doran das Ende der Leiter so schnell wie nie zuvor erreichte. Als Alison wieder zurückkam, war sie immer noch ein wenig blaß.

»Ich dachte, die läge von der Größe her noch innerhalb deiner Toleranzgrenze«, sagte ich.

»Sie muß ein Grenzfall gewesen sein«, antwortete Alison.

Ein paar Tage später kam sie mit einer riesigen schwarzen Gummispinne nach Hause.

»Vielleicht hilft mir das, mich an sie zu gewöhnen!«

Fröhlich bewarfen wir uns den ganzen Tag lang gegenseitig mit der Spinne. Doran fand das ganze Spiel sehr anregend. Aber als es dunkler wurde, wurde es Alison wirklich unheimlich. Die Spinne sah täuschend echt aus. Am nächsten Morgen rehabilitierte sie sich. Sie holte ihr Präparierbesteck, grub einen Wurm aus und machte für Doran ein vollendetes Präparat, das er anschauen konnte, während er unter der Leiter übte.

Kurze Zeit später begann meine Freundin, die Post nach dem Bescheid bezüglich ihrer Bewerbungen um ein Stipendium zu durchsuchen. Ziemlich kurz hintereinander kamen zwei Absagen. Nach dem ersten Brief gab Alison die Hoffnung zwar noch nicht auf, aber die Enttäuschung schlug ihr sofort auf die Mandeln. Als sie in ihren Mund sah, waren ihre Mandeln von unangenehmen weißen Pusteln übersät. Eine längere Behandlung mit einem Antibiotikum war erforderlich. Alison bekam auch Fieber. Ich steckte sie ins Bett, aber sie zog es vor, in ein paar Decken gehüllt herumzulaufen und abwechselnd zu arbeiten oder sich mit den Decken auf das Sofa zu legen.

An diesem Abend gehörte zu dem Team von den »Löwen« aus Uckfield eine Friseuse. Sie hatte versprochen, Doran in einen zivilisierten Menschen zu verwandeln. Während er mit einer sauberen Serviette um den Hals auf meinem Schoß saß, hielt Lili einen Spiegel vor sein Gesicht, damit er die Veränderung beobachten konnte. Die Locken fielen, und ein neuer, gepflegter Doran kam zum Vorschein. Er strahlte.

»Er sieht aus wie wie David Bowie«, meinte Alison. »Komm, Doran, let's dance.«

Der neue Rektor der Schule, in der wir immer mit Doran krabbelten, hatte inzwischen seine Stelle angetreten. Er erwischte uns, als wir gerade mit roten Händen durch die Klassenzimmer seiner Schule krabbelten. Ich vergaß, daß ich ungefähr so alt war wie er, sprang wie ein ungezogenes Kind auf und rief: »Aber der Vikar hat es erlaubt.«

Er wies mich darauf hin, daß die Verantwortung für die Schule jetzt bei ihm liege. Wir seien versicherungsrechtlich ein Risiko und dürften die Schule in Zukunft nicht mehr für unsere Krabbelübungen benützen.

Das war eine kleinere Katastrophe für uns. Mir fiel nicht sofort ein anderes Gebäude ein, das so günstig lag und abends nicht abgeschlossen wurde. Alison schlug das alte Kloster vor, das der Barclays Bank als Trainingszentrum zur Verfügung gestellt worden war. Es war ein altes, verschachteltes, gotisches Gemäuer, umgeben von einem Pinienwald. Der Leiter des Zentrums erteilte uns freundlich die Genehmigung, im Ostflügel und in der alten Kapelle krabbeln zu dürfen. Die Kapelle war jetzt ein riesiger, mit einem dicken Teppichboden ausgelegter Hörsaal, aber wir rochen immer noch den Weihrauch, und die sinkende Sonne schien durch hohe bunte Glasfenster.

Eines Abends bog Doran in einen Gang, der in die Tiefen des Ostflügels führte. Alison lief voraus, um das Licht anzuschalten. Die letzte Lampe erleuchtete eine düstere Wendeltreppe, an deren Fuß ein glänzender, chromverkleideter Automat stand. Lili fand heraus, daß dieser Roboter Kartoffelchips ausspuckte, wenn man zwölf Pence einwarf.

Am nächsten Morgen weckte ein vorwitziger Sonnenstrahl Doran so früh, daß ich schon um acht Uhr mit ihm an der Leiter arbeiten konnte. Lili saß neben uns und aß einen Teller Müsli. Ich dachte, Alison hätte schon angefangen, Karten zu schreiben, denn ich hatte sie seit dem Frühstück nicht mehr gesehen. Dann fiel mir ein, daß sie vielleicht die Post geholt hatte.

»Lili, paß einen Augenblick auf Doran auf.«

Ich rannte nach oben. Alison lag in meinem Bett. Sie hatte sich unter die Bettdecke verkrochen und streckte mir nur die Hand entgegen, in der sie einen Umschlag hielt.

»Ich ahne schon, was los ist«, sagte ich. »Sie haben dich nicht angenommen. Bleib liegen. Konzentrier dich aufs Atmen.«

»Ich will nur noch sterben«, kam es unter den Decken hervor. »Ich weiß nicht, wie ich das ertragen soll.«

Ich stahl mich wieder nach unten und kam dazu, wie Lili Doran mit dem Rest ihres Müslis fütterte. Eine halbe Stunde später erschien Alison ohne Schuhe. »Läufst du gern barfuß?« fragte Lili.

»Ja, das tröstet mich. Das hilft mir, wenn ich unglücklich bin.«

»Können deine Füße sprechen?«

»Ich weiß nicht. Ich habe sie noch nie gefragt.«

»Aber das solltest du.« Lili beugte sich hinunter, um mit ihnen zu reden: »Hallo, kümmert sich Alison gut um euch?« fragte sie.

Weil Alisons Füße emotional nichts mit dem tropischen Regenwald zu tun hatten, konnten sie ohne Verlegenheit reden. Doran verfolgte die Diskussionen zwischen Lili und den Füßen den ganzen Vormittag lang, während er an seiner Leiter übte.
Wir hatten noch eine Woche Zeit bis zu unserem Termin im Institut. Doran konnte inzwischen vier Schritte frei gehen. Gespannt beobachteten wir, wann er den fünften Schritt machen würde. Es dauerte lange, bis er auch den letzten Schritt sicher machen konnte. Ich sah ein, daß man bei fünf Schritten wirklich sagen konnte, daß er ging, während er bei vier Schritten eher noch den Eindruck erweckte, als wäre er gestolpert und würde gleich wieder hinfallen.
An einem unserer letzten Abende an der Leiter zeigte ich Doran eine Diaserie. Ich hatte sie noch aus der Zeit, als ich Kunstgeschichte unterrichtet hatte. Ich merkte, daß ich anfing zu dozieren. Mein aufmerksamer Schüler hatte offensichtlich viel Spaß. Er war von frühester Kindheit an mit Renaissancegemälden vertraut und freute sich, wenn er alte Lieblingsbilder wiedererkannte. Alison ging mehrmals aus dem Zimmer und kam wieder zurück. Schließlich sagte sie: »So etwas kannst du ihm doch nicht beibringen.«
»Was? Du redest wie George.«
»Es gibt keine *gute* oder *schlechte* Kunst. Das ist nur eine Frage des individuellen Geschmacks.«
Ich vergaß, wo ich war, und platzte heraus: »Unsinn. Gute Kunst spiegelt die Natur wider. Sie lebt. Schlechte Kunst ist tot. Sie tötet den Geist. Es ist ein schleichender Tod. Schlechte Kunst stellt keine Anforderungen an dich, sie gibt deiner Phantasie keine Nahrung.«
»Halt mir keine Vorträge. Ich bin keiner deiner Kunststudenten.«
»Schau, aus meinem Leben ist etwas geworden, das ich nicht vorhersehen konnte. Ich bin froh darüber. Außerdem halte ich gern Vorträge.« Ich fing an zu lachen.

»Du weißt nicht, wie es ist, verbittert zu sein.«
»Du mußt einfach das tun, was du gut kannst, Alison. Deine Zeit wird kommen.«
»Aber was kann ich denn gut?«
»Mir eine Tasse Tee machen, du Dummkopf«, sagte ich liebevoll.
Am Tag vor unserer Abreise gingen wir noch zu einer Freundin, die mir von Anfang an bei den Übungen mit Doran geholfen hatte. Sie hieß Barbara Frost. Ihr Sohn Daniel war ein paar Monate jünger als Doran. Als sie sich zum ersten Mal sahen, konnte Doran kaum robben, während Daniel schon lief. Jetzt waren sie wenigstens während der vier Sekunden, die Doran brauchte, um fünf Schritte zu gehen, auf einer Stufe.
Unser Flug nach Amerika wurde kurzfristig um vier Stunden verschoben, und wir mußten in der Abflughalle warten. Als wir nach fünf Stunden endlich im Flugzeug saßen, war ich vollauf damit beschäftigt, Doran und Lili auf ihren Sitzen zu halten, und gleichzeitig mußte ich auch noch Alison beruhigen. Sie war aufgeregter als die beiden Kinder. Endlich durften wir die Sicherheitsgurte lösen. Doran krabbelte sofort den Gang entlang. Lili ging ihm voran, um ihn den anderen Passagieren vorzustellen und ihm die Toiletten zu zeigen. Es war unangenehm warm. Weil Lili schon bei kühler Witterung Kleider nicht leiden konnte, zog sie ihr Unterhöschen und ihre Schuhe aus und ließ sie irgendwo unterwegs liegen. Die Stewardeß fand die Schuhe, und ich steckte sie in meine Tasche. Das Höschen sahen wir nie wieder.
Judith brachte uns zum Chestnut Hotel. Der Fußboden zeigte deutliche Gebrauchsspuren, aber das Personal war immer noch so freundlich wie das letzte Mal. Lili freundete sich bald mit einem gleichaltrigen Mädchen aus Südafrika an, deren Schwester am Programm des Instituts teilnahm. Es war eine sehr nette Freundschaft. Mich störte nur, daß

Lilis Freundin mit ihren vier Jahren bereits eine eingefleischte und überzeugte Rassistin war.
»Mami, Lisa sagt, daß es scheußlich ist, wenn man eine schwarze Haut hat.«
»Lili, es wäre so schön auf der Welt, wenn es nicht so viele Vorurteile gäbe. Andrés Vater, der ist schwarz.«
Andrés Vater lachte laut.
»Hast du ein ethnisches Problem, Lili?«
Francis kam vorbei. Er suchte Susan. »Los, Lili, steig auf sein Knie, er ist stark genug.«
Während wir in der Klinik warteten und uns überlegten, ob Doran bei der Begutachtung gut laufen würde, sah er ein kleines Mädchen, das unsicher vor ihm her balancierte. Er ging sofort hinter ihr her.
»Fünf, sechs, sieben Schritte!« Rosalind war zufällig dazugekommen. »Der Junge kann ja schon den Mädchen hinterherlaufen.«
Dorans Wachstumsquote war inzwischen einundneunzig Prozent der Durchschnittsquote. Sein Kopf und seine Brust wuchsen jedoch um vierhundert Prozent schneller. Das war eine unglaubliche Entwicklung.
Wir gingen nach unten in den Geräteraum. Ohne Aufforderung zog Doran sich an der Leiter hoch und ging vorwärts und rückwärts unter ihr entlang. Rosalind holte Luft und pfiff anerkennend durch die Zähne: »Doran wird noch unser Vorzeigepatient werden.«
»Der Junge steht gern im Mittelpunkt«, sagte Judith. »Er sollte sein Programm in London im ›Palladium‹ vorführen.«
Wir wußten, daß die nächsten sechs Monate darüber entscheiden würden, ob Doran jemals richtig gehen lernen würde.
Während wir auf das neue Übungsprogramm warteten, hörten wir, wie sich ein Paar über seine Flitterwochen unterhielt, und wünschten ihnen im stillen alles Gute. Nach und nach stellten wir fest, daß wenigstens fünfzig Pro-

zent der Ehepaare, die alle nicht gerade wie Jungvermählte aussahen, überlegten, wann und wo sie ihre Flitterwochen verbringen könnten. Als ich Anne Ball traf, eine englische Mitarbeiterin, fragte ich sie, ob das Wort »Flitterwochen« im Amerikanischen eine andere Bedeutung habe.

»Nein«, sagte sie, »es hat nur hier im Institut eine bestimmte Bedeutung. Wir geben den Kindern zur Belohnung Urlaub, wenn sie ihr Programm zwei Jahre lang erfolgreich durchgeführt haben.«

»Heißt das, daß Doran auch Urlaub bekommt?«

»Ich glaube, sein Urlaub ist Ende Januar fällig. Ros wird es Ihnen heute sagen.«

Ob Doran Urlaub bekam, hing davon ab, wie erfolgreich er das neue Programm bewältigte. Judith fand es »ziemlich happig«.

»Wenn Doran selbständig gehen lernen soll, muß er Gelegenheit zum Gehen haben«, sagte Ros. »Also wird er mit einem Minimum von fünfundzwanzig Teilstrecken anfangen, die er allein gehen muß. Einmal in der Woche soll er soviel gehen wie nur möglich. Wenn er besser läuft, darf er öfter von der Leiter weg. Er soll vier Kilometer an der Leiter gehen können. Außerdem sollte er beim nächsten Mal vier Meter alleine gehen. Sie werden in Ihrem Haus mehr Leitern anbringen müssen.«

»Es ist erstaunlich, was alles in mein Häuschen paßt.«

»Ich fürchte, Sie müssen noch ein paar Sachen unterbringen, Mrs. Scotson«, lächelte Ros. »Ich sehe, daß Doran ein ziemlich umfangreiches Vestibulärprogramm bekommen soll, damit er besser gehen lernt.«

Wir waren über die Verbindung belehrt worden, die zwischen der Entwicklung des »Vestibulums«, einem Teil des Gehirns, und dem Gleichgewichtssinn und der räumlichen Orientierung eines Kindes bestand. Die vier Techniken, die man uns für Doran empfahl, waren senkrechtes Pirouettieren mit dem Kopf nach oben, senkrechtes Pirouettieren mit

dem Kopf nach unten, senkrechtes Rotieren und Rollen. Wir gingen wieder in den Geräteraum, und Ros zeigte an Hand von Geräten, was damit genau gemeint war. Senkrechtes Pirouettieren mit dem Kopf nach oben bedeutete, Doran an einem Drehstuhl festzubinden. Pirouettieren mit dem Kopf nach unten hieß, Riemen um seine Stiefel zu schnallen und ihn dann kopfüber an einem Haken an der Decke aufzuhängen. Für die senkrechte Rotation waren noch merkwürdigere Gerätschaften erforderlich. Wir sollten ein großes rundes Brett, das einer Tischplatte ähnelte, an der Wand befestigen. Doran mußte dann mit einem Geschirr an die Platte geschnallt werden, die man dann mit der Hand drehte. Zum Rollen brauchten wir kein Gerät. Doran wurde einfach auf den Boden gelegt und zwischen zwei Leuten fünfundzwanzigmal hin- und hergerollt. Alle Bewegungen mußten im Uhrzeigersinn und gegen den Uhrzeigersinn durchgeführt werden. Ein Drittel der vorgeschriebenen Zeit sollten wir Doran langsam drehen, im zweiten Drittel sollten wir ihn abrupt beschleunigen und bremsen und im dritten Drittel ganz langsam beschleunigen. Das Vestibulärprogramm sollte so bald wie möglich drei Wochen lang intensiv durchgeführt werden, damit Dorans Hirn die richtigen Informationen für das Gehen bekam.
»Wo willst du diese Apparate denn anbringen?« erkundigte sich Judith.
»Im hinteren Schlafzimmer. Es wird Dorans ganz privates Spielzimmer – das wird ihm gefallen.«
»Hast du das gehört, Doran?« fragte Alison. »Du bist ein Glückspilz!«
Doran sah uns zweifelnd an. Aber bevor er sich äußern konnte, schleiften wir ihn nach oben zur Gesamtbeurteilung.

Auf dem Kennedy-Airport aßen wir an einer Pommes-frites-Bude zu Abend. Lili hüpfte herum und bot ihr Essen

jedem anderen Reisenden an, der ihr gefiel. Ich sah, daß sie schon wieder keine Schuhe anhatte. Sie standen ordentlich unter einer Bank am anderen Ende der Halle. Doran war so aufgeregt, daß ich mich fragte, ob der Heimflug so unruhig wie der Herflug sein würde. Aber sobald wir in der Luft waren, schliefen beide Kinder ein.
Alison begeisterte sich für den Sonnenaufgang. »Langsam redest du wie eine Künstlerin«, sagte ich. »Freu dich an deinem Sonnenaufgang. Ich muß diese Notizen hier durchsehen. Es dauert noch eine Weile, bis mein Sohn sich auch erhebt.«
»Linda, wie kannst du nur auf Doran anspielen, während wir auf dem Rücken Apollos reiten.«
»Alison, ich brauche jemanden, der Doran dreißig Meter Leitern spendiert.«
In England brachte uns Diana nach Hause. Wir hatten vor der Reise das Haus ordentlich aufgeräumt, aber keinen Großputz veranstaltet. Ich wollte viel dünnen Tee trinken und das neue Programm planen. Alison fühlte sich nicht wohl. Sie hatte ein Art Kulturschock erlitten. Alles in England schien plötzlich so klein und langsam. Sie streifte unglücklich durch Haus und Garten oder warf sich ins Gras und verbarg den Kopf in den Armen. Am Montag war Alison immer noch sehr desorientiert. Unsere treuen Helferinnen waren pünktlich zur Stelle und erfuhren, daß es in den nächsten sechs Monaten keine Bewegungsübungen mehr geben würde. Während sie mit Doran ein improvisiertes Programm absolvierten und Lili unterhielten, rief ich bei allen Schreinern der Umgebung an.
Peter steckte mitten in der Heuernte und war sehr beschäftigt. James war nicht da. Ich ging eine lange Liste von Telefonnummern durch, bis ich an einen mitfühlenden Menschen geriet, den der Gedanke an eine senkrechte Rotation nicht aus der Fassung brachte. Dann machte ich mich daran, jemanden zu suchen, der mir einen Drehstuhl und

Leitern für den Garten zur Verfügung stellen würde. Die Leitern für das Haus mußten extra angepaßt werden. Sie sollten von der Haustür durch das Vorderzimmer verlaufen, von dort die Treppe hinauf und ums Schlafzimmer herum. Außerdem würde es noch eine Leiternbahn von der Küche hinaus in den Garten bis zum Apfelbaum geben.
Ich nahm Doran und fuhr mit ihm in die nächste Stadt zu einer Firma, die Leitern herstellte. Nach einer Führung durch die Werkstätten versprach man uns dreißig Meter Leitern. Mein Schreiner bot an, die Leitern im Haus einzubauen, sobald sie da wären. Dann meinte er, es sei billiger und würde schneller gehen, wenn wir jemand finden würden, dem er nur an einem kleinen Stück zeigen müßte, wie die Leitern angebracht werden sollten. In diesem Augenblick trat Alison ein. Sie war völlig geschockt, als sie erfuhr, daß das ganze Haus mit Leitern verbaut werden sollte.
»Doran muß die Freiheit haben, überallhin gehen zu können, wo er will«, beharrte ich. »Es ist mein Haus, und mir macht es nichts aus, über Leitern steigen zu müssen.«
»Aber wir werden uns dauernd stoßen. Wir werden uns selbst nicht mehr bewegen können.«
»Wir werden schon lernen, über die Leitern zu steigen oder unter ihnen hindurchzukriechen. Abgesehen davon geht es nicht um uns. Es geht um Doran.«
»Doran, Doran, Doran – ich habe Doran satt.«
»Das glaube ich dir. Du hast zu viel gearbeitet. Warum setzt du dir nicht ein Datum, an dem du gehen willst, und teilst es dem Freiwilligen Gemeindedienst mit? Dann fühlst du dich gleich freier.«
»Aber das sieht wieder so aus, als hätte ich versagt.«
»Du wolltest doch ohnehin Ende September gehen – nach Edinburgh, um dort deine Doktorarbeit zu schreiben.«
»Genau. Aber inzwischen kann ich nirgends mehr hingehen.« Sie hielt inne. »Naja, wenigstens kann ich dir jemanden suchen, der hilft, die Leitern zu bauen.«

Sie rief einen alten Freund namens Paul Willis an.
Und Paul kam. Nach einer kurzen Einweisung durch unseren Schreiner arbeitete er wie besessen. Tagsüber baute er Leitern und abends machte er BITS. Doran blieb immer in Pauls Nähe und sah ihm bei der Arbeit zu. Wir hackten die Beine vom Tisch ab, auf dem wir mit Doran geübt hatten, und trugen ihn in den Schuppen. Ich hatte keine Ahnung, wann ich ihn wieder brauchen würde.
Jetzt endlich konnte ich ins Bett fallen und den durch die Zeitverschiebung versäumten Schlaf nachholen, den ich so dringend brauchte. Paul und Alison arbeiteten jede Nacht bis in die frühen Morgenstunden. Am Ende der Woche konnten wir mit dem neuen Programm anfangen.
Doran war niedergeschlagen, als sein neuer Freund abreiste. Er stand traurig am Gartentor und winkte zum Abschied. Während der Woche hatte er gelernt, Pauls Lieblingsgeste »Daumen hoch« nachzuahmen. Kurz bevor das Auto um die Kurve bog, tauschten sie diesen Abschiedsgruß aus. Alison beschloß, noch bis zum Ende des Monats zu bleiben, machte aber keine festen Pläne für die Zukunft.
Unser Schreiner brauchte ein großes Achslager, damit er die Holzplatte für Dorans »senkrechte Rotation« an der Wand anbringen konnte. Wir warteten immer noch darauf. Kurz nach Pauls Abreise kam Bert, um mit mir über die Kosten für die Schreinerarbeiten zu sprechen. Sie war nicht sehr froh über die Aussicht, in der Weihnachtszeit wieder Geld auftreiben zu müssen, und zog ernstlich die Möglichkeit in Betracht, nicht wieder nach Philadelphia zu fahren. Aber wie schwarz die Zukunft auch aussehen mochte, ich wollte mich nicht geschlagen geben.
Eine meiner dienstältesten Helferinnen, Barbara Frost, und ihr Sohn Daniel kamen zu Dorans drittem Geburtstag. Kurz nach ihnen fuhr ein kleiner Lastwagen vor. Die Ladefläche war voller Leitern. Barbara und ich kletterten mit den Kindern auf den Lastwagen. Doran machte jedesmal fröh-

lich das »Daumen hoch«-Zeichen, wenn eine Leiter auf den Rasen vor dem Haus gelegt wurde, und Barbara meinte: »Das ist ein schöner Geburtstag für Doran. Aber anscheinend hast du eine Menge Probleme. Außerdem wirst du Alison vermissen.«

Wir bedankten uns bei den Männern und kletterten von dem Anhänger. Dann folgten wir Doran durch das Haus. Von der Haustür an bis zur Hintertür mußten wir entweder über die Leitern hinwegsteigen oder unter ihnen hindurchkriechen. Lili und Alison hatten den Geburtstagstee vorbereitet. Doran sah den Kuchen an und machte wieder sein »O.K.«-Zeichen.

»Das ist die richtige Einstellung, Doran«, lobte Alison.

»Das ist jetzt auch deine Einstellung. Denk dran!« sagte ich. »Jetzt heißt es sich durchsetzen.«

Alison hob die Tasse.

»Auf diesen Tag«, sagte sie. »Iß ein Stück von unserem Kunstwerk und fang nicht an zu diskutieren.«

14

Alison beschloß, im Dorf zu bleiben und auf Jeans Bauernhof zu arbeiten, während sie auf eine Antwort auf ihre Bewerbung als Entwicklungshelferin wartete. Der Freiwillige Gemeindedienst schickte eine neue Aushilfe. Sie hieß Sue Tooey, hatte Musik studiert und wirkte in ihrer humorvollen Art und ihrer äußeren Erscheinung ähnlich jungenhaft wie Alison. Die beiden mochten sich sofort. Sue kam sofort mit Doran und den Leitern zurecht. Als sie Lili ihre Violine zeigte, hopste Lili herum und fiel darauf. Das verschlechterte das Verhältnis zwischen Lili und Sue ein wenig.

In Gesprächen mit meinen Freundinnen tauchte inzwischen immer häufiger die Frage nach Lilis Erziehung auf. Ich hatte noch nicht entschieden, was ich tun würde. Lili gehörte zu unserem Alltag. Ich konnte mir das Haus ohne sie nicht vorstellen. Dann, kurz vor ihrem fünften Geburtstag, verlieh sie ihrem Bedürfnis nach Selbständigkeit deutlich Ausdruck. Sie zog aus meinem Bett in ihr eigenes Bett in ihrem Zimmer um. Ich erinnerte mich an die Schule, in der wir unsere Krabbelübungen abgehalten hatten. Lili wollte unbedingt dort zur Schule gehen, und so löste sich das Problem von selbst.

Da Doran jetzt allein in ein Bett hinein- und wieder herausklettern konnte, bekam er sein eigenes Bett. Wir stellten es direkt neben mein Bett unter die Leiter, die an den Wänden entlang angebracht war. So konnte er aufstehen und anfangen zu gehen, während ich mich anzog. Die Leiter auf der Treppe war mehr eine symbolische Verbindung zwischen den Leitern oben und den Leitern unten als eine Gehhilfe. Aber Doran rutschte und hangelte sich ins Wohnzimmer hinunter.

Während der nächsten vier Monate mußten wir Doran dauernd motivieren. Er sollte sich alle fünfzehn Minuten eine kleine Belohnung verdienen. Obwohl er gehorsam unter den Leitern übte, verbesserte sich sein selbständiges Gehen nicht. Er konnte sich nicht um sich selbst drehen und verlor rasch das Gleichgewicht. Meine Verzweiflung wuchs. Doch dann kam der Schreiner mit dem Achsstück des Apparats für die senkrechte Rotation und einer riesigen Holzscheibe. Er überzog das Holz mit Spannteppich und befestigte ein Geschirr daran, das in der Sattlerei am Ort angefertigt worden war. Dann bohrte er ein Loch in die Wand von Lilis Zimmer und hängte die Rotationsscheibe an ihren Platz.

Doran war bemerkenswert geduldig. Zuerst zerrten wir an seinem Körper, um ihn in das Geschirr zu zwängen, und dann drehten wir vorsichtig an dem Rad.

»Hat er das schon einmal gemacht?« fragte der Schreiner.

»Nein, nie. Deshalb ist es ja unbedingt nötig für ihn. Die meisten Kinder werden als Babys immer wieder mal hochgeworfen. Dazu hatte Doran keine Gelegenheit.«
Wir drehten Doran langsam. Als er kopfüber dahing, sahen wir, daß er lächelte.
Das senkrechte Pirouettieren mit dem Kopf nach unten war eine kompliziertere Angelegenheit. Wir legten einen Berg Kissen unter den Haken, hoben Doran an den Beinen hoch und drehten ihn. Doran gefiel diese Übung nicht besonders, aber als wir ihn wieder auf den Fußboden herabließen, streckte er den Daumen in die Höhe. Das sollte jedoch nicht heißen, daß es ihm gefallen hatte. Es bedeutete vielmehr, daß nur wenige Leute den Mumm zu dieser Übung aufbringen würden.
Nach dieser Tortur konnte die Übung im Drehstuhl nur ein Erfolg sein. Unser Problem war, Doran soweit zu bringen, daß er *aufrecht* sitzen blieb. Wenn er nicht aufrecht saß, würde sein Gehirn falsche Informationen bekommen. Wie wir ihn auch in den Stuhl setzten, er sank immer wieder in sich zusammen. Es dauerte länger, ihn hineinzusetzen und wieder herauszunehmen, als ihn zu drehen.
»Warum nimmst du nicht den Babysitz, der im Garten in der Hecke hängt?« fragte jemand.
Ich rätselte, was die Frau wohl meinte. Aber dann erinnerte ich mich wieder an den Sitz. Es war ein harter Plastiksessel mit steifer Lehne. Irgend jemand hatte ihn mir zu einer Zeit geschenkt, als Doran noch sehr unbeweglich war. Ich hatte es noch nie geschafft, ihn hineinzusetzten, aber jetzt erfüllte das Ding vollauf seinen Zweck.
Wir begannen, Doran auf dem Fußboden fünfundzwanzigmal zwischen uns hin und her zu rollen. Die Knie von Sues Hosen waren bald durchgescheuert. Ich fand es unbequem, in einem Rock zu arbeiten. Lili hatte in abgelegten Sachen gewühlt und alte Kordhosen von mir gefunden. Ich zog sie an. Es gefiel sowohl mir als auch Lili.

»Du siehst gut darin aus«, bemerkte Sue, »nicht so nach Mutter.«
»Wenn man Mutter ist, ist das immer ein Zeichen dafür, daß man mit jemandem geschlafen hat, verstehst du. Und nur darum geht es in all den dummen Schlagern.«
»Ich habe nur Spaß gemacht.«
Doran war nicht sehr kooperativ. Wenn wir ihn rollten, spreizte er die Beine und streckte seitlich die Arme aus.
»Wir müssen ihn in einen Sack stecken«, meinte Sue.
Weil wir keinen geeigneten Sack hatten, fesselten wir Dorans Hände und Füße mit einem Paar alter Strümpfe. Er wirkte völlig eingeschüchtert, aber er beklagte sich nicht. Er wußte noch zu wenig von der Freiheit seines Körpers, um sich durch die Fesseln behindert zu fühlen. Bald weigerte er sich, ohne die Fesseln, die ihm eine gewisse Sicherheit gaben, mit der Übung anzufangen.
Wenn Lili von der Schule nach Hause kam, lief sie nach oben in Dorans Übungszimmer, das bei uns nur der »Zirkus« hieß. In den Pausen zwischen den Übungen torkelte Doran über den Fußboden, trug Spielsachen von einer Ecke in die andere und betrachtete seine Intelligenzkarten. Lili fand einen großen braunen Bären, der nicht besonders gut zu Fuße war und dasselbe Vestibulärprogramm wie Doran absolvieren mußte.
Die meisten Leute, die uns besuchten, erkundigten sich immer besorgt nach Dorans Verdauung. Ich beruhigte sie und sagte, es bestehe keine Gefahr, daß er sich erbrechen müsse. Ich wußte, daß manche hirngeschädigten Kinder dauernd an Übelkeit litten und aus diesem Grund das Essen verweigerten. Dorans Appetit war eigentlich eher größer geworden, seit wir begonnen hatten, ihn rotieren zu lassen.
Nach einem besonders ausgiebigen Abendessen zwängte ich Doran in das Geschirr, und wir begannen, das Rad zu drehen. Bei der dritten Umdrehung würgte er, und die unverdaute Mahlzeit landete auf dem Fußboden. Wir

wischten auf und machten weiter. Nach einer Weile schlug es zehn Uhr. Lili mußte schlafen gehen, während das Rad und der Drehstuhl quietschten.

Als ich am nächsten Tag in der Wildnis meines Küchengartens Kräuter pflückte, kam George an den Gartenzaun.

»Sie schalten noch spät abends die Waschmaschine ein, was?«

»Ich?« sagte ich verständnislos. »Ich kann mich nicht erinnern.«

»Sie sollten mal einen Monteur kommen lassen. Sie macht einen ziemlichen Lärm.«

Als er in seinem Haus verschwunden war, wurde mir klar, daß die Drehscheibe für Dorans senkrechte Rotation den Lärm verursacht hatte.

Das Vestibulärprogramm bewährte sich. Doran konnte durch das Zimmer gehen, ohne über jedes Sandkorn zu stolpern. Je besser er lief, desto mehr Spaß machte es ihm. Sue stellte fest, daß sie an Armen und Beinen ordentliche Muskeln entwickelte.

Eines Abends kam der Nachbar vom Ende der Straße herüber, um sich über den Lärm zu beschweren. Er konnte sich nicht vorstellen, was dieses Rumpeln für eine Ursache hatte, es sei denn, wir bohrten in den Grundmauern nach Öl. Ich überlegte, ob es etwas nützen würde, wenn ich ihm zeigte, wie Doran gerade an der Scheibe festgebunden war. Aber der Mann wollte keine Einzelheiten wissen. Er schlug nur vor, ich solle an dem Gerät, das den Lärm verursachte, einen Schalldämpfer anbringen.

Lili hatte von ihrem Patenonkel einen Kassettenrecorder bekommen. Er schickte ihr Kassetten, auf denen er ihr Geschichten vorlas. Wenn sie morgens früh aufwachte, legte sie eine Kassette ein und hörte sie an, bevor sie in mein Zimmer kam. Die meistgewählte Geschichte war *Speckléty Hen* von Alison Uttley. Das Gackern dieser Henne drang bis in mein Schlafzimmer und verfolgte mich in meine Träume.

Sue, die über Lili schlief, kannte die Geschichte Wort für Wort auswendig. Während wir mit Doran das Vestibulärprogramm durchführten, deklamierten wir abwechselnd diese Geschichte.

Wenn Doran einschlief, schnallten wir Riemen um seine Stiefel und begannen, ihn zu drehen. Er seufzte, leckte sich die Lippen und schlief weiter, während wir ihn herunternahmen und im Stuhl drehten.

Langsam begann Sue, Lilis Späße zu verstehen, und die beiden freundeten sich an. Lili bezog Sue jetzt in ihre Spiele mit ein, weil sie merkte, daß Sue nicht mehr so schnell verletzt war. Die beiden verstanden sich immer besser.

Alison besuchte uns oft am Wochenende. Sie hatte einen Motorroller und konnte für uns einkaufen. Unsere Vorratskammer war immer gut gefüllt, weil jeder, der an Dianas Laden vorbeikam, irgend etwas für uns kaufte.

Nach dem dreiwöchigen Vestibulärprogramm ging Doran wesentlich besser geradeaus. Als er wieder unter die Leitern durfte, war es für ihn, als ob er nach langer Gefangenschaft in einem Zimmer in einer Villa wohnte. Die Leitern waren sehr stabil. Die meisten Kinder, einschließlich Lili, liefen nachmittagelang auf ihnen herum, während Doran unter den Leitern hinter den Kindern her rannte. Er konnte sehr schnell rennen, aber er konnte auch so mühsam gehen, als müsse er sich seinen Weg durch Sirup bahnen.

Lili und Sue verbrachten viele Stunden damit, miteinander zu zeichnen oder zu malen. Je mehr Sue malte, desto größer wurde ihr Interesse an verschiedenen Techniken. Sie stellte mir allmählich alle möglichen technischen Fragen. Schließlich brachte sie mich dazu, die Ölfarben hervorzuholen und eine Flasche Terpentin zu suchen. Als Alison am Wochenende kam, malte Sue Bilder, während Doran hin und her wanderte und ihr dabei zusah. Sue wollte, daß Alison es auch versuchte und schlug vor, zu zweit auf einem Stück Preßspan zu arbeiten. Aber ihre Malweisen waren zu verschieden. Nach kurzer Diskussion holte ich ein paar Tuben mit Ölpastellfarben und legte sie auf den Tisch. An den folgenden Abenden war ich die einzige im Haus, die nicht malte. Sogar Doran lief mit einem Pinsel zwischen den Zähnen (oder in seiner Chips-Tasche) unter den Leitern herum. Am Ende seiner Leiter hatte ich einen großen Bogen weißes Papier für ihn aufgehängt und eine Palette danebengestellt. So konnte auch Doran malen.

Eines Abends, als Doran und Lili gebadet im Bett lagen und wir das Haus geputzt hatten, fragte Sue: »Was steckt in dir, Linda? Du rauchst nicht, du trinkst nicht, du gehst nicht aus. Dein Haus hängt voller Bilder, aber du malst nicht.«

»Stimmt.«

»Du wirst nicht einmal wütend.«

»Manchmal schon«, meinte ich. »Aber häufiger stelle ich Fragen.«

Am Ende der Woche hingen die neuen Kunstwerke überall an den Wänden. Sue und Lili arbeiteten verbissen an weiteren Gemälden. Ich wurde immer frustrierter. Als ich es nicht mehr aushielt, ging ich zu Alison, die sich gerade eine Zigarette anzündete.

»Hast du etwas dagegen, wenn ich mir die nehme?« fragte ich. Und bevor sie antworten konnte, schnappte ich mir die Zigarette.

Ich lief in den Garten, lehnte mich an die Rückseite des Schuppens und inhalierte tief. Es war über zwölf Jahre her, daß ich zum letzten Mal geraucht hatte. Ich spürte, wie das Nikotin bis in die Zehenspitzen drang. Mein Schmerz löste sich in einem Strom leichtsinniger Energie auf. Ich öffnete die Tür zum Schuppen, der einmal mein Atelier gewesen war und tauchte in das Leben ein, das ich nach Dorans Geburt aufgegeben hatte. Nach einer Weile verließ ich den Schuppen mit einem Arm voll Leinwand.

»Was machst du denn da?«

»Ich tue, was ich tun muß.«

Ich drehte die Leinwandstücke um, spannte sie in Keilrahmen und strich sie mit weißer Emulsionsfarbe ein. Ich legte Ölpastellfarben, in Terpentin getränkte Lappen, Pinsel und Messer bereit, und begann zu arbeiten.
Solange Doran unter seinen Leitern übte, stellte ich meine Leinwand am Ende der Leiter auf. Meine bloße Konzentration bewirkte, daß er zu mir kam, um auch zu malen. Dann mußte ich alles wegpacken und wieder von vorn anfangen. Das war eine sehr ungewöhnliche künstlerische Methode. Ich hängte die unfertigen Bilder an die Wand. Von Zeit zu Zeit sprang ich auf einen Stuhl und malte ein paar schnelle Striche. Danach nahm ich einen Stapel BITS und zeigte sie Doran mit der gleichen Geschwindigkeit, während ich langsam rückwärts ging.
Doran gewann mehr Sicherheit beim Gehen ohne Leiter, aber er konnte noch nicht alleine quer durch Raum gehen. Wenn er müde war, setzten wir ihn in den Drehstuhl und manchmal hängten wir ihn an den Haken.
Anfang Dezember hatte Sue Geburtstag. Wir stellten fest, daß wir Holzbretter oben über die Leitern legen konnten, ohne Doran zu behindern. So entstanden lange Tafeln. Auf diese Weise konnten wir gleichzeitig Doran motivieren, unter den Leitern entlang zu gehen, und für Sue ein Geburtstagsfest veranstalten. Wir luden alte Freunde und viele Kinder ein.
Viele meiner Freunde wohnten in London und hatten nur eine vage Vorstellung davon, was mich in meinem Haus auf dem Land festhielt. Ich war nicht sicher, ob sie unsere Mühen mit Dorans Programm verstehen oder gar gutheißen würden.
Endlich war der große Tag da. Die Gäste trudelten langsam ein, stiegen über die Leitern und stellten Weinflaschen auf den Küchentisch. Doran begrüßte die Gäste stehend und lief unter den Leitern, von Kindern gefolgt, von einem Zimmer ins andere.

Mir wurden die üblichen Fragen gestellt: »Ist es nicht sehr anstrengend für Doran?« – »War Lili nicht eifersüchtig?« »Hatte ich überhaupt noch Zeit für mich selbst?«
Ich antwortete, es sei meine Entscheidung gewesen, das Programm durchzuführen. Ja, ich hätte auch ein bißchen gemalt. Nein, Wein würde mir nicht fehlen. Doran finde das Programm nicht zu anstrengend. Lili wolle von dem Programm nicht ausgeschlossen werden, aber sie sei nicht eifersüchtig. Und ich, ja, ich hätte plötzlich wieder angefangen, gelegentlich eine Zigarette zu rauchen, allerdings nicht in Dorans Gegenwart, weil der Rauch den Sauerstoffgehalt der Luft verringere. Als diese Fragen beantwortet waren, fühlte ich mich wohler.
Ich hatte mich daran gewöhnt, daß alle Leute, die zu mir auf Besuch kamen, wußten, was ich tat. Es war merkwürdig, etwas erklären zu müssen, das selbst meine nicht sehr konventionell denkenden Freunden nur mit Schwierigkeiten akzeptieren konnten. Ich wußte, daß ich ihnen gegenüber unfair war, weil ich das Programm und den gesamten Hintergrund zu meinem neuen Leben nicht in so kurzer Zeit darstellen konnte, ohne entweder zu oberflächlich zu werden oder meine Erzählung zu sehr zu komprimieren.
Als die Kinder im Bett waren, fand sich eine kleine Gruppe in der Küche zusammen, und ich wurde liebevoll mit Einladungen zum Abendessen bedrängt. Alison bot mir eine Zigarette an.
»Ich wünschte, ich hätte dich vor all dem kennengelernt.«
»Vor fünf Jahren«, sagte ich, »als du noch zur Schule gingst?«
»Was wirst du tun, wenn Dorans Programm abgeschlossen ist?«
»Weitermachen und anderen hirngeschädigten Kindern helfen.«
»Wirst du dann nicht genug davon haben?«
»Ach was, ich bin besessen davon.«

»Und was ist mit deiner Malerei?«
»Ich weiß nicht. Vielleicht male ich gar nicht so gut, daß es sich lohnt, wenn ich male. Vielleicht kann ich beides machen. Es ist noch zu früh, um darüber zu spekulieren.«
Das Geburtstagsfest war ein voller Erfolg. Die große Ernüchterung blieb aus. In der folgenden Woche fand Alisons Vorstellungsgepräch beim Entwicklungsdienst statt. Zwei Tage später rief sie an und sagte, in der Entwicklungshilfe würden Krankenschwestern und Lehrerinnen gebraucht, aber keine Biologinnen.
»Zur Zeit geht einfach alles schief, was ich anpacke.«
»Vergiß Doran nicht. Es geht ihm viel besser«, widersprach ich.
»Das war noch in Zeiten, als immer alles geklappt hat. In Zukunft sollte ich lieber nicht in seine Nähe kommen.«
Sie ging zu Jean, um die Ziegen zu melken. Mir fiel nichts anderes ein, als ihr Blumen zu schicken. Sie rief wieder an und bedankte sich.
»Ich habe ein paar Ersparnisse. Ich werde per Anzeige jemanden suchen, der mit mir auf meine Forschungsreise geht, und wenn das nicht funktioniert, fahre ich eben alleine.«
Kurz darauf begann es zu schneien, zu frieren und wieder zu schneien. Der Schulbus kam nicht durch.
Lili war begeistert von dem Vorschlag, Eimer voll Schnee ins Haus zu schleppen, um für Doran eine Gruppe von kleinen Schneemännern an seinen Leitern aufzubauen.
Während die Schneemänner vor ihm entstanden, schmolzen und wieder aufgebaut wurden, versuchte Doran, frei zu gehen.
Als wir uns gerade um die Verpflegung Sorgen machen wollten, stand Alison mit zwei Plastiktüten voller Lebensmittel vor der Tür.
»Es ist wunderschön hier draußen. Die Luft ist so klar«, sagte sie. »Kann ich über Nacht bleiben?«

Als wir am nächsten Morgen vor dem Frühstück die Wasserhähne aufdrehten, kam kein Wasser. George erzählte uns, er habe vor einer Woche eine Benachrichtigung vom Wasserwerk bekommen. Ich hob die Fußmatte hoch und zog eine schmutzige Karte hervor.
»Wie ist der Schnee?« fragte Alison.
»Kalt«, sagte ich.
»Und naß!«
»Toll, Alison. Wie du immer sagst: toll.«
Wir füllten den Wasserkessel mit Schnee und machten Tee. Die verschneite Landschaft war zwar schön, aber der Schnee beschränkte unsere Übungsmöglichkeiten.
»Können wir an Weihnachten auf die Isle of Wight fahren, Mami?« Lili schaute zum Fenster hinaus. »Dort schneit es nicht.«
Wenn Doran das Ziel für seinen Zwischenbericht schaffte, könnten wir uns drei Tage in der Woche ausschließlich den Gehübungen widmen. Doran kam uns sehr entgegen und erreichte alle Ziele früher als geplant. »Jetzt kann er eine Tour durch das Land unternehmen«, meinte Alison. »Ich werde ihm den Rucksack packen.«
Wir planten, an Heiligabend abzufahren. Es lag immer noch viel Schnee, aber das Taxi brachte uns ohne Zwischenfall zum Bahnhof. Der Fahrer schaute mir über den Rückspiegel zu, wie ich Doran die Atemmaske anlegte. Als wir im Zug waren, wechselten wir uns damit ab, Doran durch den ganzen Zug zu führen. Wir ließen ihn ohne Hilfe ein paar Schritte zwischen uns hin und her gehen. Die anderen Reisenden waren sich nicht ganz schlüssig, ob wir einfach Unsinn machten, oder ob hinter dem Unsinn ein System steckte. Ich fand, daß es gut für das Wachstum von Dorans Vestibulum wäre, wenn er versuchte, in dem hin und her schaukelnden Korridor des Zuges das Gleichgewicht zu halten.
Auf dem Solentkanal war »kabbelige See«. Die Fähre schau-

kelte so sehr, daß die Überfahrt ein ausgezeichnetes Vestibulärtraining für Doran darstellte. Als wir die Insel erreichten, sahen wir, daß das Gras grün war. Lili hatte recht gehabt!

Wir hatten uns daran gewöhnt, rückwärts zu gehen, um Doran auffangen zu können, wenn wir ihn losließen. Als ich das im Haus meiner Eltern machte, mußte ich feststellen, daß sie unglaublich viele zerbrechliche Gegenstände besaßen. Meine Mutter lieh sich einen Hochstuhl und legte zwischen die beiden Liegen, die für Lili und mich gedacht waren, eine Matratze für Doran. Allerdings verbrachten wir die meisten Nächte damit, die Betten zu tauschen. Vor dem Haus war ein Park, in dem wir gemeinsam spazieren gingen. Doran ging immer ein paar Schritte von einem zum anderen. So wurde er weitergereicht wie der Ball bei einem Fußballspiel. Das waren seine ersten Schritte im Freien. Am zweiten Feiertag sagte mein Vater: »Ist dir aufgefallen, wie sich dieser kleine Junge gemacht hat?«

Doran fühlte sich immer sicherer. In den drei Tagen, die er als freier, aufrechter Mensch lebte, bekam er ein neues Bild von sich selbst. Auf dem Rückweg hatten wir einen Eisenbahnwaggon für uns, und er durchschritt ihn ohne Angst.

Lili hatte den Wunsch geäußert, bis zum Ende der Ferien auf der schönen, grünen Insel zu bleiben. Das Mutterland war immer noch mit Schnee bedeckt. Doran war nicht glücklich, als er seine Leitern wiedersah. Aber wir hatten kaum unsere Koffer abgestellt, da kam schon eine telefonische Einladung zu einer Disco und einem Konzert zu seinen Gunsten. Da mir zugesichert wurde, daß wir abgeholt und wieder nach Hause gebracht würden, sagte ich im Namen aller zu.

Wir wollten das Feuer die ganze Nacht über brennen lassen, damit es im Haus wieder warm wurde. Der Wind pfiff unter der Tür durch und durch die Ritzen in den verwitterten Fensterrahmen. Es war notwendig, in Bewegung zu bleiben.

Doran sparte seine Chips für die Belohnung auf, mit uns allen zu der Disco gehen zu dürfen. Er aß eine kleine Mahlzeit unter der Leiter. Dann gingen plötzlich die Lichter aus. Wir tasteten nach Streichhölzern und suchten Kerzen und Kerzenhalter. Durch die neue Beleuchtung entstanden merkwürdige Schatten an der Wand. Doran durfte seine Mahlzeit mit ein paar Bissen geröstetem Käse abschließen. Sue stellte eine Kerze ans Fenster, damit die Leute, die uns abholen wollten, sahen, daß wir zu Hause waren.
Doran betrat den Saal ganz normal, während Sue und ich vorsichtig rückwärts gingen, weil wir ihn auffangen mußten. Unsere Plätze befanden sich an einem Tisch in der Nähe der Bühne. Doran aß einen Teller mit belegten Broten – ein ausgewachsener Mann wäre von dieser Portion satt geworden – und beklatschte die Späße eines höchst sexistischen Komikers. Der Entertainer tat einen besonders dummen Spruch, als Doran sich gerade den Mund vollgestopft hatte; daraufhin flogen ihm Brotkrümel, vermischt mit Eiern und Kresse, entgegen.
Ein junges Mädchen, das bei dem Konzert gesungen hatte, begann auf der Bühne zu tanzen. Als ein paar andere Kinder aufstanden, um es ihr nachzumachen, fiel Doran vor lauter Begierde, hinter ihnen herzurennen, vom Stuhl. Alison hob ihn auf, und er stolperte auf die Bühne zu. Immerhin war er der Ehrengast. Wir folgten ihm und hoben ihn auf, wenn er hingefallen war. Doran streckte dem Mädchen die Hand hin und lächelte.
»Da, da, ga, ga«, bemerkte er, und sie tanzten zusammen.
»Er ist süß«, sagte sie. »Darf er bei mir bleiben?«
Er blieb bei ihr, bis *»Nehmt Abschied, Brüder«* das Ende des Abends ankündigte. Doran schlief an Sue gekuschelt im Auto ein. Von Zeit zu Zeit lachte er im Traum.
Am nächsten Tag erinnerte sich Alison an ihren Neujahrsvorsatz und schrieb an verschiedene Missionsstationen im tropischen Regenwald. Wenn sie in einer Missionsstation

arbeitete, wäre sie zumindest in der richtigen Klimazone. Wir hatten uns an ihre Hilfe gewöhnt, und sie blieb bei uns.
Als Lili heimkam, taute es ein wenig. Ihr Schulweg bereitete keine Schwierigkeiten mehr. Sie mußte nur früh genug aufstehen, um bereit zu sein, wenn draußen der Schulbus hupte. Obwohl wir die Vestibulärtechniken noch gelegentlich anwendeten, gehörten sie nicht mehr zum offiziellen Programm. Ich hatte den Eindruck, daß Doran sein Gleichgewichtsgefühl verbessern müßte, wenn er vor Ende Februar – für diese Zeit waren unsere »Flitterwochen« geplant – vier Meter am Stück gehen sollte.
Wir nahmen Doran mit in die Supermärkte der Umgebung. Dort war es warm und trocken. Gewöhnlich ging eine von uns vor ihm und eine hinter ihm. Wenn Lili dabei war, schob sie den Einkaufswagen. Hatte Doran seine Sache gut gemacht, durfte er den Einkaufswagen schieben, und Lili kletterte hinein. Wir nahmen viel mehr Sachen mit, als wir brauchten, und mußten die Runde noch einmal machen, um den Großteil der Waren wieder in die Regale zu legen. Doran wackelte auf uns zu. Er fuchtelte wild mit den Armen, um das Gleichgewicht zu halten. Das war gut, aber es mußte besser werden. Im Institut wurde mir bestätigt, daß er mehr Vestibulärtraining brauchte. Ich würde Nachbar George erzählen müssen, daß meine Waschmaschine schon wieder kaputt war.
Da Doran durch sein Laufprogramm nicht mehr an unser Haus gebunden war – vorausgesetzt, seine Gewohnheiten wurden akzeptiert –, konnten wir ihm erlauben, daß er Lili auf die Geburtstagsfeier einer ihrer Freundinnen begleitete. Am fraglichen Nachmittag fing es wieder an zu schneien, und obwohl wir alle gern gegangen wären, war ich dagegen, bei diesem Wetter loszufahren. Aber Sue wollte ein bißchen Abwechslung.
»Ich habe nicht gedacht, daß du so ängstlich bist. Hast du etwa Angst zu fahren?«

Alison wählte eine andere Taktik. Sie beleidigte mein Auto. »Mit der alten Kiste wollte ich auch nicht fahren«, sagte sie. »Die Lenkung ist katastrophal, und die Kupplung rutscht.«
»Ich habe einen Volvo. Das Auto ist für schlechtes Wetter gebaut. Anders ginge es in Schweden überhaupt nicht«, rief ich.
Doran zog sich an der Leiter neben der Haustür hoch und suchte seinen Mantel. Lili fragte: »Warum bist du nicht bei Omi geblieben? Auf der Isle of Wight liegt kein Schnee.«
Also fuhren wir los. Die Geburtstagsfeier fand in einem Haus statt, durch das wir schon so oft gekrabbelt waren, daß wir uns immer noch auf allen vieren um die Polsterbank krabbeln sahen. In dieser Umgebung aufrecht zu stehen, bereitete mir großes Vergnügen. Doran war entzückt, daß der Vater der Familie zu Hause war. Er schritt mit männlichem Stolz über seine neue Fortbewegungsart auf ihn zu. Wir schauten zu, nippten an unserem Tee und fühlten uns überflüssig.
»Moment mal!« Ich schritt das Zimmer aus. »Er hat's gemacht! Doran ist gerade fünf Meter weit gegangen.«
Und er machte es immer wieder. Er berechnete, wie weit er gehen konnte, bevor seine Knie nachgaben, und plazierte seine Stürze sehr genau.
Er hatte mehrere Auftritte im Eßzimmer. Jedesmal, wenn er sich übermütig gegen den Tisch warf, schwappten Pappbecher über und fielen Haferplätzchen auf den Fußboden. Solange es sich um Entfernungen von fünf Metern handelte, war Gehen keine Schwerarbeit mehr für Doran. Es ging schneller als Krabbeln.
Alison war zum Rauchen draußen gewesen. »Hast du mal rausgeschaut?« fragte sie. Unser Auto war unter einer dicken, schweren Schneedecke begraben. Mit Bedauern brachen wir auf. Ich war immer noch der Ansicht, mein Auto könne uns sicher über jeden Gletscher bringen. Als wir auf dem Heimweg den letzten Hügel hinauffuhren, begannen

die Räder durchzudrehen und die Kupplung rutschte. Wie zum Hohn überholten uns sichtlich mühelos mehrere britische Autos.

»Du vergißt, daß das ein schwedisches Exportmodell ist«, sagte Alison. »Es ist extra für den milden englischen Winter gebaut.«

Lili drückte Doran an sich, während Alison und Sue den Elementen trotzten und sich abmühten, die Räder freizuschaufeln. Nach fünf Minuten begann die Kupplung zu rauchen und zu stinken. Der Fahrer des Wagens hinter uns bot freundlich an, uns nach Hause zu fahren.

Zu Hause lief Doran sofort an den Leitern entlang und schien fast glücklich darüber zu sein, sie wiederzusehen. Sue kochte Tee. Wir hatten einstimmig beschlossen, lieber zu feiern, daß Doran fünf Meter weit gehen konnte, als das Geschick des Autos zu beklagen. Wir legten laute Musik auf und tanzten gebückt unter den Leitern.

Ich hatte einen Freund, der ein ausgezeichneter Mechaniker und sehr hilfsbereit war. Als das Wetter besser wurde, schleppte er mein Auto ab und baute eine neue Kupplung ein. Kaum waren wir wieder mobil, fuhren wir eine Woche lang täglich mit Doran in die Stadt, um uns zu versichern, daß es nicht nur ein glücklicher Zufall gewesen war, daß er fünf Meter frei gegangen war. Dann rief ich beim Institut an. Man erklärte mir, daß wir bis März offiziell in den »Flitterwochen« waren. Ich rief auch Judith an, um ihr die erfreuliche Neuigkeit mitzuteilen. Sie schlug vor, Alison, Doran und ich sollten eine Woche früher in die USA kommen und bei ihnen in Vermont wohnen. Im Fonds war wenig Geld, aber Alisons Eltern bezahlten ihr das Flugtikket. Für sie war es eine Art Abschiedsurlaub. Sie hatte von christlichen Missionen verschiedener Konfessionen und Sekten Antwort bekommen. Jetzt mußte sie nur noch überlegen, ob sie sich als Baptistin, Methodistin oder Katholikin bezeichnen sollte.

»Wie wäre es mit ›irreligiös, aber fromm‹?« schlug ich vor. »Aber die wollen alle, daß ich jeweils auf ihrer Seite stehe.«
»Gut, tu so, als ob du dich bekehren lassen wolltest – das stimmt ja beinah – und nur noch nicht wüßtest zu welchem Glauben.«
In dieser Woche setzte Alison eine Anzeige in den *New Scientist*. Sie suchte einen jungen Biologen, der sie in den tropischen Regenwald begleiten sollte. Bert schaute auf dem Weg zu einer Sitzung des Komitees für den Fonds kurz bei uns vorbei. »Tja, meine Liebe«, sagte sie, »wenn wir dich je in die USA bringen wollen, muß irgend jemand etwas unternehmen. Hast du die Gerüchte über Freddie Laker gehört? Wenn er Bankrott macht, werden die Flugkosten drastisch steigen.«
Freddie Laker machte Bankrott. Dann kam Geld von einer Freundin. Sie hatte zu Dorans Gunsten ein großes, sehr teures Essen gegeben. Mit diesem Betrag und dem Geld, das der »Club der Tausend« und die Disco eingebracht hatten, kamen wir aus. Wir hatten genug, um die Tickets für einen Flug mit der *British Airways* zu kaufen.
Die »Flitterwochen« waren nicht dazu gedacht, in Passivität zu versinken. Wir sollten Doran sowohl physisch als auch geistig so viel wie möglich bieten. Das war in Ashdown Forest im Februar gar nicht so einfach. Aber wir erlebten zwei Überraschungen. Sowohl Magda als auch Moe heirateten, und wir wurden zu beiden Hochzeiten eingeladen. Dann wollten wir eine Woche bei Lilis Patenonkel und seiner Familie in London verbringen und mindestens eine Woche zu meinen Eltern fahren. Da Doran jetzt ein »Geher« war, wollte ich, daß er soviel wie möglich ging, auch wenn er kein Übungsprogramm im eigentlichen Sinn absolvieren mußte. Doran hatte unglaublich viel Energie, aber kein Gefühl für Gefahren. Ich bemühte mich, zu verhindern, daß er den größten Teil seiner Ferien

im Ortskrankenhaus verbringen mußte, um sich Platzwunden nähen zu lassen.
Alison hatte die zahlreichen Antworten auf ihre Anzeige sortiert. Ihr erster Kandidat hieß Murray und reiste aus Glasgow an. Alison holte ihn zusammen mit Sue vom Bahnhof ab. Als sie zurückkamen, kniete ich gerade auf dem Fußboden und wickelte Doran.
»Ich hatte gehofft, daß dich Murray in einer würdigeren Lage antreffen würde, Doran«, sagte ich, als ich ihn vorstellte. Wir redeten über Bahnreisen und über hirngeschädigte Kinder. Dann fragte Murray: »Wo ist die Mutter?«
»Wer?« fragte ich.
»Dorans Mama.«
»Ich schäme mich fast, Murray«, sagte ich, »aber ich muß zugeben, daß ich es bin.«
Murray tat empört und sagte zu Alison: »Du hast gesagt, sie wäre eine arme Witwe!«
»Eigentlich ist sie das auch«, gab Alison zurück. »Ich wollte dir nur zeigen, daß ich für eine respektable Frau arbeite.«
Doran gefiel der große, dünne, blonde Murray. Er benahm sich, als ob der junge Mann ein persönliches Geschenk sei und nur für ihn da zu sein habe. Da sie sich auch äußerlich ähnlich sahen, bewirkte Dorans Anhänglichkeit, daß die meisten Leute meinten, Murray wäre Dorans Vater. Und da Murray offensichtlich zu Alison gehörte, hatte sie die zweifelhafte Ehre, für Dorans Mutter gehalten zu werden.
Auf Moes Hochzeit stand ich bei ein paar Freunden von Verwandten der Braut. Sie beobachteten Doran, vermuteten in Murray fälschlicherweise den Vater und fingen an: »Schade, daß der kleine Junge nicht ganz normal ist.«
»Aber er macht sich gut«, sagte ich.
»Es muß schwer sein für seine Mutter.«
»Nein, sie haben ein ausgezeichnetes Verhältnis zueinander.«

»Solche Kinder sollen sehr anhänglich und lieb sein.«
Doran war zur Obstschale hinaufgeklettert und reichte Murray Kiwis.
»Vermutlich mag er Musik. Sie sollen doch musikalisch sein.«
»Das trifft nur auf mongoloide Kinder zu«, bemerkte ich. »Mongoloide sind unheilbar kranke Individuen. Aber es gibt ein neurologisches Programm, mit dem man das Schicksal von Kindern mit geburtsbedingten Hirnschäden ändern kann. Doran wird damit behandelt, und es geht ihm immer besser.«
»Sein Vater scheint sich gut mit ihm zu verstehen«, sagten sie und gingen weg.
Doran und Murray schälten die Kiwis und verspeisten sie. Mir wurde plötzlich bewußt, daß Doran noch eine ganze Weile in erster Linie als hirngeschädigtes Kind und erst in zweiter Linie als Persönlichkeit betrachtet werden würde. Dann sah ich, daß Doran sich gerade damit amüsieren wollte, die Hochzeitsgeschenke auszupacken. Alison holte ihn zurück und begann zu tanzen. Jemand fragte mich, welcher Beschäftigung ich nachgehe.
»Ich beschäftige mich mit einer Art Aufbauarbeit. Dazu muß ich alle sechs Monate nach New York fliegen.«
»Wie interessant. Sie sind Architektin?«
»Bildlich gesprochen, ja.«
»Sie meinen Bildhauerin?«
»Das auch«, sagte ich und nahm mir eine Zigarette. »Was machen Sie?«
Abends bestand das Hauptproblem darin, Doran dazu zu bringen, daß er früh einschlief. Er war gewöhnt, bis Mitternacht auf zu sein und zeigte keine Neigung, seine Gewohnheiten zu ändern. Wir beschlossen, einfach ein paar von den Leitern abzumontieren. Das änderte aber nichts daran, daß wir dort, wo die Leitern ursprünglich angebracht waren, merkwürdig große Schritte machten oder uns duckten.

Murray schien mehr Dichter als Biologe zu sein. Er unternahm lange Spaziergänge durch die regennassen Felder. »Ich stehe am Strom und schütte einem Pferd mein Herz aus«, berichtete er. »Ich sage ihm mein traurigstes Gedicht vor, da sehe ich, wie eine große Träne aus dem Auge der Kreatur rinnt und seine Wange hinabrollt.«
Murray und Alison trafen eine unverbindliche Vereinbarung, bevor er nach Hause fuhr. Sie wollte nach Papua auf Neuguinea fahren, und er wollte nach Afrika. Das schien ein lösbares Problem zu sein.
Ich zeigte meinem hirngeschädigten Kind die Welt. Wir packten und fuhren nach London. Wenn ich nicht ohnehin gewußt hätte, daß mich nur noch das Übungsprogramm, durch das ich jede Minute genau wußte, was ich tun mußte, vor dem Zusammenbruch bewahrte, hätte ich es dort gemerkt. Die unstrukturierte Arbeit ohne Programm fraß den Rest meiner Reserven. Meine Haut nahm eine gelbliche Färbung an, und ich mußte ständig auf die Toilette. Freunde meinten, das seien Anzeichen dafür, daß entweder mit meiner Leber oder den Nieren etwas nicht stimmte. Ich überlegte, ob ich auf der Erde noch gebraucht würde, und kam zu einem positiven Ergebnis. Ich konnte mich mit ein bißchen mehr Ruhe zweifellos wieder erholen.
Wir gingen mit Doran und Lili in Kunstgalerien. Doran störte sich nicht daran, daß er alle fünf Meter hinfiel, und ich hatte mich schnell daran gewöhnt, ihn dauernd aufzuheben. Einer der Aufsichtsbeamten in der Nationalgalerie gab ihm ein großes, eingewickeltes Bonbon. Ich erklärte in Dorans Namen, daß er es nicht essen könne, aber gern für Alison aufheben wolle. Alison war zu ihren Eltern nach Hause gefahren, um noch ein wenig über tropische Regenwälder nachzulesen. Doran zeigte sein Bonbon jedem Aufsichtsbeamten, an dem wir vorbeikamen, und ich wiederholte gehorsam für ihn die Geschichte, bis schließlich ein Beamter sagte: »Ich weiß, ich habe es ihm ja gegeben.«

Wir hatten einen vollständigen Rundgang gemacht, und ich hatte die Augen nicht höher als bis zu den unteren Bilderrahmen gehoben.
Als Lili zu einer recht anspruchsvollen Veranstaltung für Kinder ging, fuhr ich mit Doran zu meiner alten Kunstschule in Holborn. Doran trug einen blauen Dufflecoat mit hochgestelltem Kragen. Als er zwischen den Paletten und Staffeleien herumstolperte, erinnerte er an eine Gestalt von Toulouse-Lautrec. Wenn ich hier in der Kunstschule erwähnte, daß ich alle sechs Monate nach New York flog, würden alle meinen, ich machte dort eine Reihe von Ausstellungen oder hätte einen Geliebten oder beides. Niemand würde auf die Idee kommen, daß ich etwas mit Kindern zu tun haben könnte und schon gar nicht mit hirngeschädigten.
Ich hatte mich mit einer ehemaligen Komilitonin und mit einem der Dozenten verabredet, den ich gut kannte. Aus nostalgischen Gründen gingen wir mit Doran in einen Pub. Wir fanden eine dunkle Ecke, und ich beschloß, dem Geschäftsführer zu sagen, Doran sei ein sechsunddreißig Jahre alter Zwerg, wenn es Probleme geben sollte. Doran lehnte sich zurück, lauschte der Unterhaltung und schaute in sein Glas mit Orangensaft. Ich hatte das Glas für ihn halten wollen. Aber weil er beobachtet hatte, daß andere das nicht so machten, schob er meine Hand weg. Ich mußte tatenlos die gefahrvolle Reise des Glases an seine Lippen und wieder zurück mit ansehen.
»Eine Frau hat einmal behauptet, ich würde meinen Kindern Alkohol geben«, bemerkte ich. »Wenn sie Doran jetzt sehen würde, würde sie sich bestätigt fühlen.«
Dorans nächste Beobachtung bestand darin, daß man in geselliger Runde redete, dann eine Pause machte, trank und wieder redete. Zum ersten Mal in seinem Leben stieß er lange, plappernde Sätze hervor, die sich durchaus so anhörten, als wenn er betrunken wäre.

»Er scheint mit dieser Umgebung vertraut zu sein«, sagte ich.
»Womöglich hast du eine Reinkarnation von Dylan Thomas in die Welt gesetzt«, bemerkte meine Freundin.
Als wir meine Mutter am Waterloo-Bahnhof abholten, war es besonders kalt und unfreundlich. Meine Mutter sah mich an, als ob ich eine tödliche Krankheit hätte, von der sie nichts wissen sollte.
»Ich weiß, wie ich aussehe«, sagte ich. »Sue hat versprochen, mich bis zum meinem Tode zu pflegen. Aber ich glaube, ich versuche es zuerst einmal mit einer Woche Bettruhe.«
Sue wurde unentbehrlich. Als ich im Haus meiner Eltern angekommen war, küßte ich meinen Vater, nahm ein Bad und ging nach oben ins Bett. Die ersten zwei Tage schlief ich einfach. Dann stöberte ich in meinen alten Bücherregalen und fand von Hermann Hesse den Roman *Der Steppenwolf*. Ich hatte ihn vor dreizehn Jahren gekauft, aber nie die rechte Muße gehabt, ihn zu lesen. Es war der erste Roman, den ich seit drei Jahren in die Hand nahm. Ich hatte den richtigen ausgewählt. Unbewußt hatte ich ihn mir bis jetzt aufgespart. Während ich dalag und las oder schlief, gingen Bilder durch meinen Kopf. Ich begann, Gedichte in mein Notizbuch zu kritzeln.
Lili schlief in dem Bett neben mir, und Doran lag zwischen uns. Er schlief immer noch unruhig, aber es fiel mir leicht, nachts aufzustehen, denn ich wußte, daß ich den ganzen nächsten Tag nichts als Ruhe vor mir hatte, und das war das willkommenste Geschenk für mich.
Die Kinder wurden an den Strand und ins Kino geführt. Die Abende verbrachten sie mit einem neuen Zaubergerät, dem Fernsehapparat. Doran war ein sehr aktiver Zuschauer. Er belachte und beklatschte alles, was ihm gefiel. Nach zehn Tagen Ruhe stand ich morgens wieder gerne auf.

Einige Wochen nach dieser Phase der Ruhe bereiteten wir uns wieder auf eine Reise nach Philadelphia vor. Lili freute sich darauf, vorübergehend in die Schule zu gehen, an der meine Mutter unterrichtet hatte. Wir setzten die beiden bei der Schule ab, und mein Vater fuhr Doran und mich zum Bahnhof. Er war einer der wenigen, die Doran akzeptierten. Er betrachtete ihn als Persönlichkeit. »Ich wünschte, ich könnte mit euch fliegen«, sagte er.

Alisons Eltern hatten angeboten, uns zum Flughafen Heathrow zu fahren. Wir brauchten uns also keine Sorgen zu machen, daß wir uns verirrten.

Am Tag vor unserer Abreise feierten wir ein kleines Fest, bei dem Doran eine Menge Trauben aß. Nachts war er mit einer vollen Windel aufgewacht, was ich auf die Trauben zurückführte. Am nächsten Tag passierte es noch einmal kurz vor der Abreise. Dieses Mal mußte ich ihn völlig neu anziehen. Meine Schuldgefühle wegen der Trauben wuchsen.

»Wie viele hat er gegessen?« erkundigte sich Alison.

»Mittlerweile müßten sie alle wieder draußen sein.«

Ich war zuversichtlich. Etwas korrekter gekleidet, als man es von einer Frau erwarten konnte, die mit einem dreijährigen hirngeschädigten Kind reiste, stieg ich in das sehr gepflegte Auto von Alisons Vater. Nach drei Kilometern fing Doran an zu spucken. Ich beugte ihn nach vorn und hielt seinen Kopf über den Boden. Wir hielten am nächsten Parkplatz, putzten das Gröbste weg und legten ein paar Zeitungen unter. Nach ein paar Kilometern zeigten laute Geräusche aus Dorans Windel an, daß der Durchfall schlimmer wurde. Um Zeit zu sparen, wollten wir ihn erst umziehen, wenn es unbedingt notwendig war. Die Autositze und der Boden waren inzwischen ziemlich verschmutzt. Ich fragte mich, ob Doran wieder an Nierenversagen litt.

»Er hat genau die gleichen Symptome«, sagte ich. »Es könnte auch nur ein überreizter Magen sein. Aber wenn Doran krank ist, dann meistens gleich richtig.«

Alisons Eltern blieben treu bei ihrem Versprechen, uns sicher auf den Flugplatz zu bringen. Sie verloren kein Wort über den Zustand der Rückbank ihres Wagens.

»Ich weiß nicht, ob wir zum Flughafen oder in die Guy-Klinik fahren sollen«, sagte ich. »Und wenn wir uns für Heathrow entscheiden, sind wir dann für unseren Flug nicht schon zu spät dran?«

Glücklicherweise gehörte Alisons Vater zu den Menschen, die zu Verabredungen grundsätzlich zu früh kommen. Also erreichten wir trotz der Verzögerungen die Abflughalle der *British Airways* noch so früh, daß ich mit Doran zur Toilette gehen konnte. Das Personal führte mich zu einem Wickelraum. Dort hatte ich auch die Möglichkeit, einen Arzt zu rufen. Während ich Doran auszog und wusch, versuchte Alison, aus der Toilettenfrau, die aus irgendeinem Grund kein Englisch konnte, herauszubekommen, wo ein Arzt war. Als ich Doran frische Windeln anlegte, begann er plötzlich zu lachen.

»Sieh mal«, rief ich Alison zu, »ich glaube, er hat die Krise überwunden. Er lacht schon wieder.«

Der verzweifelte Ausdruck war von seinem Gesicht gewichen, und er hatte wieder Farbe. Vielleicht war es ganz gut, daß wir nicht sofort einen Arzt gefunden hatten. Ich ließ Doran bei der Familie Geddes und gab unser Gepäck auf. Als ich zurückkam, fuhr Doran an Brians Hand die Rolltreppe hinauf und herunter. Wir küßten uns zum Abschied, und sie machten sich auf die Heimfahrt. Jean trug ein kleines Päckchen mit Dorans feuchten Kleidern als Erinnerung an die Fahrt nach Heathrow.

Wir hatten alles Nötige eingepackt, einschließlich Essen und Getränke. Deshalb war die Nachricht, daß das Bodenpersonal der *British Airways* streikte, unsere geringste Sorge. In der Abflughalle wurden zur Beschwichtigung der Passagiere Vesperpakete ausgegeben. Die Pakete enthielten Räucherlachs und ein kleines Fläschchen Champagner.

Nach dem Start tauschten zwei Passagiere mit uns die Plätze, damit wir den zusätzlichen Fußraum vor dem Notausstieg hatten. Der dritte Passagier in der Sitzreihe war ein gepflegter Geschäftsmann, aber kein Kinderfreund. Doran störte sich nicht daran und bot eifrig zerquetschte Bananenstücke und die Hälfte seines Vollkornkekses an. Obwohl das Schlimmste vorbei war, mußten wir unsere ständigen Besuche auf der Toilette fortsetzen. Ich wickelte Doran in sieben Stunden mindestens sechsmal. Wir breiteten unser mitgenommenes Essen zu Füßen des Geschäftsmanns aus. Er versuchte sich mit seiner Aktentasche zu schützen. Unsere Mahlzeit auf dem Boden lockte andere unruhige Kinder an. Außerdem hatten wir beträchtliche Vorräte an Orangensaft und Mineralwasser.

Der Steward der *British Airways* behauptete, so etwas hätte er in seiner ganzen Laufbahn noch nicht gesehen, nahm aber gern einen Keks an. Der Geschäftsmann verschwand auf geheimnisvolle Weise in der »Clubklasse«.

Kurz bevor wir auf dem Kennedy Airport landeten, legte ich Doran die letzte Windel an. Judith war noch nicht da. Sie war durch ein Schneetreiben in Vermont aufgehalten worden. Schließlich kam sie. Wir kauften einen Vorrat an Windeln und fuhren dann zügig in Richtung Norden, über die Schneegrenze.

Doran war vom amerikanischen Lebensstil begeistert. Er verhielt sich, als wollte er nie mehr nach Hause. Inzwischen konnte er schon über fünf Meter frei gehen. Sein Vokabular, das bis dahin aus Händeschütteln und »Daumen hoch«-Zeigen bestanden hatte, erweiterte er um die Worte »Ade, ade«. Er verwendete sie immer, wenn er das Gefühl hatte, daß jemand weggehen wollte. So konnte er einen sinnvollen Beitrag zur Unterhaltung leisten. Ob es nun an Amerika, an den Amerikanern oder an Dorans neuem Selbstbewußtsein lag – es war klar, daß er in dieser Woche in den Vereinigten Staaten im Mittelpunkt stand.

15

Judith gab für Doran eine kleine Party. Er freundete sich zuerst mit einer Komponistin an und dann mit ihrem Mann, einem Bildhauer. Alison und ich hatten eine Magenverstimmung und fühlten uns nicht wohl. Der Bildhauer lud Doran in das Kunstinstitut des Bennington College ein und schlug vor, wir sollten auch mitkommen. In dem Kunstinstitut fühlte Doran sich sofort zu Hause und benahm sich, als gehörte er jetzt zu den Studenten. Wir mußten ihn von den Tonklumpen und den Trögen mit Druckerschwärze wegzerren.

Am Ende der Woche fuhren wir weiter nach Norden, um eine Freundin von Judith zu besuchen, deren schwer hirngeschädigter Sohn erst seit kurzem mit dem Übungsprogramm des Instituts therapiert wurde. Cindy besaß ein Holzhaus. Die Übungen fanden überwiegend im Kellergeschoß statt. Doran betrachtete neugierig den Übungstisch des anderen Kindes und den breiten Schlitten daneben. Auf dem Schlitten sollte das Kind, das Arme und Beine bewegen konnte, lernen, jedes zufällige Stoßen mit dem Bein in Zusammenhang mit einer Vorwärtsbewegung zu bringen. Doran probierte den Schlitten aus, während Zachery auf dem Tisch lag. Als Zachery an die Reihe kam, klatschte auch Doran heftig Beifall.

»Noch vor ein paar Jahren«, sagte ich, während ich Doran davon abzuhalten versuchte, alles auseinanderzunehmen, »konnte sich mein Sohn nicht bewegen.«

Während der langen Fahrt nach Philadelphia fiel mir ein, daß ich den Berichtsbogen für den Wiederholungsbesuch nicht ausgefüllt hatte. Normalerweise erledigte ich das so peinlich genau, wie es vom Institut verlangt wurde.

Gutgelaunt diskutierte ich im Auto mit Alison, was Doran konnte und was er nicht konnte. Ich gab Alison den Stift, weil sie behauptete, sie könne auf dem Autorücksitz schreiben, ohne daß ihr schlecht würde.

Das Chestnut Hill Hotel hatte den Besitzer gewechselt und wurde gründlich renoviert. Die Familien mußten also auf das Wiedersehen in der Halle verzichten und sich eine andere Unterkunft suchen. Wir standen an einem Wendepunkt. Zwei Jahre lang waren wir regelmäßig ins Institut gekommen. Nun mußten wir wählen, ob wir auf halbjährlicher Basis weitermachen, zu jährlichen Besuchen übergehen oder ob uns gar mit einem Fernkurs zufriedengeben wollten.

Aber gleichgültig, welche Entscheidung wir treffen würden – unsere Gruppe traf sich zum letzten Mal. In der Klinik standen überall große Plastik-Osterhasen, und Francis und Susan erschienen mit einem Strauß herzförmiger Luftballons. Francis erzählte wieder einmal, wie ihm die Erdnuß in die Nebenhöhlen geraten war, weil er vor dem Niesen tief Luft geholt hatte.

Ich glaubte nicht, daß Doran die nötigen Fortschritte machen würde, wenn wir unsere Gewohnheiten nicht beibehielten. Als Rosalind uns fragte, ob wir der Ansicht wären, daß die Ergebnisse die Mühe wert seien, konnte ich nur antworten: »In Anbetracht der Ergebnisse war es keine Mühe.«

Dorans Entwicklung sprach für sich selbst. Das war gut so, denn mein Bericht war zu meinem großen Bedauern unvollständig und ungenau. Das neue Programm umfaßte tägliches Robben, Krabbeln und Training des Vestibulums, dazu vier Bewegungsübungen, drei Atemübungen und Gehen auf flachem Grund. Bis zu unserem nächsten Besuch im Institut sollte er achtzehn Meter gehen können, ohne hinzufallen.

Die Feier zur Verleihung des Zweijahres-Zertifikats hielten wir für eine peinliche und sehr unenglische Angelegenheit, bis wir sie tatsächlich erlebten. Als die Familien einzeln aufstanden, zerstreuten sich alle Bedenken. Die Liebe, die

sich in den vergangenen zwei Jahren so praktisch gezeigt hatte, erfüllte den Raum. Unsere Augen wurden feucht. Nach der Feier gingen wir gemeinsam zu einer Cocktailparty, die von der »School for Human Development« gegeben wurde. »Francis, wie fühlt man sich mit Zertifikat?« fragte ich.
»In England bekommt man für das, was wir machen, das Zertifikat verrückt«, bemerkte Judith.
»Geben Sie mir eins«, sagte er. »Das kommt sofort an meine Wand, gleich neben ›Trautes Heim, Glück allein‹.«
Kaum hatten wir unsere Gläser und Teller so geschickt in der Hand, daß wir unsere Zigaretten herausholen konnten, da kamen die Kinder. Die Familien fotografierten sich gegenseitig und tauschten Adressen aus. Doran tat sich dadurch hervor, daß er einzelne Käsekekse rund um den Tisch trug und sie freigebig verschiedenen Leuten in den Schoß legte. Es war einer der schönsten Tage in den letzten beiden Jahren.

Zwei Tage später waren Alison, Doran und ich wieder zu Hause. Sue hatte das Haus völlig verwandelt. Ich weigerte mich zu glauben, daß eine Woche mit Dorans Programm ausreichen würde, es in seinen ursprünglichen, chaotischen Zustand zurückzuversetzen. Wir blieben lange auf und planten den zukünftigen Tagesablauf. Doran wollte nicht schlafen. Er saß auf meinem Knie und lutschte an Orangenstückchen, die ich in Mineralwasser getaucht hatte. Unsere erste Aufgabe am nächsten Tag würde darin bestehen, den Tisch zu holen und die Beine wieder anzunageln. Dann mußte Doran für eine neue Atemweste vermessen werden.
Alison freute sich, daß sie die restlichen Leitern abmontieren konnte. Vor allem im Garten war das keine leichte Arbeit.
»Die Pfähle stecken sicher über einen Meter tief im Boden«,

bemerkte George. »Die kriegen Sie nie raus.« George behielt recht und ging triumphierend weg.
Sue hatte vorgehabt, uns schnell wieder an die mitteleuropäische Zeit zu gewöhnen. Aber schon am ersten Abend unterhielten wir uns so angeregt, daß sie uns beim Abendessen um zwölf Uhr nachts Gesellschaft leistete. Sie wurde wieder völlig wach und blieb mit uns bis zum Morgengrauen auf.
Weil wir uns in meinem Haus nicht an die mitteleuropäische Zeit halten mußten, lebten wir nach amerikanischer Zeit, bis Lili heimkam. Sie brachte uns mit ihrem ersten Guten-Morgen-Kuß aus dem Rhythmus. Sie gab ihn uns eine Stunde, nachdem wir zu Bett gegangen waren.
Ich kaufte Doran einen neuen, wasserdichten Overall und ging mit ihm zum Krabbeln in die Wiesen. Kaum war er dort, machte er sich entweder auf den Weg zum Flußufer oder er kroch schnurstracks auf eine Herde Kühe zu. Er hatte trotz ihrer Größe keine Angst vor ihnen. Wenn sie zurückwichen, kroch er hinter ihnen her.
Es war schwierig, ihm verständlich zu machen, daß er wieder robben sollte. Er hielt das für einen Irrtum. Robben gehörte schließlich seiner Vergangenheit an. Ich erklärte ihm, daß das Robben immer noch wichtig für seine neurologische Neuorganisation sei und seine Atmung verbessern würde. Sue warf sich zu Boden und zeigte ihm, wie einfach es war, sich hinter das Sofa zu quetschen. Er war beeindruckt von ihren Anstrengungen, bewies aber, daß er sich schneller bewegen konnte, wenn sein Bauch nicht den Boden berührte.
Es überraschte ihn auch, daß er wieder Bewegungsmuster einüben sollte. Wir konnten ihn kaum dazu bringen, passiv auf dem Tisch liegen zu bleiben. Er warf sich hin und her und schlug wild um sich.
Als Alison zu einer Tagung über den tropischen Regenwald fuhr, wunderten sich die alten Helferinnen, die für sie

einsprangen, nicht nur über Dorans körperliche Veränderungen, sondern auch über seine freundliche Begrüßung. Er erkannte sie alle wieder. Alison kam begeistert zurück. Ein Holländer hatte sie in sein Forschungsteam in Französisch-Guayana aufgenommen. Sie hatten vor, nächstes Jahr im Januar abzureisen.

»Das ist die Belohnung für deine Beharrlichkeit«, sagte ich. »Doran wird seine Belohnung später bekommen.«

Doran kämpfte mit einer großen Decke, die wir über ihn geworfen hatten, damit er beim Robben mit dem Bauch am Boden blieb. Sein tägliches Laufpensum konnte er nicht mehr innerhalb des Hauses absolvieren. Deshalb holten wir gemeinsam mit Doran Lili von der Schule ab und gingen mit den beiden in die Geschäfte von Tunbridge Wells. Die Teepause mit Banane und Joghurt in einem Café war ein zusätzlicher Ansporn, korrekt zu krabbeln. Doran hatte eine Vorliebe dafür, in der Damenwäsche-Abteilung des großen Kaufhauses Verstecken zu spielen. Wenn wir ihn verloren, mußten wir Berge von Nylonslips durchwühlen.

Manchmal entwischte auch ein *echtes*, zehn Monate altes Krabbelkind seiner Mutter, um sich zu uns zu gesellen. Wir mußten es wieder abliefern, ohne daß Zeit für eine zufriedenstellende Erklärung geblieben wäre. In einem der Häuser, in denen wir robbten und krabbelten, entdeckte Sue in einem Exemplar des *Guardian* eine Anzeige für eine Stelle in einem Musikverlag in Soho. Unter Hunderten von Bewerbern wurde sie ausgewählt und bekam die Stelle. Wir sagten dem Freiwilligen Gemeindedienst Bescheid, daß wir bis Ende Mai eine neue Aushilfe bräuchten, und warteten ab, wie sich unser Haushalt verändern würde. Alisons Zukunft war gesichert, aber sie fand das Warten quälend. Sie hatte oft Magenbeschwerden. Stundenlang lag sie im Bett und versuchte, entweder ihre körperlichen oder ihre seelischen Schmerzen zu bekämpfen.

In Dorans Interesse überwand ich meine Abneigung gegen Zoos. Sie stellten ein vielfältiges und interessantes Laufgelände dar. Obwohl mir die Käfige mißfielen, redete ich mir ein, daß sie einem höheren moralischen Zweck dienten. Also beschlossen Sue und ich, mit Doran den »Drucilla«-Kinderzoo zu erkunden, zu dem auch ein Spielplatz gehörte. Doran kam aus dem Reptilienhaus, in dem er zweimal verlorengegangen war, und erblickte einen kleinen Zug voller übermütiger Pfadfinder. Er raste an den Affen vorbei, stolperte und fiel hin. Am Gehege der Erdferkel zog er sich wieder hoch, machte ein paar Schritte, stürzte und erreichte schließlich durch schnelles Krabbeln das Drahtnetz, mit dem das nächste Gehege umzäunt war.
Wir zeigten Doran den Bahnhof des Kinderzuges und führten ihn an Pelikanen und Pfauen vorbei zu einer Brücke über die Geleise. Von dort aus erspähte Lili ein hölzernes Fort und Rutschbahnen auf dem Abenteuerspielplatz.
»Mami, komm.«
Sue und ich waren ebenso begeistert. Wir übersahen einfach das Schild »Kindern über vierzehn ist die Benutzung der Geräte verboten«. Es stellte sich schnell heraus, daß der Spielplatz sich sehr gut zum Krabbeln eignete, während der Zoo das bessere Gelände zum Gehen bot. Doran wirbelte hinter sich einigen Staub auf. Wir sparten uns die Zugfahrt bis zuletzt auf. Der Lokomotivführer winkte uns einzusteigen.
»Ich habe gesehen, wie Sie gearbeitet haben. Sie brauchen nicht zu bezahlen. Sie haben sich die Fahrt redlich verdient!«
»Sue«, schwärmte ich, »kannst du dir vorstellen, wie hirngeschädigte Kinder in Gruppen über extra für sie gebaute Abenteuerspielplätze kriechen und robben, während ihre Betreuerinnen ihnen die Intelligenzkarten vor die Nase halten.«
»Ich würde sofort auf so einem Spielplatz arbeiten«, sagte sie.

Lili wollte für Alison Zuckerwatte, und für sich selbst und Doran bunte Anstecker kaufen. Also blieben wir auf dem Weg zum Eingang bei dem Laden stehen.
Alison lag bei zugezogenen Vorhängen im Bett. Ich kochte ihr eine Tasse Tee. Lili kletterte ihr liebevoll auf den Bauch und bot ihr Zuckerwatte an. Die Magenbeschwerden und die Unzufriedenheit mit dem Leben hielten an. Auf einen Wink hin stand Alison auf und kam nach unten. Sie nahm Dorans linken Arm und sein linkes Bein und übte mit ihm fünf Minuten lang die Bewegungsmuster ein, während Sue und ich sangen. Dann ließ sie uns stehen und ging ohne ein Wort wieder nach oben.
An einem schönen Frühlingsmorgen wollte sie mit mir kommen, um Doran auf den Wiesen zum Krabbeln zu motivieren. Sie lief ihm voraus, schlug eine Reihe vollendeter Purzelbäume und sprang auf.
»Komm, Doran!«
Er krabbelte so gut wie schon lange nicht mehr.
Schließlich blieben Sue nur noch zwei Tage. »Ich kann es nicht fassen, daß ich mein Zuhause verlasse.«
»Es wird immer für dich da sein. Doran trägt dein Zeichen.«
»Ich glaube, ich sollte ihm einen Knutschfleck auf den Hals machen.«
Zwei Tage später sollte Antonia bei uns anfangen. Sie hatte gerade die Schule abgeschlossen, war achtzehn Jahre alt und wollte in Cambridge Philosophie studieren. Sie kam zum Mittagessen. Gewöhnlich aßen wir einen Teller Getreide oder Nudeln und eine Schüssel Salat mit Kräutern und Käsegebäck. Antonia zu Ehren stellte ich noch eine Schale Joghurt auf den Tisch. Für uns war das ein üppiges Mahl.
»Es ist schön, zur Abwechlung einmal einfach zu essen«, sagte sie, als sie ihren Joghurt aß. »Was eßt ihr normalerweise zu Mittag?«
Sue lachte auf.
»Das hier«, sagte ich. »Eigentlich immer das gleiche.«

»Warum hast du dich beim Freiwilligen Gemeindedienst gemeldet?« fragte Alison.
»Ich hatte eine gute Ausbildung. Ich wollte der Gesellschaft etwas zurückgeben.«
Antonia sah zu, wie Doran im Garten krabbelte.
»Findest du nicht, daß du ihm viele Freuden des Lebens verweigerst?« fragte sie. »Ich finde, er braucht Zeit, um Blumen pflücken zu können.«
»Dazu ist es noch ein bißchen zu früh«, meinte ich.
»Ich dachte nur, ein Rat von außen könnte dir helfen.«
»Zuerst kommt das Programm, das ich vom Institut bekommen habe.«
Bei Lili kam Antonia mit ihrer Vorstellung von einem erstrebenswerten Leben gut an. Sie hatten eine sanfte Eleganz gemeinsam und beide hatten genug Zeit, Blumenkränze zu winden und Phantasiegebilde zu entwerfen.
»Ist die Prinzessin bereit zum Abendessen?«
»Wir können nicht essen«, erwiderte Lili. »Alles hat sich in Stein verwandelt.«
Antonia und ich gingen mit Doran in die Vorschule, um dort das Gehen zu üben. Die anderen Kinder regten Doran an, vor allem die ungezogenen, die sich nicht hinsetzen wollten. Wir diskutierten über Sprache. Antonia sagte, sie glaube, Worte sollten wie schön poliertes Glas sein, durch das der Begriff deutlich hindurchscheine. Ich sprach in wirren Bildern. Das lag nicht zuletzt daran, daß das neue Programm mir keine Gelegenheit zum Schreiben oder Malen ließ. Dorans Fortschritte waren viel zu wichtig, als daß ich das bedauert hätte. Doch in mir stauten sich unzählige, ungeordnete Gedanken. Ich vertrat die Ansicht, Worte seien nur Mittel der Annäherung an die Dinge. Dann widersprach ich mir selbst und verlangte eine genaue und wörtliche Befolgung der Prinzipien »Regelmäßigkeit«, »Intensität« und »Dauer«.
»Doran ist ein reizendes Kind«, sagte ich. »Aber was wir mit

ihm machen ist, das ist Gehirnchirurgie. Es ist ein langer, schrecklicher Kampf um sein Leben. Das alles sieht einfacher aus, als es ist.«

Am nächsten Tag fuhren wir zum Krabbeln und Laufen zu einer Parkanlage auf dem Lande, wo es angeblich einen Abenteuerspielplatz gab. Die konventionellen elisabethanischen Gärten mit ihren rechteckigen Fischteichen und Brunnen boten einen anmutigen Anblick. Es war ein sehr friedlicher Tag. Wir arbeiteten uns langsam auf den Spielplatz zu. Dort wollten wir mit dem Krabbeln beginnen. Auf den ersten Blick schienen die Strickleitern und Balancierstämme eher für gesunde Zwölfjährige geeignet, als für hirngeschädigte Kleinkinder. Als wir näher kamen, entdeckten wir, daß es außerdem noch eine Sandkiste, eine Wippe und eine Schaukel mit Sicherheitssitz gab. Ich machte Doran darauf aufmerksam. Er sah mich nur verächtlich an und kroch weiter auf eine Seilbrücke zu, die zwischen den Bäumen immer höher stieg und in einem Fort mit einer langen Rutschbahn endete. Weil Doran so gut krabbelte, entschlossen wir uns, seinem Vestibulum diese riskante Erfahrung zu gestatten. Ich hielt ihn so fest, daß ich fürchtete, ich könnte ihn erwürgen.

Doran wollte immer mit den anderen Kindern mithalten und dachte nicht daran, welche Ängste ich mit meiner lebhaften Phantasie auf der Hängebrücke ausstand. Als wir die Rutschbahn erreichten, hatte ich feuchte Hände.

»Das war gut, was, Doran?« rief Antonia und umarmte ihn. Ich wünschte, ich wäre ebenso ruhig gewesen. Ich brannte darauf, wieder auf die Erde zu kommen, bevor sie merkte, wie ängstlich ich gewesen war.

»Warte«, sagte ich, »ich rutsche voraus, dann kann ich euch beide unten auffangen.«

Ich nahm an, Doran würde auf Antonias Schoß hinunterrutschen. Ich ging noch ein kleines Stück weiter und wandte ihnen den Rücken zu, um ihnen zu zeigen, daß ich ganz

gleichmütig war. Dann hielt ich es nicht mehr aus und drehte mich um.
Antonia hatte ihn, aufrecht sitzend wie ein normales Kind, auf die Rutsche gehoben und ihm einen Schubs gegeben. Doran drückte das Rückgrat durch, flog aus der Rutschbahn und stürzte mir mit dem Kopf voraus entgegen. Ich fing ihn mit beiden Armen auf und sank in die Knie. Das Erlebnis schien sich im Zeitlupentempo immer wieder zu wiederholen.
»Antonia, ich hätte es dir sagen sollen: Doran kann noch nicht frei sitzen. Er ist noch zu steif. Er sitzt nur auf Stühlen.«
»Ich bin zu Tode erschrocken«, sagte sie und berührte Dorans Stirn, um sich zu beruhigen.
»Aber er ist in Sicherheit. Wenn je ein Kind dem Tod getrotzt hat, dann ist es Doran.«
Doran war unverletzt und nicht im mindesten beeindruckt. Er zappelte auf meinem Schoß, bis ich ihn auf den Boden setzte. Dann krabbelte er sofort auf eine Reihe riesiger Kanalisationsröhren zu und verschwand in ihnen. Sie hatten mehrere Ausgänge. Dort standen die unglücklichen Eltern, deren Sprößlinge anscheinend für immer in den Rohren bleiben wollten. Ich folgte Doran und versprach, auch John oder Richard mitzubringen, falls ich ihnen begegnen sollte.

Ein paar Tage nach diesem Ausflug schrieb Alison an Murray, um ihm von ihrer Stelle zu berichten.
»Ich werde ihn einladen, wieder herzukommen«, sagte sie. »Er war eine große Hilfe.« Dann fuhr sie fort: »Linda, wie wär's, wenn du eine Anzeige mit folgendem Text in den *New Scientist* setzen würdest: *Freie Unterkunft und Verpflegung in herrlicher englischer Landschaft gegen Mithilfe bei der Anwendung einer interessanten neuen Behandlungsmethode für hirngeschädigtes Kind.* Du brauchst mehr Hilfe, und ich bin im Augenblick eher eine Last.«
Wir gaben die Anzeige auf, und obwohl ich etliche Antwor-

ten erhielt, erschien nur eine einzige Kandidatin – glücklicherweise genau die richtige. Carol hatte Landwirtschaft studiert. Sie war groß, kräftig und konnte zupacken. Ohne daß man sie darum bitten mußte, krempelte sie die Ärmel auf und machte sich an den Abwasch. Sie hatte keinen Zweifel daran, daß Doran eine ernstzunehmende Persönlichkeit mit einem ausgeprägten Willen war, die man lieben konnte, ohne allzu nachsichtig sein zu müssen. Obwohl sie aus einer ganz anderen sozialen Schicht stammte als Antonia, freundeten sich die beiden rasch an. Sie erfanden neue vegetarische Gerichte, kochten gemeinsam und unternahmen mit Lili zahlreiche Ausflüge, auf denen sie »Prinzessin« spielen konnte. Im Café am Ort waren sie bald Stammgäste.

Eines Nachmittags kam Bert.

»Ich habe eine Neuigkeit für dich, Linda!« Ich machte mich auf eine Schilderung der katastrophalen Finanzlage gefaßt, aber statt dessen fuhr sie fort: »Beim Marathonlauf in London ist ein Läufer für uns gelaufen. Er heißt Alf Smart. Jane Stimpson hat ihn drüben im Club kennengelernt, und er hat gefragt, ob er für Doran laufen dürfe.«

»Das ist aber nett.«

»Er hat über fünfhundert Pfund zusammengebracht«, sagte sie. »Du hast wieder mal Glück – für dich fällt das Geld vom Himmel!«

Als Dorans Gehstrecken länger wurden, begann es zu regnen. In der Nacht nach einem typischen kalten, regnerischen Tag, den wir im Einkaufszentrum von Croydon verbracht hatten, träumte ich von ebenen, glatten Fußböden und warmer Luft. Als ich aufwachte, fiel mir der Name dieses Ortes ein: der Flughafen Gatwick. Noch am selben Tag packten wir Doran ins Auto und fuhren zu diesem Paradies, das voller Menschen, Gepäckkarren, Rolltreppen und Aufzüge war. Doran durfte sich einen Teller Kartoffelchips oder eine Cola kaufen, wenn er sich genügend Plastikchips verdient hatte. Bald kannte er jeden Getränkeautomaten im Gebäude. Die Putzfrauen liebten ihn; die Piloten salutierten vor ihm; die Verkäuferin im Spielzeuggeschäft erlaubte ihm, Spielsachen zur einen Tür des Ladens hinaus- und um die Kasse herum zur anderen Tür wieder hereinzutragen. Das Mädchen hinter der Bar stiftete ihm immer ein Glas Orangensaft, sobald sie ihn sah. Wenn wir tagsüber hinfuhren, konnten wir auf die Aussichtsterasse steigen und zuschauen, wie die Flugzeuge starteten.

Beim Anblick eines Flugzeugs konnte sich Doran immer noch ein paar Schritte mehr auf den Beinen halten. Je weiter er lief, desto schwieriger wurde es, ihn sicher aufzufangen, und rückwärts durch das Flughafengebäude zu gehen war ein äußerst riskantes Unternehmen. Doran konnte seine Schritte urplötzlich beschleunigen, vor allem, wenn er vor sich eine abwärtsführende Treppe oder den Weg durch die Paßkontrolle sah. Noch lieber rannte er in die Herrentoilette. Ich brauchte viel Takt, um ihn aus diesem Hort der Männlichkeit wieder herauszubekommen, ohne Aufsehen zu erregen.

Eines Tages kam Carol mit einem Laufgeschirr vom Einkaufen zurück.

»Wenn du die Riemen bis zum letzten Moment durchhängen läßt, so daß er sich nicht hineinhängen kann, ersparst du ihm, daß er später im Leben rheumatische Knie bekommt.«

Doran hatte nichts gegen das Laufgeschirr, auch wenn er nicht immer gern auf zwei Beinen ging. Er fand das Gehen zwar stilvoll, aber nicht dazu geeignet, irgendwohin zu gelangen. Abgesehen davon lagen die meisten Dinge, die er wollte, ohnehin auf dem Fußboden.

Doran beschloß, einiges zu verändern. Das fing damit an, daß er sich weigerte, sich in einem Auto die Atemmaske anlegen zu lassen. Ich schimpfte mit ihm. Da das nichts fruchtete, blieb mir nichts anderes übrig, als ihm die Arme auf den Rücken zu drehen. Er versuchte, sich dagegen zu

wehren, indem er kopfüber von meinem Knie rutschte. Das hieß für mich, daß ich mein Bein über seine Beine legen und seinen Kopf mit dem Kinn festhalten mußte. Sobald ihm die Maske wieder abgenommen worden war, verwandelte er sich in das sanfteste Geschöpf, das man sich denken konnte. Trotzdem behauptete er sich weiterhin. Es war problematisch, ihn zum Laufen zu bringen, wenn er krabbeln wollte. Was sollte ich auf einer belebten Straße machen, wenn Doran sich nicht bewegte? Ich beschloß, es mit »sensorischer Deprivation« zu versuchen. Dazu hockte ich mich über ihn und hielt ihm sanft mit der Hand Ohren und Augen zu. Doran konnte sich aus dieser Situation mit einem Chip auslösen.
Leider machte es ihm nicht viel aus, so dazuliegen. Manchmal gab er würdevoll nach und bezahlte seinen Chip. Wenn nicht, ging die Belagerung weiter. Es erforderte ein gewisses Maß an Abgeklärtheit, sich in der Öffentlichkeit über ein hirngeschädigtes Kind zu hocken und ihm Augen und Ohren zuzuhalten. Wenn Doran nicht bereit war, nachzugeben, mußte man selbst aufgeben. Er fühlte sich als Sieger, sobald er aufgehoben wurde.
»Du mußt ihn so tragen, daß er sich in seiner Würde veletzt fühlt«, schlug Carol vor.
Ich probierte verschiedene Möglichkeiten aus. Doch Doran gefiel es auch, kopfüber getragen zu werden. Schließlich kam ich auf die Idee, ihn mir an einem Bein über die Schulter zu hängen. Eine ältere Dame tippte mir auf den Arm. »Ich glaube, Ihr Kleiner hat es nicht sehr bequem«, sagte sie. Es gelang mir, sie durch meine Erläuterungen über Hirnschädigungen zu beruhigen.

Zu dieser Zeit verbrachte Alison ein paar Tage in London, um zusätzliche Informationen für ihre Reise zu sammeln. Sie kam mit einem Stapel Bücher zurück. Auf der Heimfahrt kam ihr die Idee, mit Doran nach Brighton zu fahren.

Wir wollten so früh aufbrechen, daß wir rechtzeitig zurück wären, um Lili von der Schule abzuholen. In der Eile vergaßen wir das Laufgeschirr.
Es wurde ein schöner Tag. Als wir die Strandpromenade erreichten, waren die Karussells in Betrieb und die Leute drängten sich am Stand einer Eisdiele. Wir hörten, wie eine Gruppe Pensionäre über Doran sprach.
»Ist der Kleine da normal?«
»Er lernt bloß laufen.«
»In seinem Alter kann ein Kind doch schon laufen.«
»Das kommt immer auf das Kind an.«
»Vielleicht ist er krank gewesen?«
Sie einigten sich dann darauf, daß er ein »Spastiker« sei.
Als wir den ersten Rummelplatz erreichten, hatte Doran sich genügend Chips für eine Karussellfahrt in einem großen Flugzeug verdient. Alison fuhr mit. Ihr Vestibulum war offensichtlich besser trainiert worden als meines. Doran lief weiter flott die Promenade hinunter, und Alison und ich unterhielten uns angeregt.
»Ich fühle mich wunderbar, Linda. Ein solcher Augenblick rechtfertigt alle Schmerzen und alles Elend des Lebens. Die See ist so hell. Sieh nur den Silberstreifen am Rumpf dieses Bootes!«
»Bist du Dichterin oder Biologin?«
»Ich empfinde die Schönheit der Natur so intensiv, daß ich bewußt ein Teil von ihr sein will.«
»Wir Menschen nehmen die Dinge, die uns umgeben, sehr unterschiedlich wahr! Du konzentrierst dich auf eine Welle und nimmst sie immer intensiver wahr, während ich sie bereits mit den Wolken am Himmel verbinde.«
Als wir die nächste Bank erreicht hatten, nahm Alison Doran auf den Arm und rannte mit ihm zum Wasser. Ich folgte den beiden langsam. Dann gingen wir zu einem kleinen, flachen Wasserbecken. Doran wollte gern hindurchwaten. Schließlich wandten wir uns dem Pier zu.

Doran war etwa anderthalb Kilometer gelaufen, ohne das geringste Zeichen von Müdigkeit zu zeigen. Jedesmal, wenn er gegen das Geländer des Piers stolperte, rannte ich zu ihm und hielt ihn am Arm fest.
»Warum bist du so ängstlich?« fragte Alison.
»Ich überlege schon die ganze Zeit, ob das Wasser so tief ist, daß ich hineinspringen und ihn retten kann, oder ob ich an einer der Leitern hinunterklettern muß, damit ich mir nicht den Schädel einrenne.«
Sie lachte. »Ich habe nach einem Rettungsring Ausschau gehalten – bis jetzt aber noch keinen gesehen.«
»Ich glaube, ich werde mich immer um Doran ängstigen.«
»Du machst dich wenigstens nur wegen ihm verrückt. Ich mache mich wegen jeder Kleinigkeit verrückt.«
Als ich mit Doran in die Damentoilette ging, um ihn zu wickeln, trat die Toilettenfrau einen Schritt zurück. Nach dem Wickeln hob ich ihn an das Waschbecken, um ihm die Hände zu waschen.
»Lassen Sie dieses Kind nicht an das Waschbecken!« schrie sie hysterisch.
Sie meinte offenbar, eine Hirnschädigung sei eine ansteckende Krankheit. Doch der Tag war so schön, daß ich verständnisvoll reagierte. Ich lächelte und wusch Dorans Hände.
Auf dem Heimweg hielt Doran ein Windrad zum Autofenster hinaus. Das war der Lohn für seine Anstrengungen. Er war fast drei Kilometer weit gegangen und hatte dabei Strecken bis zu zehn Meter am Stück zurückgelegt, ohne hinzufallen.
Eine neue Umgebung motivierte ihn am besten zum Gehen. Antonia sammelte seit einiger Zeit die Adressen von Leuten, die einen großen Garten und Kinder hatten, mit denen Doran spielen könnte. Als sie die Liste durchging, mußte sie feststellen, daß die meisten Leute entweder gerade abreisten, oder bereits abgereist waren. Eine Frau, die

mich nicht kannte, sagte Antonia, sie sei die Freundin einer guten Freundin von mir.

»Das klingt gut«, meinte ich.

»Freu dich nicht zu früh«, sagte Antonia. »Dann sagte sie nämlich, sie sei sicher, daß sie dich nicht ausstehen könnte, wenn sie dich jemals kennenlernen würde.«

»Hast du sie gefragt, warum? Oder wenigstens wessen Freundin sie ist?«

»Selbstverständlich, aber sie wollte es nicht sagen. Eine merkwürdige Frau!«

Als Alison und ich mit Doran wieder nach Brighton fuhren, regnete es. Doran wollte nicht laufen, und Alison zeigte alle Symptome einer beginnenden Grippe. Am nächsten Tag war sie krank und mußte einige Tage das Bett hüten.

Zu unserer Freude besuchte uns Murray noch einmal, bevor er nach Afrika fuhr. Seine Anwesenheit munterte Alison ein wenig auf. Sie fühlte sich nicht mehr so allein. Wir gingen alle zusammen mit Doran und Lili ins Einkaufszentrum von Maidstone und dann zum Krabbeln in das Haus von Alisons Eltern.

Doran war bei guter Gesundheit. Eines Tages kaute er beim Mittagessen auf einer Karotte – und schrie plötzlich vor Schmerz auf. Ich untersuchte seinen Mund. In den Backenzähnen waren dunkle Löcher. Ich bekam beim Zahnarzt für ein hirngeschädigtes Kind nicht sofort einen Termin. Wir mußten auf die nächste zahnärztliche Untersuchung warten, die in einer dreißig Kilometer entfernten Schule stattfand.

In der Zwischenzeit betupfte Alison die betroffenen Stellen mit ein wenig Ambrasol aus einer kleinen Flasche, die wir in meiner Hausapotheke fanden. Bald forderte Doran diese Behandlung vor jeder Mahlzeit. Er sah sehr dankbar aus, als er schließlich auf den Zahnarztstuhl klettern durfte. Er öffnete den Mund und zeigte auf die schmerzende Stelle. Der Zahnarzt wollte ohne Betäubung nicht bohren. Ich lehnte die Betäubung ab, und Doran weigerte sich, den Stuhl zu verlassen, bevor seine Schmerzen gelindert waren. Daraufhin begann der Zahnarzt zögernd, den kranken Zahn zu untersuchen, auszubohren und zu füllen. Als er fertig war, stand Doran auf und streckte ihm die Hand hin.

»Do«, sagte er höflich.

»Er hat Dankeschön gesagt«, meinte ich.

»Ich weiß«, sagte der Zahnarzt und ließ sich erleichtert auf seinen Stuhl sinken. »Er war wirklich ein besonders geduldiger Patient.«

Den ganzen Sommer über fanden Bürgerfeste statt. Sie waren besonders gut geeignet, Doran zum Gehen zu motivieren. Er wurde als »der blauäugige Junge mit dem Charlie-Chaplin-Gang« bekannt und beliebt.

»Sie brauchen nicht für ihn zu bezahlen!«

»Der Kleine da darf noch ein Los ziehen!«

»Will er noch ein Eis haben?«

Doran akzeptierte es mit der größten Selbstverständlichkeit, daß er ein Glückskind war. Die Freundlichkeit der Leute war echt. Ich genoß sie. Sie bewahrte mich davor, mir kritische Bemerkungen zu sehr zu Herzen zu nehmen.

Mein Verständnis für andere Menschen hing sehr von meiner Nachtruhe ab. Doran brauchte nachts immer noch zwei Dinge, die er schon als Säugling nicht missen wollte: einen Schnuller zum Saugen und ein Fläschchen zum Trinken. Wenn er im Schlaf den Schnuller oder das Fläschchen im Bett verlor, wachte er auf und rief nach mir.

Alison beschloß, Schnuller und Fläschchen auf einmal abzuschaffen. Als Ersatz brachte sie ihm eine Stoffpuppe.

»Doran, du wirst jetzt bald vier Jahre alt. Es wird Zeit, daß du die Baby-Utensilien beiseite legst.«

Doran verzog das Gesicht, räusperte sich und gab nach, als ob er Schnuller und Flasche nur aus alter Gewohnheit heraus noch mit ins Bett genommen hätte. Nach einer Woche hatte er sie völlig vergessen.

»Wirst du das nächste Mal eher auf mich hören?« fragte Alison mich.
»Wenn du mir versprichst, nicht mehr an den Nägeln zu kauen«, erwiderte ich.
Doran bewegte sich immer sicherer. Als wir eines Tages vom Eisessen nach Hause fuhren, ging uns oben auf der Straße das Benzin aus. Während Alison, Lili und ich den Wagen das letzte Stück bis zu unserem Haus schoben, kletterte Doran zwischen den Sitzen hindurch und hielt das Steuer. Weil er zu klein war, um vom Fahrersitz aus die Straße sehen zu können, mußte ich ihm beim Lenken helfen. Das tat seinem Stolz jedoch keinen Abbruch. Zu Hause steuerte er den ganzen Abend über ein unsichtbares Auto.
Alison litt abwechselnd an einer Erkältung und an einer Mandelentzündung. Am schlimmsten war jedoch, daß sie anscheinend von der Welt und von den Menschen sehr enttäuscht war. Lili zeigte sehr viel Verständnis für ihre Launen und ging oft hinauf, um Alison die Stirn zu streicheln.
»Mami wird böse; wenn du so redest, aber sie meint es nicht so. Ich finde, du solltest jetzt runtergehen und sagen, daß es dir leid tut.«
Wenn sie dann beide zu mir kamen, war Alison immer so freundlich und liebevoll, daß ich wünschte, ich könnte mehr für meine Freundin tun.
Antonia fragte einmal, ob Alison auch wirklich ganz gesund wäre.
»Sie fühlt alle Schmerzen und alle Schönheit der Welt sehr intensiv. Ihre Gefühle bewegen ihr Inneres und drängen nach außen.«
»Das verstehe ich nicht.«
»Mach dir nichts draus. Ich verstehe es. Aber ich kann Alison nicht direkt helfen. Konzentriere du dich auf Doran. Wo hat er noch Möglichkeiten zu gehen?«

Alison kannte ein Kloster, das für die Öffentlichkeit zugänglich war. Doran führte uns durch Kreuzgänge, Kammern und Kapellen. Während wir darauf achteten, daß Dorans Laufgeschirr durchhing, grüßten wir ehrerbietig die Nonnen und Mönche, denen wir begegneten. Die beiden Kinder wollten eine Kerze anzünden und niederknien. Lili dachte, der liebe Gott könne Gebete besser hören, wenn sie laut geprochen wurden.

»Und segne Doran und mach ihn gesund.« Pause. »Und bitte mach, daß Alison nett zu ihren Füßen ist.«

»Was wünschst du dir, Alison?« flüsterte ich.

»Seelenfrieden.«

»Meinst du nicht Gelassenheit?«

»Ich glaube, ich wäre glücklicher, wenn Krieg wäre.«

»Aber doch nicht wegen des Tötens?«

»Nein, wegen der Aufregung.«

»Du wirst dich zu Gott wenden müssen, Alison. Du bist zu gut für den Teufel. Übrigens, hast du bemerkt, daß du kniest?«

Als Antonia Anfang August wegging, kam Carol. Sie wollte solange bleiben, bis wir eine neue Helferin vom Freiwilligen Gemeindedienst hatten. Carol war eine geradlinige, aktive Christin, die lieber handelte als theoretisierte. Obwohl sie und Alison sehr verschieden waren, merkte ich, daß Alison Carol bewunderte, und das bewirkte eine Veränderung ihrer Gemütsverfassung.

Doran spürte Alisons Frustration. Er verstand sie und vergab ihr so schnell, wie er sich selbst vergab. Er stolperte ständig zu ihr hin und streckte die Hand aus. Wenn Alison und ich uns stritten, unterbrach er alles, was er gerade tat, und warf sich zwischen uns.

»Ich glaube«, sagte sie, »der Schmerz hat sich jetzt in meinem Rücken festgesetzt.«

Der Gemeindedienst schickte uns Susanne. Sie war eine hübsche, einundzwanzigjährige Deutsche, die zum Freiwilligen Gemeindedienst gegangen war, um ein soziales Jahr abzuleisten, bevor sie anfing zu studieren. Sie behauptete, sich mit Rückenschmerzen auszukennen. Alison mußte sich auf den Boden legen, und Susanne massierte ihr die Schultern mit Tigerbalsam.

»Das mache ich jetzt jeden Abend, dann geht es dir bald wieder gut.«

»Ich glaube, einmal genügt.«

Wir betrachteten hoffnungsvoll Alisons gerötete Haut.

»Nein, morgen massiere ich dich wieder. Wenn wir Deutschen etwas machen, machen wir es gründlich.«

Susanne konnte Doran Deutsch beibringen. Sie war sehr musikalisch und hatte deshalb auch keine Schwierigkeiten, bei der Atemübung den Takt des Metronoms zu halten. Außerdem war sie stark. Das bedeutete, daß sie mir helfen konnte, Doran durch das Vestibulärprogramm zu bringen, ohne schlapp zu machen. Es dauerte ein Weilchen, bis ich merkte, daß auch Susanne von Ängsten geplagt wurde.

»Was Doran am dringendsten braucht, ist Motivation«, sagte ich. »Und dazu eine ruhige, wohlgeordnete Atmosphäre, in der er arbeiten kann.«

»Gut, ich helfe mit. Wo kann ich Fahrstunden nehmen?«

»Fahrstunden!«

»Wenn ich dir helfen will, muß ich Auto fahren können, oder?«

Ich glaubte nicht, daß wir Zeit für Fahrstunden haben würden.

»Ach, ich schaffe das. Ich würde gern Auto fahren lernen. Und wenn ich den Führerschein habe, fahren wir ans Meer, Linda, ja?«

»Susanne, du bist hier eigentlich nicht im Urlaub.«

»Aber wenn man arbeitet, muß man auch Zeit für sich selbst haben.«

Am nächsten Tag gingen wir in das Einkaufszentrum von Crawley. In der Mitte der Fußgängerzone stand ein Mu-

sikpavillon, der viel Kinder anlockte. Doran folgte ihnen die Stufen hinauf und marschierte am Geländer entlang. Lachend verständigte er sich mit den anderen Kindern.
Als Sue zu Besuch kam, warf er sich sofort auf den Fußboden und zeigte ihr, wie schön er krabbeln konnte. Seine Bewegungen waren geschmeidig und rhythmisch. Er wollte sie an die langen Kämpfe erinnern, die sie mit ihm ausgefochten hatte, und ihr sagen, daß er es inzwischen geschafft habe.
»Wie geht's?« fragte sie und legte mir den Arm um die Taille.
»Ach, Sue! So weit, so gut. Doran geht es gut. Mir geht es gut. Die Zukunft ist wie immer unsicher, aber uns bleibt wie immer nur die Flucht nach vorn.«
»Kann ich dir helfen?«
Ich lachte. »Wenn es schwierig wird, rufe ich dich an.«
Susanne mischte Obst, Nüsse und Getreideflocken zum Frühstück.
»Linda, du mußt mir das Kochen beibringen! Was ißt du da?«
»Ein pochiertes Ei.«
»Diese Art, Eier zuzubereiten, kenne ich noch nicht. Darf ich einmal kosten? Ja, ich glaube, ich mag pochierte Eier wahnsinnig gern. Kochst du mir eins?«
»Ich zeige dir später, wie man sie zubereitet. Wir müssen mit Doran die Bewegungsmuster einüben.«
»Zuerst muß ich mich waschen.« Sie lief ins Bad.
Ich hatte den Eindruck, daß sie ihren Körper wusch, um damit die Einsamkeit zu vertreiben. Sie aß, um sich Hoffnung zu geben. Die kleinen Bissen, die sie von meinem Teller nahm, wirkten wie zaghafte Bitten um Freundschaft. Sie wollte sich hinsetzen und einfach mit mir reden, aber mein Tag war mit wichtigeren Dingen ausgefüllt. Jeder neue Tag nahm mir den Mut. Die Sorge um Dorans Wohlergehen und meine eigene seelische Gesundheit veranlaß-

ten mich, den Freiwilligen Gemeindedienst anzurufen. Es war niemand anders sofort verfügbar. Sie meinten, Susanne brauche noch ein wenig Zeit. Uns blieben noch vierzehn Tage bis zum nächsten Termin im Institut.

Bert kam auf eine glänzende Idee. Das »Wettkrabbeln« zur Finanzierung unseres Fluges sollte durch einen »Sonnenblumen-Wettbewerb« ersetzt werden.

»Ich pflanze vor Zeugen eine Sonnenblume vor der Hauswand des Nachbarhauses«, sagte sie. »Die Leute müssen einfach auf die Höhe setzen.«

Bert gab mir einen Stapel Formulare, und Doran und ich verteilten sie in den Geschäften von East Grinstead und Crawley. Wir wurden von den Lokalzeitungen unterstützt. Der Gedanke, auf eine Pflanze zu wetten, fand das Interesse der Leute.

»Wenn sie zu groß wird, wird es peinlich«, sagte Bert. »Wenn ein Gewitter kommt, bin ich bereit, mit dem Regenschirm dazustehen und sie zu schützen.«

Susanne beschloß, ihr ganzes Geld für Fahrstunden auszugeben. Sie schrieb ihren Freunden, als hätte sie keine Probleme, und las uns oft ihre Briefe laut vor.

»Susanne«, meinte ich, »du schreibst nie, wie unglücklich du bist.«

»Ach, das ist meine Privatsache. Ihr seid hier alle so lieb zu mir.«

»Aber du lebst bei uns, und deshalb betrifft es uns auch. Ich will dir nicht weh tun.«

Verglichen mit Susanne, war Doran emotional äußerst stabil und ausgeglichen. Susanne hatte versucht, sich selbst zu entfliehen, indem sie ihre Lebenssituation veränderte, und das hatte nicht funktioniert.

»Du kannst dich selbst verändern, indem du deine Energie darauf richtest, einem anderen Menschen zu helfen«, sagte Alison. »Ich weiß das. Ich habe es am eigenen Leib erfahren.«

»Ich versuche es ja, verstehst du? Aber ich habe Angst, daß ihr mich nicht mögt, wenn ich nicht lächle. Also tue ich, als ob ich lächeln würde.«

»Das mußt du hier nicht«, fuhr Alison fort. »Hier wenigstens können wir ehrlich zueinander sein.«

Ich hörte ihnen zu und hoffte, daß die Worte, die an diesem Abend gesprochen wurden, auch am Morgen noch etwas bedeuten würden. Wir brachten Lili nach Crawley. Dort wollte meine Mutter sie abholen und mit ihr auf die Insel fahren. Es war Samstag. Vor dem Musikpavillon sollte eine Band auftreten.

Wir trafen uns mit meiner Mutter auf dem Spielplatz. Doran warf sich ihr stürmisch in die Arme. Lili wollte ihn mit auf die Insel nehmen. »Ich werde dafür sorgen, daß er sein Programm absolviert, Mami«, versprach sie.

»Du hast Ferien verdient, Lili. Denk nur an das viele Robben und Krabbeln.«

Sie erinnerte sich. »Also gut, Doran, ich schicke dir einen Krebs für den Sandkasten. Sind die Schaufeln und mein Eimer gut verpackt, Omi?«

Ich versicherte Lili, daß alles in Ordnung sei, und sie brachen auf. Meine Mutter hatte Lili an der Hand. Sie redeten über meinen Vater und die Gesundheit der Katzen. Susanne und Alison erledigten die Einkäufe. Während ich Doran auf den Pavillon zulenkte, hörte ich, wie eine Band ihre Instrumente stimmte. Als wir um die Ecke bogen, begann eine westindische Steelband zu spielen. Die Leute stellten ihre Einkaufskörbe ab und versammelten sich um den Pavillon. Ich steckte die Halteriemen des Laufgeschirrs in den Brustgurt und ließ Doran los. Ganz Crawley schien stillzustehen und zu lauschen, nur Doran nicht. Die schwungvollen Klänge motivierten ihn. In der Zeitung war neben der Sonnenblume auch ein Bild von ihm erschienen, und die Leute, die ihn erkannten, riefen: »Nicht aufhören, Doran! Bravo!«

Dann trat eine große ältere Frau vor. Sie war schlampig gekleidet und schien durch übermäßiges Trinken sehr heruntergekommen zu sein.
»Darf ich bitten«, fragte sie und begann, mit ihm zu tanzen. Doran grinste.
»Gern«, sagte ich. »Sie dürfen ihn nur nicht wirklich stützen. Er muß selbst das Gleichgewicht halten.«
»Wenn ich das Gleichgewicht halten kann, kann er es auch. Komm, junger Mann, wir legen einen aufs Parkett.«
Die Frau hatte ihren Idealpartner gefunden. Doran tanzte. Er hatte die Arme ausgestreckt, berührte aber die Hände der Frau nicht. Er hätte achtzehn Meter ohne Unterbrechung gehen sollen. Jetzt tanzte er mindestens achtzehn Meter weit, ohne einen Augenblick gestützt zu werden. Als die Musik aufhörte, verschwand die Frau. Alison und Susanne drängten sich durch die Menschenmenge auf uns zu.

16

In New York übernachteten wir bei Judiths Bruder. Er war Psychotherapeut. In seiner Wohnung standen viele große, ausgestopfte Tiere. Vom Fenster aus hatten wir einen herrlichen Blick über den Fluß.
Judith wollte unser Wiedersehen feiern. »Laß uns die Fähre nach Staten Island nehmen«, schlug sie vor. »Übrigens, was ich dir noch sagen wollte. Ich persönlich halte das Laufgeschirr für eine wunderbare Idee, aber die meisten Amerikaner haben kein Verständnis für so ein Gerät.«
Auf dem Gehweg vor dem Haus kam uns ein etwa zehn Jahre alter Junge auf Rollschuhen entgegen. »Warum habt ihr ihn gefesselt?« rief er.
»Er fühlt sich nicht an seine Mutter gefesselt. Er ist Eng-

länder. Er hält sich für ein Pferd, das in einem Geschirr geht«, sagte ich.
Doran gefiel das amerikanische Geld. Er kaufte uns die Karten für die Fähre und für sich selbst eine große Tüte Popcorn. Das Schiff lief aus. An der Reling lehnte ein junges Paar. Die beiden waren sehr altmodisch gekleidet. Jeder hatte ein volles Champagnerglas in der Hand. Die Möwen stürzten herab, weil die Passagiere sie mit Popcorn fütterten, aber Braut und Bräutigam hielten Händchen und starrten in die Ferne.
»Manche Menschen dürfen träumen«, sagte Judith mit einem Seitenblick auf die zwei, »aber du und Doran, ihr könnt euch das nicht leisten.«
Im Institut waren alle Mitarbeiter von Dorans Gehleistung begeistert. Sie wunderten sich nur über seine unverletzten Knie. Irgendwann brachten wir den Mut auf, das Laufgeschirr vorzuzeigen. Ich spürte, daß Rosalind es würdelos und unamerikanisch fand.
»Naja«, sagte sie skeptisch, »offensichtlich hat es gewirkt. Ich werde es vielleicht sogar anderen Familien empfehlen.«
Wir gingen meinen Bericht durch.
»Was ist Ihrer Ansicht nach Dorans größtes Problem?«
»Die Atmung.«
»Was würden Sie dagegen tun?«
»Ich würde ihn mehr robben lassen, um sein Gehirn bei der Neuorganisation zu unterstützen. Zusätzlich würde ich die Zahl der Atemübungen erhöhen, damit er eine regelmäßigere Atmung bekommt.«
»Sehr gut. Wir wollen mal sehen, wie du robbst, Doran.«
Doran robbte, als ob das seine Lieblingsbeschäftigung wäre. Er wußte nicht, daß er in Zukunft täglich vierhundert Meter robben mußte. Beim Gehen hielt er sich inzwischen so gut im Gleichgewicht, daß wir das passive Vestibulärprogramm streichen konnten. Es wurde durch Gehen bergauf und bergab, in unebenem Gelände und auf ebenem Untergrund

ersetzt. Wir brauchten nur von unserem Haus aus nach links zu gehen, wenn wir eine abfallende Strecke suchten, und nach rechts, wenn wir auf einem langen, ebenen Straßenstück gehen wollten. Hinter unserem Haus lagen die Felder. Doran mußte zehnmal täglich eine Strecke von zehn Metern im »Hasensprung« zurücklegen. Außerdem sollte Doran hangeln, um den Brustumfang zu vergrößern und damit die Atmung zu verbessern. Bei dieser Übung mußte er mit ausgestreckten Armen an einem Reck hängen und schaukeln. Viermal am Tag sollten Bewegungsmuster eingeübt werden, und viermal würde er eine halbstündige Atemübung über sich ergehen lassen müssen. Dazu kamen ein Sprachprogramm, die Atemmaske und das Intelligenzprogramm.
Auf dem Weg zum Flughafen meinte Judith, es sei Zeit, unseren Star seinem früheren Wohltäter, ihrem Vater, vorzustellen. »Meiner Ansicht nach ist Doran jetzt endlich soweit, daß er in die Gesellschaft von Long Island eingeführt werden kann«, sagte sie.
»Judith, das ist das größte Kompliment, das du ihm jemals gemacht hast.«
Gewisse Sicherheitsvorkehrungen waren für unseren Besuch allerdings immer noch nötig. Als wir das elegante Eßzimmer betraten, sah ich, daß die Seite des Tisches, an der Doran sitzen sollte, taktvoll mit Plastikfolie abgedeckt war. Er aß wie ein Prinz.
In Heathrow holte Alison uns ab. Wir mußten eine Stunde warten, bis wir aus dem Parkplatz herauskamen. Um unsere Lebensgeister wieder zu wecken, hielt Alison vor dem Pub im Dorf an. Wir setzten uns in den Garten. Doran stand immer wieder auf und pflückte sich ein paar riesige Brombeeren. Er konnte sie jetzt in der Hecke auch aus einiger Entfernung erkennen. Ein Mann am Nachbartisch beugte sich herüber.
»Ich habe einmal für den *Courier* einen Artikel über ihn

geschrieben. Ich kann es kaum glauben, wie er sich entwikkelt hat.«
»Aber er hat immer noch einiges vor sich«, sagte ich und dachte an die vierhundert Meter Robben.
Als wir den Pub verließen und nach Hause fuhren, zog Doran ein langes Gesicht. Er fing an zu weinen, als wir vor dem Gartentor anhielten. Susanne kam besorgt den Weg entlang gelaufen, weil sie dachte, er hätte sich verletzt.
»Nein, alles in Ordnung«, sagte ich. »Er hat nur begriffen, daß er für diese ehrenvolle Woche mit sechs Monaten harter Arbeit bezahlen muß.«
Nach und nach merkte Doran, daß er nur noch eine Gnadenfrist von einem Tag hatte.
Alison klappte die Spielzeugkiste auf. »Doran, heute Nachmittag gehört das alles dir – koste es aus.« Er kletterte kopfüber hinein.
Peter versprach, am anderen Tag zu kommen und das Reck zum Hangeln einzubauen. »Ihr wollt einen Affen aus ihm machen? Ist das nicht ein wenig rückschrittlich?« meinte er.
Wir überlegten, wo Doran gehen sollte. Alison fragte, wie wir die Strecke abmessen könnten.
»Wir könnten Markierungen auf der Straße anzeichnen«, schlug ich vor. »Ich habe noch eine große Dose mit gelber Farbe.«
Wir setzten die Idee sogleich in die Tat um. Ich hielt die Büchse, Alison schritt die Distanzen ab, tauchte den Pinsel ein und schrieb die Zahlen auf den Asphalt, als ob sie vom Straßenbauamt wäre. Doran konnte seine Ziele jetzt deutlich vor sich sehen. Wenn er sie erreichte, durfte er sich ein paar Hände voll Brombeeren pflücken.
Zwei Tage nachdem wir die Straße bemalt hatten, rief die Polizei aus Crawley an. »Sind Sie die Dame mit dem behinderten kleinen Jungen?«
»Ja.«
»Müssen Sie immer noch nach Amerika mit ihm?«

»Ja.«
»Gut. Es geht um folgendes: Wir veranstalten einen ›Tag der offenen Tür‹ im Freizeitzentrum und möchten Geld für ihn sammeln.«
»Was! Ich meine, das ist wunderbar. Danke schön. Ganz herzlichen Dank.«
Im Rahmen seines neuen Programms konnte Doran sich jede Woche zwei Freistunden verdienen. Er wollte am liebsten wie ein normales Kind in die Vorschule gehen. Weil er aber kein normales Kind war, ging einer von uns Erwachsenen mit ihm, um dafür zu sorgen, daß er sich so normal wie möglich benahm. Von der Größe und der allgemeinen Erscheinung her unterschied er sich nicht sehr von seinen Kameraden. Und da niemand besonders sprachgewandt war, fiel sein Mangel an Sprechfähigkeit kaum auf. Am meisten hatte es Doran ein kleiner Junge angetan, der den größten Teil der Zeit in der Ecke stehen und die Hände auf dem Rücken halten mußte.
Ich rief meine Mutter an und fragte, wann sie nach Hause kommen würde. Lili schien es in der Schule auf der Isle of Wight sehr zu gefallen. Sie konnte plötzlich wesentlich besser lesen und schreiben. Ob sie nicht bis zum Ende des Halbjahres bleiben könnte? Sowohl meine Eltern als auch Lili wollten diese Angelegenheit schnell geregelt haben.
»Vergiß nicht, oft zu schreiben«, sagte ich.
»Mami, ich schicke Doran einen Krebs.«
Lili war die einzige mir bekannte Person, die ihren Bruder richtig einschätzen konnte. Der Krebs traf in einem Behälter mit Meerwasser bei uns ein. Meine Mutter erklärte mir in einem beiliegenden Brief, wie man ein Aquarium baut.
Die Spaziergänge den Hügel hinauf und hinunter waren für Doran weniger attraktiv, nachdem die Brombeeren abgefallen waren und der Wind uns den Regen ins Gesicht trieb. Wenn Doran schrie, bemerkten wir oft herannahen-

de Autos zu spät, und mußten uns dann hastig in die Hecken drücken. Oft kamen wir schmutz- und schlammbespritzt nach Hause. Naß und frierend fragten wir uns, wieviele Tage wir das noch durchhalten würden. Ich hatte den Winter einfach verdrängt, als ich den neuen Übungsplan aufstellte.
Das unebene Gelände machte seinem Namen alle Ehre. Die Wiesen waren zu dieser Jahreszeit von Kühen und Pferden zertrampelt und voller morastiger Pfützen. Doran schaffte höchstens ein paar Schritte, bevor er auf die Nase fiel. Nach unserer Rückkehr aus Amerika war Doran zu der Ansicht gelangt, Robben sei einfach zu mühsam, und er komme damit zu langsam voran. Beim Gehen wollte er uns davon überzeugen, daß man entweder ganz langsam und träge ging oder am besten einfach stehen blieb. Die einzige Übung, die Doran problemlos absolvierte, war der Krabbelsprint, denn er wußte, daß er ihn schnell hinter sich hatte. Er vermißte Lili. Er hatte sich immer so sehr gefreut, wenn sie von der Schule nach Hause kam. Ich hatte keine Freunde mit Kindern in seinem Alter, und er litt unter dem Mangel an Gesellschaft mit Gleichaltrigen.
Wir waren in eine neue Phase eingetreten. Doran konnte gehen, aber er mußte das Programm fortsetzen und krabbeln.
Trotz des Zeitverlustes fuhr ich mit Doran nach East Grinstead, damit er eine Stunde auf ebenem Grund gehen konnte. Wir entdeckten ein paar abschüssige Straßen in der Stadt, auf der das Gehen mehr Spaß machte als direkt vor unserem Haus. Ich mußte Dorans Gehstrecke abschreiten, weil ich zögerte, vor den Augen des Verkehrspolizisten Markierungen auf den Gehweg zu malen. Das große Kaufhaus »Woolworth« lockte Doran von der Straße weg. Er ging durch die Tür und rannte schnurstracks auf eine Weltraumpistole zu, die ein unangenehm lautes Geräusch von sich gab und grelle Lichtblitze aussandte. Doran ergriff

die Pistole und rannte los. Ich folgte ihm, denn ich wollte ihn unbedingt einholen, bevor er in der nächsten Abteilung mit den Lampenschirmen aus Glas zusammenstieß. Er lief weiter. Als er eine Runde im Erdgeschoß gedreht hatte, legte er die Pistole wieder dort hin, wo er sie genommen hatte. Dann nahm er einen Cowboyhut, drückte ihn sich auf den Kopf und rannte abermals los.

An Tagen, an denen Doran nur gehen mußte, fuhren wir gewöhnlich nach Gatwick, wo wir außer dem Flughafen manchmal auch das Hilton-Hotel beehrten. Alison und ich schlenderten so lässig wie möglich an dem Portier vorbei. Wir verschwanden in einem Labyrinth von mit Teppich ausgelegten Korridoren. Sie waren von Türreihen gesäumt, an die erschöpfte Passagiere Plastikschilder mit der Aufschrift »Bitte nicht stören« gehängt hatten.

Doran nahm mir vorsichtig die Halteriemen aus der Hand und hielt sie selbst. Wir fanden das sehr lobenswert, bis wir merkten, daß er mit dem Lederriemen an die Türklinken schlagen wollte. Er hoffte wohl, daß man ihn zu einem zweiten Frühstück hereinbitten würde. Nach einem kurzen Kampf hatte ich ihm den Riemen entwunden, und wir gingen schnell ein Stockwerk tiefer, um unentdeckt zu bleiben. Doran hatte immer noch ein »Bitte nicht stören«-Schild in der Hand. Wir hängten es an eine andere Tür, als wir das Hotel wieder verließen.

Alison zählte die Wochen bis zu ihrer Abreise. Sie hatte in einer Kiste allerlei nützliche Requisiten gesammelt, die sie mit nach Französisch-Guayana nehmen wollte, unter anderem eine Blechtasse und einen Blechteller, ein riesiges rosa Badehandtuch und ein paar Romane, die sie im Urwald lesen wollte.

»Wird dein Rucksack nicht ziemlich schwer?« fragte ich.

»Im Dschungel gibt es nichts zu kaufen. Soll ich mich mit Blättern abtrocknen«, sagte sie.

Susanne wollte im November zurück nach Deutschland, um

dort Gesang zu studieren. Ich brauchte zwei Leute, die mir in Zukunft helfen würden. Wir gaben im *New Scientist* und in *Time Out* Anzeigen auf.
Ich erhielt zahlreiche Anrufe, aber ich konnte unmöglich sagen, welche zwei Bewerber sich am besten für die Aufgabe eigneten. Aus Schottland kam Brian, ein ehemaliger Sozialarbeiter, der Woody Allen ein wenig ähnelte, allerdings ein bißchen größer war. Er blieb ein Wochenende, begleitete uns auf Dorans Gang durch die Stadt und über Land und schien sehr engagiert und interessiert. Nachdem er sich am Sonntagabend von Alison fünf Pfund und eine Schachtel Zigaretten geliehen hatte, versprach er, am Donnerstag wiederzukommen und mit der Arbeit anzufangen. Am Dienstag rief er noch einmal an und bestätigte unsere Abmachungen. Wir lehnten uns beruhigt zurück und warteten. Am nächsten Wochenende hatten wir immer noch nichts von ihm gehört. Bedauernd strichen wir ihn von der Liste.
Die nächste Bewerberin war ein junges Mädchen, das ein hübsches schwarzes Kätzchen mitbrachte. Sie trank nur schwarzen Kaffee und lehnte es ab, irgend etwas zu essen. Nach ein paar Tagen fürchtete ich um ihre Gesundheit und überlegte, welche Art von Nahrung ich ihr unbemerkt in den Kaffee mischen könnte. Die Bibel war ihr ein und alles, doch irgendwie verbreitete sie eine gedrückte Atmosphäre. Nach einer Woche meinte sie, daß Doran fröhlichere Menschen um sich herum brauchte als sie. Sie dankte mir, daß ich sie aufgenommen hatte, nahm ihr Kätzchen und ging.
Als nächstes kam ein ehemaliger Psychologiestudent, danach ein examinierter Theologe. Sie stellten mir eine Menge Fragen, bevor sie uns wieder verließen und in ihren gewohnten Alltag zurückkehrten.
Ein junger Mann namens Ian rief mich mehrere Male aus verschiedenen Teilen Englands an. Ich nahm bereits an, er werde nie bei uns ankommen. Dann kam plötzlich ein

Anruf: Ian wollte in wenigen Stunden am Bahnhof von East Grinstead sein. In meiner Verzweiflung war ich bereit, es mit ihm zu versuchen und fuhr mit Doran zum Bahnhof. Doran ging auf den Eingang des Bahnhofs zu. Auf dem Vorplatz lagen bunte Herbstblätter, und Doran raschelte durch sie hindurch in die Bahnhofshalle hinein. Rechts im Wartesaal saß ein sehr großer, ungefähr dreißigjähriger Mann, und las in einer Fahrradzeitschrift.
Doran rannte zu ihm und schlang die Arme um seine Knie. Der Mann lächelte. »Du bist bestimmt Doran«, sagte er. »Hallo, wie geht's?« Doran hielt Ian weiter umschlungen. Es war Liebe auf den ersten Blick.
Später am Abend klopfte es an der Tür. Ich öffnete, und vor mir stand eine junge Frau mit einem riesigen Rucksack. »Hallo«, sagte sie, »endlich habe ich euch gefunden! Ich bin Lily.«
Ich erinnerte mich dunkel, daß ich mit einer Lily gesprochen hatte, aber ich hatte vollkommen vergessen, für wann ich sie eingeladen hatte. Jedenfalls war sie gekommen, und sie gefiel mir.
Lily war Anfang zwanzig, hatte eine Ausbildung als Krankengymnastin und stammte aus Südafrika. Sie trampte durch Europa. Ian war, wie sich herausstellte, bereits vierzig Jahre alt. Er war den größten Teil seines Lebens mit dem Fahrrad in der Welt herumgereist und hatte gelernt, sehr sparsam zu leben.
»Die Leute sind dumm«, sagte er. »Wenn sie sich zusammentun und gegenseitig helfen würden, gäbe es keine Probleme mehr. Aber sie hetzen lieber dem Geld hinterher und dann jammern sie.«
Die philosophischen und neurologischen Grundlagen des Übungsprogramms interessierten Ian nicht. Für ihn war nur wichtig, daß es gut für Doran war. Ich war zufrieden, denn wenn Ian bei uns war, strengte Doran sich an.
Der nächste Tag war der 5. November, Guy-Fawkes-Tag.

Doran robbte, weil er von unserem Tischfeuerwerk entzückt war. Gehorsam bewegte er sich ein paar Meter für eine Wunderkerze und noch ein paar Meter für eine Feuerfontäne. Das Robben hatte nur dann einen Sinn, wenn Doran seine Strecke ohne Unterbrechungen zurücklegte.
An diesem Abend besprachen wir das Problem bei Tisch. Lily war gerade dabei, ein Brot zu backen, das man angeblich im südafrikanischen Buschland am Lagerfeuer aß. Das Ergebnis unserer Beratung lautete: Kein Spielzeug, keine Spiele und keine Bücher. Doran mußte wenigstens einmal durchs Haus robben, ohne anzuhalten.
»Schafft er das denn überhaupt?« fragte Lily.
»Doran konnte dreihundert Meter am Tag robben, bevor er einen Schritt gehen konnte«, antwortete ich. »Er läßt sich einfach zu leicht ablenken.«
Susanne fuhr am nächsten Tag ab. Alison brachte sie zum Zug. »Sie war tapfer«, meinte sie, als sie wieder zurück war. »Ich bin plötzlich richtig traurig, du nicht?«
»Mir kommt die Welt sehr klein vor. Aber vielleicht sehen wir sie ja wieder.«
»Dieses Jahr, nächstes Jahr, irgendwann – niemals?«
»In einem anderen Leben, Alison!«
Wir steckten Doran einen klaren Kurs ab und teilten ihm die neuen Regeln für das Robben mit: Gebrüll, Trotz oder der Versuch, wegzukriechen, hatten nur zur Folge, daß jemand sich auf ihn setzte und ihm die Atemmaske anlegte. Mittagessen gab es nur noch, wenn er gut mitarbeitete.
»Doran, bleibst du hier, oder willst du robben und mit uns zu Mittag essen?«
Der Hunger siegte. Er robbte wütend durch das Haus. Dann stand er auf und ging zu seinem Stuhl hinüber.
»Ich traue meinen Augen nicht«, rief Ian. »Zwei Chips bitte, Doran«, verlangte ich. »Das Spiel ist aus. Jetzt kannst du nicht mehr so tun, als ob du nicht schnell robben könntest.«
Doran aß nachdenklich seinen Reis.

Nach einer Woche wies Alison darauf hin, daß es Doran viel besser gehe.
»Ja«, sagte ich, »das kommt vom Robben. Die bessere Atmung und die verstärkte neurologische Neuorganisation wirken sich auf allen Funktionsebenen aus.«
»Das klingt nach einem empirisch festgestellten Ergebnis«, meinte Alison. »Aber ohne Paralleluntersuchungen ist deine Ausage wissenschaftlich nicht haltbar.«
Lily bekam eine Stelle als Krankengymnastin in Brighton, und Ian wurde zu einem Vorstellungsgespräch in ein Wohnheim nach London eingeladen, wo ehemalige Psychiatriepatienten betreut wurden. Mir blieb nichts anderes übrig, als wieder auf den freiwilligen Gemeindedienst zurückzugreifen. Mir wurde zugesagt, daß sie mir so bald wie möglich eine Aushilfe besorgen würden. Lily reiste ab, aber Ian bot an, solange zu bleiben, bis wir wieder genügend Hilfskräfte hatten.
In den Schulferien kam Lili nach Hause. Sie war von Ian begeistert. Mir fiel auf, daß er mit den Kindern pausenlos redete, während Alison und ich ihm jedes Wort aus der Nase ziehen mußten. Eines Tages fragte ich ihn: »Redest du eigentlich nie mit Leuten, die älter als zehn sind?«
»In diesem Alter fangen sie in der Regel an, zu verblöden.«
Lili kramte all ihre Puppen und Teddybären als Publikum für Doran hervor.
»Mami«, sagte sie, »Omi will, daß ich in meiner neuen Schule bleibe.«
»Möchtest du das?«
»Ja, ich mag meine Lehrerin.«
»Willst du bis Weihnachten wieder auf der Insel wohnen?«
Sie nickte.
»Du schreibst sehr schöne Briefe, Lili.«
»Kann Doran schon schreiben?«
»Nein.«
»Wenn ich zurückkomme, bringe ich es ihm bei.«

Während der Ferien war auch die Vorschule geschlossen; deshalb ging ich mit den Kindern ins Kino. Wir standen dicht gedrängt in einem steilen, mit Teppich ausgelegten Gang und warteten. Mit der Zeit entschlüpften immer mehr Kinder ihren Eltern und liefen auf und ab. Das Warten war ermüdend. Zum Glück standen wir innerhalb des Gebäudes, und nicht draußen im Regen. Der Kinobesuch brachte mich auf eine Idee. Am nächsten Vormittag standen Ian und ich in demselben Kino an den beiden gegenüberliegenden Enden des steilen Ganges, und Doran trug Teile eines Puzzlespiels zwischen uns hin und her.
Bevor Lili zu meinen Eltern zurückfuhr, verbrachten wir noch einen Tag in Gatwick. Lili steckte Doran die Halteriemen in den Brustgurt seines Geschirrs, so daß er weglaufen konnte. Als wir uns hintereinander auf das Laufband stellten, hatte Doran das Geh-Ziel für seinen Zwischenbericht fast erreicht. Dann beschloß Ian, zum Abschluß des Tages noch eine kleine Komödie zu inszenieren. Er zog seine Holzpantinen aus und stellte sie auf das Laufband. Doran lehnte sich das Geländer und kreischte vor Vergnügen.
Zwei junge Polizeibeamte, die solche unschuldigen Spiele nicht gewöhnt waren, kamen auf uns zu.
»Was machen Sie denn da?« fragte der erste Polizist.
»Ziehen Sie Ihre Schuhe an«, riet der andere.
Ian regte sich nicht.
»Was soll denn das«, rief Alison. »Er hat doch bloß mit dem Kind ein bißchen herumgealbert.«
(Ian war beträchtlich größer als die Schutzleute. Wir konnten ihnen also nicht gut vorwerfen, sie würden immer auf den Kleinen herumhacken.)
»Wohnen Sie hier in der Nähe?« fuhr der erste Polizist fort.
»Sie haben kein Recht, diesen Mann hier auszufragen«, sagte Alison wütend.
Ich wandte mich an den Polizisten: »Der Herr, mit dem Sie gerade so unhöflich gesprochen haben, hat einen harten Tag

hinter sich. Er hat mit einem hirngeschädigten Kind gearbeitet, für das Ihr Vorgesetzter eine Sammlung veranstalten will. Fragen Sie in Zukunft nach den näheren Umständen, bevor Sie herummeckern. Ich nehme an, Sie beide wissen nach einem langweiligen Tag nicht, was Sie mit sich anfangen sollen.«
Den Polizisten blieb der Mund offenstehen. Das Laufband beförderte uns zum Parkplatz. Die Angelegenheit hatte keine weiteren Konsequenzen. Doran winkte den beiden Uniformierten zum Abschied gönnerhaft zu.
In den nächsten Tagen stürzte ich bei jedem Klingeln aufgeregt ans Telefon. Ich wartete auf einen Anruf vom Freiwilligen Gemeindedienst. Ian wollte nach London umziehen. Jeder Tag, den er blieb, war ein Geschenk für uns. Aber lange konnte das nicht so weitergehen, denn er mußte seine Stelle antreten.
Eines Nachmittags nahm ich den Hörer ab. Am anderen Ende der Leitung war ein Redakteur von *Woman's Own*. »Wir wollten Ihnen mitteilen, daß Doran von uns für die ›Tapferkeitsmedaille für Kinder‹ nominiert worden ist. Es ist ziemlich sicher, daß die Verleihung in Kürze bestätigt wird.«
»Ja«, sagte ich. »Danke.« Ich legte den Hörer auf, ohne die geringste Ahnung zu haben, was das bedeutete.
In den nächsten zwei Wochen war ständig jemand von *Woman's Own* am Apparat, wenn das Telefon klingelte. Wie alt war Doran genau? Wie hieß die Klinik in Amerika? Könnte ich ein Foto neueren Datums schicken?
Als schließlich ein Anruf vom Freiwilligen Gemeindedienst kam, hatte ich zuerst Schwierigkeiten, meine Notlage auch gebührend drastisch zu schildern. Doch sie hatten bereits einen siebzehnjährigen jungen Mann namens Cain, und ein zwanzigjähriges deutsches Mädchen namens Elvira für mich gefunden.
Ian verließ uns an dem Tag, an dem Elvira kam. Auf dem

Heimweg vom Bahnhof nahmen wir sie mit zu »Woolworth«, und ich versuchte, ihr alle grundlegenden Hypothesen des Programms zu erklären, ohne Dorans Gehübungen zu beeinträchtigen.
Elvira sprach sehr wenig und achtete darauf, daß alles, was sie sagte, wirklich einen Sinn hatte. Als sie einen Anruf aus Deutschland bekam, redete sie wie ein Buch.
»So bist du also wirklich«, sagte ich.
»Es ist schrecklich, wenn man etwas sagen will und es fehlen einem dauernd die Worte.«
Sie brachte Doran Deutsch und Russisch bei. Seine russische Aussprache klang richtiger als seine englische. Elviras größte Sorge war, daß sie nicht genug arbeite.
Eine Woche später erschien Cain. Er war so entzückt von Doran, daß er ihn gar nicht wieder von seinem Arm auf den Boden lassen wollte.
»Ich mag Babys«, sagte er.
»Doran ist kein Baby, weder körperlich noch geistig. Und er ist hart im Nehmen. Hart, hart, hart«, gab ich zurück.
Als Cain merkte, wie Dorans Alltag aussah, war er völlig entsetzt.
»Ach komm, es genügt nicht, ein Kind zu lieben. Man muß es respektieren. Doran zu respektieren heißt, ihn zu seinem Programm zu zwingen«, sagte ich zu ihm.
Cain fuhr Doran durchs Haar und sah mich zweifelnd an.
Am nächsten Morgen stand er früh auf. Als wir herunterkamen, war er im Bad. Eine Stunde später war er immer noch im Bad. Alison pinkelte in ihrer Not in den Garten. Endlich kam Cain heraus.
»Geschwindigkeit ist alles«, sagte ich.
Am Ende des Monats war Cain nicht mehr so begeistert von Doran. Er begann an dem Programm und an unserem Verhalten herumzumäkeln. Doran robbte jetzt wieder vierzig Meter so problemlos, wie er im Monat zuvor vier Meter gerobbt war. Elvira las ihm vor, während er aß.

»Glaubst du nicht, daß er zu viel Zuwendung bekommt?« fragte Cain Alison.
»Das hängt davon ab, wieviel Zuwendung ich zu bekommen glaube«, sagte sie vergnügt. »Wärst du gern an Dorans Stelle?«
Ich öffnete meine Post.
»Hört mal, das ist von *Woman's Own*! Doran bekommt die ›Tapferkeitsmedaille für Kinder‹. Wir fahren demnächst nach London und bekommen eine Auszeichnung von der Königinmutter.«
»Was für eine Auszeichnung?« fragte Cain.
»Davon schreiben sie nichts.« Ich las weiter: »Wir verbringen zwei Nächte in einem Hotel und nehmen an einem Abendessen im Oberhaus teil, mit Prominenten und ...«
Ich machte eine wirkungsvolle Pause.
»Was, und?« fragte Alison.
»...und weil ich ihnen gesagt habe, daß Dorans Übungsprogramm nicht unterbrochen werden darf, wenn ich irgendwohin eingeladen werde, teilen sie mir mit, daß ich euch zum Helfen mitnehmen kann!«
Alison umarmte mich.
»Kommt jetzt«, sagte ich. »Das wird ganz schön anstrengend werden.«
»Aber Doran wird begeistert sein!«
Doran hatte aufgehört zu essen und hörte uns zu.
»Doran«, sagte ich, »auch Kinder mit Tapferkeitsmedaillen müssen robben. Das Programm geht weiter.«
Cain blieb jetzt nicht mehr so lange im Bad, aber wir hatten immer noch Mühe, ihn vom Spiegel wegzuzerren.
»Findet ihr, daß mir ein Pony besser steht?« fragte er.
»Du siehst sehr gut aus, Cain. Ich an deiner Stelle würde gar nichts verändern. Nimm bitte die Stoppuhr mit, wir fahren nach East Grindstead.«
»Wartet noch einen Augenblick. Wenn ich meine Kamera mitnehme, macht dann eine von euch ein Bild von mir?«

Elvira seufzte. »Cain, du solltest lieber Doran aufheben, wenn er hingefallen ist, statt dir dauernd die Haare zu kämmen.«

»Doran braucht niemand, der ihm aufhilft«, entgegnete Cain.

»Er kann nicht allein aufstehen«, sagte sie.

»Laß es ihn doch mal probieren.«

»Cain«, sagte ich, »du sagst das vielleicht nur aus Egoismus und Trägheit, aber eigentlich hast du recht!«

Es war falsch, Doran immer sofort aufzuheben. Aber es fiel uns eben schwer, ihn einfach liegen zu lassen. Er konnte sehr überzeugend hinken. Mit seinem schauspielerischen Talent wäre er vermutlich sofort in eine Schauspielschule aufgenommen worden.

Er hatte ein sehr gutes Gedächtnis für jede Beule und jeden Kratzer und auch für die Stellen an der Straße, wo er sie sich zugezogen hatte.

Von nun an hob ich ihn nicht mehr einfach auf, wenn er hingefallen war, sondern hielt ihm erst einmal meine Hand hin. Wenn Doran irgend etwas von sich aus tat, wurde er dadurch belohnt, daß er Gelegenheit bekam, die Handlung immer wieder allein auszuführen. Bei Tisch benahm sich Doran nicht sehr korrekt, aber sehr witzig: Wenn sich jemand ein wenig danebenbenahm, bekam er sogleich einen Spiegel vorgehalten, denn Doran ahmte ihn nach.

Ein paar Tage bevor wir nach London fahren sollten, kam ein Team vom Fernsehen. Dieses Mal wurde Doran nicht gefilmt, wie er mit dem Gesicht nach unten auf dem Tisch lag. Er ging vor den Kameras die Straße entlang. Man konnte sich nicht vorstellen, daß dieselbe Strecke ihn einmal so gelangweilt hatte, daß er gebrüllt und getobt hatte. Doran holte den Journalisten mit dem Mikrofon ein und gab eine lange, interessante Erklärung ab. Es hörte sich an, als würde er Altkeltisch sprechen.

»Er hat immer noch Probleme mit dem Sprechen, weil er

alles in einem Atemzug sagen will. Wenn seine Atmung einmal besser ist, wird er Ihnen seine Geschichte etwas verständlicher erzählen«, sagte ich.
»Die Methoden des Instituts, in das Sie gefahren sind, sind noch umstritten, nicht wahr?« fragten die Reporter.
»Die Leute im Institut wissen vielleicht nicht immer, warum ihr Übungsprogramm funktioniert. Wenn sie es wüßten, wäre der Welt sehr viel mehr über das menschliche Hirn bekannt. Die Forschungen sind noch nicht abgeschlossen. Aber wenigstens sind sie inzwischen so weit, daß sie die Kinder nicht mehr einfach ertrinken lassen, weil sie wissen, daß sie sie aus dem Wasser ziehen können.«

Der Tag, an dem wir nach London fuhren, war einer der kältesten des Jahres. Ein Taxi brachte uns zum Bahnhof nach Crawley. Erst als wir in den Zug einstiegen, stellte ich fest, daß wir Fahrkarten erster Klasse bekommen hatten. Doran machte es sich in seinem behaglichen Sitz bequem und schlug die Beine übereinander wie Alison.
»Muß er sein ganzes Programm absolvieren?« fragte sie mich.
»Er hat die Medaille wegen des Programms bekommen. Abgesehen davon, daß er sein Programm einfach absolvieren muß, ist unser Aufenthalt in London eine großartige Gelegenheit, die Übungen einem breiteren Publikum vorzuführen.«
»Aber wie sollen wir den Ablauf des Programms einhalten?«
»Das schaffen wir selbstverständlich nicht, das ist klar. Auch wenn wir es versuchen, werden wir es nicht hundertprozentig einhalten können. Aber wenn wir es gar nicht erst versuchen, die hundert Prozent zu erreichen, wird das Ergebnis noch schlechter.«
»Du meinst, du wirst ihm nicht die Maske aufsetzen, wenn er gerade der Königinmutter die Hand schüttelt?«

»Wahrscheinlich nicht.«
Alison schwieg einen Augenblick, dann sagte sie: »Hast du dir nicht einmal Dorans Sternkonstellation aufzeichnen lassen? Das ist doch vielleicht von Interesse.«
»Ich erinnere mich, daß Doran Jupiter als Aszendenten hat.«
»Was bedeutet das?«
»Er hat einen Glücksstern. Er wird vielleicht in Gefahr schweben, aber das Schicksal wird ihn immer rechtzeitig retten.«
»Das Schicksal ist aber ganz schön in Zeitdruck. Immerhin ist Doran inzwischen vier Jahre alt.«
»Na ja, aber daß wir hier sitzen haben wir auch Dorans Stern zu verdanken. Der Himmel meint es gut mit uns. Ein Abteil in der ersten Klasse ist ein Segen.«
»Ich dachte, das widerspricht deinen Prinzipien.«
Ich streckte die Beine aus. »Alison, ich glaube an Zauberei.«
Als das Taxi vor dem St. Ermine Hotel vorfuhr, und wir die kunstvolle viktorianische Fassade mit ihren funkelnden Glastüren sahen, hinter denen ein riesiger Weihnachtsbaum schimmerte, gab Alison mir recht.
»Das übertrifft meiner kühnsten Erwartungen!«
Wir hatten beide ein solides, zweitklassiges Hotel erwartet, in dem Kinder kein Problem waren. Ein Page zeigte uns unser Zimmer. Es war ein großer Raum mit drei Einzelbetten, einem Bad und einem Fernsehapparat. Doran war begeistert. Nur mit Mühe konnten wir ihn dazu bewegen, mit uns in die Halle zu gehen. Wir erspähten eine Gruppe Frauen mit ihren Kindern, offenbar der Rest der Gruppe. Doran probierte sofort einen der Stühle aus. Als ich ihm die Atemmaske angelegt hatte, wollte Doran das Hotel erkunden. Ich schaute mich suchend nach einem Kind in seinem Alter um. Die Gruppe war die bescheidenste, anspruchsloseste Ansammlung von Medaillenträgern und

-trägerinnen, die man sich vorstellen konnte. Allein Doran war unbescheiden und übermütig.
Ein Kellner brachte ein ganzes Tablett voll Schokolade. Aus alter Gewohnheit sagte ich: »Doran ißt sowas nicht. Er bekommt nur Vollwertkost.« Ein kleines Mädchen tauchte hinter meinem Rücken auf und gab Doran ihr Stück Schokolade, während sie sich ein neues vom Tablett holte.
»Ich heiße Joleen. Willst du meinen Arm sehen?« fragte sie.
Doran setzte sich aufmerksam hin und lutschte an seiner Schokolade.
»Mami, kann ich meinen Arm haben?«
Der Arm, der kein Körperteil des kleinen Mädchens war, wie ich jetzt bemerkte, wurde herübergegeben. Es war ein batteriebetriebener künstlicher Arm, den sie mit Hilfe von Muskelsensoren mit dem Gehirn bewegen konnte. Doran bewunderte den Arm und probierte ihn an.
»Kann er nicht richtig sprechen?« fragte sie. »Was hat er denn?«
Ich erzählte ihr von Dorans Hirnschädigung und seinem Übungsprogramm.
»Ich kann Purzelbäume schlagen«, sagte sie. »Willst du spazierengehen?«
Doran machte deutlich, daß er sehr gern spazierengehen würde, vor allem mit ihr. Sie nahm die Riemen seines Geschirrs, und er führte sie durch das Hotel. Alison und ich folgten ihnen gerade noch schnell genug, um zu verhindern, daß sie durch die Drehtür fortliefen.
Später wurden wir in den Speisesaal gebeten. Dort war ein kaltes Buffet mit allen möglichen Sorten Fleisch, Salat und Käse aufgebaut. Doran wollte genau dasselbe wie Alison auf seinem Teller haben. Wir mußten ihm also Würstchen und Truthahn auflegen. Er knabberte an dem Fleisch ein wenig herum, aber dann setzte sich seine vegetarische Erziehung durch. Er zog Camembert und einem Teller Obstsalat mit Schlagsahne vor. Den Kindern waren vor dem Essen riesige

Abzeichen angesteckt worden, auf denen ihr Name und *Woman's Own Tapferkeitsmedaille* stand.

Am nächsten Tag mußten wir ziemlich früh aufstehen. Laut Programm sollten wir mit einem Bus zur Westminster Abbey gebracht werden, wo wir in der Jerusalem Chamber von Presse und Fernsehen interviewt werden sollten. Danach würde die Preisverleihung stattfinden, der ein zwangloses Beisammensein mit der Königinmutter folgen würde. Zum Mittagessen müßten wir nur über die Straße ins Oberhaus gehen. Was für die Zeit zwischen dem Mittagessen und dem Festessen abends vorgesehen war, wußten wir nicht.

Wir hatten also einen ausgefüllten Tag vor uns und beschlossen deshalb, früh schlafen zu gehen. Doran trennte sich nur widerstrebend von seinen Kleidern und seinem Abzeichen. Er ließ sich zwar ins Bett legen, aber er wollte nicht einschlafen. Also badete er zweimal, betätigte etwa zweiundzwanzigmal die Toilettenspülung und genoß es, endlich wieder einmal fernsehen zu können. Wir schoben die Betten zusammen, damit er nicht das Gefühl hatte, etwas zu verpassen. Etwa gegen elf Uhr, als eine Sendung über Kunst kam, schlief er ein. Trotzdem waren wir als erste zum Frühstück unten. Doran hatte glänzende Augen, war munter und hielt nach Joleen Ausschau.

Da Doran nicht zusammenhängend sprechen konnte, war es unwahrscheinlich, daß er als Interviewpartner ausgewählt werden würde. Aber Doran und Joleen umkreisten hintereinander die Chamber, von rechts und links. Wie sie so zwischen den Stativen der Kameras herumtollten, boten sie einen Anblick, den sich die Kameraleute nicht entgehen lassen wollten. Doran war selig. Er sah bald nicht mehr so adrett aus wie bei unserem Eintreffen. Anfangs bemühte ich mich, seine gepflegte Erscheinung zu erhalten, aber dann beschloß ich, ihm die Freude nicht zu verderben.

Als wir in der Abtei den Weihnachtsliedern zuhörten, kam

tiefer Friede über uns. Doran klatschte nach jedem Lied und er klatschte noch mehr, als die Königinmutter erschien. Ein Kind nach dem anderen ging vor und bekam einen Würfel aus Plexiglas, in dem ein kleiner, goldener Vogel im Flug eingeschmolzen war, und ein großes Zertifikat. Ich dachte mir, wenn Doran auch allein vorgehen mußte, würde ihn niemand davon abhalten können, der Königinmutter den Würfel auf den Fuß fallen zu lassen oder das Zertifikat zu zerknüllen. Auf dem Rückweg in die Jerusalem Chamber verlor ich im Gedränge beide Kinder aus den Augen. Glücklicherweise war Alison schon weiter vorn. Als ich sie erreichte, war Doran bereits mit der Königinmutter zusammengetroffen.

»Und was hast du gemacht, Alison?« rief ich.

»Sie hat mich gefragt, ob er Orangensaft möchte.«

»Und was hast du geantwortet?«

»Ich sagte, ja, ich glaube schon. Dann goß sie ihm ein Glas ein. Ich glaube, sie sagte, er würde seine Sache sehr gut machen. Wo ist er jetzt?«

Doran marschierte mit einem bedenklich vollen Becher Orangensaft auf den Dekan von Westminster zu.

Alison packte mich am Arm: »Bist du dir darüber im klaren, daß hier massenhaft Prominente herumstehen?«

»Nein.«

»Erkennst du sie denn nicht?«

»Alison, ich habe seit zwanzig Jahren keinen Fernsehapparat mehr.«

»Du bist einfach merkwürdig. Da befindest du dich mit Doran unter so vielen berühmten Leuten, aber du könntest ebensogut im Wartesaal vom Busbahnhof sitzen.«

»Doran hat einen sechsten Sinn. Das bedeutet viel mehr als der Busbahnhof, Alison!«

Etwa nach einer halben Stunde kam Bewegung in die Gruppe. Wir gingen alle zurück in die Abtei, wo wir mit der Königinmutter fotografiert wurden. Die kleinen Kinder wurden gebeten, sich vor sie hinzustellen. Die größeren sollten an der Seite Aufstellung nehmen. Ich wußte, daß Doran in Bewegung bleiben mußte, um das Gleichgewicht halten zu können. Wenn Joleen ihn hielt, würde das nur dazu führen, daß zuerst zwei Kinder und dann vielleicht die ganze Gruppe im Kreis herum laufen würden. Mir blieb nichts anderes übrig, als mich der Königinmutter zu Füßen auf den Boden zu hocken, Doran an der Hose festzuhalten und mich so hinter ihm zu verstecken, daß nicht der Eindruck entstand, seine eigentliche Behinderung wären die Hände seiner Mutter.

Zum Schluß gingen wir in einer langen Schlange über die Straße zum Mittagessen. Im Speisesaal des Oberhauses erwartete uns ein festliches Bankett. Joleen fütterte Doran mit Bonbons und Smarties, und ich tat, als würde ich es nicht sehen. Während des Essens wurde angekündigt, daß Mrs. Thatcher Zeit gefunden habe, uns durch das Regierungsgebäude in der Downing Street zu führen. Alison wollte ihre Zeit nicht damit vergeuden, Fotos zu machen. Sie hob Doran samt Partyhut und Tröte hoch.

»Ich werde ihn zur Feier des Tages auf irgendeinem berühmten Schoß ablichten. Später kann er dann Nachforschungen anstellen, auf welchen erlauchten Knien er da saß«, sagte sie. Doran benahm sich wie der sprichwörtliche alte Freund, der direkt vom Herrenabend zum Hochzeitsempfang kommt. Er aß von mehreren Tellern gleichzeitig und trank Coca-Cola.

Ich hatte mir vorgenommen, die Gelegenheit zu nützen und über die Notlage von Tausenden weniger glücklichen hirngeschädigten Kindern zu sprechen, die in irgendwelchen Institutionen dahinsiechten. Doran vereitelte meine Bemühungen und brach unter dem Tisch zusammen. Sonst war er nicht so wehleidig. In dem Bus, der uns in die Downing Street brachte, ergatterte Doran sich einen Platz neben Joleen und aß Schokolade.

»Mami«, sagte Joleen, »es ist so heiß. Darf ich den Arm abnehmen?«
Der Arm wurde entfernt, und die beiden betrachteten den Mechanismus mit wissenschaftlichem Interesse, bis wir in der Downing Street ankamen.
Als Doran sich draußen vor dem Bus hinstellen sollte, zeigten sich die ersten Auswirkungen des späten Einschlafens, des frühen Aufstehens und der Aufregungen des Tages: seine Beine versagten ihm ihren Dienst. Joleen konnte ihn gerade noch am Kragen packen. Doch kurz darauf hatte er sich wieder erholt und ließ sich mit dem liebevollen Lächeln eines Miniatur-Falstaff die Treppe zum Regierungssitz hinaufführen.
Mrs. Thatcher sah sofort, daß es das Beste war, wenn sie Doran auf den Arm nahm. Die Kameras blitzten. Nun, da Doran der Mühe des Stehens so unerwartet entledigt war, lehnte er den Kopf müde und dankbar an ihre Schulter. In dieser Pose wurde er mit der Regierungschefin Englands verewigt.
Nach einer Rundfahrt durch das Lichtermeer von London und einem Abendessen, das für Doran hauptsächlich aus Chips und Knallbonbons bestand, fiel er neben Joleen in einen Sessel und schlief ein.
Am nächsten Tag erschien auf der Titelseite der *Times* und des *Daily Telegraph* ein Bild von Doran auf dem Arm der Regierungschefin seines Landes. Dorans Mund stand offen, und seine Augen waren zum Himmel verdreht. Dennoch war Doran sehr beeindruckt. Auf der Heimreise teilten wir unser Erster Klasse-Abteil mit ein paar Geschäftsleuten. Kaum war der Zug angefahren, versteckten sie sich hinter ihren Zeitungen.
Doran zeigte auf sein Bild und rief: »Dor, Dor, Dor.«
Einer nach dem anderen drehte seine Zeitung um und sah nach, auf was Doran zeigte.
»Er ist das hirngeschädigte Kind der Zukunft«, sagte ich.

»Er gewinnt seine Fähigkeiten nicht nur wieder, er bewertet sie auch neu.«
Doran deutete auf sein Abzeichen. Die Geschäftsleute lächelten schüchtern und suchten dann wieder bei ihren Leitartikeln Zuflucht.
»Bist du betrunken?« fragte mich Alison.
»Nein, nur völlig euphorisch. Denk nur an all die Stunden auf Händen und Knien an der Leiter.«
»Und wie wir uns in Tunbridge Wells auf Dorans Rücken setzen mußten!«
»Jetzt läuft er jeden Tag ein paar Schritte weiter. Er wird für andere behinderte Kinder ein Vorbild werden.«
»Siehst du ihn schon, wie er ihnen voran über die Barrikaden ins Institut klettert?«
»Warum nicht? Ich bin eine romantische Närrin, das weißt du noch?«
»Wirst du dich auch so fühlen, wenn Doran morgen früh wieder robben muß?«
Wir lachten. Auf der Heimfahrt vom Bahnhof stattete ich dem Dorfladen einen meiner seltenen Besuche ab und kaufte ein paar Lebensmittel. Beim Ausgang sprach mich eine Frau an, deren Mann beim Einüben der Bewegungsmuster geholfen hatte.
»Meinen Glückwunsch, ich habe Doran im Fernsehen gesehen. Sie haben uns allen bewiesen, daß wir Unrecht hatten.«
Ein paar Tage später kam Lili nach Hause. Doran fühlte sich inzwischen sogar auf unebenem Gelände recht sicher.
Lili wollte, daß Alison und ich zusahen, wie sie mit ihm über die Felder ging. Die Luft war frisch und kalt. Die großen Pfützen auf der Wiese waren zugefroren. Das Eis knirschte und knackte unter den Füßen. Doran erklomm einen gefrorenen Maulwurfshügel, stieg auf der anderen Seite wieder hinunter und stapfte auf den nächsten zu.
»Ist Doran gesund, Mami?« fragte Lili.

»Er ist gut in Form, aber wie du siehst, arbeiten wir noch.«
»Ich glaube, es geht ihm besser«, sagte sie. Dann nahm sie ihn bei der Hand und ging mit ihm in Richtung Dorf.
»He, warte mal«, rief Alison, »wo willst du denn hin?«
»Doran und ich gehen in die Schule.«
»Ist das euer letztes Wort?« fragte ich.
»Ja, Mami. Komm, Doran!«

Postscriptum

Über die Beschaffenheit des vollen Potentials der Fähigkeiten, die dem Menschen zur Verfügung stehen, ließen sich endlose Spekulationen anstellen. Unterschiedliche Kulturen fördern junge Menschen auf unterschiedliche Weise und fördern oder unterdrücken unterschiedliche Fähigkeiten.

Doran nahm die Chancen wahr, die ihm durch das Programm geboten wurde.

Grundsätzlich können wir allein deshalb glauben, daß ein winziges Baby jemals aufstehen und gehen wird, weil wir durch Beobachtung mit den verschiedenen Entwicklungsstadien eines Kindes vertraut sind. Wer ohne diese Kenntnisse einen Säugling sehen würde, könnte sich nicht vorstellen, daß er jemals aufrecht gehen wird. Genauso verhält es sich auch bei hirngeschädigten Kindern. Nur wer Erfahrung mit solchen Kindern gemacht hat, kann sich vorstellen, daß durch die Arbeit mit dem Programm das scheinbar Unmögliche eintreffen wird.

Als Doran achtzehn Monate alt war, hatte er einen völlig unterentwickelten, puppenhaften Körper und nichts deutete darauf hin, daß er sich jemals bewegen könnte. Sein Skelett, so wie es damals beschaffen war, hätte noch nicht einmal sein eigenes Körpergewicht tragen können. Es gab keinen Grund zu der Annahme, daß er jemals stehen oder gar gehen würde.

Mit vier Jahren ging Doran Tag für Tag seine vorgeschriebene Strecke durch unebenes Gelände, über offene Felder, wo ihm der Wind stets entgegenblies und ihn die Winterkälte in die Wangen biß. Wir sehnten die Zeit herbei, da er ohne Hilfe aufrecht stehen konnte und sich nicht mehr ständig die Knie aufschlug, wenn er auf der gefrorenen Erde über die Furchen stolperte.

Sarah Neal ersetzte Cain. Sie war erst achtzehn Jahre alt, verfügte aber über außergewöhnliche seelische Stärke. Außerdem arbeitete sie sehr methodisch, und ich machte meine Aufzeichnungen jetzt sehr pünktlich. Doran war nahe daran, sein Ziel zu erreichen, aber das schlechte Wetter kam uns ständig dazwischen. Unser Besuch im Institut wurde auf März verschoben. Es war jetzt unmöglich, daß Doran sein Pensum bei Tageslicht zurücklegte. Deshalb fuhren Elvira und ich mit Doran zum Sportplatz in Hartfield. Wir nahmen Taschenlampen mit und einen Riegel Schokolade als besonders wirkungsvolles Lockmittel. Doran stapfte auf dem unebenen Gelände des Platzes herum, während wir ihn singend, lachend oder bittend dazu motivierten, nicht stehenzubleiben. Eines Abends absolvierte er freiwillig mehr als sein normales Pensum: Um acht Uhr abends lief er immer noch. Und eine Viertelstunde später feierten wir das mit Kaffee, warmer Milch und Kartoffelchips vor dem Pub im Ort. Der Kellner brachte uns anstandslos die Getränke in den kalten Februarabend hinaus.

Wir hatten weiterhin Frost, und Dorans Stürze machten mir immer mehr Sorgen. Anscheinend hatte er sich einen Muskel im Bein gezerrt. Er humpelte so stark, daß ich beschloß, mit den Gehübungen aufzuhören. Die beste Alternative war, mit ihm stundenlang Atemübungen zu machen.

Doran war erleichtert und arbeitete gut mit. Nach ein paar Tagen fiel uns allen auf, daß sein Repertoire an Lautäußerungen größer geworden war. Außerdem konvergierten seine Augachsen besser, und er aß sehr viel geschickter allein als zuvor.

Als Alison nach Französisch-Guayana abreiste, ging es seinem Bein schon viel besser. Er humpelte mit ihr zur Tür, winkte uns anderen zum Abschied zu und hielt sich an ihrer Hand fest. Sie hatte vor, mindestens zwei Jahre fortzubleiben.

Eine Woche später, als wir im Institut Rosalind gegenüber-

saßen, schlug ich halb im Scherz vor, Doran an ein Beatmungsgerät anzuschließen.
»Mrs. Scotson, genau das habe ich mir gerade überlegt. Würden Sie es freiwillig machen?«
Die Ursache für Dorans ungelöste Probleme war seine unregelmäßige Atmung. Er konnte nicht atmen und gleichzeitig eine andere komplizierte Tätigkeit, wie sprechen oder laufen, ausführen. Das Beatmungsgerät wurde erst im September frei. In der Zwischenzeit sollten wir im Rahmen des neuen Programms fünf Wochen lang täglich vier Stunden die Atemübungen mit Doran durchführen. An zwei Tagen in der Woche sollten diese Übungen auf sechs Stunden ausgedehnt werden. Bis zum nächsten Termin im Institut sollte Doran dreißig Minuten täglich robben und dabei vierhundert Meter in weniger als einundzwanzig Minuten zurücklegen und zwanzig Minuten lang ohne Unterbrechung auf ebenem Untergrund gehen, ohne dabei hinzufallen. Außerdem sollte er in fünfundvierzig Minuten anderthalb Kilometer durch unebenes Gelände gehen und an einer Leiter vier Sprossen weit ohne fremde Hilfe hangeln. Zum Training seines Gleichgewichtssinns bekam er Skier und Skistiefel. Er sollte in weniger als dreißig Minuten zweihundert Meter mit Skiern zurücklegen und fünf Minuten lang in seinen Stiefeln stehen. Ich kehrte in Hochstimmung nach England zurück. Unsere Zukunftsaussichten waren noch nie so gut gewesen.
Ein Problem blieb. Es war kein Geld mehr im Fonds, und wir hatten noch Schulden beim Institut. Bert konnte aus familiären Gründen das Komitee nicht mehr weiterführen. Jetzt war es an Judy Blowe und mir, unser Geschick in die Hand zu nehmen.
Die Leute am Ort hatten alle gegeben, was sie konnten. Ich konnte keine weiteren Forderungen mehr an sie stellen. Dann überlegte ich mir, daß Doran nicht nur eine lokale Berühmtheit, sondern für viele Familien bereits ein Hoff-

nungssymbol war. Es konnten Wetten darüber abgeschlossen werden, daß er sein Ziel erreichte und anderthalb Kilometer in weniger als einer Stunde lief. Ich rief bei verschiedenen Zeitungen an und schrieb an die Prominenten, die wir in Westminster kennengelernt hatten. Judy begann zu organisieren. Bevor wir richtig angefangen hatten, kamen uns die Redakteure von *Sunday People* zu Hilfe. Außerdem bastelten zwei Häftlinge aus der Strafanstalt »Lewes« Stoffspielzeug, das wir in einer Tombola verlosen konnten, während andere für Doran einen »Halbmarathonlauf« absolvierten. Unbekannte Wohltäter überwiesen Geld, und nach einem halben Jahr waren wir unsere Geldsorgen los.

Doran hatte einen wunderbaren Sommer verlebt. Die Wiesen waren von Butterblumen übersät, das Gras war warm und Doran konnte sich mit besonderen Leistungen immer wieder ein Bad im Fluß verdienen. Im Winter gingen wir dann mit ihm auf den Spielplatz zum Skilaufen. Die Jungen aus dem Ort wollten ihre Fahrräder gegen seine Skier tauschen.

Eines Abends schrieb ich spät noch Intelligenzkarten, als in der Hintertür eine dunkle Gestalt erschien. Ich erschrak und sagte zaghaft »Hallo« in Richtung Tür. Da löste sich aus dem Dunkel eine Gestalt, trat in die Küche und ließ sich auf einen Stuhl fallen. Alison war zurückgekehrt. Sie war sehr braun, ihr Körper war mit Insektenstichen übersät, und sie sah sehr mitgenommen aus. Nach ein paar qualvollen Wochen lernte sie jemanden kennen, der chinesische Akupunktur praktizierte. Daraufhin wollte sie einen Heilberuf erlernen. Wenig später wurde sie im »College für fernöstliche Heilmethoden« angenommen. Von da an war sie sehr viel ausgeglichener. Bei unseren Gesprächen freute ich mich immer wieder über ihre erfrischende Art, unkonventionell zu denken.

Im September reisten wir wieder in die USA, und Doran

bekam sein Beatmungsgerät. Als Anne Ball ihm das Gerät anpaßte und es einschaltete, lächelte er. Zum ersten Mal in seinem Leben mußte er nicht ständig nach Atem ringen. Sein neues Programm schrieb vor, daß er täglich acht Stunden an das Gerät angeschlossen wurde. Im Laufe der nächsten sechs Monate sollte diese Zeit langsam auf vier Stunden reduziert werden. Bei den Bewegungsübungen war sein wichtigstes Ziel, auf Skiern fünfzig Meter in einer Stunde zurückzulegen.

Als wir wieder in England waren, legten wir Doran auf den Tisch mit den abgesägten Beinen. Daneben auf dem Fußboden stand das Atemgerät: ein umgebauten Hoover-Staubsauger. An einer Weste war über Dorans Brust ein Schlauch angebracht, durch den in einem bestimmten Rhythmus Luft angesaugt wurde. Der Rhythmus konnte mit einem Schalter reguliert werden. Die Maschine gab Geräusche von sich wie ein vergrößertes Herz, aber nach einer Weile nahmen wir sie gar nicht mehr wahr. Als das Gerät einmal kaputtging, rettete uns der örtliche Hoover-Händler. Ein Ersatzteil wurde von Amerika eingeflogen.

Dorans Allgemeinzustand verbesserte sich deutlich. Er schlief besser, und wachte am Morgen nicht mehr so steif und schlechtgelaunt auf. Er konnte in seinen Skistiefeln stehen, solange er wollte. Seine fünfzig Meter legte er inzwischen er ohne Probleme zurück. Er fing auch an, ein paar kurze Worte richtig zu gebrauchen. Dazu gehörte das Wort »nein«, das er besonders vornehm aussprach. Dann meldete er, wann er zur Toilette mußte. Innerhalb einer Woche hatte er seine Windeln mit Unterhosen vertauscht. Er lernte, sicher die Treppen hinauf und hinunter zu gehen. Er konnte jetzt auf sein Zimmer gehen, wann immer er wollte. Doran war begeistert von seiner Selbständigkeit. Wenn er früh aufwachte, kuschelte er sich lieber mit einem Buch wieder ins Bett, als daß er mich weckte. Nach fünf Jahren konnte ich erstmals wieder ohne Unterbrechungen

schlafen. Wir hatten eine Reihe großartiger freiwilliger Helfer: Neil, Jan, Daphne, Simon, Amanda und Dave. Jeder einzelne von ihnen half Doran, neue wichtige Stadien seiner Entwicklung zu bewältigen.
Jetzt schlägt er täglich von sich aus hundert Purzelbäume und sprintet auf einer Gehstrecke von drei Kilometern zwanzigmal fünfzig Meter in durchschnittlich fünfundzwanzig Sekunden. Er kann laut aus Büchern vorlesen und fängt an zu schreiben und zu buchstabieren. Das Atemgerät ist immer noch in Betrieb. Es hat eine positive und befreiende Wirkung auf ihn.
In vielerlei Hinsicht kann Doran mehr als die meisten seiner Altersgenossen. Die Koordination seiner Bewegungen, die Balance und seine Sprechfähigkeit müssen noch verbessert werden. Doch die Wege sind gebahnt, sie müssen nur noch ausgebaut werden. Die Realisierung all seiner Möglichkeiten scheint in greifbarer Nähe zu liegen. Einst konnte sich niemand vorstellen, wie ein Kind wie Doran diese weitgesteckten Ziele je erreichen sollte. Jetzt sagen die Leute: »Ja, bei Doran ist das realistisch. Was wird er als nächstes lernen?«
Ich werde manchmal gefragt, ob ich je fürchtete zu versagen? Die ehrliche Antwort lautet: nein. Denn unter Mißerfolg konnte ich mir nur vorstellen, daß ich resignierte. Obwohl ich am Anfang alle Bedenken abtat, wußte ich, daß die Reise lang und beschwerlich werden würde. Aber an jeder Wegbiegung entdeckten wir an Doran Eigenschaften, die aufregend und lehrreich waren. Außerdem hatte auch Doran offensichtlich Freude an seiner Entwicklung. Langsam wurde das Leben für ihn lebenswert. Die Verzweiflung wich von uns. Meine beiden Kinder bekamen ein Gefühl für den Sinn des Lebens, und das machte sie stark. Sie respektierten sich, und ich war froh darüber. Das Verhältnis zwischen meinen Eltern und mir wurde freundschaftlicher, und unsere Beziehung vertiefte sich. Außerdem gaben wir

unsere Erfahrungen an die Mitarbeiter des Instituts weiter, die sie zusammen mit ihren wissenschaftlichen Erkenntnissen dazu verwandten, anderen hirngeschädigten Kindern zu helfen. *Leben heißt lernen.* Wie groß ein Mißgeschick auch erscheinen mag, es eröffnet stets neue Wege in die Tiefen der Nächstenliebe und der menschlichen Existenz. Keine Handlung ist so unbedeutend, daß sie nicht eine positive oder negative Wirkung auf das Ganze ausübte. Viele Menschen haben sich zusammengefunden, um Doran zu helfen, und jedem von ihnen schulde ich Dank. Was sie getan haben, lebt in ihm und den Kindern, die durch die Arbeit des Instituts ihren Weg in eine neue Zukunft finden werden.

Das Leben hat mir nie mehr aufgebürdet, als ich tragen konnte, und ich habe genug mutige Menschen getroffen, um mich selbst nicht zu überschätzen. Von Kindheit an habe ich mich danach gesehnt, auf praktische Weise einem Ideal zu dienen. Der hohe Grad an Spezialisierung in unserer Kultur machte mich zu einer Außenseiterin, die versuchte, Kunst mit Wissenschaft und Intuition mit Analyse zu verbinden.

Die Entwicklung, die Doran durchgemacht hat, braucht keine Ausnahme zu bleiben. Wir werden nie genug über das Gehirn wissen, aber wir können sehen, wann eine Behandlungsmethode positive Ergebnisse zeitigt. Einstein sagte einmal, daß er nicht hoffen könne, Wissen zu erlangen, sondern nur, die Grenzen seines Verständnisses zu erweitern.

Es gibt viele hirngeschädigte Kinder, doch jetzt gibt es auch eine Möglichkeit, ihnen zu helfen. Allein aus humanitären Gründen sollte man das nicht leugnen.

Als ich an dem Postscriptum arbeitete, entwickelte sich Doran schneller, als ich schreiben konnte. Er griff nach einem Stück Papier, schrieb das Wort »los« und zeichnete eine Verkehrsampel daneben. »Rot – Gelb – los!« erklärte er. (So erzählte er mir von der Ampel, an der wir auf dem Weg zum Sportplatz immer vorbeikamen.)

Er begann Wortpaare zu bilden: »gelbe Tüte«, »großer Apfel«, »blaues Auto«. Wenn ich ihm die Frage stellte: »Was braucht eine Pflanze zum Wachsen?«, antwortete er: »Erde, Wasser und Sonne!«

Inzwischen liest er Texte direkt aus seinen Kinderbüchern und wartet nicht mehr darauf, daß irgend jemand sie ihm in größeren Buchstaben auf Karten schreibt. Bücher sind seine Leidenschaft geworden. Er würde lieber lesen, als seine freien Stunden im Atemgerät vor dem Fernsehapparat zu verbringen. Wenn ihm etwas gefällt, lacht er laut und klatscht mit der Hand auf das Papier. Manchmal liest er mir vor oder macht mich auf eine besonders schöne Geschichte aufmerksam.

Amanda – sie war Lehrerin in einer Montessori-Schule gewesen – regte ihn an, Perlen aufzufädeln oder Buchstaben auszusticken. Er benutzte dazu eine Stopfnadel und Pappkarten, in die Löcher gestanzt waren. »Er hat das schnell begriffen«, sagte Amanda. »Die meisten Kinder fangen mit viel größeren Perlen an. Er stickt wirklich sehr sorgfältig.«

»Wenn er das Rechenbrett benützt«, berichtete Dave, »zählt er nicht umständlich jede einzelne Kugel, sondern verschiebt die richtige Anzahl auf einmal!«

Ungefähr zu jener Zeit rief die Schulpsychologin an und gab uns einen Termin. Ich wußte, daß hirngeschädigte Kinder genau dieselben Tests wie gesunde Kinder ablegen müssen. Auf ihre Hör- und Sehprobleme oder auf ihre manuellen

Schwierigkeiten wird keine Rücksicht genommen. Deshalb sind ihre Testergebnisse meist schlechter als die Ergebnisse gesunder Kinder. Ihr IQ wird niedriger eingestuft, und sie gelten als unbegabt, gleichgültig wie intelligent sie in Wirklichkeit sein mögen.

Vor einem Jahr gehörten zu Dorans Intelligenzprogramm die Sprachen Französisch, Deutsch und sogar Russisch (von Elvira). Er hatte ein breites Allgemeinwissen und kannte eine Menge Wörter mit ihren Bedeutungen. Trotzdem hatte ich den Verdacht, daß seine Fähigkeiten den offiziellen Anforderungen nicht genügen würden. Aber ob es mir nun gefiel oder nicht, Doran würde im Rahmen einer allgemeinen Statistik beurteilt werden.

Die Schulpsychologin Anna war eine sehr scharfsinnige und attraktive junge Frau. Sie wußte nichts von der Arbeit des Instituts, aber sie war bereit, mir zuzuhören. Doran war geschmeichelt von ihrer Aufmerksamkeit und versuchte ihr zu gefallen. Aber das half nichts, solange er nicht gut genug hörte und sah, um ihre Fragen zu verstehen.

Die Bücher, die sie für den Test benutzte, hatten ein recht kleines Format, und die Testbilder konnte selbst ich nicht immer auf Anhieb genau erkennen.

Anna legte Doran eine Seite vor, auf der vier Zeichnungen abgebildet waren. Dann nannte sie ein Wort und bat Doran, auf die Zeichnung zu deuten, die das Wort am treffendsten darstellte. Das Vokabular wurde immer anspruchsvoller. Nach kurzer Zeit sollte er Bilder auswählen, die Worten wie »Feier«, »Angriff«, »Scheinwerfer« und »Greifbagger« entsprachen. Doran machte munter weiter und nannte zum Vergleich die Begriffe zu einigen der anderen Zeichnungen. Zum ersten Mal zögerte er bei dem Wort »Trauerfall«.

»Dieses Wort habe ich in meinem ganzen Leben noch nie benützt«, sagte ich.

Im nächsten Test sollte er zeigen, was in einer Reihe verschiedener Gegenstände fehlte. Von zehn Antworten waren neun richtig.
Anna hielt inne. »Ich muß aufhören, wenn sechs Antworten hintereinander falsch sind, aber Doran hat die Durchschnittsergebnisse seiner Altersgruppe weit übertroffen.«
Doran erklärte sich freiwillig dazu bereit, laut bis zwanzig zu zählen. Die Atmosphäre war lockerer geworden, und Anna und Doran amüsierten sich. Sie gab sich viel Mühe, seine Antworten zu verstehen, die zwar überwiegend richtig, aber nicht sehr deutlich ausgesprochen waren.
»Seine Ergebnisse sind vorzüglich«, sagte sie schließlich. »Seine Fähigkeiten entsprechen in jeder Hinsicht den durchschnittlichen Fähigkeiten eines Kind in seinem Alter. Sein IQ liegt bereits über dem Durchschnitt. Sie werden keine Probleme haben, ihn in einer normalen Schule unterzubringen, wenn Sie meinen, daß er sich dort einleben wird. Bis dahin wird er sich intellektuell noch weiter entwickelt haben.«
Zu Hause beschloß Amanda, Dorans Testergebnis zu feiern und ein paar Kinder zum Tee einzuladen. Wir kannten sie vom Sportplatz im Dorf. Dort spielten sie oder drehten zusammen mit Doran ein paar Runden. Doran legte inzwischen auf einer Strecke von drei Kilometern, die er auf der Aschenbahn lief, acht 200-Meter-Sprints ein. Seine durchschnittliche Zeit war eine Minute und dreiundvierzig Sekunden.
Die Kinderparty in unserem Garten kennzeichnete einen für Doran neuen Lebensabschnitt. Er war gesellschaftsfähig geworden. Am Morgen des großen Tages hatte er Amanda geholfen, den Teig für den Schokoladenkuchen zuzubereiten. In seinem Atemgerät liegend, hatte er den Teig gerührt. Nachmittags stand der Kuchen mit Himbeeren und Schlagsahne fertig auf dem Tisch im Garten. Doran lehnte die Sandwiches mit einem sehr höflichen »Nein, danke« ab

und machte sich sofort über den Kuchen her. Als die Kinder gegessen hatten und anfingen, am Klettergerüst zu turnen, stand Doran auf und zog sich selbständig all seine Kleider aus. Einen Augenblick zögerte er, dann setzte er sich den Papierhut wieder auf und befestigte das Gummiband sorgfältig unter dem Kinn. Er spannte seinen Bizeps, trommelte sich mit der flachen Hand auf die nackte Brust und schrie: »Großer Mann!«

»Doran, was ist denn das neuerdings für ein Benehmen?« fragte ich.

Statt einer Antwort rannte der noch ein wenig unterentwickelte Tarzan wild im Kreis umher und lief schließlich zu den anderen Kindern, die mit dem Kopf nach unten am Klettergerüst hingen.

Als ich erfuhr, daß die Schwägerin einer der Mütter unserer Gäste ein mongoloides Kind hatte, machte ich sie darauf aufmerksam, daß das Institut bei diesen Kindern große Erfolge erzielte. Ich stand auf, um das Buch zu holen, in dem das Programm ausführlich erklärt wurde. Doran kam herbeigelaufen. Er war der beste Beweis für die Erfolge, die sich mit dem Programm erzielen ließen.

»Er ist bestimmt der Ansicht, daß diese Ergebnisse die Mühe wert sind«, sagte ich. »Die Prognose für ihn lautet, daß er mit zehn Jahren normal entwickelt sein wird. Er wird dann ein Mensch sein, der sein größtes Abenteuer schon hinter sich hat. Aber manchmal habe ich das Gefühl, daß seine Entwicklung nie zum Stillstand kommen wird.«

Juli 1984

Knaur®

Sheehy, Gail
Neue Wege wagen
Ungewöhnliche Lösungen für gewöhnliche Krisen. Gail Sheehy, Autorin des Bestsellers »In der Mitte des Lebens« zeichnet Portraits von Frauen und Männern, die mit Mut und Kraft einen neuen Anfang gewagt haben.
640 S. [3734]

Kubelka, Susanna
Ich fange noch mal an
Glück und Erfolg in der zweiten Karriere. Dieses Buch ist für alle geschrieben, die nicht in Schablonen denken und sich nicht mit vorgegebenen Lebensformen begnügen wollen.
208 S. [7663]

Senger, Gerti
Was heißt schon frigid!
Intimsachen, die auch jeder Mann kennen sollte. Eine »Liebesschule« nicht nur für Frauen.
208 S. [7681]
Gute Männer sind so!
Männern sowie Frauen wird dieses mit einem Schuß Humor geschriebene Sachbuch, das auf den Erkenntnissen neuester Sexualwissenschaft und angewandter Psychologie beruht, helfen, sich besser zu verstehen und richtig zu behandeln.
208 S. [7680]
Sinnenfreude Lebenslust
100 Regeln für eine neue Sinnlichkeit.
Die bekannte Journalistin, Buchautorin und Fernsehmoderatorin hat in diesem Buch hundert Regeln zur Entfaltung einer neuen Sinnlichkeit aufgestellt.
208 S. [7704]

Schönberger, Margit
Rettet uns den Mann!
Ein Leitfaden für Frauen, die auf eigenen Füßen stehen und dennoch in Männerarmen liegen wollen. 272 S. [7698]

Strömsdörfer, Lars
Ich such' mir einen Partner
Ein Ratgeber für alle, die nicht immer Single sein wollen. 128 S. [7702]

Turecki, Stanley / Tonner, Leslie
Das lebhafte Kind – fordernd und begabt
In diesem umfassenden und auch für den Laien verständlichen Buch geben die Kinder- und Familienpsychiater Turekki/Tonner den Eltern ein komplettes Programm an die Hand, mit dessen Hilfe sie ihr Kind besser verstehen, lenken und seine positiven Seiten verstärken können. 320 S. [3859]

Rat & Tat

Knaur

Greenwald, Dorothy und Bob
Manchmal kann ich Dich nicht ausstehen
Wie man trotzdem eine gute Ehe führt. Dieses Buch ist ein Ehe-Kurs, der viele leer und hohl gewordene Partnerschaften mit neuem Sinn erfüllen kann.
160 S. [3744]

Kloehn, Ekkehard
Die neue Familie
Zeitgemäße Formen menschlichen Zusammenlebens.
Ekkehard Kloehn schafft neues Vertrauen in ein gesundes und harmonisches Familienleben. Ein optimistisches Buch, das für viele Familien zum »Überlebensbuch« werden kann!
256 S. mit Abb. [3802]

Partner, Peter
Das endgültige Ehebuch für Anfänger und Fortgeschrittene
Wenn der Glanz der ersten Verliebtheit erst einmal verblichen ist, bricht nicht selten für viele Menschen die Welt zusammen. Unkonventionelle Lösungen unterscheiden dieses Buch wohltuend von anderen Eheratgebern.
224 S. [7699]

Den anderen verlieren – sich selbst finden
Trennung und Scheidung als Chance für beide.
So manche Ehe beginnt im siebten Himmel – und endet doch mit Streit, Vorwürfen und sogar Trennung. Dieses Buch macht Mut, Trennungssituationen zu bewältigen, ohne seine Selbstachtung und Würde zu verlieren. 256 S. [3824]

Ackerman, Paul R. / Kappelman, Murray M.
Was tun, wenn Kinder schwierig werden
Dieses Buch geht alle Eltern an, die ihren Kindern leben helfen wollen.
272 S. [7694]

Kassorla, Irene C.
Tun Sie's doch
Ich hätte ja gekonnt, wenn…
Ich würde ja, wenn nur…
Wer kennt sie nicht, diese scheinbar so plausiblen Ausreden? Dr. Kassorla hat in ihrem Buch ein Programm entwickelt, mit dessen Hilfe die Techniken erlernt werden können, die Erfolg und Glück in unserer Gesellschaft garantieren.
416 S. [7708]

Rat & Tat